HERMES

在古希腊神话中,赫耳墨斯是宙斯和迈亚的儿子,奥林波斯神们的信使,道路与边界之神,睡眠与梦想之神,亡灵的引导者,演说者、商人、小偷、旅者和牧人的保护神……

西方传统 经典与解释 **HERMES**
Classici et Commentarii

德意志古典传统丛编
Library of the German
Classical Traditon

刘小枫◎主编

克劳塞维茨论现代战争

On Clausewitz
A Study of Military and Political Ideas

[澳]休·史密斯 Hugh Smith ｜ 著

刘树才 王清彦 ｜ 译

华夏出版社

古典教育基金·"传德"资助项目

"德意志古典传统丛编"出版说明

德意志人与现代中国的命运有着特殊的关系：十年内战时期，国共交战时双方的军事顾问都一度是德国人——两个德国人的思想引发的中国智识人之间的战争迄今没有终结。百年来，我国成就的第一部汉译名著全集是德国人的……德国启蒙时期的古典哲学亦曾一度是我国西学研究中的翘楚。

尽管如此，我国学界对德意志思想传统的认识不仅相当片面，而且缺乏历史纵深。长期以来，我们以为德语的文学大家除了歌德、席勒、海涅、荷尔德林外没别人，不知道还有莱辛、维兰德、诺瓦利斯、克莱斯特……事实上，相对从事法语、英语、俄语古典文学翻译的前辈来说，我国从事德语古典文学翻译的前辈要少得多——前辈的翻译对我们年青一代学习取向的影响实在不可小视，理解德意志古典思想的复杂性是我们必须重补的一课。

古典文明研究工作坊
西方经典编译部乙组
2003 年 7 月

目　录

中译本前言（刘小枫） ·· 1
致　　谢 ··· 1
序　　言 ··· 1

第一章　克劳塞维茨的生平和性格
这两节简要描述克劳塞维茨的生平、性格和主要作品。
　　1　军　人 ·· 3
　　2　学　者 ·· 17

第二章　拿破仑时代的战争
这两节分析克劳塞维茨所在时代的战争和军事变革。
　　3　论战争 ·· 29
　　4　论军队 ·· 45

第三章　《战争论》
这两节分析《战争论》写作的思想背景和主要结构。
　　5　《战争论》的思想起源 ································ 63
　　6　《战争论》 ·· 75

第四章　战争的层次

这四节讨论克劳塞维茨眼中战争的不同层次。他认为,战争是一种社会的和人的活动,包含四个层次。

    7　作为战斗的战争 …………………………………… 87
    8　作为竞赛的战争 …………………………………… 101
    9　作为政策工具的战争 ……………………………… 116
    10　纯粹战争和现实战争 …………………………… 130

第五章　战略

这三节分析克劳塞维茨所理解的战役,概括了战略的本质、战略的动力学以及成功领帅所需的品质。

    11　战略的本质 ………………………………………… 149
    12　攻防作战 …………………………………………… 165
    13　指　挥 ……………………………………………… 183

第六章　理论与实践

这两节分析克劳塞维茨对战略理论和实践的思考。

    14　理　论 ……………………………………………… 201
    15　实　践 ……………………………………………… 218

第七章　政治处境

这三节分析克劳塞维茨如何理解战争的政治背景:国内政治、对外政策的本质和国际政治。

    16　政治和国家 ………………………………………… 233
    17　对外政策 …………………………………………… 247
    18　国际政治 …………………………………………… 262

第八章 《战争论》的现实意义

这五节结合 1831 年克劳塞维茨去世后战争的种种发展,并结合种种认为战争已经过时的论点,来审视克劳塞维茨思想的意义。

19　从克劳塞维茨去世至 1945 年 ·················· 277
20　超现代战争 ·· 286
21　反现代战争 ·· 294
22　1945 年之后的现代战争 ······························ 301
23　永别了,克劳塞维茨? ································ 310

参考书目 ·· 318
索　　引 ·· 328

中译本前言

克劳塞维茨：神话与实际

刘小枫

时下流行"牛津通识课程",克劳塞维茨(1780—1831)的《战争论》赫然在列,这让业内人士多少有些意外。① 毕竟,有幸入选这门课程近两百项主题的历史名人并不多。

不过,考虑到课程设计者意在巩固自由民主意识形态的教育阵地,这也不难理解。因为,据说"美军带有严重倾向性地解读"《战争论》,从而"得出了一个完美的、具有民主倾向的克劳塞维茨"。可是,若说克劳塞维茨"既是缺乏想象力的普鲁士军官,也是打破普鲁士旧思想的浪漫主义英雄",就明显自相矛盾了。② 谁要是稍微了解现代西方思想史,都知道浪漫主义英雄不可能缺乏想象力。

克劳塞维茨的《战争论》在军事思想史上具有无可争辩的历史地位,以至于他的名字"因这部书获得了近乎神话的色彩"。③ 这与此书一再地引发争议并不抵牾——"兵无常势,水无常形"(《孙子·虚实》),战争的性质同样如此,"由于产生战争的动机和因素的本性不

---

① 迈克尔·霍华德,《牛津通识课:战争论》,马百亮译,北京:北京日报出版社,2020(以下简称《牛津通识课》,并随文注页码)。

② 克里斯托弗·科克尔,《21世纪战争论:重读克劳塞维茨》,闫晓峰译,北京:新华出版社,2019,页20(以下随文注页码)。

③ 卡尔·施米特,《游击队理论》,见施米特,《政治的概念》(增订本),刘小枫编,刘宗坤、朱雁冰等译,上海:上海人民出版社,2018,页149(以下随文注页码)。

同,战争必然各不相同"。① 随着战争的形态和性质不断变化,军事家对《战争论》的评价时起时落并非不可理解。

> 越战之后,克劳塞维茨在美国得到了意想不到的复兴,似乎获得了大师级思想家的地位。《战争论》使许多理论家认识到美国在东南亚惨败的原因,也认识到了未来获胜的条件,但在最近,克劳塞维茨几乎丧失了合法性。②

其实,即便战争形态延伸到了太空领域,克劳塞维茨的战争学说仍然没有丧失合法性。"当今世界研究克劳塞维茨的顶级学者"已经将其观点应用于太空战,似乎若要更好地应对未来的战争,人们还得从克劳塞维茨那里吸取历史的实践经验。③

当然,《战争论》养育了数代德国军事人才,甚至普通军官也"不断引用克劳塞维茨",但德国军队在两次世界大战中都战败了也是历史事实。对德国的军事思想史家来说,究竟是"克劳塞维茨在过去两个世纪里对德国军队战略的影响显然被高估了",抑或是"两次世界大战的失败唤醒了德国人思想中'真正的克劳塞维茨'",迄今仍争议不断,虽然人们必须承认,《战争论》"至少为21世纪的德国和英美的战略理念奠定了基础,规定了界限"。④

《战争论》得以进入"牛津通识课程",恐怕并不是因为其中的作战指导原则有多么不同凡响。20世纪的英国著名军事学家李德·哈特

---

① 卡尔·冯·克劳塞维茨,《战争论全集(第一卷):战争论》(上),陈川译,北京:商务印书馆,2019,页49(以下简称《战争论》卷一,随文注页码)。
② 赫伯格-罗特,《克劳塞维茨之谜:战争的政治理论》,韩科研、黄涛译,北京:华夏出版社,2020,页10。
③ 克里斯托弗·科克尔,《大国冲突的逻辑:中美之间如何避免战争》,2016,页190。
④ 格哈特·格罗斯,《德国战争的神话与现实》,孙希琨译,北京:民主与建设出版社,2020,页27。

(1895—1970)有"20世纪的克劳塞维茨"之称,这对他来说不啻历史的讽刺。因为在他看来,正是由于恪守克劳塞维茨的教条,德国军队才在两次大战中遭遇惨败。克劳塞维茨的战争哲学"变成了普鲁士人的'马赛进行曲'",既让人"血流沸腾"又"令心灵中毒",因为它把会战视为唯一"真正的战争行动",让战争艺术"变成了大规模屠杀的机器"。①

克劳塞维茨有幸成为"牛津通识课程"的主题,多半是为了让如今有人文教养的公民了解"军事与政治的联系"——据说,这种联系乃是克劳塞维茨从战场回到学院后"思考的起点和核心"。② 倘若如此,人们就需要问,《战争论》真的有助于今天的我们更好地从政治视角理解过去、现在乃至未来的战争吗?如果答案难以确定,克劳塞维茨因这部书而获得的历史声誉就确乎具有"近乎神话的色彩"。

一

1936年7月中旬,正当伊比利亚半岛美丽的夏季来临之际,西班牙的"革命与反革命"力量之间爆发了大规模内战:

> 它是唯一一场发生在西欧国家的全面的暴力革命,同时也是唯一一场由各种截然不同的政治力量——它们经常相互竞争和敌视——所推动的真正意义上的多元革命……③

"多元革命"与"暴力革命"成了同义词——域外势力乘机介入,苏联派出空军帮助"共和军掌握了制空权",希特勒掌控的德国则派出约

---

① 李德·哈特,《战略论:间接路线》,钮先钟译,上海:上海人民出版社,2010,页296。
② 雷蒙·阿隆,《雷蒙·阿隆回忆录》(增订本),刘树才、汪清彦译,北京:华夏出版社,2017,页918(以下随文注页码)。
③ 伯内特·博洛滕,《西班牙内战:革命与反革命》,戴大洪译,北京:新星出版社,2016,"序言"页1。

一个师的步兵"以及一些坦克与飞机参战"。墨索里尼嘴上说派两个旅支援"国民军",实际派出约八万人。① 1937年4月,德国空军的秃鹰军团将炸弹倾泻在巴斯克村庄格尔尼卡(Gernika),世界各地的共产主义者也自愿进入西班牙,与共和军一起捍卫共和。

这场战争历时三年,史学界习称"西班牙内战",实际上是一场国际战争。克劳塞维茨的战争学说是否能让今天的人们更好地理解西班牙内战呢?抑或这场战争会挑战他关于现代战争的看法?

西班牙内战爆发时,中国的国共内战已经历时近十年。1913年3月,国民党代理理事长宋教仁(1882—1913)赴任中华民国首届内阁总理时,在上海火车站遭遇刺杀,引发"二次[共和]革命"。如果从此时算起,共和内战的历史时间还要往前延伸十五年。国共两党都是革命党,双方合作共同发起了针对"反革命"势力的北伐。② 就在北伐即将取得胜利之际,国民党对共产党大开杀戒,共和内战随即变得"多元"起来——日本军国趁机入侵中国东北,企图据为己有,而欧美诸大国则袖手旁观。

1936年12月12日,张学良、杨虎城将军毅然实行"兵谏",扣留前来西安督战的蒋介石,逼使国民政府"停止内战、联共抗日",两大革命党开始第二次合作。半年后(1937年5月),国民政府组建"中央视察团"(中共称"中央考察团"),前往中共中央驻地延安以及陕西关中、甘肃东部的红军驻地,一探中共党政和军事力量虚实,摸清"共党人士之潜在意向,以作今后合作共处之准则"。③

"中央考察团"虽然名为"国民政府军事委员会委员长西安行营视察团",级别其实不高,由西安行营主管情报的涂思宗少将(1897—

---

① 杰里米·布莱克,《重新发现欧洲:西班牙何以成为西班牙》,高银译,天津:天津人民出版社,2020,页216。

② 王奇生,《革命与反革命:社会文化视野下的民国政治》,北京:社会科学文献出版社,2010,页66-121。

③ 参见涂思宗,《延安行脚——西安事变后延安视察记》,载于《中外杂志》(台北),总第256期(1988)。

1981)任团长,行营高级参谋萧致平少将(1895-1939)和陕西省党部主任邵华(1901—1937)任副团长,成员18人。5月26日,考察团由叶剑英将军(1897—1986)陪同从西安出发,分乘四辆大汽车沿崎岖山路摇摇晃晃缓行,29日黄昏才抵达延安。

国民党军统部门派出情报官杨蔚做考察团团长的随从参谋,他在晚年以"退思"化名撰写回忆文说,此行留下的种种印象让他终生难忘。比如,走访设在云阳镇的红军前敌总指挥部驻地时,他见到红军将领虽条件极为艰苦,但"对军事学术的研究,毫不疏忽":

> 我们发现彭[德怀将军]的司令部,虽然隐藏在这种山沟里,可是军事书籍——包括苏俄的、德国的和我们陆军大学及各军种兵科学校的,一应俱全。①

这里提到的德国军事书籍,少不了克劳塞维茨《战争论》中译本。1910年,清军咨府(民国后改为"参谋本部")已经依据日本士官学校编译的《战争论》译出其中六篇,一年后,保定陆军速成学堂毕业学生又译出其余两篇。《战争论》的第一个中译本问世于中国的千年帝制改为共和之际,虽属偶然却又未必纯属偶然,尽管"只供小范围研究之用",并未正式出版。"二次[共和]革命"爆发后,该校毕业生瞿寿提(湖南湘阴人)在此基础上独力编译,"对原著章节加以调整,使文章脉络更加清晰",由上海中华书局刊印(1915),辛亥革命后(1912)成立的民国陆军大学堂随即用之作为教材。② 1936年红军到达陕北后,毛泽东在延安组织了一个读书小组,与一些红军高级将领一起研读《战争

---

① 退思,《当年点验延安共军印象记:这一段的亲身经历此生永难忘怀!》,载于《春秋杂志》(香港),第714期(1987年4月),页10。此文内容与涂思宗的《延安行脚——西安事变后延安视察记》多有重复。

② 任力,《〈战争论〉在中国的翻译和传播》,见吴琼、夏征难编,《论克劳塞维茨〈战争论〉》,上海:上海教育出版社,2002,页338-339。

论》，用的也是这个译本。①

情报官杨蔚还见到，红军基层官兵尽管生活条件极为艰苦，平时仍以排为单位，在地上"塑造各种地形地物"作沙盘琢磨战术。不过，他并没有由此领悟到，中国工农红军这支革命军队不可战胜的力量来自不畏艰辛、不怕牺牲、勇于且善于战斗的德性品质，而非军事教科书的教条。

军事指挥是一门艺术，与任何艺术才华一样，军事才华也来自偶然的天赋，而非书本知识。当然，即便是军事天才，组织军事力量并展开行动也需要种种知识。克劳塞维茨的《战争论》名气很大，是现代公认最优秀的军事著作，但组织军事行动与从大政治角度理解战争还不是一回事情。列宁和毛泽东都认真研读过克劳塞维茨的《战争论》，但有见识的史学家不会认为克劳塞维茨对他们的军事思想有什么实质性影响。相反，倒是有史学家因此而对《战争论》在"今天的世界声望感到怀疑，因为这项世界声誉实际上是在像列宁和毛泽东这样的职业革命家参与下才得以成就的"。②

克劳塞维茨一生参加过33次战斗，但他从未独立指挥过哪怕一次小规模战役。毛泽东亲自指挥过无数大小战斗和各种级别的大小战役，就战争的实践经验而言，克劳塞维茨绝难与毛泽东相提并论。毛泽东带领红军高级将领一起研读《战争论》，的确很可能是因为它的世界声誉具有"近乎神话的色彩"。

二

按照"近乎神话"的说法，克劳塞维茨虽然"没有打过大的战役，也

---

① 吴琼，《统帅的艺术：战略——克劳塞维茨〈战争论〉十五讲》，北京：清华大学出版社，2014，页8。

② 卡尔·施米特，《作为政治思想家的克劳塞维茨：评论与提示》（李柯译），见吴彦、黄涛主编，《国家、战争与现代秩序》，上海：华东师范大学出版社，2017，页35（以下简称《评论与提示》，随文注页码）。

没有赢得过任何战局的胜利","只是亲身经历过很多战役和战局,研究了数目更为众多的战役和战局的战史",但他年轻时对德意志思辨哲学情有独钟,尤其崇拜费希特(1762—1814)和黑格尔(1770—1831),于是成了"首屈一指的军事哲学家"。克劳塞维茨比黑格尔年轻十岁,比后者晚两天离世。"遗憾的是,他同黑格尔没有什么私交",仅年轻时在普鲁士陆军元帅格奈泽瑙(1760—1831)家的聚会上见过黑格尔一面。① 爱好思想史的人们会想:若克劳塞维茨拜访黑格尔,他们会谈什么呢?

《战争论》更多带有指导军事实践的性质(尤其后两卷),却又同时带有德意志古典哲学色彩,有些地方行文深奥,并不容易研读——用喜欢研究军事问题的革命导师恩格斯的话说,它的"哲理推究的方法很奇特"。② 由此引出了一个问题:《战争论》中有值得让政治思想史学者攫取的宝藏吗?如果克劳塞维茨"具有近乎机智的健全推断能力"(马克思语),那么,作为实践智慧的军事知识在《战争论》中与世界历史和超逾历史的哲学思考是什么关系呢?

克劳塞维茨的《战争论》问世之前,有记载的世界历史已经长达两千多年,其间出现了不少著名兵书。③ 远的不说,在法国启蒙运动时代,吉伯特伯爵(Comte de Guibert,1743—1790)年仅29岁时写下的《战术通论》(*Essai général de tactique*,1772 /2004 重印)就名重一时,其中包

---

① 威廉·冯·施拉姆,《克劳塞维茨传》,王庆余等译,北京:商务印书馆,1984,页 16、433、467;佛兰茨·法比安:《克劳塞维茨传》,北京,中国对外翻译出版公司,1984,页 215。

② 卡尔·马克思、弗里德里希·恩格斯,《马克思恩格斯全集》,中共中央马克思恩格斯列宁斯大林著作编译局编译,第 29 卷,北京:人民出版社,1961,页 244。

③ 比较李世祥编译,《凯撒的剑和笔》,北京:华夏出版社,2009;西奥多·道奇,《恺撒战记:历史上伟大军事统帅的战例、思想和方法》,无形大象译,南京:江苏凤凰文艺出版社,2020;莫里斯一世,《战略:拜占庭时代的战术、战法和将道》,王子午译,北京:台海出版社,2019。

含对当时整个欧洲政治和军事科学实际状况的论述,连伏尔泰和歌德这样的文人读了后也赞不绝口且爱不释手。政治天才拿破仑正是通过这本教科书获得军事启蒙,并在后来"通过自己的军事行动为吉伯特的理论赋予了生命"。① 这位军事技艺天才若是没有在法国大革命初期被误当作保皇派镇压,说不定他的军事思想才华还会大放异彩。因此,若有人说,能与《战争论》相提并论的同类经典仅有《孙子兵法》和修昔底德的《伯罗奔半岛战争志》,那的确"近乎神话":

> 克劳塞维茨的持续盛行很难说不是因为世界上最强大的军事力量——美军——对他的信奉。随着中国的崛起——特别是按照现在的发展趋势,到2030年或更早,中国的国防开支就会超过美国——这种状况会发生变化吗?
>
> 那么,如果没有克劳塞维茨,还会有谁呢?同时代有许多作家,但他们都无法摆脱克劳塞维茨的影响,至于他的前辈们,只有两个人能达到标准:孙子和修昔底德。一个是中国人,另一个又是白人男性。(科克尔,《21世纪战争论》,前揭,页208)

这种说法实在荒唐:国防开支的多少与"克劳塞维茨的持续盛行"有什么相干?将克劳塞维茨与修昔底德相提并论肯定不恰当。修昔底德致力于通过观察战争认识人性和政治的本相,他所达到的政治思想深度,克劳塞维茨实难望其项背。修昔底德十分在意战争中的国际关系、政治修辞以及军事统帅的德性品质乃至战争的正义问题,而这些都

---

① 施泰因迈茨,《歌德、吉伯特与奥地利的卡尔大公》(史敏岳译),见谷裕主编,《〈浮士德〉发微》,谷裕等译,北京:华夏出版社,2021,页451;比较帕尔默,《弗里德里希大帝、吉伯特、比洛:从王朝战争到民族战争》,见彼得·帕雷特主编,《现代战略的缔造者:从马基雅维利到核时代》,时殷弘等译,北京:世界知识出版社,2006,页99-100;Beatrice Heuser, *The Strategy Makers: Thoughts on War and Society from Machiavelli to Clausewitz*, Santa Monica, 2010, pp.147-170。详参 Ethel Groffier, *Le Stratège des Lumières: Le comte de Guibert* (1743-1790), Paris, 2005。

不是克劳塞维茨特别关注的对象。① 克劳塞维茨更多关注的攻防技艺,修昔底德反倒不太在意。事实上,"作为杰出的战争理论家",克劳塞维茨"对军事、战役、战术的论述大大超过对政治的论述"(《雷蒙·阿隆回忆录》,页929)。即便是这些方面的内容,大部分也"只对军事历史学家有意义,因为它探讨的是战术和后勤方面的细节问题",而这些问题"在克劳塞维茨死后几十年内就过时了"(霍华德,《牛津通识课》,页6)。

《战争论》并非单纯探究战略和战术的军事著作,这一点确实无可争议。出生于瑞士的约米尼(1779—1869)仅年长克劳塞维茨一岁,他们都是从拿破仑战争中走出来的军事思想家。但在军事思想史家看来,约米尼的著述"既从未能够令人满意地捕捉住拿破仑军事思想中所蕴含的哲理,也未能令人信服地提取其理论的精髓",以至于"成了战例的讨论、规章条文的罗列,再加上警句格言的大杂烩"。相反,克劳塞维茨的著作则"较富于哲理",他"不仅把握住了拿破仑思想的哲理,而且还将自己的思想揉了进去"。② 更重要的是个体德性:克劳塞维茨"意志更坚强、情感更稳定","他书写战争是为了满足自己,或许也为了告慰1813年死于战火的沙恩霍斯特的英灵,后者为其年轻的被保护人树立了人格正直和思想正直的最高标准"。③

---

① 比较斯塔特,《修昔底德笔下的演说》,王涛译,北京:华夏出版社,2012;陈玉聃,《人性、战争与正义:从国际关系思想史角度对修昔底德的研究》,上海:上海人民出版社,2012;欧文,《修昔底德笔下的人性》,戴智恒译,北京:华夏出版社,2015;任军锋,《帝国的兴衰:修昔底德的政治世界》,北京:生活·读书·新知三联书店,2017。
② 特雷弗·迪普伊,《把握战争:军事历史与作战理论》,军事科学院外国军事研究部译,北京:军事科学出版社,1993/2001,页11-13(以下随文注页码);亦参钮先钟,《约米尼与克劳塞维茨比较研究》,见约米尼,《战争艺术》,钮先钟译,桂林:广西师范大学出版社,2003,"附录一",页190-202。
③ 约翰·夏伊,《约米尼》,见彼得·帕雷特主编,《现代战略的缔造者:从马基雅维利到核时代》,前揭,页151。

施米特说,克劳塞维茨并不仅仅是普鲁士总参谋部的一位"能干副官","唯有作为政治思想家而不是将军、部队首长、政治人物或外交官",他的历史形象才真实(施米特,《评论与提示》,页6－7)。对克劳塞维茨的如此评价让人觉得,没读过《战争论》应该感到羞愧。但是,这种赞誉究竟有几分真诚,值得怀疑。因为,施米特又不无讽刺地说,《战争论》是"第二次世界大战的胜利者"留给普鲁士不多的"残余物"之一而已,"对普鲁士的敌意"虽然广为流布,"却几乎没有伤及克劳塞维茨"(施米特,《评论与提示》,页35)。似乎德国虽然被英美打败,但普鲁士人克劳塞维茨的理论却打败了英美。事实上,施米特对克劳塞维茨用得最多的称呼是"低阶权力精英"(施米特,《评论与提示》,页14、19、24、32、34)。

直到今天,"战争无非是政治[通过另一种手段]的延续"仍然是人们喜欢随口引用的克劳塞维茨名言——甚至美国的国际政治学名家也不能免俗。① 施米特对战争的性质及其历史复杂性的认识要深刻得多,他若欣赏克劳塞维茨,难免让人感到奇怪。早在1930年代,施米特就已经写道:

> 军事斗争本身并不是"政治借其他手段的延续",克劳塞维茨的这句名言常常为人们不适当地引用。战争拥有自身的战略、战术以及其他规则和立场,但是,所有这一切均假定,谁是我们的敌人这个政治决断已经做出。(施米特,《政治的概念》,页42－43)

的确,人们喜欢随口引用的这句克劳塞维茨名言,语义其实很含混。什么是"政治"? 从古至今,世人对这个问题的理解一直分歧很大,对战争的理解同样如此。若内战和国际战争中的敌对双方都把

---

① 约翰·米尔斯海默,《大国政治的悲剧》,王义桅、唐小松译,上海:上海人民出版社,2008,页14;迈克尔·沃尔泽,《正义与非正义的战争:通过历史实例的道德论证》,任辉献译,南京:江苏人民出版社,页90。

《战争论》视为"兵家圣经"——因为它"对于整个军事哲学的影响力，堪比亚当·斯密的《国富论》之于经济学"①——这仅仅表明它是一部实用性的军事工具书。

一旦人们关注克劳塞维茨如何理解"政治"，诸多问题就来了。

三

世界革命的导师列宁（1870—1924）流亡瑞士时认真研读《战争论》，还做了大量摘录，这显然不仅仅是为了获得军事技艺知识。查索《德意志人名大辞典》时，列宁特别留意克劳塞维茨的哲学偏好，并推测他可能是个"康德主义者"。似乎为了理解政治——甚至理解哲学，列宁才如此认真研读《战争论》。在阅读笔记中他写道，克劳塞维茨"对于战争的政治灵魂、本质、内容及'国民的'外貌，说得非常中肯！"——赞誉溢于言表。但当列宁读到克劳塞维茨说，"在我们当代的战争中，民族仇恨也并不少见，这种情绪将或多或少代替个人与个人之间的敌视"，他抄下这段话，并下批注说："岂止是'不少见'？？"②这两个大问号，足以让克劳塞维茨从康德主义阵营中除名。

列宁摘录了克劳塞维茨在书中对政治下的如下定义：

> 我们认为，政治是对国内行政的一切利益的集中和调整，同时也集中和调整人们生活的一切利益以及哲学上提起的一切其他利益；因为，政治无非是上述一切利益的代表者（对另一个国家而言）。

---

① 布鲁斯·巴塞特-珀威尔，《俾斯麦战争中的普鲁士军队：1860—1867》，王骏恺译，长春：吉林文史出版社，2019，页155–156。

② 列宁，《克劳塞维茨〈战争论〉一书摘录和批注》，中共中央马克思恩格斯列宁斯大林著作编译局译，北京：人民出版社，1960，页1、5（以下简称《摘录和批注》，随文注页码）。

列宁摘录后随即批注:"政治是什么?"显然,列宁对克劳塞维茨的政治理解表示怀疑。克劳塞维茨紧接着还说:

> 政治有时走向错误的方向,为统治者的野心、私利和虚荣服务,这个我们这里不谈。因为无论在何种情况下,兵法都不能认为是政治的教师,我们在这里只能把政治看成是全社会一切利益的代表。

列宁摘录这段论述后随即批注:"注意,接近马克思主义;政治＝全社会一切利益的代表。"(列宁,《摘录和批注》,页22)列宁敏锐地看到,克劳塞维茨对"政治"的理解非常现代,或者说非常贴近启蒙哲学的理解。

> 说政治观点会随着战争的开始而中断,这种情形只有在战争纯粹由于敌忾心而成为决死的斗争的条件下才可以想象。如上所述,实际的战争不外乎政治本身的表现。使政治观点服从军事观点,这是荒谬的,因为政治产生战争。政治是理智,而战争仅是工具,绝不能是相反的。因此,只能是军事观点服从政治观点。

在这里,列宁认同克劳塞维茨的观点,他的批语是"战争不能仅凭敌忾心进行"(列宁,《摘录和批注》,页22)。战争并不是"政治[通过另一种手段]的延续",毋宁说,"实际的战争不外乎政治本身的表现"。按照军事史家的描述,这话的意思是:战争的性质依政治性质的改变而变——

> 战争并非是与其他事物无关联的行为,而是国家政策的表现,是推行国家政策的另一种手段。国家的性质改变了,政策也就改变了,因而战争的性质也改变了。①

---

① 迈克尔·霍华德,《欧洲历史上的战争》,褚律元译,北京:中信出版集团,2017,页104。

既然如此,要搞清现代之前和现代之后战争的性质发生了怎样的历史性改变,就得先搞清政治的性质发生了怎样的改变。

公元前5世纪的古希腊智术师普罗塔戈拉(约公元前490—前420)已经说过:

> 起初世人分散居住,没有城邦。于是,世人就被野兽给灭了,因为,世人在所有方面都比野兽孱弱。对于世人填饱肚子,艺匠技艺倒是足够,但要与动物斗,[这技艺]就贫乏喽——毕竟,世人还没有治邦的技艺嘛,战争术就是其中一部分。于是,人寻求聚居,靠建立城邦来保存自己。可是,一旦聚居在一起,他们又相互行不义,因为没有治邦技艺嘛,结果他们又散掉,逐渐灭了。(《普罗塔戈拉》322b1 – b9)①

世人"与动物斗"似乎是政治技艺的开端,但兽类无论有多野蛮,也不会成为政治动物。如果这里的"动物"暗指某种类型的人,情形就大为不同了。不过,普罗塔戈拉说世人"一旦聚居在一起,他们又相互行不义"究竟指内战还是国际战争并不清楚,因为实际的战争状态有时很难分清是哪种性质的战争。希腊人虽然有共同的语言、宗教、习俗乃至教化圣典,但历经数百年仍然没有凝结成单一政治单位,而泛希腊城邦的长期内战状态又与波斯人时而敌对时而结盟的关系交织在一起。事实上,并不是所有的希腊作家都憎恨和鄙视波斯帝国,"希波战争的传统只是后来才成为了一则有说服力的神话"。②

---

① 柏拉图,《普罗塔戈拉》,施特劳斯疏,刘小枫译,北京:华夏出版社,2021,页63 – 65;比较柏拉图,《理想国》373e1 – 374a2,王杨译,北京:华夏出版社,2017,页65。

② 西蒙·霍恩布洛尔,《希腊世界》,赵磊译,北京:华夏出版社,2015,页82;比较页302 – 306。

克劳塞维茨的《战争论》是"关于现代战争最伟大的著作",但"这本书中从没提到内战"。① 在现代欧洲的政治成长过程中,难道内战消失了? 恰恰相反。德意志"三十年战争"和英国内战所带来的政治后果,对欧洲人来说可谓刻骨铭心。著名的空想社会主义者圣西门(1760—1825)与克劳塞维茨是同时代人,他出生时,德意志三十年战争已经过去了一个多世纪,而他仍然禁不住写道:

> 欧洲对悲惨的三十年战争记忆犹新。人们说,宗教战争是最残酷的。不错,这种战争非常残酷,但仍不如因破坏宗教联系而爆发的战争残酷,因为,这种破坏将使人类重新回到原始状态,即回到战争连年不断的状态。②

受基督教政治单位内战的触动,霍布斯(1588—1679)被迫"重新回到原始状态",像普罗塔戈拉那样,从"起初世人分散居住,没有城邦"时开始探究人世政治及政治术的形成,写下了划时代的《利维坦》,其中大量谈到战争。克劳塞维茨不可能不知道这部大著,既然如此,他在《战争论》中不谈论内战,肯定有其原因。

就基督教欧洲的政治成长而言,要区分内战与国际战争同样十分困难。③ 德意志三十年战争末期,英格兰也发生了内战(1642—1651),而三十年战争的真正导火索还得追溯到1568年爆发的尼德兰战争,这又与英国脱不了干系。法兰西王国凭靠德意志三十年战争崛起之后,

---

① 大卫·阿米蒂奇,《内战:观念中的历史》,邬娟、伍璇译,北京:中信出版集团,2018,页106。

② 圣西门,《论万有引力》,《圣西门全集》第一卷,王燕生等译,北京:商务印书馆,2011,页142。比较塞缪尔·加德纳,《三十年战争》,王晋瑞译,北京:华文出版社,2019;彼得·威尔逊,《三十年战争史:欧洲的悲剧》,宁凡、史文轩,北京:九州出版社,2020。

③ 比较史蒂芬·特恩布尔,《文艺复兴时期的战争艺术》,李达译,江苏凤凰文艺出版社,2019。

与英国再次一决雌雄。① 若将这些战争连起来看,基督教欧洲政治成长史的混乱轮廓中有一条线索颇为显眼:新的商业文明伴随着尼德兰战争登上世界历史舞台,并直接影响了后来英属美洲殖民地的"独立",战争的性质则因这个新型政治体[国家]的诞生而发生了改变。②

爱德华·吉本(1737—1794)的《罗马帝国兴衰史》写到第四卷时,已经是法国大革命前夕(1782年),他仍然建议欧洲的哲学家应该"把欧洲作为一个伟大的共和国来看待":

> 在这个共和国内部,各个不同的民族几乎都达到了同等的文明和文化水平。权力的平衡将会继续波动,我们自己与邻国的兴旺发展,都会有升有降;但是,这些局部的事件不能从根本上损伤我们的幸福、艺术、法律和风俗的总的标准。③

显而易见,吉本还沉浸在启蒙时代人文主义者的理想之中,而他的说法实际上无异于基督教欧洲古典文明的一曲挽歌。如果克劳塞维茨所考察的自16世纪以来的欧洲战争与普罗塔戈拉所说的"建立城邦来保存自己"这一政治目的并无二致,④那么,他的战争学说又在何种意义上堪称"现代"呢?

---

① 参见琳达·德莱尔,《查理一世:内战之火与英国王权变革(1625—1649)》,邝明艳译,成都:天地出版社,2021;安东·范德伦,《海洋帝国的崛起:尼德兰八十年战争,1568—1648》,杜原译,成都:天地出版社,2021;詹姆斯·福克纳,《英法战争的序幕:西班牙王位继承战争(1701—1714)》,无形大象译,南京:江苏凤凰文艺出版社,2019。

② 比较罗伯特·霍马茨,《自由的代价:美国筹集从革命到反恐时代的所有战争款项之实录》,张关林译,上海:上海人民出版社,2010。

③ 转引自富勒,《战争指导》,绽旭译,北京:解放军出版社,2006/2014,页16。

④ 参见卡尔·冯·克劳塞维茨,《战争论全集:对有关战局的战略评析及相关战略史料》(上下),陈川译,北京:商务印书馆,2019。

四

普罗塔戈拉所谓的"艺匠技艺",可以理解为生产技艺(如今的经济技艺乃至高科技)——政治经济学术语称为"生产力",因为它们足以让"世人填饱肚子"。对普罗塔戈拉来说,战争并非政治的延续,毋宁说,战争是政治本身的形式之一,而且是最极端的形式。世人"一旦聚居在一起,他们又相互行不义",甚至相互消灭——消灭敌人是战争的直接目的。

普罗塔戈拉说的不是从自然状态过渡到文明状态时发生的战争,而是人类有了造福生存的技术文明之后仍然会有战争。克劳塞维茨的如下说法与普罗塔戈拉的观点相去不远:

> 一个共同体(整个民族)的战争,特别是文明民族的战争,总是产生于一个政治状态,而且只能是由政治动机引起的,因此战争是一个政治行为。(《战争论》卷一,页44–45)

普罗塔戈拉没有提到,"艺匠技艺"不仅可让"世人填饱肚子",同样可用于有效提高战争中消灭敌人的手段。霍布斯则清楚地看到:

> 公共事业的技艺,如修筑城堡、制造兵器与其他战争武器的技艺,由于有助于国防与战争胜利,所以便是权势。虽然产生这一切的母亲是一种学术——数学,但由于它们要通过艺人之手才见之于世,世人把接生婆当成产妇了,所以便认为这一切都是由艺人产生的。①

普罗塔戈拉的说法最站不住脚的地方在于,即便有了治邦技艺,世

---

① 霍布斯,《利维坦》,黎思复、黎廷弼译,北京:商务印书馆,1985/2017,页64。

人仍然无法避免斗争，以至于战争术始终是政治术的一部分。对于普罗塔戈拉来说，技术的发展意味着人类文明的进步，克劳塞维茨则看到，这种进步并不能改变人世政治的某些基本性质：

> 火药的发明、火器的不断改进已经充分表明，文明程度的提高，丝毫没有妨碍或者改变战争概念所固有的消灭敌人的倾向。（《战争论》卷一，页25）

16至17世纪是现代欧洲文明的第一个政治成长期，"王朝君主以本国贵族和独立公国为代价，或巩固或扩展他们的领土主权"——"连续不断的战争，带来了步兵、火器和大型军队的发展"。① 这一趋势一直持续到克劳塞维茨的时代，但发展的技术程度并没有出现质的飞跃，因为那时第一次工业革命才刚刚开始。在克劳塞维茨去世20年后的克里米亚战争（1853—1856）中，工业技术革命的成果才初步进入战争领域——史称世界历史上"第一场真正意义上的现代［工业化］战争"。1853年11月，装备新型火炮的俄国海军轻而易举地就消灭了安纳托利亚北海岸锡诺普要塞的土耳其舰队，交战双方随后"都匆忙成立了装甲浮动炮群"。刚发明出来不久的来福枪极大地提高了步兵火力，铁路和蒸汽机战舰改变了兵力的投送能力和机动速度，电报则使情报和命令传递变得神速。②

仅仅半个世纪后，工业技术进步已经成为战争术不可或缺的要素，甚至"游击队员也应分享发展、进步、现代技术和科学"：

> 现代游击队员用冲锋枪、手榴弹、塑胶炸弹——说不定不久还要用战术原子弹——作战。他们已经摩托化，并通过秘密电台和

---

① 布莱恩·唐宁，《军事革命与政治变革：近代早期欧洲的民主与专制之起源》，赵信敏译，上海：复旦大学出版社，2015，页74。

② 杜普伊，《武器和战争的演变》，严瑞池、李志兴等译，北京：军事科学出版社，1985，页234；奥兰多·费吉斯，《克里米亚战争：被遗忘的帝国博弈》，吕品、朱珠译，南京：南京大学出版社，2018，页4。

雷达接通一个通讯网,通过飞机从空中得到武器和食品补给。(施米特,《游击队理论》,页213)

克劳塞维茨的《战争论》没有涉及科技工业的发展对战争术的影响,这丝毫不妨碍它成为现代战争理论的奠基之作。克劳塞维茨相信,有时"不能将战争视为一个单纯的暴力和消灭的行为",仅仅因为"政治因素与暴力和消灭敌人的概念完全一致,因此人们看不出来罢了"(《战争论》卷一,页28、47注释)。但是,若说克劳塞维茨把战争定义为"没有限制的暴力行为"或"战争趋向于把暴力使用到极致"是颇为现代的观念,那就言过其实了。① 在世界文明的前现代纪元,何曾有过对战争技术手段的政治限制?战争从属于政治,对战争手段的限制只能来自政治行为,而现代政治能够限制战争手段吗?

无论在过去还是将来,战争手段都很难受到限制。问题反倒在于,战争手段的技术化发展是否能够彻底改变战争的原初性质。换言之,由于技术发展的周期越来越短,战争的技术手段日新月异,反倒容易让人忽略从古至今都谈不上有什么变化的战争要素。当我们关注高科技的"超限战"时,美国陆军军事学院第44任院长斯格尔思少将(生于1944年)却从克劳塞维茨的《战争论》中得到如下启发:

不管我们有什么样的技术优势,21世纪美国的敌人都会有许多选择。政治限制、摩擦和战争迷雾不是历史的假象,而是战争本身所固有的一些状况。[若有人以为]技术能把这些状况从战场上一扫而光,因而就能在世界上自由翱翔,那只是一种假设罢了。

其实,2500年的历史证明,模棱两可、失算、无能,更重要的是机遇,将始终控制着战争的进行。最终是决心、士气、作战技巧和

---

① 小山内宏,《现代战略论》,吉林省哲学社会科学研究所译,长春:吉林人民出版社,1975,页77;迈克尔·沃尔泽,《正义与非正义的战争》,前揭,页25-26。

领导艺术这些无法计算的东西而远不是技术,将决定谁赢谁输。①

决心、士气、作战技巧和战役指挥艺术都属于战争术的基本要素,但还不等于是其根本政治要素。

普罗塔戈拉在讲述普罗米修斯为人类偷窃诸神的技艺时还说:

> 他[普罗米修斯]偷偷进到雅典娜和赫斐斯托斯的共同居所——他们在那里热心搞技艺,偷走赫斐斯托斯的用火技艺和雅典娜的另一种技艺,然后送给世人。由此,世人才有了活命的好法子。(《普罗塔戈拉》321d9 – 322a1)

赫斐斯托斯与雅典娜是诸神中的一对兄妹,分别掌握铁匠技艺和纺织技艺,后者要复杂得多,尤其需要心思绵密的谨慎德性。纺织术是女人的技艺,但雅典娜也是战争女神。在柏拉图的《政治家》(280a1 – 6)中,统治术被比作编织术,而战争术是最难习得的统治术。普罗塔戈拉明确说赫斐斯托斯掌握"用火技艺",对雅典娜掌握的技艺则含糊其辞。② 战争不是个人甚或群体之间的暴力行为,而是政治单位之间你死我活的斗争。"用火技艺"涉及火力,这是作战能力最为基本的要素,但与组织作战的技艺相比,如何配置和使用火力就只是从属性的技艺了。

德意志三十年战争之后,欧洲的战争周期越来越短促,18 世纪的西班牙王位继承战争(1701—1714)和"七年战争"(1756—1763)已经具有超出欧洲地域的国际性质——从西印度群岛到东印度群岛以及北美各处都有战端。这些战争不仅催生了第一流的军事指挥家,尤其重要的是,欧洲王国的军队逐渐开始职业化。

---

① 罗伯特·斯格尔思,《未来战争:美国陆军军事学院最新理论》,薛国安、张金度译,北京:国防大学出版社,2000,页 40。

② 参见柏拉图,《普罗塔戈拉》,前揭,页 61 注释。

到了 17 世纪,欧洲军队已经达到了新的精确程度,同时也更难以改变,但是欧洲在有组织的暴力行动的管理方面,其技术和组织改良并没有永久停顿。相反,技术和组织革新还在不断推进,使欧洲人得以越来越明显地超越地球上的其他民族。①

欧洲各王国开始建造永久性兵营,这意味着和平时期也得保持一支常备军,以应付突发的战争。规模庞大、旷日持久的德意志三十年战争催生了后勤和战地救护建制,给养开始由具有良好储备的独立单位负担。② 1674 年,法国首创照料负伤、退伍和伤残军人的"荣军院"。随着技术工程学的发展,防御工事和攻城设施也日趋复杂,法国工程师勒普雷斯特(Sébastien Le Prestre,1633—1707)的天才开启了军事工程学。法国大革命之前(1788),法国军队已经有了地图描绘能力,战斗力大为提升。③

战争规模的扩大,已经让传统的军事组织形式难以应付,军队建制逐渐扩大。经过训练的军队大规模集结起来固然会形成强大的战斗力,但后勤补给会变得非常困难,若武器、弹药、食品、饲料和其他装备供应不及,大规模机动作战将受到极大限制。指挥官要掌控数万人以上的军事行动,而当战线延伸太远时,必须采用新的联络方式和准确的地形图,才能指挥一定规模的野战部队。除了火力配备之外,有效的联络手段和后勤补给方式也成为军队现代化的重要指标。④ 由于战争规模的扩大和战役组织程度的高度复杂化,对军事统帅的谋略以及意志

---

① 威廉·麦克尼尔,《竞逐富强:公元 1000 年以来的技术、军事与社会》,倪大昕、杨润殷译,上海:上海辞书出版社,2013,页 127。

② 阿彻·琼斯,《西方战争艺术》,刘克俭、刘卫国等译,北京:中国青年出版社,2001,页 157 – 162。

③ 参见 Jānis Langins, *Conserving the Enlightenment: French Military Engineering from Vauban to the Revolution*, MIT Press, 2004; Guillaume Monsaingeon, *Vauban un militairetrès civil*, Paris, 2007。

④ 杰里米·布莱克,《军事革命? 1550—1800 年的军事变革与欧洲社会》,李海峰、梁本彬译,北京:北京大学出版社,2019,页 72 – 74。

力的要求也随之提高。

> 将军们首先要解决好的问题是如何在敌方国土上移动一支7万人的军队,并不断补给食物、饲料与弹药——许多将军解决不好这个问题。(霍华德,《欧洲历史上的战争》,页97–98)

奥地利王位继承战争(1740—1748)期间,法国开始试行诸兵种合成的"师"级战斗单位。在此之前,欧洲军队最大的常备军单位是"团",而"师"(division)这个语词在中世纪意指"部分战线",或者"一支大于旅(brigade)但规模上还较为模糊的步兵或炮兵部队"。① 师级建制标志着战争的组织化程度大为提高,即作战单位必须是一个高度复合的织体,除主要的步兵外,还需要配备炮兵、骑兵以及工兵、医务兵、通信兵等支援分队(总兵力可达1.2万人),由一个参谋机构协调,从属于单一指挥官绝对君主式的号令——只要有战争存在,绝对君主式的政治要素就不可能消除。但在自由主义史学家看来,这体现的则是"理性思想和系统试验的成果"(麦克尼尔,《竞逐富强》,页144、151)。②

七年战争期间(1759),师级建制初见雏形,但直到法国大革命前几年才定型。③

> 1800年之前,欧洲的所有军队都极为频繁地将骑兵分配到各个师当中。计划展开合同进攻的军队,在师级层面会将师里的步兵集群作为枢轴,让师属炮兵和骑兵围绕步兵运转。④

---

① 杜普伊,《武器和战争的演变》,前揭,页242。
② Roland Mousnier, *The Institutions of France Under the Absolute Monarchy*, 1598–1789, University of Chicago Press, 1979, *Volume I: Society and State*, pp. 202–210; *Volume II: The Organs of State and Society*, pp. 105–108。
③ 彼得·帕雷特,《现代战略的缔造者》,前揭,页99。
④ 乔治·纳夫齐格,《皇帝的刺刀:拿破仑战争条令中的连、营、旅级战术》,吴畋译,长春:吉林文史出版社,2019,页324。

法国大革命后(1796年),师级建制逐渐成为其他欧洲国家争相模仿的标准,一个国家的军力或投入某个战役的兵力按"师"来计算。拿破仑战争既是对这种初级版现代正规化军制的一次检验,也极大地促进了现代军事的正规化,并决定了19世纪前半期军事发展的基本趋势。

这一军事现代化进程实际上相当缓慢,或者说还受到技术化条件的极大限制。18世纪末期,拿破仑的军队也还缺乏复杂的后勤支持,以至于"最后还是大难临头了"。① 拿破仑战争是欧洲战争乃至人类战争史上战争规模的一次大提升。战前的欧洲只有少数国家军队超过20万人,而在拿破仑战争中,法国"损失的兵员总计在130万至150万之间"(麦克尼尔,《竞逐富强》,页185)。1792至1815年间,英国先后有700多万人从军,皇家海军达25万。俄国陆军在1812年9月已经多达90万,1792至1815年间先后有210万人从军,其中海军达20万人。奥地利军队在最高峰时多达57万人,先后有100万奥地利人参与作战。普鲁士王国虽小,战争期间也先后有32万人参与作战。即使欧洲小国也组建起以往战争中欧洲强国军队的规模:那不勒斯王国和华沙公国均有超过10万人的军队。整个国家投入战争的潜力作为衡量国家总体能力的指标之一,成为统治者必须考虑的治国要素。18世纪末,欧洲国家人口最多的是法国(2700万),一旦"全民动员",法国就占人口优势。

欧洲的政治成长给世界历史带来的"第一次军事革命"主要体现在军事组织和武器手段方面,凡此发展在法国大革命之前已经成熟,拿破仑战争在这些方面并没有什么新突破。克劳塞维茨的《战争论》基于刚刚结束的拿破仑战争,如果说他凭此获得了关于战争性质的新理

---

① 布莱恩·唐宁,《军事革命与政治变革》,前揭,页81;比较阿彻·琼斯,《西方战争艺术》,刘克俭、刘卫国等译,北京:中国青年出版社,2001,页157-162;杰里米·布莱克,《军事革命?1550—1800年的军事变革与欧洲社会》,李海峰、梁本彬译,北京:北京大学出版社,2019,页72-74。

解,人们就有理由问:古典战争与现代战争究竟有何不同?从什么意义上讲,拿破仑战争标志着现代战争的开端?

五

20世纪的第一次世界大战之后因提出装甲战理论而闻名的富勒少将(1878—1966)是20世纪负有盛名的军事思想家之一,他年少气盛时看不起克劳塞维茨,成熟后则认为,"克劳塞维茨与哥白尼、牛顿、达尔文等同样伟大"(迪普伊,《把握战争》,页16-17)。这话听起来显得有些夸张,其实不然。

克劳塞维茨很清楚地认识到自己出生在一个革命时代,无论好坏,这一时代都有可能会改变整个欧洲社会的政治结构。(霍华德,《牛津通识课》,页5)

富勒准确地把握到克劳塞维茨的自我意识,他的名作《战争指导》从拿破仑战争打破欧洲"非常宁静的政治气候"谈起,并将法国革命理念与一种新型的"无限战争的再生"联系起来(富勒,《战争指导》,页16-20)。事实上,拿破仑革命战争不仅彻底了改变欧洲,也改变了整个世界的政治面相。

富勒提醒人们意识到,克劳塞维茨生活在世界历史的普世革命年代,他的战争学说基于一场史无前例的革命战争。因此,克劳塞维茨对战争的理解并不是那个语义含混甚至不完整的名言("战争是政治的延续"),而是两个层面的三重性——首先是激情、理性和运气的三重性:

战争不仅是一条真正的变色龙(因为它的本性在每个具体情况下都有所变化),而且就其全部现象来看,在其本身的主要倾向方面,它还是一个奇特的三位一体,即由三个方面组成,一是战争要素固有的暴力性,包括仇恨和敌视,这些可看作是盲目的本能;二是盖然性和偶然性的游戏,它们使战争成为一种自由的精神活动;三是作为一个政治工具的从属本性,使战争归于纯粹的理智。(《战争论》卷一,页49–50)

这里的"三位一体"原文是 Dreifaltigkeit,它与带有基督教教义含义的"三位一体"概念毫不相干——事实上,所谓"三位一体"仅仅是后人的一种比喻。如果人们熟悉霍布斯的战争观,那就很难说克劳塞维茨关于战争要素的定义有多少新意。

第二个层面的战争要素三重性是上述三重性在政治上的体现,即政府、军队、人民的三重性:

> 这三个方面中的第一个主要与人民有关,第二个主要与统帅及其军队有关,第三个主要与政府有关。在战争中应迸发的激情此前就应该已经存在于人民之中;在偶然性的盖然性王国里,勇气和才干的活动范围取决于统帅和军队的特点;政治目的则只是政府的事。(《战争论》卷一,页50)

克劳塞维茨研究专家有理由认为,这种"奇特的三重性"才是克劳塞维茨关于战争的实际定义,只不过它同时是一个"谜"(罗特,《克劳塞维茨之谜》,页5–9)。的确,人们若把这一定义用于描述战争与政治的关系,不也同样说得通吗?问题在于,人民-军队-国家之间的关系究竟是怎样的。

值得探究的问题出现了:克劳塞维茨的"奇特的三重性"战争观与法国大革命有什么关系吗?

1800年2月,拿破仑发动政变执掌革命政权,入住杜伊勒里宫:

> 在15周不到的时间里,拿破仑有力地完成了下列事务:他结束法国革命,送走西哀士教士;他颁行法国新宪法,为法国财政打下坚实基础;他钳制反对派媒体言论,开始了结乡间盗匪与旷日持

久的旺代战争;他设立元老院、保民院、立法院、参政院,不拘以往政治关系任命人才为官;他拒绝波旁王朝,向英奥求和(遭拒);他以压倒性优势赢得全民公决(哪怕我们考虑造假的因素),重组法国地方政府,并开办法兰西银行。①

拿破仑终结了革命后国家陷入的不稳定状态,但并没有抛弃革命精神,反倒沿用了诸多革命时期的措施。就我们眼下关注的问题而言,最值得注意的是,拿破仑全面贯彻罗伯斯庇尔政权颁布的全国征兵制(1793),建立起世界历史上第一支现代意义上的共和国正规军——革命的人民军队。

由此看来,1793年是世界军事史上的一个标志性时刻,因为,罗伯斯庇尔革命政权创设的普通兵役制在古典与现代的战争形态之间划出了一条明确的分界线。

> 随着实施普通兵役制,所有战争从理念上看都变成了人民战争(Volkskriege),从而很快便产生出种种古典战争法难以解决甚至无法解决的情况。(施米特,《游击队理论》,页151)

历史社会学家有理由说,战争变成人民参与的事业,这堪称基督教欧洲政治成长史上的"第二次军事革命":

> 第一次军事革命用大规模的常备军代替了封建军队的主体;第二次军事革命则用发挥了整个国家活力的更大规模的常备军替代了前者。革命军队在1794年的数量为70万,无法像马丁内(Martinet)所坚持的那样进行系统训练。相反,军队仰赖于政治教条,希望能够激起士兵们的政治觉悟,并说服他们自己,身为新共和国的公民,战争胜败与自己利害攸关,以此来替代训练的缺失。

---

① 安德鲁·罗伯茨,《拿破仑大帝》,苏然译,北京:社会科学文献出版社,2016,页302-303。

(唐宁,《军事革命与政治变革》,页161)

不过,有政治史学家认为,人民军队的发明应该归于英属美洲殖民地的"革命者":

> 1787年,美国的开国之父们以"我们人民"作为其宪法草案的开篇词,并非随意为之:正是武装了的人民,而非拿薪饷的职业军人或雇佣兵在独立战争中站出来反对英国人。美国的革命者们缺少资金和组织,无力为军队支付薪饷,只能靠激发人们的爱国热情征召军队,而非率领他们围着死板而缓慢的职业军队绕圈子。在开放的市场和政治之外,开放的秩序现在又带来了有人民的力量参与其中的开放的战争。一场新的军事革命开始了。①

这种说法明显太过夸张,与历史事实不符。英属美洲殖民地的"独立战争"并不是靠"爱国热情"打响的——那个时候的英属美洲殖民地还不是一个国家,英国议会与殖民地议会的冲突是一场英国内政危机。即便爆发武装冲突之后,危机的走向也并非殖民地的"独立"。在随后一年里(1775年5月到次年5月),北美殖民地从大英帝国分裂出去的结局才变得无可挽回。② 北美殖民地的独立与其说是"殖民地对帝国的反抗",不如说是"一场英国内战",北美的独立也"不是战争的起因和目的,而只是内战的结果"。③ 事实上,华盛顿(1732—1799)

---

① 伊恩·莫里斯,《战争:从类人猿到机器人,文明的冲突和演变》,栾力夫译,北京:中信出版社,2015,页167。

② 约瑟夫·埃利斯,《革命之夏:美国独立的起源》,熊钰译,北京:社会科学文献出版社,2016,页24;杰克·格林,《边缘与中心——帝国宪制的延伸:大英帝国与美利坚合众国1607—1788》,刘天娇译,北京:中国政法大学出版社,2017,页127-148。

③ 郑非,《帝国的分裂:美国独立战争的起源》,桂林:广西师范大学出版社,2016,页1-43。

著名的"告别演说"并没有呼吁"一场新的军事革命"。

若要追溯罗伯斯庇尔革命政权搞军事改革的思想源头,还得回到革命前的启蒙运动,因为,"建立公民军队是启蒙哲学家的普遍主张"。吉伯特相信,若给法兰西王国的军队"注入人民的活力,法国就有可能创造出一种较为速决和更有威力的战争"。①他在《战术通论》中这样写道:

> 在战争艺术中存在一些重要事物,如同大厦的根基。这就是政府用以教育公民、士兵和将帅的永恒手段。在这方面,希腊人和罗马人要优于我们。他们民兵组织的优越、纪律的严明、青年的尚武教育、赏罚的方式,这些内容之间的重要关联决定了他们的军事结构与政治宪法之间的确切关系。②

由此说来,"人民军队"的源头岂不是要追溯到古希腊的斯巴达政体? 其实,说来也让人难以置信:激发吉伯特产生"人民军队"观念的,是仅比他年长三岁的普鲁士国王弗里德里希二世(1740—1786)。正是这位"开明专制君主"所打造的王国军队以及骄人战绩,让吉伯特看到了"人民武装"的力量。③

克劳塞维茨不可能没读过吉伯特的《战术通论》,这本书在当时不仅有名,而且非常普及。但是,他的战争"三重性"论把"人民"视为盲目的力量,似乎又显得是对启蒙式"人民军队"论的反驳。

---

① 彼得·帕雷特,《现代战略的缔造者》,前揭,页 100 – 101。
② 转引自施泰因迈茨,《歌德、吉伯特与奥地利的卡尔大公》,前揭,页 452。
③ Beatrice Heuser, "Guibert (1744 – 1790): Prophet of Total War?", in StigFörster / Roger Chickering(eds.), *War in an Age of Revolution*: *The Wars of American Independence and French Revolution*, 1775 – 1815, Cambridge University Press, 2010, pp. 49 – 67。

六

拿破仑临危受命时,法兰西革命政权正面临第二次反法同盟围攻。凭靠革命政府打造的人民军队,拿破仑集中兵力先打击意大利北部的15万奥军,迫使奥地利退出战场,让英国丧失在大陆上的立足点。这一战略决心的意图是:先打威胁更大的敌人。毕竟,西面的英军没有战略纵深。随后,拿破仑主动与英国媾和,而英国眼见反法同盟实际上已经瓦解,便顺势而为,同拿破仑在法国北部小镇亚眠缔结和约(1802年3月)。

拿破仑抓住时机整理内政,一年后(1803年5月18日)废除共和制恢复君主制,时隔一年半后(1804年11月6日),一部君主制宪法以公民投票方式诞生了,这意味着拿破仑的君主制获得了人民授权。用施米特的说法,拿破仑成功地将人民-国家正当性与王朝正当性结合起来:

> 1793年,雅各宾党人根据民族[国家]-革命正当性审判了法国的王朝-世袭正统君主。自那时算起仅仅十年后,也即1804年,一个新的、此间与最为古老的正统世袭王朝联姻的波拿巴家族就横空出世了。通过国际法条约、结盟和联姻,它获得了整个欧洲的承认。(施米特,《评论与提示》,页12)

共和革命精神与传统的王政制度在拿破仑政制中叠合为一,这给政治史学乃至政治哲学带来解释上的极大困难。关于拿破仑的书层出不穷,对他的历史评价迄今众说纷纭,甚至尖锐对立(罗伯茨,页32-33),原因就在于此。拿破仑的同时代人斯塔尔夫人(1766—1817)已经写道:

> 在大革命中,残酷的征兵制变得极其完善,这也带来了一个好

处:它给了所有阶层一个建功立业的机会,在法国军队里激起了无穷的进取之心。正是在这些自由的原则中,波拿巴攫取了一股后来他用来反对自由的势力。在拿破仑统治下,军队几乎很快就丢失了身上大部分[旧]德性,只保持着它可贵的勇武和高尚的民族自尊心。①

这无异于说,拿破仑使得法兰西国家军队的精神面貌焕然一新。可是,直到今天,人们仍然能从美国学者编写的"人文通识读本"中读到如下矛盾说法:

> 随着拿破仑的崛起,历史绕了个圈,法国最后又回到了专制政体。拿破仑是一位独裁者和军事天才,他是那个时代开明专制的象征,同时也昭示了现代独裁统治的诞生。最重要的是,他是法国大革命的继承人。②

法国大革命的继承人竟然是现代独裁统治的开山祖,这会让今天的人文学士想不通。其实,更让人想不通的是,拿破仑也是美国革命精神的继承人。

法国革命爆发的第二年,英国著名政论家伯克(1729—1797)发表了小册子《法国大革命感想录》(1790),尖锐抨击巴黎发生的暴力事件。在伯克眼里,法国革命"不只是法国的危机,而且是整个欧洲的危机,或许还要超出欧洲之外":

> 把一切情况放在一起,法国大革命是迄今世界上发生的最令人惊异的事情。在许多情况下,通过最荒谬可笑的方法,以最滑稽

---

① 斯塔尔夫人,《法国大革命》,李筱希译,长春:吉林出版集团,2014,下册,页428。
② 罗伊·马修斯等,《从法国大革命到全球化时代》,卢明华等译,北京:世界图书出版公司,2013,页10。

的方式,而且明显运用了最卑鄙的手段,最奇异的事情被制造出来。在这场轻率、凶恶、奇怪的混乱之中,种种犯罪和种种蠢事混杂在一起,一切事物好像都失去了本性。在观察这场怪异的悲喜剧时,极其相反的感情必然接踵而至,鄙夷和愤怒,欢笑和眼泪,蔑视和恐惧,有时候在心中掺杂在一起。①

托马斯·潘恩(1737—1809)比伯克仅小 8 岁,作为英属美洲殖民地与宗主国分离的有力推手,他随即撰写小册子《人的权利》(1791)反驳伯克,并将法国革命与英属美洲殖民地的"独立"联系起来:

美国和法国的两场革命为英国和整个欧洲提供的伟大机会无与伦比。通过前者,自由在西方世界拥有了一种民族[国家]性的支持;通过后者,自由则在欧洲取得了一种民族[国家]性的支持。当另外一个国家又与法国结盟时,专制和坏政府就不再敢冒头了。老话说得好,欧洲现在可以趁热打铁。受欺辱的德意志人、被奴役的西班牙人、俄国人以及波兰人开始思考了。现在的时代堪称"理性时代",现在这一代人则将展示出新世界的亚当的前景。②

拿破仑战争之后,德意志人、西班牙人、俄国人以及波兰人不仅"开始思考了",他们也开始行动起来。不过,这是后话,眼下我们应该看到,《人的权利》虽然是为法国革命辩护,但其中谈得最多的却是美国革命。在潘恩眼里,美国革命开启了一种全新的文明样式,而法国革命则是对美国革命的模仿。

《人的权利》一上市"很快就超过伯克小册子的销售量",潘恩随即安排法译本的翻译和出版。革命青年拿破仑读到小册子后振奋不已,称潘

---

① 埃德蒙·伯克,《法国大革命感想录》,见《埃德蒙·伯克读本》,陈志瑞、石斌译,北京:中央编译出版社,2006,页 140。

② 托马斯·潘恩,《人的权利:驳柏克论法国大革命与美国革命》,田飞龙译,北京:中国法制出版社,2011,页 218。

恩为"共和国的火炬,一切传奇中最伟大的人物"。结束意大利战役回到巴黎时,拿破仑听说潘恩正住在巴黎的戏院四街一位朋友家里,他立即前往求见。见到潘恩后,拿破仑情不自禁地"讲了一大堆"倾慕之言:他每晚就寝时总要把《人的权利》放在枕头底下,对《常识》和《理性时代》可以倒背如流,还认为世界上每个大城市都应竖立一座潘恩的金塑像。①

拿破仑的确应该感激潘恩,因为后者给他带来了美利坚精神。连黑格尔也听说过,拿破仑对"[英属]美洲作为新大陆可能会表现为一个未来的国家"颇为憧憬,而"旧世界使他感到乏味"。② 若有人说拿破仑是如今的自由主义者,不会错到哪里去。事实上,在读到《人的权利》之前,拿破仑已经相信,唯有"天赋人权"这条法则能够解决"政治问题,从而使最微不足道者也能有所获得"。③ 只不过,潘恩的小册子让他意识到了眼下的法国革命与美利坚发生的革命有怎样的关联,以及如今欧洲为何亟待出现一位开启"新世界的亚当"。

> 对出身寒微、经公民表决产生的当权者而言,革命正当性的庄严来自相反的一面,它发端于启蒙哲学与自由、进步及理性的启蒙观念。拿破仑的自我理解和自我意识正建基于此,他自以为站立在这种革命观念的巅峰之上。(施米特,《评论与提示》,页27)

当潘恩看到拿破仑称帝时,他会怎么想? 直到今天,政治史学家们仍然很难解释,崇尚自由主义权利观念的拿破仑何以同时是个"独裁者",而且还恢复了旧的世袭王朝制度,在1807年以后甚至让法国成了第一个现代意义上的"警察国家"(亨特/森瑟,页256-257)。

---

① 利奥·顾尔柯,《潘恩:自由的使者》,彭金瑞译,北京:商务印书馆,1984,页81-82、115-116。
② 黑格尔,《世界史哲学讲演录》,刘立群等译,北京:商务印书馆,2015,页89。
③ 帕斯卡尔·富迪埃,《拿破仑传》,钱培鑫译,北京:人民文学出版社,2014,页72。

拿破仑自觉肩负着普世性"人权"革命的政治使命,他所主导的那场跨世纪之战实际上开启了一种新的宗教战争模式。换言之,拿破仑战争的世界历史意义不是体现在军事方面,而是体现在政治方面。谁若认为,拿破仑战争是以"大西洋革命"(美国革命–法国革命)的"普世价值"为口实而进行的帝国式扩张战争,那么,他一定是忘记了潘恩在《人的权利》中的预言:

> 全部欧洲可以形成一个庞大的共和国,每个人对于整体而言都是自由的。(潘恩《人的权利》,页163)

按照潘恩的观点,人们就得说拿破仑战争是一场"正义"的国际战争,因为它代表着世界历史前进的方向。拿破仑战败之后,路易十五的孙子路易十八(1755—1824)和他的胞弟查理十世(1757—1836)在法国主导了一场短命的"复辟":前者试图回到君主立宪制,后者则干脆返回绝对君主制。短短十多年后(1830年7月),由于查理十世竭力清洗军中曾为拿破仑效力的军人,并采取了一系列旨在复辟君主制的倒行逆施,巴黎再次爆发共和革命。如潘恩已经预言过的那样,这次连德意志人、西班牙人、俄国人以及波兰人也开始行动起来。1840年代初期,当年轻的俄国贵族巴枯宁(1814—1876)来到柏林学习德国古典哲学时,他感受到的是拿破仑的革命原则:

> 难道你们一点也没有听到革命的风暴,难道你们不知道,民主主义的保护者、名副其实的革命之子拿破仑用胜利的手把消灭差异的革命原则传遍全欧洲吗?也许,你们没有听说过什么关于康德、费希特、谢林和黑格尔的事情,但难道你们真的一点也不知道在精神世界中提出了消灭差异的革命原则和精神自治原则的哲学吗?①

---

① 巴枯宁,《德国的反动》,见《巴枯宁言论》,中共中央马列著作编译局资料室译,北京:生活·读书·新知三联书店,1978,页2–3。

克劳塞维茨的《战争论》成书于欧洲的"复辟"时期(1818—1830),如果他的战争"三重性"之说对人民的看法让他显得像个"保皇派",那也没有什么可奇怪的。但是,一个相当严峻的问题就出现了:如果《战争论》乃是基于反拿破仑战争的思考,克劳塞维茨岂不成了"反革命复辟"势力的代言人?既然"家族-王朝正当性和人民-国家正当性之间的争斗混合着公开和隐蔽的双重面相,这必然把欧洲的公共生活变成幽灵般的谜团"(施米特,《评论与提示》,页12),那么,克劳塞维茨能清楚辨识两种正当性的差异吗?尤其重要的是:他能从这一谜团中看到新的战争形式吗?

七

　　按照克劳塞维茨研究专家的看法,《战争论》所依据的战争经验主要来自拿破仑战争中的三场大战:1806年的耶拿会战、1812年的莫斯科会战和1815年的滑铁卢会战,它们分别标志着拿破仑战争的胜利、失败和覆灭。

　　　　拿破仑在耶拿、莫斯科和滑铁卢的胜利、失利与溃败,构成了克劳塞维茨有关战争的政治理论不断变动的核心。对克劳塞维茨来说,耶拿、莫斯科和滑铁卢象征着相互冲突的战争经历,这构成了他的著作的主体部分。(赫伯格-罗特,《克劳塞维茨之谜》,页19)

　　其实,拿破仑的革命事业开始走下坡路,并非始于1812年远征俄罗斯,而是始于他凭靠"波拿巴王朝的新正统性"兼并西班牙——如政治史学家所说,"西班牙是拿破仑的坟墓"。①

---

① 埃米尔·赖希,《现代欧洲的基础》,汪瑛译,北京:华夏出版社,2022(即出),页83-84。

1808初,拿破仑在东面战场取得对普鲁士和奥地利的决定性胜利之后转向西面,领军废黜西班牙国王斐迪南七世(1784—1833)的王位,由他的长兄约瑟夫·波拿巴(1768—1844)取而代之。同年5月,马德里爆发反抗拿破仑的武装起义,法军血腥镇压,西班牙人从此展开了长达近五年的guerrilla[游击战],拖住近30万法军使其不得脱身。最终,在英国军队和葡萄牙人帮助下,西班牙人将法国人赶出了国境。

> 拿破仑把在西班牙的战争称为"西班牙溃疡",它耗尽了他的实力。但那不只是一处溃疡,而是两个大西洋帝国,甚至是三个大西洋帝国(如果你把葡萄牙包括在内)对他的抵抗。①

抵抗拿破仑的西班牙maquisards[丛林者/游击队]领导人既有医生、修士、神父,也有民间好汉,其中不少是法国革命理念的信徒或者说"亲法分子"。在反抗拿破仑王朝统治的战争中,他们与保皇派并肩战斗,为被扣押在巴黎的西班牙国王斐迪南七世而战。②

> 拿破仑迈出的毁灭性的第一步,便是他对西班牙动手,因为他在那里遭到了全国的抵抗……他并没察觉到山地战将给自己的军队带来如何的灭顶之灾……在唯一不可战胜的力量,也就是一个民族迸发出的激情面前,拿破仑总学不会去敬畏它。(斯塔尔夫人,《法国大革命》,页450)

"民族迸出的激情"的确是"唯一不可征服的力量",问题的复杂性在于,西班牙人"迸发出的[这种]激情"同时是共和革命激情,而这恰恰是法国革命的成果。换言之,反抗拿破仑的西班牙游击战士不畏艰辛、努力和牺牲的战斗精神,同样是家族-王朝正当性和人民-民族

---

① 诺曼·斯通,《第一次世界大战:繁荣的幻灭》,王东兴、张蓉译,北京:中信出版集团,2020,页74。
② 让·德科拉,《西班牙史》,管震湖译,北京:商务印书馆,2003,页413。

［国家］正当性的融合。

拿破仑恢复世袭王朝正当性之后兼并西班牙时忘了，早在雅各宾党人执政时期，法国革命的普世"人权"精神已经退缩为一种民族国家情感：

> 1793初，法国为论证其兼并比利时和莱茵河地区的合理性而在当地组织的选举遭受耻辱性失败。民族主义成了巴黎革命者的新口号，而与之对立的"博爱"则成了共和二年公安委员会嘲弄的对象。①

雅各宾党人施行普遍兵役制不是为了实现普世价值，而是为了捍卫人民的法兰西共和国。因此，斯塔尔夫人对拿破仑以法兰西君主的身份横扫欧洲感到奇怪——尤其成问题的是，人民将与自己的军队分离开来：

> 法国人可以忘记他们在西班牙灭掉了一支民族的事实吗？他们可以对自己在莫斯科溃不成军的耻辱释怀吗？他们可以无视波拿巴因逐渐控制每个国家、要奴役整个欧洲，从而导致欧洲拿起武器反抗法国吗？有些人想把军队变成一个独立于民族且与之绝无关联的类似组织机构。如果真是这样，所有公民道德都和将士绝缘，不幸的人民就得面对两个敌人：自己的队伍和外国的军队。（斯塔尔夫人，《法国大革命》，页432）

就在克劳塞维茨动笔开始写作《战争论》之际，1822年10月，俄、奥、普、法四国在意大利名城维罗纳（当时仍是奥地利属地）召开会议（英国派出代表参加），这是维也纳和会之后"神圣同盟"举行的第一次也是唯一的一次"外长级"国际会议。应斐迪南七世的请求，会议授权

---

① 雅克·索雷，《18世纪美洲和欧洲的革命》，前揭，页157。

战后复辟的法国波旁王朝以"神圣同盟"名义恢复西班牙的和平秩序。

就在一年前,普鲁士哲学家黑格尔(1770—1831)出版了《法哲学原理》(1821),其中对拿破仑的西班牙战争有过一番颇值得一品的评说——他甚至把苏格拉底也扯上了:

> 拿破仑曾想先验地给予西班牙人一种国家制度,但事情搞得够糟了。因为一种制度不单纯是被制造出来的东西,它是数百年的工作,是理性东西的理念和意识,就此而言……没有哪个国家制度是单纯靠主体创造出来的。①

黑格尔的表述虽然抽象,意思还是很明晰——他承认,拿破仑带给西班牙人的国家制度"比他们从前所有的更加合乎理性"。拿破仑让自己的胞弟带去的政制从形式上看是王朝君主制,其实是自由的人权政制,因此才被西班牙人视为"陌生的东西",并"遭到他们的回绝",因为"他们还没有被教化到这样高的水平"。对黑格尔来说,拿破仑战争是在传播"更加合乎理性"的国家制度,问题仅仅在于,这种制度不能与"民族[国家]的权利和地位"相抵牾:

> 民族必须对他的国家制度具有情感,此情感体现民族[国家]的权利和地位,否则国家制度虽然能够外在地存在,却没有意义和价值。(黑格尔,《法哲学原理》,同上)

可是,黑格尔紧接着就说,对"一种更好的制度"的需要和渴求,往往最先出现在民族的"个别人身上",而"全体大众"的观念则要滞后得多:

> 道德性的原则,即苏格拉底的内心生活原则,是他那个时代的必然产物。但是要成为普遍的自我意识,那就要回到它所从属的

---

① 黑格尔,《法哲学原理》,邓安庆译,北京:人民出版社,2017,页418。

时代。(黑格尔,《法哲学原理》,同上)

在这段论述中仅出现了两个历史人物——拿破仑和苏格拉底,黑格尔是否把拿破仑或潘恩钦慕的理想制度理解成他自己心目中的苏格拉底所理解的"理想国"了呢？倘若如此,这足以表明他的思辨哲学头脑埋进启蒙的尘埃已经有多深。

克劳塞维茨又是如何看待拿破仑在西班牙的失败呢？人们甚至应该问,他关注过西班牙人反抗拿破仑的游击战吗？这里涉及他的三重要素战争论的关键:如何理解人民要素及其"人性基础"以及与其他两种要素的关系——世界各国的"人民"都一个样吗？

1823年初,十万法军再次进入西班牙,在这支外国军队的支撑下,斐迪南七世解散了战后的君主立宪政府——相当于革命后的政府,恢复王朝治权——但他仅仅维持了十年"不祥的"统治。1833年,斐迪南七世驾崩,因无男性子嗣,由他与第四任妻子所生的女儿伊莎贝拉(1830—1904)继位,但她时年才3岁。斐迪南七世的胞弟卡洛斯亲王(1788—1855)随即在北部地区发动叛乱,欧洲历史上司空见惯的为争夺王位而爆发的内战又开始了,而且一发不可收拾。在随后一个世纪里,家族-王朝正当性和人民-国家正当性之间的武装冲突几乎没有间断,西班牙经历了"百余届政府、无数宪法和政权","刺杀、流放和罢黜政府首脑的事件屡见不鲜"。①

到了19世纪末,西班牙的末代国王阿方索十三世(1886—1941)还没出生就作为其父的"遗腹子"继承了西班牙王位,由他的奥地利籍母亲摄政。在他十二岁那年(1898),西班牙王国遭遇最后一击:美国和

---

① 瓦尔特·伯尔奈克,《西班牙史:从15世纪至今》,陈曦译,北京:上海文化出版社,2019,页66、71 - 79;比较雷蒙德·卡尔,《不可能的帝国:西班牙史》,潘诚译,北京:东方出版中心,2019,页167 - 278;雷蒙德·卡尔,《惶惑的旅程:西班牙的现代化历程(1875—1980)》,许步曾等译,上海:上海三联书店,1996。

德国夺取了西班牙在西太平洋仅剩的几处领地,在那里统治殖民地的"将军们被迫蜂拥还乡"。① 德里韦拉将军(1870—1930)是其中一员,他经历过古巴战场和菲律宾战场。1923年9月回到西班牙后,他在阿方索十三世支持下建立起军人政权,以"国家、宗教、君主制"为口号建立统一的民族国家,却再度引发共和革命(1931年4月)。

阿方索十三世被迫放弃王位流亡国外,第二共和国建立——接下来,本文第一节开头提到的那场内战就爆发了。这看起来是共产主义者与法西斯主义者之间的武装冲突,其实是拿破仑战争时期的意识形态内战的延续。

> 在这场战争中,西班牙人民既被西方民主国家抛弃,也被苏联抛弃,2400万西班牙人中,整整50万人或直接死亡,或死于饥饿和疾病,或死于佛朗哥在获胜后立刻施行的成千上万起报复性处决。(理查德·罗兹,《地狱与良伴》,页287)

人们不禁会问:西班牙人民是怎样的人民呢?现代世界历史的开端以西班牙王国的崛起为标志,而直到20世纪中期,西班牙仍然没有建立起稳定的国家秩序,这意味着什么呢?"家族-王朝正当性和人民-国家正当性之间的争斗混合着公开和隐蔽的双重面相"为何在西班牙交织得如此难解难分呢?

"西班牙内战"的世界史含义远还没有穷尽,即便关于这场内战的政治史学文献已经远多过西班牙通史。②

---

① 理查德·罗兹,《地狱与良伴:西班牙内战及其造就的世界》,李阳,北京:生活·读书·新知三联书店;2020,页2。

② 比较马丁·布林克霍恩,《西班牙的民主和内战(1931—1939)》,赵立行,上海:上海译文出版社,2003;斯坦利·佩恩,《西班牙内战》,胡萌琦译,北京:中信出版集团,2016;阿曼达·维尔,《西班牙内战:真相、疯狂与死亡》,诸葛雯译,中国友谊出版公司,2018。

八

拿破仑军队在耶拿战役(1806)中击败普鲁士王国之后,德意志哲学家费希特发表了一篇为马基雅维利洗刷污名的小册子(1807),其中的基本观点即20世纪的自由主义哲学家伯林(1909—1997)借以名声大噪的多元道德论:

> 如果人们看到,马基雅维里所谈的道德并不是一种单一的、自身封闭的和自身一致的德性,而是包含了多种道德,他当然有理由指责这些道德,说它们既不愿意相互一致,也不愿意与某位君主的命令相一致,那么,他的这种学说中的有失体面之处就不复存在了。①

费希特的小册子主要谈论马基雅维利的政治观及其写作,但也提到军事问题。他告诉普鲁士的读者,一个人即便"谙熟军事",也"值得花力气去仔细研读几遍"马基雅维利的《兵法》,因为它涉及战争所需要的牺牲和无畏精神,这些远比武器的进步更为重要:

> 我们的时代普遍以为,炮兵在战争中决定一切,战争只受装备精良的炮兵制衡,没有其他兵器可以对付炮兵;而且事实上,把欧洲推入现在这般悲惨境地的最近几次战役,都是由大炮决定的。马基雅维利的观点完全不同;他认为,炮兵只有在开阔的战场上才对胆小鬼有威慑力,一支勇敢善战、装备适当的军队不需要炮兵,并且可以鄙视敌方的炮兵。(费希特,《论马基雅维里》,页199)

---

① 费希特,《论马基雅维里》,见梁志学主编,《费希特著作选集》(第五卷),谢地坤译,北京:商务印书馆,2006,页187(以下随文注页码)。(关于马基雅维利,笔者在论述中都写作"马基雅维利",涉及已出版物及其中的引文时则保留其原样写作"马基雅维里"。)

费希特没有考虑到,马基雅维利时代的火炮没法与两百多年后的火炮相提并论。毕竟,基督教欧洲恰好在这两百年间经历了"第一次军事革命"的洗礼。①

时年 27 岁的克劳塞维茨读到这封信后激动不已,禁不住匿名给费希特写了一封赞美信。但他首先表示,自己不能同意费希特轻视炮兵的说法:

> 完全忽视炮兵几乎肯定会带来严重的不利后果,因为当大规模地集中使用火炮的时候,几乎不可能针对它做出任何抵御,自从马基雅维里以来,火炮的效果至少是加倍了。②

尽管如此,克劳塞维茨紧接着就说,他完全同意费希特的如下看法:德意志人若想要挽救自身,就得凭靠某种再生力量,它具有不"畏惧火药"的"思维和勇气"(费希特,《论马基雅维里》,页 200)。正因为如此,克劳塞维茨才心情激动地给费希特写信——他同样相信,这种再生力量与新式武器无关,关键在于唤醒人民的战斗精神:

> 如果战争艺术要想对于我们有用,就必须通过一种新的精神来使之获得活力,并且为任何战争所需要的艰辛、努力和牺牲提供正当性。(《给费希特的信》,页 45)

国民党的"中央考察团"在红军将士身上看到的是否就是这种精神呢?要搞清这一点绝非易事,它不仅涉及法国大革命以来的世界历史,还牵扯到一个重大的思想史问题:支撑现代"战争所需要的艰辛、努力和牺牲"的"正当性"是什么。克劳塞维茨虽然年轻,但他这时已

---

① 参见乔治·纳夫齐格,《皇帝的刺刀:拿破仑战争条令中的连、营、旅级战术》,前揭,页 269 - 309。
② 克劳塞维茨,《给费希特的信》(黄涛译),见吴彦、黄涛主编,《国家、战争与现代秩序》,前揭,页 44(以下随文注页码)。

经意识到现代战争与古代战争在军事伦理上的差异:

> 现代的战争艺术,不是把人作为单纯的机器来使用,而是激发个体的能量,只要武器的性质可以得到允许,这一点的确确立了一个限度,因为大规模力量的基本条件就是确立这样一种类型的组织,这种组织允许他们受到理性意志的引导,而又不存在过度的摩擦。(《给费希特的信》,页46)

在克劳塞维茨看来,现代的作战人员比古代有更为明确的政治意识。正因为如此,我们在他的战争"三重性"的第一层含义中可以看到"理性"要素。问题在于,法国大革命后的普鲁士需要怎样的"理性意志"呢?王朝正当性的"理性意志"抑或人民－国家正当性的"理性意志"?如果是后者,这种"理性意志"的正当性又来源于何处呢?

克劳塞维茨获得很高声誉,显然因为他的《战争论》是第一部基于现代世界大战的理论著作,即便是马基雅维利的《兵法》也难以与之相提并论。① 但是,若与《君主论》和《李维史论》相比,克劳塞维茨能够胜出的恐怕就仅仅是关于军事组织和战略战术方面的见识了。不过,要说在如何形成政治民族的问题上,克劳塞维茨并没有超越马基雅维利,这却仍然存在争议:

> 在政治方面,除了国际事务,克劳塞维茨认为马基雅维里的作品包含有不朽的洞见。马基雅维里认为,国家是一个非道德的、自治的单位,并认为政治是一个在其中强力和权宜之计优先于法律和良心的领域,这也是克劳塞维茨的看法。②

---

① 娄林选编,《君主及其战争技艺:马基雅维利〈兵法〉发微》,张培均等译,北京:华夏出版社,2019。
② 克劳塞维茨,《给费希特的信》,"英译本编者按",前揭,页42;比较威廉·冯·施拉姆,《克劳塞维茨传》,前揭,页155–156。

情形真的是这样吗?克劳塞维茨认为或希望普鲁士"是一个非道德的、自治的单位"?

拿破仑着手为进兵俄国做战略准备时(1812年2月),克劳塞维茨与两位战友一起深入讨论了普鲁士的政治局势,随后由他执笔写下了表达共同政治立场的"信念备忘录"(Bekenntnisdenkschrift)。"信念"(Bekenntnis)这个语词原指基督教信仰上的"认信",但在克劳塞维茨这里,它表达的是"一种不被任何畏惧所搅乱的政治理性"(施米特,《评论与提示》,页10)。换言之,克劳塞维茨和他的战友们之所以要搞这篇"信念备忘录",是因为他们当时感觉到巨大的政治压力。

1811年,拿破仑的军事行动在欧洲已经取得全面胜利,德意志的"君主们以及思想界的大人物如歌德(1749—1832)和维兰德(1733—1813)等,都对拿破仑表示了忠诚顺服","普鲁士军队被迫裁减到一个小国军队的规模","无数德意志人都自愿或不自愿地站到了拿破仑一边"(施拉姆,页283)。① 甚至克劳塞维茨敬仰的格奈泽瑙元帅也"呼吁自由宪法,独立的城市政府以及公民权利",因为,"战无不胜的拿破仑军队"给普鲁士军队带来极大的改革压力,若要动员整个国家,就得用基本的政治权利来交换(唐宁,《军事革命与政治变革》,页131)。

面对这一政治现实,克劳塞维茨和他的同道认为,有必要表达自己毫不妥协的反拿破仑立场。由于"普鲁士已经伸开双臂拥抱法国",他们的政治立场至少"从表面上看不再(即便在心里面永远)听命于这个国家"。他们决定公开这些备忘录,为的是"在臣民的头脑和心中燃起星星之火",并企望"它能够在将来治愈政府"。②

---

① 比较 Rudolf Vierhaus, "Goethe und Napoleon. Zum Problem des Verh？ltnisses von Machtund Geist in der deutschenpolitischen Kultur",见 H. Dollinger 等编, *Weltpolitik, Europagedanke, Regionalismus*: *Festschrift für Heinz Gollwitzer zum 65. Geburtstag*, Aschendorff, 1982, S. 157–174。

② 克劳塞维茨,《信念备忘录第一部分》,见吴彦、黄涛主编,《国家、战争与现代秩序》,前揭,页36(以下简称《信念备忘录》,随文注页码)。

普鲁士国王以及许多政要和学界名流都准备向拿破仑俯首称臣,这的确是令人畏惧的强大政治压力。毕竟,克劳塞维茨要抵抗的拿破仑军队携带着"普世人权"的符号:反抗拿破仑意味着与如今所谓的"普世价值"作对——这样的政治压力当然令人畏惧。因此,施米特说得不错,这份备忘录体现了"一种不被任何畏惧所搅乱的政治理性"。

那么,克劳塞维茨和他的战友们所表达的誓与入侵者决战到底的决心,是否也反映了王朝正当性和人民-国家正当性之间的争斗呢?

> 人们不必隐瞒对政府的任何一种情感,特别是对政府缺乏信任,这正是普遍气馁的根源。政府对臣民的信任同样很少,甚至对自己也是如此:这种对自己和他人在信任上的总体匮乏,是我们公共意见的普遍根基。(《信念备忘录》,页39)

至少从言辞上看,这段"认信"表白的确混合着王朝正当性和人民-国家正当性之间冲突的既公开又隐蔽的双重面相。这里一再出现的"政府"一词,显然已经让克劳塞维茨和他的战友们感到情感和道义上的两难。倘若如此,当克劳塞维茨后来在《战争论》中阐述第二层含义的战争要素三重性时,他考虑到其中"政府"要素的历史具体性了吗?

由于拿破仑战争携带着自由、人权的普世价值符号,普鲁士军队的抵抗难免会被自由知识人视为"反动"——甚至拿破仑自己也对"德意志人的敌意"感到莫名其妙:

> 拿破仑认为自己是德意志人的恩人,给他们所有人,包括贵族及其子民,送来了革命的丰硕果实,替他们所有人免除了革命的恐怖。以"免于革命"这个恩赐的礼物来做正当性基础,似乎是足够了。(施米特,《评论与提示》,页20-21)

克劳塞维茨和他的战友意识到,主张抵抗拿破仑难免会被视为反对法国大革命所传播的自由精神,因此,《信念备忘录》第一部分在结尾时用下面的言辞表达了这几位"低阶权力精英"的政治理性:

后人自有他们的评判,他们会把一些品质从罚入地狱的判决中拿出来,比如勇敢直面道德败坏的风暴并与之搏斗,保持对责任感如对待心中的上帝一般忠诚。(《信念备忘录》,页41)

克劳塞维茨所说的"道德败坏的风暴"具体指什么呢?要搞清这个问题,还得回到他的精神教父费希特。

九

普鲁士战败后的第二年(1807),即发表《论马基雅维里》之后,费希特紧接着做了十三场题为"告德意志民族"的系列演讲。由于"它赋予了德意志人对拿破仑的敌意以民族[国家]-革命正当性的品质",从而"锻造了德意志反对拿破仑的自由战争精神",费希特成了克劳塞维茨的"教父形象"(施米特,《评论与提示》,页22-23)。

费希特的《对德意志民族的演讲》正式出版时,篇幅长达208页(中译本约250页)。费希特从《论马基雅维里》中摘录了两个段落,加上写于1806年但未发表的《关于爱国主义及其对立面》的"前言",作为《对德意志民族的演讲》前言。令人费解的是,这些前言都涉及言论自由问题。①

费希特摘录这样三个段落用作《对德意志民族的演讲》的前言,很可能是希望人们看到,他要继承马基雅维利的爱国精神。当年马基雅维利表达自己的爱国热忱时受到极大限制,只能要么向君主献策,要么用隐晦笔法启发"个别人身上"对"一种更好的制度"的需要和渴求,毕竟,他没有可能对整个意大利民族发表演说。费希特则不同,他处于后启蒙时代,尽管德意志与意大利一样,还没有成为统一的政治单位,但

---

① 费希特,《对德意志民族的演讲》(梁志学等译),见梁志学主编,《费希特著作选集》(第五卷),前揭,页245-249。

施行开明专制的普鲁士王国为他提供了舞台。因此,费希特虽然不是普鲁士人,却能以普鲁士代言人自居,在柏林对德意志人发出抵抗拿破仑的呼吁。

费希特是法国大革命的自由精神的崇拜者,他反对拿破仑岂不等于是革命者反对革命者?费希特没有说,现在的拿破仑是专制独裁者,他背叛了法国大革命的伟大理念,而是"自认有资格"宣称,他"对卢梭的理解比卢梭本人更好","对革命及革命之子的理解比它们自己也要更好"。因此,他站在自由哲学的立场上高举民族主义的爱国大旗,以弗里德里希二世为楷模,致力于唤起德意志民族的"优越意识"(施米特,《评论与提示》,页27-28)。

尽管如此,这位思辨哲学家仍然得面对抽象的国家概念与历史中的国家之间的矛盾:

> 民族[国家]和祖国作为尘世中的永恒性的支柱和保证,作为在这个尘世能够永恒的东西,远远超过了通常意义上的国家,超过了那种单纯用清晰的概念理解的、根据这种概念的导向建立和维护的社会秩序。(费希特,《对德意志民族的演讲》,页373)

这无异于说,抽象的宪政问题必须受对祖国的爱的支配,而不是相反。费希特甚至认为,国家在选择实现其最近的目的(比如说内部和平)的手段时,也应该受到对祖国的爱的限制。但在这样说的时候,费希特意识到,"为了这一目的,个人的天赋自由当然也必须以各种方式加以限制",因此他又不得不有所保留地说,"这种严厉手段是不必要的"(费希特,《对德意志民族的演讲》,页373-374)。

由此可见,费希特在演讲中虽然口若悬河,却无法自圆其说。一方面,他坚定地宣称:

> 对祖国的爱要给国家本身规定一个比维护内部和平、私有财产、个人自由和人人生活康乐这个寻常目的更高的目的,这种爱必须从这

个方面支配国家。国家召集起一支武装力量,只是为了这个更高的目的,而没有任何其他意图。(费希特,《对德意志民族的演讲》,页375)

另一方面他又认为,不能"把单纯概念中的国家的一切目的——私人财产、个人自由、生活康乐,甚至国家本身的延续——都拿来孤注一掷"(同上)。

人们可以说,费希特强烈的反拿破仑立场更多来自某种含糊的个人气质。毕竟,他在27岁那年曾充满热忱地翻译孟德斯鸠《论法的精神》,一年后又"手忙脚乱地投入了康德哲学",而且"自从读了《实践理性批判》以来,已经生活在一个新的世界里"。[①] 因此,与其同时代的哲学家和文人朋友们相比,他的反拿破仑立场显得自相矛盾——黑格尔的亲拿破仑立场反倒显得与其自由精神哲学保持一致。1807年5月,费希特在给妻子约翰娜的信中写道:

> 我不羡慕米勒和洪堡,令我高兴的倒是,我没有像他们那样分享屈辱性的荣誉;我在自由地呼吸、言谈和思考,我绝没有在那位监工(拿破仑)的奴役下俯首。(《费希特年表》,页666)

虽然与费希特的反拿破仑立场有强烈的共鸣,克劳塞维茨对自由主义的权利观念并不感冒,相反,他看到这样的观念对国家的实际危害:

> 个别人甚至通过放肆的言行而出众,他们吹嘘市民财产的安全和休闲的享受;所有的这一切都应该献祭给这个必要性,包括王权,也包括国王的荣誉,和国王的安全与自由!(《信念备忘录》,页38)

---

① 《费希特年表》,见梁志学主编,《费希特著作选集》(第五卷),前揭,页585-586。

在克劳塞维茨看来，自由主义个人权利观念必然催生一种寻求规避危险的"错误智慧"，文人作家们尤其容易拥有这种"智慧"，并因此自以为很高尚，而这种"智慧"实际上是人品"最为道德败坏"的表征。因为，对一个政治共同体来说，这种文人品性会使得整个民族不可能"带着一种平静却坚定的决心和清醒的意识去面对危险"（《信念备忘录》，页40）。

现在我们看到，克劳塞维茨与其"教父形象"的一致性实际上带有某种含混性质。一方面，他们都共同感受到，法国大革命精神中实际蕴含着强烈的民族［国家］意识：

> 确切地说，强大的法兰西民族主义迫使邻邦的人民思考自己的国族以及自己的民族正当性，并冒险进行民族主义的尝试。不仅西班牙人，也包括德意志人，都是在和法兰西民族主义的较量中成为了现代语词意义上的欧洲民族。无论如何，人们在这些时常激化的大陆－欧洲争执当中看到，法国借助它的革命成为了民族概念的范本，并可以说首次开创了民族正当性的类型。（施米特，《评论与提示》，页28）

可见，民族［国家］意识与普世价值意识含混地交织在一起，不是19世纪才出现的，毋宁说，这种奇特的混合源于美国革命和法国大革命。正是在拿破仑战争的激发下，克劳塞维茨认识到，一个民族的"生命法则"就是成为一个国家——问题在于：

> 并不是每个民族都能成为国家。那些不为独立而战的人只能是奴隶。就连意大利人和德意志人，至今也无法团结起来，他们都是"政治化石"。（参本书，页234）

从世界历史的角度看，这样的"政治化石"何其多！德意志民族成长为单一政治体的历程本身就是极好的史例，"西方民主制宪政现实的多义性"使得魏玛民国时期的"德国民主派虽有改革意愿，却找不到一个方向性的、明确的外部支点"。① 法国大革命的含混性或双重性质必然带来这样的结果：任何一个民族若想成为现代国家，都会陷入因这种含混性或双重性质而带来的内部精神分裂。

在德意志民族应该成为一个怎样的国家的问题上，克劳塞维茨与费希特分道扬镳了：克劳塞维茨所思考的政治统一体"一直是国家（Staat），更确切地说，是他自己［所属］的具体存在着的国家"，而费希特毕竟是自由主义者，他所理解的政治体是具有"［公民］社会"性质的"闭锁的商业国"（施米特，《评论与提示》，页33）。同时代的思辨哲人谢林（1775—1854）看到，"在一个谁都谈论自由的时代之后"，那些"最有恒心的人"提出的"商业国"理念其实是一种"最坏的专制观念"，而他们却以为这是一种"完美国家的理念"。因此，费希特这样的自由主义哲人不可能认识到，

> 对于诸权力－国家彼此间的关系而言，战争不仅必需，而且不可避免，正如自然中诸要素彼此间的斗争一样。在战争中，人类被公开还原到了作为自然存在者彼此间关系的那个层次。②

克劳塞维茨是既有战场历练又有理论热情的军事学家，他很容易看到，自由主义的权利观念难免带来"最为道德败坏"的政治风气。由此引出的重大政治哲学问题是：何谓政治人民。与辨识王朝正当性和人民国家正当性混合而成的"幽灵般的谜团"相关，政治思想家同样需要辨识"老式的欧洲国家间的战争与民主的人民战争（demokratische Volkskrieg）"的差异，以及这两种战争形态混合而成的"幽灵般的谜团"

---

① 施密特，《历史主义危机与魏玛共和的诞生》（史敏岳译），特洛尔奇等，《克服历史主义》，刘小枫选编，陈湛、郭笑遥等译，北京：华夏出版社，2021，页298。

② 沃格林，《政治观念史稿·卷七：最后的定向》，李晋、马丽译，贺晴川、姚啸宇校，上海：华东师范大学出版社，2019，页278-279。

(施米特,《游击队理论》,页173)。

从这样的问题意识着眼,克劳塞维茨的战争理论对人们理解现代战争有何贡献呢?沉迷于德意志古典哲学对权利的思辨,有可能看懂克劳塞维茨吗?

十

克劳塞维茨是卓越的军事思想家,但若说他是"军事哲学家"或政治思想家,对他的赞誉就"近乎神话"了。最为显著的例证是,他虽然注意到西班牙反抗拿破仑的游击战,却没有意识到它宛若具有"世界历史意义的一场大火",即将改变"地球和在其上生存的人类的面貌"(施米特,《游击队理论》,页148)。

克劳塞维茨写下《信念备忘录》之后(1812年至1813年冬春之际),在西班牙游击战的启发下,"普鲁士这个士兵国家"也曾"有过自己的阿刻戎瞬间"。尽管如此,"德意志抵抗拿破仑的战争称不上一场人民战争",因为,"对拿破仑的敌视情绪这股原发性力量很快便被成功引入国家秩序和抵抗法国军队的正规战斗的固定框架"。自此以后直到第二次世界大战期间,普鲁士军队以及由此衍生出来的德意志军队的组织和作战理论都"彻底排除游击队思想"(施米特,《游击队理论》,页170、180)。1813年普鲁士对法国开战,并不是哲人费希特或诗人克莱斯特(1777—1811)的激昂文字带来的结果,他们"顶多只能在学术青年那里找到簇拥者","对普鲁士的实际政策并无真正的影响"。

那场战争最初的真正推动力,来自一位立场跟他们完全南辕北辙的人物——老普鲁士强硬派和敌视改革的约克将军。战争本身的性质则绝非一场国民革命战争,反而完全是一场由国家主导的正规战,我们甚至仍可理直气壮地称之为:一场内阁战争。①

克劳塞维茨的军事理论不仅错过了认识游击战的世界历史意义的时机,而且阻碍了后来的德国军事学界对这一战争形态的认识。1813年4月,普鲁士国王签署诏令,要求"每个公民都有义务用各种武器抵抗入侵之敌——特别推荐斧头、干草叉、镰刀和霰弹枪"。在施米特看来,这"算得上整个游击战史上最令人惊叹的文献之一",以至于堪称"游击战的 Magna Carta[大宪章]"。可是,仅仅三个月后,普鲁士国王就对这一战时总动员令做出修改,"清除了任何游击战的危险和阿刻戎动力"。普鲁士王国对拿破仑的反抗最终仍然是以正规军作战的方式展开,"在法国占领德意志土地的许多年里,没有一个德意志平民向穿法国军服的人放过一枪"(施米特,《游击队理论》,页 181 – 182)。

尽管如此,对施米特来说,1813 年的普鲁士国王诏令仍然具有特殊的历史意义,因为,一个多世纪之后,传承"当时的普鲁士首都柏林占主导地位的精神和哲学"的伟大革命者让"保家卫国的游击队正当化"了。相比之下,西班牙游击战乃至 1812 年的俄国游击战都还是"出自乡土的运动",具有"民族原发性"。毕竟,"革命的法国哲学精神并没有触动这些国家的宗教传统"(《游击队理论》,页 182)。

从纯军事的角度讲,游击战不是现代才有的。作为"非正规作战"或"非对称作战"的代名词,游击战古已有之。修昔底德的《伯罗奔半岛战争志》记载了诸多这类政治行为,而游牧民族武装对农耕文明地区的侵扰,堪称世界历史上"出现次数最多且最成功的游击战"。②

事实上,20 世纪最为著名也最为成功的游击战,无不是有高度政治觉悟的正规军队展开的作战行动,只不过采用了游击战的战略或战术原

---

① 塞巴斯提安·哈夫纳,《不含传说的普鲁士》,周全译,北京:北京大学出版社,2016,页 146 – 147。

② 马克斯·布特,《隐形军队:游击战的历史》,赵国星、张金勇译,北京:社会科学文献出版社,2016,页 4 – 6、18。

则而已。因此,必须区分不同类型的游击战,而从观念上讲,具有哲学教养的游击战观念的确源于1793年的罗伯斯庇尔时刻。① 施米特下面这段话尽管不是就这个时刻而言,却准确刻画了它的世界历史含义:

> 在这样一个激荡的民族感情与哲学教养融合的气氛中,游击队员的意义得到哲学上的揭示,游击队理论的存在获得了历史处境。(施米特,《游击队理论》,页183)

克劳塞维茨并非没有注意到西班牙人民战争的经验,他甚至将人民战争和游击队员视为"战争中具有爆炸性的力量",并承认这是一股新的"潜力"。② 尽管如此,"总的看来,克劳塞维茨毕竟不过是那个时代的一支正规军中具有改革思想的职业军官而已"(施米特《游击队理论》,页184-185)。克劳塞维茨并不认为,西班牙游击队参与的是一场战争,反倒是同时代的约米尼承认这一点:

> 入侵者所有的不过只是一支军队,而他的敌方却不仅只有一支军队,而且还有整个民族,这个民族普遍或至少多数都奋起抵抗,他们利用各种武器,个个致力杀敌,甚至非战斗人员也参加战争积极杀敌。入侵者只能控制其所占据的地区,一离开这个地区就会遇到敌人,而敌人千方百计制造困难,使入侵者寸步难行。③

---

① Rolf Schroers, *Der Partisan: Ein Beitragzurpolitischen Anthropologie*, Köln & Berlin,1961,S. 102-131.

② 参见克劳塞维茨,《战争论》(中卷),陈川译,北京:商务印书馆,2019,页174-183(第六编第六章"防御手段的范畴")和《战争论》(下卷),页153-156(第八编第六章"战争是政治的一个工具")。

③ 若米尼,《战争艺术概论》,刘聪、袁坚译,北京:解放军出版社,1986,页49;比较阿彻·琼斯,《西方战争艺术》,前揭,页267-274;John Lawrence Tone, "Partisan Warfare in Spain and Total War",见 Roger Checkering / Stig Forster(ed.), *War in an Age of Revolution,1775-1815*,前揭,页243-262。

既然克劳塞维茨并没有真正认识到新形式的人民战争,他是否算得上是施米特所称道的那种"政治思想家"呢?事实上,施米特对克劳塞维茨的历史评价并不带有赞赏口吻:

> 在"战争的奇妙三重性"这一表达中,人民被说成仇恨和敌意的"盲目本性冲动",统帅及其部队被说成自由的心灵活动的"勇气和天才",政府则被说成操作作为一种政治工具的战争的理智。(施米特,《游击队理论》,页185)

在后来发表的《作为政治思想家的克劳塞维茨》一文中,施米特没有改变这一评价:

> 克劳塞维茨曾考虑前往西班牙,在那儿和法国人战斗,但他只是想过像其他普鲁士军官如格洛尔曼(Grolmann)和舍佩勒(Schepeler)一样,参加英国或西班牙的常规部队,而不是成为"不屈者"(Empecinado)或此类其他游击队员的丛林战友。当时,一束星星之火从西班牙跃向了北方,它将在那里燃起有力的政治神话,帮助激励德国人起来反抗拿破仑。(施米特,《评论与提示》,页14)

但是,克劳塞维茨毕竟恰好处于旧的宗教战争转向新的宗教战争的最后历史时刻:领土性民族国家间的实力均衡和战争制衡,取代了共同信仰的约束。英国与西班牙的战争看起来是一场北欧与南欧之间、新教与天主教之间的大战,实际上是实力均衡的较量。即便拿破仑战争,也还不是施米特所说的基于欧洲大陆视野与基于海洋的全球视野之间的两幅"世界图景"的战争。克劳塞维茨对海战的无知尽管"令人震惊",却"并不令人意外,因为海洋超出了他的文化视野"(霍华德,《牛津通识课》,页4)。因此,克劳塞维茨把陆上会战视为唯一"真正的战争行动",绝非如李德·哈特所指责的那样,让战争艺术"变成了大规模屠杀的机器"。

一场真正的战役,一场古典会战,绝不意味着一种朝向恐怖的直接堕落。它是一种集中(从而也就是限制)战争暴力的仪式化手段——用人类学家的语言来说,就是一种"限制交战,从而限制损失"的手段。①

1914年至1918年的世界大战,仍然以世袭王朝正当性为基础,以至于还带有古典会战的痕迹。直到美国携带威尔逊主义跨越大西洋参战,并以文明人类进步的和平主义旗帜引导战争,拿破仑战争所隐含的战争理由才终于粉墨登场。但是,从战争形态上讲,19世纪的美国内战已经抛弃了古典会战:葛底斯堡战役(1863月7月)并没有能够终结美国的南北战争,它"完全无法被限制在会战的形式上",最终"演化成了游击战甚至谢尔曼的'向海洋进军'"(詹姆斯·惠特曼,《战争之谕》,页7)。

俄国爆发"十月革命"后,列宁领导的布尔什维克政府退出了帝国间的世界大战,革命与反革命之间的内战接踵而至。与后来的西班牙内战一样,这场内战实际上同样是一场国际战争,"像法国革命一样,外国军队的干涉导致了大规模的恐怖"。波兰试图夺取整个乌克兰,一度进占基辅(1920年5月底),但很快就被新生的红军赶回了华沙。如果图哈切夫斯基元帅(1893-1937)指挥的集团军继续打赢了波兰战役,凡尔赛和约作为"当前整个国际关系的基础"就会如列宁所说被废止(富勒,《战争指导》,页241-242)。

布尔什维克政府起初开展的是由职业革命家组织的游击战,但很快就在改造旧沙俄军队的基础上形成集团军规模的正规作战。图哈切夫斯基元帅有"红色拿破仑"之称,他毕业于亚历山大军官学校,1917年秋天还仅仅是沙俄军队中的连长,到了1918年初夏就已经是苏联工农红军第一集团军司令,年仅25岁。他有这样一句名言:若要"理解我

---

① 詹姆斯·惠特曼,《战争之谕:胜利之法与现代战争形态的形成》,赖骏楠译,北京:中国政法大学出版社,2015,页5。

们革命阶级战争的全部机动性",只需把克劳塞维茨所说的法国革命战争的创新(由西打到莫斯科)颠倒过来行(由莫斯科打到西方),因此我们"并不需要成为克劳塞维茨"。①

新生的革命政权成立仅仅一年(1918年12月),工农红军总参谋部学院(后改名为"伏龙芝军事学院")就在莫斯科正式成立。次年4月,列宁主持了首批250名学员的毕业典礼。革命导师在讲演中宣告,"我们的军队是一支正规的、按照无产阶级原则建立起来的、严格统一指挥的军队",他要求学员"加强军队纪律,组织司令部工作,千方百计地使红军和我们的党以及人民心心相印"。② 普法战争结束后,德意志第二帝国的开国元勋俾斯麦(1815—1898)曾告诉人们,"除了《圣经》和荷马史诗之外,对他影响最大的就是克劳塞维茨的著作"(霍华德,《牛津通识课》,页109)。在列宁对250名学员的教诲中,他需要更换的仅仅是《圣经》和荷马史诗。

十一

20世纪的第二次世界大战的政治史学性质远比第一次世界大战含混,欧洲战场与东亚战场的世界史语境完全不同,却又交织在一起。对于政治史学家来说,"为何西方列强在1931年日本军队蹂躏中国东北时袖手旁观,却最终在十年后冒着与日本开战的风险帮助中国",迄今还是一个有待澄清的问题。③ 雷蒙·阿隆有理由说,克劳塞维茨的

---

① 图哈切夫斯基,《大纵深战役理论》,赖铭传译,北京:解放军出版社,2007,页303-304;比较页317-318、332-333。

② "世界著名军事院校系列"编写组,《俄罗斯伏龙芝军事学院:通向将帅之路的桥梁》,北京:中国经济出版社,2014,页5-7。

③ 入江昭,《第二次世界大战在亚洲及太平洋的起源》,李响译,北京:社会科学文献出版社,2015,页1;比较A. J. P. 泰勒,《第二次世界大战的起源》,潘人杰、朱立人译,上海:上海辞书出版社,2013,页13。

《战争论》因基于拿破仑战争以及之前的欧洲战争史而难免有历史的局限性,毕竟,"与20世纪相比,大革命和拿破仑时代简直像是面对广大观众进行的一次无精打采的惨剧彩排"(《雷蒙·阿隆回忆录》,页923)。

既然如此,世界历史进入21世纪以后,克劳塞维茨的战争观还有效吗?两次伊拉克战争(1991年和2003年)之后,有人甚至认为,战争形态已经从克劳塞维茨返回到了孙子的时代。因为,撒哈拉以南的非洲内战,前南斯拉夫的分裂战争,以及欧洲旧帝国边界内部共同体的持久动荡均表明,

> 克劳塞维茨的理论设计对象已离我们远去,一个内战、非国家战争和社会无政府的新时代正在到来。《孙子兵法》似乎提供了对这类战争的更好理解,因为孙子生活在一个内战无休无止的年代。(赫伯格-罗特,《克劳塞维茨之谜》,页10)

《孙子兵法》出自内战状态,这没有问题,但它出自"非国家战争和社会无政府"状态吗?世界史上所有的内战都一个样?泛希腊城邦经历的数百年战争是走向政治统一体的过程,而我国的春秋至战国时代则是华夏政治体的内战状态,难道两者能够同日而语?

《孙子·谋攻》开篇有言:

> 凡用兵之法,全国为上,破国次之……是故百战百胜,非善之善也;不战而屈人之兵,善之善者也。

这里所谓的"国"指帝国内的分封政治单位,"不战而屈人之兵"的教诲体现的是尧舜奠立的共同体伦理——按我国古人的理解,"不战而屈人兵,尧舜也"。① 何况,这里的"不战"指凭靠军事优势屈人之兵,

---

① 服部千春,《孙子兵法校解》,北京:军事科学出版社,1987,页348;比较江忆恩,《文化现实主义:中国历史上的战略文化与大战略》,朱中博、郭树勇译,北京:人民出版社,2015,页102–103。

绝非不诉诸武力。

> 故善用兵者,屈人之兵而非战也,拔人之城而非攻也,毁人之国而非久也。必以全争于天下,故兵不顿而利可全,此谋攻之法也。

这里的"天下"指周朝华夏共同体,若与撒哈拉以南的非洲、巴尔干地带的南斯拉夫以及欧洲旧帝国共同体的撕裂性战争相提并论,就既搞错了历史语境,也搞错了政治体的性质。

赫伯格-罗特对前述论调的驳斥不无道理:

> 有了孙子,人们可能会赢得战斗甚至战役,却难以根据他的原则赢得一场战争。因为孙子对塑造政治形势不感兴趣,他生活在一个看起来内乱不息的年代。(赫伯格-罗特,《克劳塞维茨之谜》,页11)

不过,这句话也仅说对了一半。孙子不是"对塑造政治形势不感兴趣",毋宁说,他无须塑造政治形势,因为尧舜已经塑造了。19世纪以来,尧舜塑造的华夏政治体所面临的政治形势来自"三千年未有之大变局"。何况,自冷战结束以来,英美自由主义的政治理解已经导致一种极为危险的国际性战争形态,即以"自由民主"为名义的普世一元论意识形态不断瓦解传统政治单位的主权。

> 与在一国之内做出[政治]决断不同,在国际层面,由多样性的决断所引起的斗争无法被一个统治性主权所化解。①

从世界历史的角度看,"一国之内做出[政治]决断"以形成国家的统

---

① 威廉·拉什,《以斗争为业:卡尔·施米特与政治的可能性》(董政译),黄涛、吴彦编,《良好的政治秩序》,上海:华东师范大学出版社,2016,页128。

治性主权同样不容易,这往往需要通过内战来解决。英国和法国建立起自身的统治性主权经历过内战,德意志帝国的建立同样如此。且不说17世纪的德意志三十年战争,从18世纪到19世纪,普鲁士与奥地利的多次战争无异于德意志人的内战,而且最终分裂为两个德意志主权单位。

显而易见的历史事实是,早在现代欧洲政治成长之前,华夏政体就已经形成了自己的"天下"的统治性主权。自秦汉以来,任何试图分裂华夏共同体的行为都会招致基于华夏道统的武力讨伐。欧美国家若想凭靠自身成长的丛林原则或以"自由民主"为名的普世一元论意识形态分割华夏共同体,必将引来武力相向——"战与不战取决于敌人"(江忆恩,页107)。

赫伯格-罗特有理由认为,在战斗或战役甚至战略的某些层面,《孙子兵法》堪称"永世瑰宝",但在涉及战争与政治的关系方面,孙子的"天下"视野明显过于局促。另一方面,克劳塞维茨的《战争论》主要基于拿破仑战争的政治经验,它在何种程度上能够用来解释20世纪的战争形态,西方学界也没有令人信服的结论:

> 克劳塞维茨对拿破仑后期的战役印象最深刻,并且成为"大兵团作战的鼓吹者",把注意力集中在大规模战斗上。这一理论适合于普鲁士为实现"全民皆兵"目标而大量征兵的制度。这一观念在1870至1871年的普法战争中获得胜利,因为普鲁士的优势兵力占据了有利地位。此后,另外一些强国迫不及待地模仿了德国的模式。第一次世界大战表明,统帅们的厮杀欲望与最新研制出的机关枪使战争沦为大规模屠杀。虽然其结果是给欧洲的青年们造成大量伤亡,但是,认为战争是为了在战斗中消灭敌人主力的观点继续影响——在许多情况中还指导了——我们的思维,直到今天仍旧是这样。①

---

① 贝文·亚历山大,《克敌制胜:世界著名将帅与经典战例》,尹宏毅、滕飞译,北京:新华出版社2014,页11–12。

据说,凭靠"勇敢并准确地解读第一次世界大战的教训",李德·哈特的名声开始盖过克劳塞维茨,因为"他不仅是关于作战的历史学家,而且是一个理解人类冲突根源的哲学家"。但是,在接下来的两次世界大战期间,李德·哈特"完全误判了1940年5月事态的发展",以至"名声严重受损"。于是,从法国沦陷的1940年到他去世的三十年间,李德·哈特"竭尽全力用自己的版本记录战争期间的事情,并且挑战任何提供不同说法的人",最终用回忆录抹去了自己当年的战略误判,凭此成功地塑造了自己一贯正确的形象。①

为了揭露李德·哈特的老底,当今美国著名的国际政治学家米尔斯海默写了一本专著,他让人们看到李德·哈特似乎有约米尼身上的那种品性,即"纯粹的推销本领"——自己的读者想要什么就给他们什么(帕雷特,《现代战略的缔造者》,页155)。

为什么米尔斯海默要揭李德·哈特的老底?因为他感觉到,美国的战略学界始终笼罩着越南战争(1959—1975)的巨大阴影:

> 李德·哈特是如何使用历史的,或者更准确地说,历史是如何利用李德·哈特的,这对于[当今的]决策理论有重要意义,并且为铭记越南战争的美国人提供了教训。那场冲突深刻影响了那个时代很多的年轻人,在分析当前的国家安全问题时,它会被当作重要的参考。(《历史之重》,页253)

米尔斯海默希望美国的政治家明白,如果他们主张削减美国的军事力量,那么,"他们建议的军事立场就不能保护国家的核心利益",除非他们打算让美国完全放弃对欧亚大陆"施加有意义的政治影响力"(《历史之重》,页255)。言下之意,历史上的战争无不具有偶然性和独特性,无论拿破仑战争还是两次世界大战抑或越南战争,都很难引申出

---

① 约翰·米尔斯海默,《李德·哈特与历史之重》,齐皓译,上海:上海人民出版社,2020,页3-4、8、201-236(以下简称《历史之重》,随文注页码)。

具有普遍性的政治考量。

　　米尔斯海默对李德·哈特的揭发并非意在挽救克劳塞维茨,却无意中暴露出"奇特三重性"战争论的致命缺陷,尽管米尔斯海默自己并没有看到这一点:世界历史中的人民、政府、军队并不是抽象的哲学概念,在不同的文明政治体中,它们都具有不同的政治含义。战争与政治的关系并未因"奇特三重性"的界定而得到澄清,反倒更为晦暗不明。正因为如此,人们也就不必指望克劳塞维茨能理解历史中的具体"战争所需要的艰辛、努力和牺牲"精神的德性品质差异。

　　米尔斯海默的国际政治意图足以让我们更清楚地意识到克劳塞维茨的"奇特三重性"之说何其含糊其辞。就此而言,致力于揭开所谓"克劳塞维茨之谜",恐怕只会是一次毫无结果的思想史之旅(赫伯格-罗特,《克劳塞维茨之谜》,页167-198)。克劳塞维茨的历史声誉未必"近乎神话",因为他的《战争论》非常贴近现代欧洲历史上第二次三十年战争的实际,倒是所谓"克劳塞维茨之谜"难免"近乎神话"。

致　谢

　　每个国际关系学者都会对克劳塞维茨至少有过一段时间的兴趣。而我从对他的兴趣升级到持续地研究他，离不开以下这些人和机构的助力：首先是晚年的约翰·文森特（John Vincent），然后是澳大利亚国立大学和伦敦经济学院国际关系学的教授蒙塔古·伯顿（Montague Burton）。在此向约翰，向我在澳大利亚国防学院的同事，向课堂上与我深入讨论克劳塞维茨的研究生和优秀学生献上真挚的谢意。最深的谢意送给我的家人，谢谢他们多年来对我的关爱和耐心。

　　感谢普林斯顿大学出版社允许我使用如下出版物：

　　卡尔·冯·克劳塞维茨，《战争论》（*On War*），霍华德（Michael Howard）和帕雷特（Peter Paret）编译，普林斯顿大学出版社，1976年版，2004年再版。我在本书中直接或间接引自该书的内容均获得了普林斯顿大学出版社的许可。

　　卡尔·冯·克劳塞维茨，《历史和政治作品》（*Historical and Political Writings*），帕雷特和莫兰（Daniel Moran）编译，普林斯顿大学出版社，1992年版。我在本书中直接或间接引自该书的内容同样获得了普林斯顿大学出版社的许可。

序　言

　　[Ⅷ]《战争论》是一部巨著(magnumopus),篇幅宏大,有点前后不连贯。该书晦涩难懂,作者是拿破仑时代的一位普鲁士将军:卡尔·冯·克劳塞维茨。《战争论》在西方最近一个半世纪的战争思想史上占据重要位置,它既遭人诋毁又受人推崇。诋毁者要么是认为该书作者心胸狭隘,用伪哲学来故弄玄虚,要么是认为作者相信战争是政策的工具,完全是一个不加掩饰的军国主义者。还有一些批评者认为,克劳塞维茨去世后不久,军事技术革命就开始,成功地改变了并仍然在改变着战争,因此他的思想已经过时。最激进的批评者则认为,他将战争看成一种理性行为,这一点犯了根本性的错误。

　　克劳塞维茨的支持者也夸张地给予这本书极高的评价。布罗迪(Bernard Brodie)说,《战争论》"不单是最伟大的论述战争的作品,还是迄今为止关于此主题唯一真正伟大的作品",①只有中国的《孙子兵法》可与之匹敌。② 人们转引《孙子兵法》时多强调通过外交手段取胜,但《战争论》独具一格,讨论的是通过军事手段获得胜利。或许只有跨领域比较才能说明《战争论》的独特地位。珀尔马特(Amos Perlmutter)比较了《战争论》和亚当·斯密的《国富论》,认为这两部作品都为某个人类生活领域的行为提供了理论支撑。③ 另一个可与之媲美的对象是《物种起源》:

---

① Brodie,1973,p. 291.
② 关于中国的孙子和克劳塞维茨的比较,参见 Handel,2001。
③ Perlmutter,1988,pp. 9 – 12.

达尔文的进化论所做的,就像克劳塞维茨对国家生命史(life-history)的探索,但后者比达尔文早五十年。①

富勒将军(J. F. C Fuller)将克劳塞维茨与达尔文和马克思作比,称他们三人都将他们的理论建基于大规模冲突:一个在战争领域,一个在生物领域,一个则在经济领域。②

《战争论》如此受到关注有诸多原因。它厘清了战争在人类事务中的位置。它既可以解释总体战争(all-outwar)、绝对战争,又可以解释有限战争,比如政治指导和政治控制的重要性、机遇和摩擦在战争中的角色、心理因素的影响、作战行动以及战争理论的前景等。《战争论》在普鲁士兵败拿破仑并重新获得解放等事件后写成,因此它讨论了民族复兴和人民动员。政治和军事领袖遭遇失败时会向克劳塞维茨求教,例如布尔战争(Boerwar)之后的英国、越南战争之后的美国。[ix]遇到挑战时他们也会求诸《战争论》,如二战中的苏联和冷战中的两个超级大国。

《战争论》是作者所处时代的作品。在克劳塞维茨看来,普鲁士作为一个独立国家,生存是当务之急。拿破仑威胁了整个欧洲的实力均衡,而革命信条、个体权利、世界主义之类则威胁到国内秩序。拿破仑还煽动人民的激情,推行普遍兵役制,用前所未有的实力和热情发动战争,这些都为战争注入了新的动力。克劳塞维茨认为,普鲁士和它的军队唯有通过改革才能应对拿破仑带来的威胁。思想层面上,当时围绕战略出现了各种争议:受启蒙思想的启发,战略领域是不是像其他科学领域一样,也存在着各种分析性的命题?或者如浪漫主义运动鼓吹的,人的活动本质上是创造性的,高于理性分析?

克劳塞维茨致力于理解作为现象的战争和战略本身,并为指挥者

---

① Maude,1940,p. v.
② Luvaas,1986,p. 205.

提供具有实践价值的分析。若考虑其历史背景,《战争论》在书架上的寿命本来也许至多几十年。绝大多数的经典作品,不管所论是何主题,随着其思想被吸纳或抛弃,都会很快被新作品取代。① 但《战争论》仍然被学者和实践者阅读,始终是西方战争思想的参照点。在战争领域,只有马基雅维利的《君主论》可以在思想影响的持久性方面与《战争论》媲美——意味深长的是——前者也处理了国家间的安全问题。

克劳塞维茨之后的学者研究战争问题时要细化得多,甚至也要复杂得多,例如他们会研究技术在战争中的应用,研究核战略的复杂性。但是,这里借用牛顿的说法,难道就没有人站在克劳塞维茨的肩膀上看问题吗?难道后来的学者都让自己被克劳塞维茨的战争解读所主导,看不到他狭隘的理论预设?② 难道《战争论》持续享有的特殊地位,竟成了"军事研究的品质的一个最大咒诅"?③ 或者,《战争论》提出了有关战争和政治的关系问题,而这些问题一旦提出,任何思考战争与和平的学者们都绕不开它们?

相比其他思想家,克劳塞维茨更容易被误读。原因很多。《战争论》并未写完,其中大部分未经修改;他对战争行为的论述模棱两可;他主张以政治控制战争,因战争引发民众各种各样的反抗;他的政治立场兼具保守和激进。[x]这些导致了种种不同的解读,甚至是危险的误读。后来有一位德国将军说,把《战争论》交给军人,就像"让一个孩子玩剃须刀"。④ 的确,有时候,克劳塞维茨"应该少担心批评他的人,多警惕那些专业的崇拜者"。⑤ 雷蒙·阿隆认为,现在招致误解的危险降低了,因为克劳塞维茨找到了他"天然的家园":大学。⑥ 阿隆对学术

---

① Brodie,1976,p. 52.
② Atkinson,1981.
③ Strachan,1983,p. 6.
④ Cited Handel,2001,p. 25.
⑤ Howard,1976,p. 28.
⑥ Aron,1976,I,p. 30.

界的信心可以理解,但象牙塔能否满足克劳塞维茨却要存疑。

本研究并不想呈现"真实的"或"真正的"克劳塞维茨。首先,因为他是个移动的靶子。1827年,克劳塞维茨对战争本质的理解发生了根本性变化,其思想仅有部分与死后出版的《战争论》(1832)一致。《战争论》中充满了各种对立和前后矛盾,分析性和规范性的论述混在一起,忽视战争的重要面相,比如海权。书中包含着大量琐碎的内容,如骑兵如何穿过沼泽。其语言有时候敏锐而精彩,有时候却浮夸和含混。

其次,即使思想家的观点清晰连贯,分析另一个人在另一个时代针对不一样的受众写的作品,仍然棘手。[1] 读者不可将作者的思想与其历史、社会和思想语境抽离,然后包装得整整齐齐留给后人。就克劳塞维茨的解读可以这么说:对他的诸多解释,往往一半——如果不是更多的话——谈的是作者自己对战争和政治的看法,一半谈的是原作者的看法。[2] 霍华德曾经警告说:"克劳塞维茨的读者们投射了太多个人想法,我们总是期望他给我们多于他打算给的。"[3]

为了重新呈现克劳塞维茨,我尽量不以己度人,而是设身处地去理解他去世前对战争的思考。我首先聚焦在《战争论》,同时也引用了其他有助于理解克劳塞维茨思想的作品。大多数引文出自迈克尔·霍华德和彼得·霍雷特的译本,该译本1976年由普林斯顿大学出版社出版,译文可靠,可读性强。该版本的页码在文本的圆括号中注明。需要用到德文版的地方,我采用哈尔韦格(Werner Hahlweg)所编并由波恩的达姆勒出版社于1980年出版的《战争论》第19版。这些引文的页码也在圆括号中注明。克劳塞维茨的其他作品,我主要用的是英译本。有时,我会给出我更赞同的英译,并在后面用圆括号注明德文原文。

我的研究从彼得·帕雷特、盖特(Azar Gat)和雷蒙·阿隆那里获

---

[1] Skinner,1969.

[2] Lider,1977,p. 313.

[3] Howard,1976,p. 44.

益良多。① 帕雷特将克劳塞维茨放置在当时的历史和政治语境中,而盖特则聚焦于克劳塞维茨所处的思想世界。阿隆的作品详实地解读了克劳塞维茨的思想。他们的作品对当下理解克劳塞维茨非常重要,但主要针对专家学者。霍华德的克劳塞维茨导论清晰流畅,最为简明易懂,只是篇幅太短,不够综合。② 因此,我相信仍然需要直接地、扩展性地展现克劳塞维茨对战争和政治的思考。

  本研究无法替代对《战争论》的阅读,部分是因为克劳塞维茨思想的清晰性只能通过一手阅读来感受,但主要是因为克劳塞维茨的作品不是规定式的(definitive),而是建议式的(suggestive)。《战争论》的目的是刺激读者针对战争提出问题并找到自己的答案,它不是一个战场指挥者手中的简易计算表(ready-reckoner),也不是培养政客的教材。借用麦克阿瑟将军的话,克劳塞维茨不可替代。

---

① Peter Paret, 1976 and 1992; Gat, 1989; Raymond Aron, 1976.
② Michael Howard, 1983.

第一章

克劳塞维茨的生平和性格

1 军　人

单单战争便能引我至欢愉之地。①

[3]克劳塞维茨自12岁到1831年逝世一直在军中服役。他未满13岁就已投身战场,到35岁时参加过五场对法战役。1815年后,他不再参与战斗,转而著述,成就了一部西方世界研究战争的经典。不过,从他的家世背景,我们可看不出他有如此潜力。

克劳塞维茨的父亲加布里尔(Friedrich Gabriel)曾以中尉身份参加过弗里德里希大帝领导的七年战争(1756—1763),并无卓越战功。后来因未能证明其宣称的贵族身份,不得不在1767年领抚恤金退伍。之后,他被任命为堡镇(Burg,距柏林约70英里)的税收员,娶弗里德里克·施密特(Friederike Schmidt)为妻,生有六个子女。卡尔生于1780年6月1日,排行第五。② 当地学校只教语法、算术和少许拉丁文,对他产生主要影响的是那些经常来家中串门的退伍军人。克劳塞维茨后来这样描述自己:

> 他在普鲁士军队中长大。他父亲是七年战争中的一名军官,军中充斥着对其出身的偏见。在他父母的房子里,他遇见的几乎都是清一色的军官,他们既非受教育最好的,也非通才。③

---

① Letter to Marie, 18 September 1806, Schwartz, 1878, I, p. 219.
② 施洛瑟(Dietmar Schössler)认为克劳塞维茨生于7月1日,出生日期提前是为了虚长年龄,并且有助于他参军(1991, pp. 9–10)。
③ 'Observations on Prussia in her Great Catastrophe', p. 40. 除非另有指示,本书引用克劳塞维茨《战争论》以外的作品时均采用帕雷特和莫兰的译本(1992年版)。

在这样的环境中,也就难怪兄弟四人中有三个渴望戎旅生活。卡尔的两个哥哥,弗里德里希(Friedrich)和威廉(Wilhelm),在国王去世后的 1786 年获准入伍。随之,卡尔也在 1792 年 5 月入伍,他父亲将他带到驻扎在波茨坦的斐迪南王子(Ferdinand)的第 34 步兵团。12 岁入伍并不罕见,但远离家人的痛苦总是挥之不去。

[4]战争很快占据了他的头脑。1793 年 1 月,克劳塞维茨作为军官学员(Fahnenjunker,少尉和军官候补)随团出征,迎战大革命后的法国军队。他第一次出战时,正逢他所在的兵团炮轰美因茨附近一座被法军占据的村庄。夺回美因茨本身的攻城战实际开始于 6 月份。当燃烧弹点燃这座城市时,克劳塞维茨同他的战友们一起欢呼,但后来他为此感到了一丝羞愧。①

普鲁士军队在战场上与法国公民士兵战斗时表现颇佳,但那些年的普鲁士战略却优柔寡断。在法国为内部纷争所困的同时,普鲁士则致力于巩固 1793 年和 1795 年两次瓜分波兰获得的利益,两国最终在 1795 年 4 月签订一份单独条约。克劳塞维茨随团迁驻新鲁平(Neuruppin)的卫戍小镇,此地距离柏林约 40 英里,在此他度过了六年循规练兵的和平军营时光。幸运的是,他的指挥官热衷教育,鼓励年轻军官在历史、文学和军事事务上进行讨论并广泛阅读。②

克劳塞维茨开始了一段漫长的自我教育之旅,上数学、历史和法语课程。日渐增长的自省和自我分析能力,使他发觉了自己的才干和雄心壮志。但实现任一抱负的可能性都微乎其微。他后来如此描述自己在这个时期有限的眼界:

> 1800 年之前,他被灌输的只是军队中盛行的观点:普鲁士军队及其治军之道是超凡卓越的。总之,从一开始,"民族"甚至"军

---

① Letter to Marie,28 January 1807,Schwartz,1878,I,pp. 240 – 241.
② Paret,1976,pp. 52 – 53.

人阶层"的情感就在作者身上突显并牢牢深植于心,犹如生活教训使然。①

尽管如此,他还是煞费苦心,采用军界热议的相对新颖的散兵战术(skirmishing tactics)来操练部属。他指出既有军事训练机械呆板的本质,团年度演习是"提前很长时间安排好的,模拟对战中的每处细节都已经过商讨和仔细规定……只等军中显贵来操演,这样的演习全神贯注、一本正经,但强度接近于孱弱无力"。② 这位年轻中尉的独立思考能力日渐增长。

[5]1801年秋,因克劳塞维茨成绩出色,又兼高级军官们对他庇护有加,他毫无悬念地入选青年军官学院(位于柏林,即后来的战争学院),学习三年。院长沙恩霍斯特(Gerhard von Scharnhorst, 1755—1813)是一名出身卑微的炮兵军官,刚从汉诺威军调至普鲁士军队。尽管不是出身军人世家,沙恩霍斯特早已在比利时战事中表现出了军事才华,同时借着大量的战争研究表现出了他的才智。普鲁士委任他重组濒临关门的学院。③ 作为学院新体制下的第一批学员,开始时克劳塞维茨曾因自己缺乏教育和金钱而意志消沉。但善于鼓励、提携后进的沙恩霍斯特很快觉察到这位与众不同的学员的潜力。克劳塞维茨则对他的导师报以深情和崇敬,沙恩霍斯特长他25岁,对他来说就是一个父亲的形象,尤其是在自己的父亲1802年去世以后。沙恩霍斯特也钟爱并且信任这个门生。

克劳塞维茨受邀加入高级军事学会,该学会由沙恩霍斯特创立于1802年1月,旨在推动兵法诸多方面的探讨。④ 学会中有多位成员是

---

① 'Observations', p. 40.
② 'Observations', pp. 40–41.
③ Paret, 1976, p. 55.
④ White, 1989, chapter 2. 'Lieutenant von Clausewitz became member number 50'. Hahlweg, 1980, p. 27n.

贵族,包括年轻的奥古斯特王子,即弗里德里希·威廉三世的侄子。因这层关系,1803年克劳塞维茨被任命为奥古斯特在柏林营的副官,收入也大大提高。他开始进入宫廷社交圈,并在1803年12月遇见他未来的妻子,玛丽·冯·布吕尔(Marie von Brühl)女伯爵,她是太后的一名女官。由于克劳塞维茨的贵族身份不确定,玛丽的母亲(出生于英国)是反对这桩婚事的。1804年,他和他的朋友卡尔·冯·蒂德曼(Karl von Tiedemann)的成绩排在毕业班上40名学生之首,这使他的自我怀疑有所减少。

这段时期,克劳塞维茨参与了一些关乎专业军事问题的严肃辩论,例如战术和战略革新以及军事机构改革的必要性。他开始撰写关于普鲁士安全、战略、军事历史和国际政治的笔记和评论。他最早发表作品是在1805年,文章匿名发表,用鲜明的论战言辞批判了海因里希·冯·布洛(Heinrich von Bülow, 1757—1807)提出的抽象军事理论。① 克劳塞维茨主张,将战争缩小到一个基于可衡量数量的形式系统,是误入歧途且危险的。另外一篇用法语写于1805年的文章则主张,普鲁士自身能防御法国的进攻,但打一场进攻战则需要那些难免有政治利益冲突的盟友。②

[6]1805年11月,25岁的克劳塞维茨被晋升为加衔上尉,他期盼着有机会能在逼近的对法战争中崭露头角。1805年12月,拿破仑在奥斯特里茨取得对俄奥联军的决定性胜利,这意味着法国再次有了统治欧洲之势。1806年2月,迫于丧失领土的风险,普鲁士同法国签署了《巴黎条约》,同意关闭与英国航运贸易的港口。虽然克劳塞维茨愤恨普鲁士的顺从,但也确有理由如此。普军固守传统战术,在推进改革

---

① 'Bemerkungen über die reine und angewandte Strategie des Herrn von Bülow' in the journal *Neue Bellona*, reprinted in Hahlweg (ed.),1979,pp. 63 – 88.

② 'Considérations sur la manière de faire la guerre à la France', reprinted in Hahlweg (ed.),1966,I,pp. 58 – 63.

方面少有作为。年资晋升制使军队最高层填满了克劳塞维茨称之为"陈腐老先生"的人。① 142名普鲁士将军中年逾60岁的超过一半,而8000人的壮年军官团有超过90%出身贵族。②

  普鲁士的政治领袖在对法妥协与无效抵抗之间摇摆。面对官员和将军们提出的大量相互矛盾的混乱建议,弗里德里希·威廉似乎无所适从。但慢慢地,普鲁士的舆论开始转向抵制拿破仑的要求,在宫廷中,路易王后引领了一股民族主义精神,并说服国王在1806年8月颁布部分动员令。战争已不可避免,但普鲁士国民和军队却准备欠周。在1806年9月29日写给玛丽的一封信中,克劳塞维茨哀叹决策层缺乏领导力,决策过程繁复,以及国王周遭意见纷纷彼此冲突,这促成了他首次使用"摩擦"一词。③ 虽然胜利无望,克劳塞维茨却仍然相信劲头和民族自豪感能给普鲁士一战之机。怀着对战争的热切期待,1806年10月12日,他写给彼时已成为他未婚妻的玛丽:

  两三天后,将有一场大的战斗,是全军热切期盼的。我自己也怀着喜悦期待这一日,如同期待我自己大婚的日子一般。④

  克劳塞维茨完全将普鲁士的未来等同于自己的前途,然而,荣耀之机变成了他后来所称的"大灾难"。

  10月14日,拿破仑和普鲁士军队在萨克森的耶拿和奥尔斯塔特会战。克劳塞维茨在激战中表现颇佳,由于奥古斯特接管其他队伍,他接手了本营的指挥,这是他在战斗中获得的最大指挥权。⑤ 其他营也非常勇猛,但全军整体却受累于优柔寡断的领导力、不当的战术和糟糕

---

① 'Observations', p. 77.
② Rothenberg, 1980, p. 189.
③ Schwartz, 1878, I, p. 225; Paret, 1976, p. 124n.
④ Schwartz, 1878, I, p. 226.
⑤ Paret, 1976, p. 125.

的装备。普军[7]最终丧失了战斗意志,在拿破仑的猛攻前溃败。在耶拿,普军以53000兵力对抗法军96000兵力(其中参战54000兵力),普鲁士伤、亡、被俘达25000人,法军方面则是5000人。在13英里以北的奥尔斯塔特,普鲁士军队主力63000人迎战仅有27000人的法军,却伤亡21000人,法军伤亡8000人。①

对普鲁士来说,更糟糕的还在后头。拿破仑继续其典型的无情风格,追击溃败的普军,直入普鲁士本土,俘虏近15万人。法国骑兵迫使奥古斯特的军营开始了一场长达14天的大撤退,部队精疲力竭,直到10月28日克劳塞维茨和王子被俘。普鲁士大部分看似坚固的要塞都温顺地投降,民政官员则卑躬屈膝地向拿破仑行礼。②10月26日,法军占领普鲁士大部分领土,包括首都柏林。

尽管弗里德里希·威廉免于被囚,尽管普军在俄罗斯的支持下继续在东部抵抗,但普军在耶拿—奥尔斯塔特的惨败,在克劳塞维茨眼中,既是一场民族灾难,又是个人羞辱。他随奥古斯特被带去柏林,王子接受拿破仑的盘问,穿着蓬乱军装的克劳塞维茨则局促地候在前厅,身旁是一帮衣着华丽、面带鄙夷的帝国副官。③奥古斯特一经伤愈,即被令作为战俘前往法国。他们于12月30日从柏林动身,未带随从。

从12月到来年2月间,克劳塞维茨写了三封关于普鲁士战败的信函,并在1807年初发表于米诺瓦杂志。④ 他的观点未变:如果普鲁士领袖英明、果决坚定,战争并非没有可能取得胜利。2月,克劳塞维茨和奥古斯特抵达苏瓦松,他们在舒服的公寓里度过了大部分"囚禁"时光。克劳塞维茨享有极大的行动自由,故而花了三周时间访问巴黎,广

---

① Chandler,1987,p. 124. 亦见 Weigley,1991,pp. 394 – 398。众所周知,战争的形态总是多变的。

② Rothenberg,1980,p. 190.

③ Schwartz,1878,I,pp. 53,61.

④ 'Historische Briefe über die grossen Kriegsereignisse im Oktober 1806', reprinted in Niemeyer (ed.),1977.

泛阅读并提高法语流利度。他还考察了巴黎一所聋哑学校,教育的潜力使他深受触动。① 尽管留法生活很是愉快,但它也让克劳塞维茨深切认识到普鲁士的弱点,认识到改革和教育对普鲁士振兴的重要性。

1807年7月,法国与俄罗斯停战,《提尔西特条约》剥夺了普鲁士最富饶的诸省份,几乎将其人口从970万降至490万。拿破仑还要求普鲁士支付法国的占领费用。不过此时奥古斯特和克劳塞维茨至少可以得到释放了。7月,他们先旅行至瑞士,[8]住在流亡的法国文学家德·斯塔尔夫人(de Staël)那里。在瑞士,克劳塞维茨继续其对教育日益增长的关注,他拜访了瑞士教育家裴斯泰洛齐(Johann Pestalozzi)管理的一所学校。他深信教育对个人和国家有益,并赞同裴斯泰洛齐的信条:社会出身与课堂无关。② 这种进步的教育观在保守派圈子里并不受欢迎,克劳塞维茨由此走向了军事和政治改革的立场。

1807年11月,返回被占领的柏林后,克劳塞维茨撰写了一篇研究法国和德国国民性的文章。③ 文中到处可见过分简化的归纳,他抨击法国的矫揉造作和浮躁,赞扬德国的严肃和独创性。德国人虽然倾向于哲学争辩,但也为了重获独立所需的军人般的品质和创造尚武精神的潜力。克劳塞维茨后来写到,对于1806年的灾难,德意志民族只能责怪自己。1786年弗里德里希大帝去世之后,普鲁士陷入昏睡和优柔寡断,未能展现出必要的能力和活力,从而靠有限的资源将一个小国维持在强国前列。④ 按路易王后的话说,一代普鲁士人已经沉睡在弗里德里希大帝的荣耀里。⑤

只有对军队和其他机构进行根本改革,才能恢复普鲁士在欧洲事务中的地位。普鲁士必须仿效法国,把战争立足于全民族,并充分利用

---

① Paret,1976,p. 131.
② Paret,1976,p. 183.
③ 'The Germans and the French',pp. 250-262.
④ 'Observations',esp. pp. 63-66.
⑤ Paret,1976,p. 67.

全民族的才能。在两个人的带领下——他们是军事重组委员会主席沙恩霍斯特,以及曾保卫过科尔伯格要塞、德意志1806年的英雄人物格奈泽瑙(August Von Gneisenau),克劳塞维茨投身推进军事改革的工作。① 1808年8月,国王颁布法律,宣布军官不再需要具备贵族身份。社会出身与军事资格脱钩。年资晋升制被废除,军事训练的残酷度降低,体罚仅用于严重的违纪。1808年至1809年间,一个完整的战争部设立,全面控制军队事务。

作为军事和平民改革派中最年轻、职位最低的一分子,克劳塞维茨有些操之过急。他在多个场合呼吁采取极端措施对抗法国,甚至不惜发动战争。② 他的信函不止一次宣称,与其屈服于拿破仑的要求,不如光荣战死。③ 1809年4月,奥地利重新走上抵抗法国之路,[9]克劳塞维茨和其他一些军官动身加入奥军或英军,与拿破仑战斗。为此,克劳塞维茨开始学习英语,最终学有所成。④

改革派清醒地看到普鲁士的利益,看到普鲁士需要充满活力的政策,但他们的同胞未必观点相同。1806年之前,尽管缘由大相径庭,但大部分普鲁士人都希望避免战争——像克劳塞维茨提到的,一部分人仰慕法国,另外一部分人则惧怕法国。⑤ 1806年之后,在克劳塞维茨眼中,普鲁士似乎再次分裂,一部分人认为抵抗法国无望,故而将合作视作唯一的救亡之路,另一部分人则坚信全民抵抗,主张发动一场新的独立战争。⑥ 全民兵役是另外一项导致分歧的事务。克劳塞维茨等改革派主张国家的需要高于阶级和派系利益,国王则惧怕征兵削弱他对军队的控制,而贵族们则认为征兵使他们进一步丧失特权。只有这些内

---

① Paret,1966,esp. ch. 4.
② Paret,1968,p. 405.
③ Letter to Gneisenau,8 February 1810,Hahlweg (ed.) ,1966,I,p. 620.
④ Paret,1976,p. 144.
⑤ 'Observations',pp. 73 – 75.
⑥ 'On the Life and Character of Scharnhorst',p. 95.

部纷争得以解决,普鲁士才会重获行动自由以及保障其自由所必需的民族意志。

时至1809年,随着法国收紧对普鲁士的控制,改革进程已失去它的火车头。一封商讨起义计划的信件落入法国人之手,改革派领袖大臣冯·施坦因侯爵因此事而被迫于1808年辞职,并于1809年初逃亡布拉格。在欧陆列强中,只有奥地利还在反抗法国。双方实力并不均衡,1809年7月瓦格拉姆战役失败,虽然只输毫厘,但弗朗西斯一世皇帝旋即向法国求和并与法国签署《申布伦条约》,奥地利沦为二流国家。

在普鲁士,拿破仑要求国王提供新的财务补贴,并坚决要求沙恩霍斯特离开战争部。1810年7月,路易王后早逝,宫廷内失去了一股支持改革和国家独立的强大影响力。① 在克劳塞维茨看来,普鲁士的命运跌落至最低点。不过他的职业生涯和个人生活却进展平顺。1809年,他晋升为上尉(一等),并成为沙恩霍斯特在新部门的副手,致力于开展至关重要的人事、武器、训练、军官教育和防御工事的改革。他开始勉强接受他作为一名参谋官而不是指挥官的命运。②

1810年8月,克劳塞维茨晋升为少校,同时被任命为位于柏林、再次兴盛的战争学院的战术教官。"有一半不遂我愿",克劳塞维茨写信给格奈泽瑙说,"我成了一名教师……我的工作几乎如种菜般平静"。③ [10]他在战争学院的授课讲义最后被详尽地记录下来,但他的风格是对话式的,妙趣横生,生动活泼。④ 其中别具重要性的是他对小型战争(Kleinrieg)的介绍,小分队在遭遇战、骚扰敌人和情报收集中的创新应用,以及这些活动与传统战术和队列的整合。⑤ 1810年10月至1812年

---

① Schramm, 1976, pp. 27 – 28.
② Paret, 1976, p. 436.
③ Letter of 24 June 1810, cited Paret, 1976, pp. 187 – 188.
④ Paret, 1976, p. 201.
⑤ 'Meine Vorlesungen über den kleinen Krieg', Hahlweg (ed.), 1966, I.

3月间,克劳塞维茨还担任了15岁王储(即1840年即位的弗里德里希·威廉四世)的家庭教师,负责教他军事科目。

1810年12月17日,历经漫长的追求和多次长期分离后,克劳塞维茨和玛丽·冯·布吕尔完婚。面对克劳塞维茨的晋升和良好的人脉关系,玛丽的母亲勉强同意这桩婚事。他俩非常般配。玛丽很聪明,通晓政治、艺术和文学,经常辅助克劳塞维茨的写作。他们经常通信,这很大程度上是因为长期的分离,现存有239封信件,所涉主题广泛。① 他们的关系稳定且持久,这是克劳塞维茨获得情感和智识支持的巨大源泉。

临近1811年底,各种政治事件再次打破了宁静的生活。法国和俄罗斯之间的战争似乎一触即发,国王苦恼于该与沙皇结盟还是俯就拿破仑,两难之间他的解决办法是不做决定并拒绝备战。这让克劳塞维茨吃不消。1812年2月,他写了一封长长的、悲痛的、稍微自负的建议书,文中分析了1806年后普鲁士安全受到的威胁,谴责了屈服于法国的可耻政策,并勾勒出普鲁士的战争实力,包括一支从人民中拉出的非常规部队。他无所挂碍且以充满感情的语调表达了对国家的忠诚:

> 我们拯救自己的手段多还是少,这完全不重要;决策应发自救亡之需,而非救亡之易。除我们自己以外,别无他援。②

国王看待问题的眼光不同,最终他同意提供一支两万人的普鲁士军支持拿破仑入侵俄罗斯。3月,法国军队再次进入柏林。

受此驱使,克劳塞维茨同25到30名同僚军官一起辞职,并寻求为

---

① Schramm,1976,p. 28。1816至1830年期间只有一封信存世。Paret,1976,p. 266n。

② 'Political Declaration',p. 303. 克劳塞维茨把此声明送给格奈泽瑙,叮嘱他务必"好好收着,用锁锁好"。Hahlweg(ed.),1966,I,p. 682.

沙皇提供军事服务。① 因沙恩霍斯特和格奈泽瑙的推荐,他在俄罗斯军队中被委任为中校。在同[11]沙恩霍斯特去往俄罗斯的途中,克劳塞维茨抽时间为王储写了一篇文章,介绍其所教授课程中涵盖的原理。② 这篇文章预示了一些后来在《战争论》中铺陈开来的想法(有些极大地得到了验证),例如决断和胆识的重要性,尽最大努力的智慧,摩擦的不可避免性以及固守军事计划的困难等。这篇短文也可能让他萌生了一个想法,要为所有军官写一本关于战争的有价值的长篇大作。

5月,克劳塞维茨抵达沙皇在维尔纳的司令部,但是接二连三地担任参谋让他沮丧不已。他能够看出俄罗斯对抗拿破仑45万精锐的作战计划中的缺陷,但却无法影响他们。几乎不会讲俄语让他无法施展,他将自己比作聋哑人。③ 他对俄罗斯人的领导力也没有好印象,后来他这样描述:沙皇的司令部"富贵闲散泛滥成灾"。④ 1812年9月7日,当俄罗斯在势均力敌的博罗季诺战役中坚守莫斯科时,克劳塞维茨没有任何用武之地。在一天的战斗中,俄罗斯损失44000人,拿破仑损失30000人。这场战役对于法军来说算是一场胜利,他们在一周后占领了莫斯科。但是沙皇没有撤离这座城市,并且拒绝求和。在克劳塞维茨看来,这是清醒的一课:军事胜利并不总是带来意想的政治结果。

与俄签订和平条约无望,莫斯科又大部毁于火灾(更可能是意外而非有意设计),兼之冬日临近,拿破仑别无选择,只能离开。克劳塞维茨同骚扰法国人的俄军并肩作战,法军因寒冷、饥饿和疲劳伤亡扩大。11月,当法军跨越别列津纳河时,克劳塞维茨目睹了令人悚然的一幕:10000名法国士兵或被杀死,或被淹死,或直接被冻死。他在写给玛丽的信中描述了他所目睹的情景:尸横遍野,垂死者像幽灵一般尖

---

① Paret,1966,p. 171.
② *Principles of War*,Gatzke(trans. and ed.),1942.
③ Letter to Marie,12 – 24 August 1812,Linnebach,1917,p. 294.
④ 'The Campaign of 1812 in Russia',p. 114.

叫着求助。他写道:

> 倘若我的心未得坚强,此情此景定会使我发疯。即便如此,仍需许多许多年我才能想起所见而不觉悚然。①

尽管如此,克劳塞维茨后来仍在批评那位离这一幕最近的俄罗斯将军时写道:如果维特根斯泰因的攻击更加猛烈些,"他本应该对法国人造成更惨重的损失"。②

克劳塞维茨对战胜拿破仑所做的贡献在外交层面,而非军事层面。作为俄国的密使,[12]克劳塞维茨扮演着一个至关重要的角色:说服他的同乡冯·约克将军与俄国签署了《陶罗根公约》,将普鲁士军团从拿破仑的撤退军队中撤出。这份协定商定于1812年12月底,明显违背了国王的命令,可能致使约克受审判。③ 但至少对于克劳塞维茨来说,他再也不用害怕跟供职于约克将军麾下的两个亲哥哥对阵了。④ 拿破仑的撤退并没有解决普鲁士1813年初面临的困境。沙恩霍斯特正大力建设普鲁士的军事力量,迫不及待地要采取直接行动来对抗仍然占领着柏林的法国。上流和中层社会也开始支持积极抵抗,1813年3月,国王最终向法国宣战。普鲁士谋求独立的斗争开始。

克劳塞维茨于1813年3月随维特根斯泰因的军团返回柏林,他尝试再次进入普鲁士军队。虽然不乏有影响力的支持者为之求情,但国王坚决不同意。王室成员背地里称他为"劳塞维茨"("劳塞"音同德语"虱子")。⑤ 在所有曾供事于俄罗斯一方的军官中,克劳塞维茨受苛责

---

① Schwartz, 1878, I, p. 493. Translation from Parkinson, 1970, p. 194.
② Brodie, 1976a, p. 643.
③ 'Campaign of 1812', pp. 188–200; Paret 1966, pp. 191–195.
④ Letter to Marie, 18–30 December 1812, Schwartz, 1878, I, p. 539. 更让他痛苦的是想到他们中间可能有一个会被投入监狱。'Campaign of 1812', p. 184.
⑤ Paret, 1976, p. 232; Laus 意同英语的 louse。

最甚。① 国王永远不理解也不原谅他的行为，认为他那是背弃普鲁士。尽管如此，在朋友们的帮助下，克劳塞维茨还是被任命为俄国的普鲁士军队联络官，这样，他可以继续跟沙恩霍斯特共事。

社会上涌现的爱国主义，特别是在东普鲁士，促使大批人志愿入伍。尽管王室对民众入伍满怀疑虑，其中一些区域还出现了激烈的反对意见，但普鲁士军队从1812年12月间的不足6万人，增长至1813年春季的约13万人，秋季则达到了27万人。一个武装民族就此诞生。1813年5月，普俄军队联合，开始了将法国人逐出普鲁士的第一次努力。在吕岑会战中，拿破仑将联军从战场上逐出，这场战役是克劳塞维茨军事生涯中最凶猛和紧张的战斗。尽管他作战出众，头上还吃了一刀，国王还是否决了他英勇作战所应得的嘉奖。吕岑会战的另一重大损失是沙恩霍斯特，他因伤口感染，几周后死亡。克劳塞维茨感到深深的失落，特别是因为国王在悼念他最亲密的朋友时只是敷衍了一下。

1813年年中，一直期待再次对法作战机会的克劳塞维茨，获得了俄德军团中的一个职位，俄德军团是奥尔登堡公爵发起的一支6000人的全德国人队伍。这年秋，战事再起，[13]克劳塞维茨在小型的格赫德战役中表现良好，并被晋升为上校。但他懊恼于未能参与主要战役。普、奥、俄、瑞联军最终在人数上压倒对手，超过34万人对付法军20万人，1813年10月16至19日间双方这场在莱比锡的巨大而血腥的遭遇战又称"民族大会战"（battle of the nations），战争结果使得拿破仑战败和普鲁士独立成为必然。除了一些小型交战，克劳塞维茨只是观察了1814年3月将拿破仑逐回巴黎的战役。尽管未能得到他所期待的荣耀，1814年4月，他最终获准以全职上校之衔重新加入普鲁士军队。

同月，联军进驻巴黎，拿破仑被流放到厄尔巴岛。克劳塞维茨终于得以从战争中抽身出来喘口气，他花了数周待在亚琛接受温泉疗养，希望疗愈俄罗斯战役给他带来的健康问题。1815年3月1日，拿破仑从

---

① Paret, 1976, p. 220.

厄尔巴岛成功逃出并返回法国,建功立业的机会又一次临到克劳塞维茨,这也是最后一次。克劳塞维茨被任命为蒂尔曼将军(Thielmann)麾下2万人的普鲁士第三军团的参谋长。但是他再次失望了。在导向6月滑铁卢战役的那场战斗中,他的军团被证明在瓦弗尔战役中起到了至关重要的作用:阻止了格鲁希(Grouchy)将军的两支法国军团,使其未能在那场决定性的战役中增援拿破仑。但这不是一场他能一展才华的战役。克劳塞维茨仅获得二等铁十字勋章,不免郁郁寡欢,因为这是普军最低等级的荣誉。[1]

随后在占领巴黎的一段日子里,克劳塞维茨与许多普鲁士人不同,他力主对战败的敌人报以宽容。有些人快意恩仇,意图炸掉为纪念法国在耶拿获胜而建的耶拿桥,但是威灵顿公爵布设卫兵阻止了此事。克劳塞维茨相信英国会从胜利中获得最多的政治利益,因为他们没有那种目光短浅的复仇热心。惩罚性的政策可能会助长德国人对联军的仇视,从而挑起公开的军事反抗。[2] 克劳塞维茨认为,此时普鲁士的注意力应当转向自身在和平中的长期利益。这才是战争的真正目的。

---

[1] Paret,1976,p. 250; Schramm,1976,p. 23. 这时,他的哥哥弗里德里希已经获得了功勋勋章,哥哥威廉获得了一等铁十字和带饰边的功勋勋章。

[2] Letter to Marie,12 July 1815,Schwartz,1878,II,pp. 161 – 164.

2 学 者

我属于那种非常关注未来,故而极少满足于现状的人。①

[14]截至1815年,克劳塞维茨已经与欧洲最强的军队交手五次。他在35岁时已经展现出英勇,并被公认为极具才能和智慧的参谋,但他并没有得到高级指挥的机会。他赢得了社会地位,婚姻美满,只是贵族身份仍未得确认。他已经看到祖国终究会胜利,但1806年的灾难伤害了他对自己所效力的国家的信心,他短暂的弃国行为也深深地激怒了国王。克劳塞维茨前途未卜。

1815年的维也纳协定标志着国际政治时局转向和平,随着克劳塞维茨被任命为科布伦兹的驻军参谋长,他的生活回归日常。但1817年4月,他同王储花了一个月巡游莱茵兰,途中发生了一些变化。骑马穿越尔弗尔山期间,克劳塞维茨目睹了"令人心碎"的饥荒:

几个人瘦骨嶙峋,几无人形,在田间爬行,试图从未被收获、半烂不熟的土豆中汲取营养。

如其所见,饥饿总是"只有最底层"能感受,他的怜悯中交织着对普鲁士政府的愤慨,因为后者没能消除普遍的贫困。②

[15]1817年年中,克劳塞维茨完成了一篇关于沙恩霍斯特的短

---

① Letter to Marie, 3 July 1807, Schwartz, 1878, I, p. 283.
② 'Agitation', pp. 365–366.

文,意图捍卫他过世的朋友兼导师的名声,同时批评反对改革者缺乏勇气。① 事实证明他发表这篇论文并不明智。一年后,他被提名以少将军衔担任柏林战争学院的督学。尽管国王仍然怀疑他的忠诚,但是克劳塞维茨最终于1818年9月,在他38岁时,以相对较轻的年纪获得批准并晋升。克劳塞维茨1819年初赴任,他有理由担心这个职务是一种军事事务上的倒退。他的职责多为行政事务,比如休假审批或者为贫困学员预支款项。课程设置由一个研究委员会控制,克劳塞维茨没有机会教授他的军事知识,远不如1811年作初级教官时。②

克劳塞维茨还绝望地看到,在柏林,改革派不断从有影响力的职位上被清除掉。许多普鲁士人相信,一旦实现了国家独立,改革就多此一举。"国土防卫队"(由17到40岁的男丁以地方为单位组成的一支应征军)的处境是个典型例子。这支队伍受抨击的理由既有政治的又有军事的,作为仍在军中的少数改革派,克劳塞维茨用三篇备忘录为其辩护,每篇都指出无时不在的外部威胁需要以强硬的军事立场去回应。每篇备忘录都宣称,"国土防卫队"将有助于增强而非削弱普鲁士的力量,因为它将政府和人民更紧密地团结在一起。其中一篇甚至建议仿效英国议会的方式设立一个代议制政府。③ 引发争论最多的一篇主张说,要位列一流强国,普鲁士就必须武装全民。④ 因此,此篇未能发表也就不足为奇。1819年12月,不顾格奈泽瑙和战争部长博因(Boyen)的反对,国王下令改组"国土防卫队",使其隶属于常备军。⑤

克劳塞维茨曾考虑过从事更值得做的职业,包括外交。⑥ 1818年

---

① 'Scharnhorst', pp. 88–109.

② Parkinson, 1976, p. 295.

③ 'On the Political Advantages and Disadvantages of the Prussian Landwehr', p. 333.

④ 'Our Military Institutions', p. 328.

⑤ Schramm, 1976, pp. 517–519.

⑥ Paret, 1976, pp. 319–323; Hahlweg, 1980, p. 33; Paret, 1992a.

春他前往伦敦,显然是为了获得圣詹姆斯宫廷大使的提名。但国内的政治阴谋——对此他出于厌恶而漠不关心——最终剥夺了对他的任命。国王还阻止了对他几个较小的外交职位的提名。这不是第一次,克劳塞维茨确实想过成为一名文职(civilian)学者,只是从前他也有些力不从心。① 倘若非要圈点出他这段职业光景中的积极一面,那或许是战争学院的轻差给了他机会去吸收[16]柏林繁荣的思想和艺术氛围,并花更多时间写作。令他满意的是,他现在有时间从事更多向内的、智识性的工作。

政治和军事问题吸引了他的关注。他看到,欧洲的平衡取决于各国,它们有着差异性的政治体系和社会结构,也有着不同的利益和雄心。对普鲁士安全的理解,必须放入一个更加宽广的背景上,而不单单是敌对法国,并且它的政策必须调和更多复杂的利益。他于1823年完成了一篇题为《动荡》的论文,主题有些不连贯,讨论各国社会变革。他在文中还研究了贵族的历史性没落和中产阶级的崛起,批评当时大学生的政治诉求不切实际。此文也疏远了他早期支持宪制政府的思想。克劳塞维茨写作此文,部分是为了减轻人们对他可能是激进派的疑虑。②

在柏林的头几年里,克劳塞维茨还写了《弗里德里希大帝的战役》以及《古斯塔夫·阿道夫1603—1632的战役》,后者不同寻常之处在于侧重领导力和心理因素,而不是战斗和攻城。③截至1825年,他完成了《大灾难中普鲁士之我见》,但因为批判力度过大和夸张的文风而未能在生前发表。这篇论文发展了他在1806年分析过的糟糕领导力的主题,同时尖锐批评了陷入灾难的普鲁士的政策和特质:"如同游手好闲者只在消耗而从不创造,政府甘于平庸,一心指望命运的眷顾。"④此

---

① Paret,1976,p. 436.
② 关于诠释这篇散文之难,参见 Paret,1976,pp. 298 – 306。
③ Paret,1976,pp. 85 – 87.
④ 'Observations',p. 65. 最终发表于1888年。

外,克劳塞维茨还完成了 1814 年就已开始的《俄罗斯 1812 年的战役》。

在研究这些历史的间隙,他继续进行战争和战略研究,打算写一部长篇。这部作品他在 1816 年就已构思过。截至 1827 年,《战争论》的前六篇草稿完成,手稿约一千页。① 那一年,克劳塞维茨长久期盼的家族贵族身份得到了承认,这一进展更多应归功于他的社会关系以及他和家族对国家的贡献,而不是靠家族血缘。② 他的两位兄长是非常受人尊敬的英勇战士,弗里德里希是一名少将,威廉不久也会成为少将,这个事实无疑影响了国王的决定。尽管克劳塞维茨从不怀疑自己的贵族身份,他还是欣然接受了这个正式和公开的确认。

从 1827 年开始,克劳塞维茨继续其关于军事历史的写作,同时开始修订《战争论》手稿。③ 他之所以重返军事历史,可能是为了用他思考战争的新视角来重新审视历史上的战役。④ 1827 年 12 月,两封[17]评论他的朋友罗德承担的战略演习的信件引申出新主题,需要纳入他的《战争论》手稿。这两个主题,一个是战争乃政策以不同手段的延续,一个是有限战争和无限战争两种战争类型。⑤ 他从未完成计划中对主要作品的修订。1829 年 12 月,克劳塞维茨依一项请求返回现役,1830 年 2 月被任命为炮兵督察。由于年内履新需要熟悉情况,克劳塞维茨搁置了《战争论》的手稿。

1830 年间,整个欧洲爆发骚乱:法国查理十世被赶下台,西班牙发生内战,比利时人暴动反抗荷兰人,德国数州发生骚乱而波兰爆发起义。欧洲秩序似乎再次落入危险的边缘。克劳塞维茨认为法国可能在来年初挑起战争,并就此研究了普鲁士几种可能的应对方案。继 1830

---

① Paret,1976,p. 364.

② Paret,1976,p. 15.

③ 一篇论文讲的是法国 1815 年的战役,对此惠灵顿公爵写了一篇评论表示致敬。Bassford,1994,pp. 41 – 45.

④ Aron,1977,p. 1259.

⑤ 'Gedanken zur Abwehr',Hahlweg (ed.),1979,pp. 493 – 530.

年11月底华沙叛乱和俄罗斯在波兰政权的瓦解之后,克劳塞维茨应召做格奈泽瑙的参谋长。他的这位老朋友时年已经70岁,指挥着一支负责观察并遏制波兰骚乱的军团。

克劳塞维茨于1831年初返回柏林预备履新,他写了一篇短文《波兰被瓜分后的欧洲》,文中他抱怨那些出于感情而支持波兰独立的人,他们并不关注普鲁士安全的需求和欧洲的平衡。在他看来,波兰的民族主义是一场徒劳无益的运动,长期以来也是不稳定的源头。另外一篇短文《论德国存在的基本问题》,批判有些人对比利时、意大利和波兰民族叛乱报以世界主义式的同情,并指出波兰作为法国的友邦,其从俄国独立会给普鲁士的安全带来何种危险。克劳塞维茨辩称,普鲁士真正需要的是关注来自法国的持续威胁。这篇研究本是准备发表的,但某位谨慎的出版商还是将其退回,可能认为它在那个时代过于冷静清醒吧。①

克劳塞维茨珍惜再次在格奈泽瑙麾下效力的机会。3月,两人离开柏林去往坡森,普鲁士军队在那里能够监控波兰的动向。如果战争来临,克劳塞维茨期待那是对抗真正的敌人——法国,并且期望自己能被派往西线。但克劳塞维茨对普鲁士的优柔寡断感到沮丧,并为普鲁士的未来和自己的前途忧心忡忡。在数封写给玛丽的信中,他抱怨这世界的愚蠢行为,并沉思将来自己的死亡。截至1831年年中,[18]横扫波兰的霍乱逼近普鲁士边境,普鲁士大费周章地建了一道"健康卫生封锁线"(cordon sanitaire)。然而8月时,格奈泽瑙染疫去世。克劳塞维茨本已心灰意冷,国王对其朋友微不足道的认可更使他倍感沮丧。接管格奈泽瑙永久指挥权的期冀最终也成了泡影。

10月,俄国军队重新控制波兰,11月7日克劳塞维茨返回布里斯劳,两天后玛丽在此与他会合。11月16日克劳塞维茨感染了轻微霍乱,这次感染似乎造成了他心脏病发作,使他在那个傍晚去世。他被葬

---

① Paret, Moran (eds), 1992, pp. 377-338.

于布里斯劳的军人墓园,因着遏制霍乱疫情的法律,没有举行公开的葬礼仪式。家人和朋友被禁止参加葬礼,尽管如此,玛丽的兄弟还是买通了掘墓人,来到现场。① 弗里德里希·威廉发出一条近乎同情的消息:"克劳塞维茨少将突然离世的噩耗……让人始料未及,悲痛难当。军队遭受了无法弥补的损失,我深表哀悼。"②

在其兄弟和两位家族朋友的帮助下,玛丽·冯·克劳塞维茨着手整理丈夫的手稿,准备出版。《战争论》中的三卷于1832至1834年间出版面世,后续的五卷到1836年1月才得以完成出版。那时玛丽也已亡故并与丈夫同葬,是克劳塞维茨的朋友们张罗出版了他的遗作的最后两卷。1971年,也就是他去世140周年时,他的遗骨终于返回他的出生地堡镇,安放于墓园。葬礼完全依照军队礼制,还为他立了一座简单的纪念碑。③

克劳塞维茨的一生,交织着行动和思考、成功和挫折、幸福和忧伤、罗曼蒂克的理想和科学的分析、热忱的爱国主义和对普鲁士的失望。这给人以多样的诠释空间。他是不是内心不安抑郁,无法与自己及世界友好相处?还是说,他已向现实妥协并找到了令他心满意足的尺度?两种观点都有人支持。④

在年轻的克劳塞维茨眼中,战争和国家可以带来个人成就和社会认可。他在给玛丽的信中写道:我的道路带领我穿越了"一个大战场,我若不进入其中,就得不着持久的幸福"。⑤ 地位和前途,包括婚姻,取决于他对军队和民族的效力。例如1801年被选入学对他的职业生涯至关重要,他要感谢军队。然而,将国家命运等同于自身命运,导致

---

① Paret,1976,p. 430.

② Schwartz,1878,II,p. 441.

③ Hahlweg,1980,p. 163n.

④ Paret,1976,pp. 431 – 440 更接近后者的观点;Brodie,1973,pp. 299 – 305 更接近前者,他猜克劳塞维茨患有"神经官能症"。亦见 Barry H. Steiner,1991,尤见 pp. 217 – 223。

⑤ Letter,18 September 1806,Schwartz,1878,I,p. 219.

[19]他一面对普鲁士满怀期望,一面也要面对无奈的现实,包括普鲁士领袖平庸的领导力以及狭隘的保守主义。1812年,他的沮丧致使他抛弃了普鲁士本身。在那个时代,一国军人效力于外国军队倒也常见,但很少有人会同时直言不讳地批评本国政策。为了国家利益而置自己的职业生涯于不顾,这固然可敬,随后的德国历史也证明需要这种人,但这也提出了深刻的问题:谁应当决定什么才算是国家利益?克劳塞维茨似乎从没有怀疑过自己所做决定的正确性,也没有明白为什么国王难以接受他的回归。

克劳塞维茨对自己的才能缺乏信心,因此不断寻求用外部标准来肯定自己的价值,尤其是在他的职业发展中。在1807年写给玛丽的一封信中,他提到这种心性也许已经过于丰富地赋予了他"那种我们称之为雄心的虚荣"。[1] 他将目标设得很高,却从来不以自己得到的奖赏和尊重为足。尽管他寻求一些职位时被否决,但他在军中的晋升仍是非常有竞争力的,整体上他做得不差。类似地,许多年来他寻求自己的贵族血统得到认可,部分是出于对父亲的义务,部分是为了建立自己在社会中的地位。国家也再次给了他所需要的这种肯定,尽管晚于他的预期。

在社会关系中,克劳塞维茨是自我隐身和沉默寡言的,他缺乏大部分同僚所具有的放松与自信。许多人认为他性格冷淡,对他人吹毛求疵,像个书呆子,对待生活过分严肃。即使在日臻成熟的年纪,他仍因害怕被嘲笑而不愿意主动发表意见,并且经常过分谦虚地表达自己的观点。将论据诉诸笔端对他来说更容易些。根据冯·勃兰特将军1831年对他的近距离观察,在军人当中,克劳塞维茨似乎显得局促不安,缺乏激励部下的能力。他是一名出色的参谋,但从未养成战场指挥者的性情(habits)。[2] 克劳塞维茨也意识到自己在融入战场时的不足,

---

[1] 9 April 1807, Schwartz, 1878, I, p. 266.
[2] Schwartz, 1878, II, pp. 448 - 449. 勃兰特将军的回忆引自1940, p. xxxvii。

并为此懊恼不已。

虽然有种种焦虑和困扰,虽然性格生硬且时而有些忧郁,但克劳塞维茨仍表现出处理人际关系的能力、正义感和心智上的诚实,这些并未指向一种根本上精神紊乱的人格。在他的一生中,克劳塞维茨总是有一小群关系亲密的朋友和同事,他热爱并尊重他们,他们也回报他以真实的钦佩和热爱。在意气相投的一群人中,他投入、热情、[20]甚至活力四射,容易大笑到失态,①只是很少有人见到他性格的这一面。他与玛丽这位聪明、敏感、成熟、与之不断分享感受和想法的女人的婚姻,是一段非常亲密的关系,尤其带给他切身的幸福和满足。

克劳塞维茨对疾病缠身的反应也给人启迪。他患有关节炎、剧烈的头痛、痛风、牙痛、痔疮;在俄罗斯的岁月还给他留下了冻伤;1822年他遭受了一次明显的中风,导致右臂暂时瘫痪;1827年又患上了一种性质不明的严重疾病。② 然而,种种病痛从未削弱他强健的精神。像许多同时代的人一样,他用鸦片来缓解疼痛,但他决心不过度依赖它。③ 尽管他会偶尔在信中抱怨,但身体上的苦难最后都被他的坚毅克服,只不过引起他短暂的消沉而已。

克劳塞维茨去世后不久,玛丽曾写信给一位朋友,说他的死"仿佛推开生命如脱重负",他这一生"有如一条未曾打破过的劳苦、忧伤和烦恼之锁链"。④ 某种程度上这是事实,但还需要考量那些更加积极的要素。克劳塞维茨的忧郁反思,往往通过谈论生活中更幸运的方面以及他积极主动的决心得到平衡。⑤ 他承认自己的弱点,或许他比大多数人更专注于此,但自省和自我批评往往只是激励他变得更加勤奋。如果说他迷恋于获得成功,坚决地想要得到认可,那么这或许恰恰平衡

---

① Paret,1976,p. 211.
② Paret,1976,p. 323.
③ Schramm,1976,p. 34.
④ Cited Paret,1976,p. 431.
⑤ Paret,1976,pp. 281 – 282.

了他所面临的困难,是他用来克服这些困难的品格力量。克劳塞维茨个性复杂,智性上却很真诚——蔑视波兰人是个少有的例外——而且为人正派。简而言之,他的性格"可悲地过度紧张而又奇怪地吸引人"。①

回想过往,1812年的事件是转折点。又经历了三年的战争后,克劳塞维茨开始反对普鲁士政策,这预示着他对国家的看法少了些理想主义。他对普鲁士命运和国家荣誉的立场更多地走向幻灭和听天由命,但也更加客观和现实。1815年之后的持续和平,使他有时间深入思考战争和政治问题。战争具有一定的纯粹性,因为人在战争中全身心投入并尽其所能,以确定并寻求达到明确的目标。和平则涉及妥协和不确定的目标。但克劳塞维茨也承认,即便战争也有其模棱两可之处。了解军事行动与政策之间的关系成为他首要的关切。

[21]一个出身小家庭、受教育有限的男人,曾效力于最绝望岁月中的普鲁士军队,他本可能发展出一种狭隘的军国主义和民族主义的分析。然而,他对战争的研究最终备受瞩目的是其平衡性和客观性。因为克劳塞维茨是一个智识人,且首先是在有能力理解他周围的现象这一意义上是一个智识人。他不是哲学意义上的原创思想家,但他创作了一部对后世历代人说话的作品。《战争论》的显著之处是接纳了理性、偶然性和激情等元素,这是克劳塞维茨在战争核心中所看到的东西,这些元素也以理智、战争的命运、效忠国家等形式支配着他自己的一生。

---

① Gallie,1978a,p.167.

第二章

拿破仑时代的战争

3 论战争

> 战争本身……就像讲台上的老师,每天向它的学生们传授着有用的新知识。①

[25]要理解《战争论》,就离不开它的背景,即克劳塞维茨所处年代发生的战争剧变。1793年他人生的第一场战役是典型的18世纪式战争:军队部署的目标有限,偏向小规模冲突而不是大规模战斗。这次战役的双方,无论是普奥的传统军队,还是法国的"公民军队",都没有获胜。相反,1806年他的第二场战役则非常清晰地展示出拿破仑的战略风格:主动寻找对手,迫使其进入决定性会战,对败军穷追猛打。仅仅间隔几年,战争已经有了全新的特征,对此需要做出解释。克劳塞维茨认为,战争反映出"国家和社会的本质,并被其所处的时代及当时的普遍条件所决定"(586)。几年后,他又总结出"战争艺术的变革是政治变革的结果"(610)。

战争的变革

1789年之前,战争是君主手中的工具,用于维护王朝的利益,确保领土所有权。君主们的雄心和军事能力通常都比较有限:

> 敌人的现金资源、国库、信贷规模都大致可知,其兵力规模也不是秘密。趁着战争爆发之机大规模开疆扩土并不可行。知彼所

---

① 'Scharnhorst', p. 103.

限,就知道自己大致可免于[26]完败;知己所限,就不得不收敛自己的目标。既已免于极端威胁,自不必再走极端。(590)

七年战争即便战事如此激烈,也是按约定俗成的方式,在谈判桌上以外交协商达成了最后的和解。

克劳塞维茨论主张,总体的均衡"将大多数战争转变一些混杂的事务,在其中,原有的敌对不得不在彼此冲突的利益间扭曲和转向,直到显得大大缓和"(387)。这并不是说各国无力打很酷烈的仗,事实上18世纪的战斗伤亡率高于拿破仑时代;① 而是说,那时的战争是有限战争,专属于某个社会群体。一支军队被"粉碎"后无法招募起一支新军队,这很危险,因为"军队背后没有任何支撑"(590)。军队属于国王,军官则举自效忠于国王的贵族。克劳塞维茨评论说,各国政府"已经与他们的人民分道扬镳",以至于"人民(在战争中)的参与已消失"(589)。大多数战争几乎没有触及人民这一人口的主体。

原始的通讯方式和后勤保障也使军队运作迟缓。战役大多限于5月至9月间,因为此时马儿有草、士兵有粮。侵占敌人领土的目标已经过时(590)。社会上推崇的仪式和礼仪流入军队和战争内部。② 骑士精神和彬彬有礼与贵族军官身份相称。战争艺术变成了"半战不战的事儿,甚至往往……沦为彻底的假装"(609)。克劳塞维茨指出,这些限制并非源自18世纪的进步和启蒙精神,而只是与这种精神一致(591)。一旦政治和社会环境发生变化,战争本身就会发生改变。

法国大革命和拿破仑的领导力展现出以往难以想象的军事能力和活力。在法国,战争变成了"人民的事业——三千万人民都认为自己是公民"(592)。法国人认同自己的国家,大量应征入伍。1789年以前,战场上很少有超过5万人的军队,征兵制和民兵系统可以在十年左

---

① Bond,1998,p.16.

② Duffy,1987,p.6.

右的时间里征召超过 10 万的兵力,但法国仅在 1812 年一年就征召了 60 万人远征俄罗斯。即使坐拥如此庞大的军队,[27]拿破仑还是证明了采用灵活和攻击性的战略是可能的,他将士兵推至承受力的极限,迅速部署以发动包围攻击。有了持续的兵力补给,将军们也就敢于冒险发动大型会战。1790 年至 1820 年间,欧洲共发生了 713 次战斗,平均每年 23 次,而之前的三个世纪里每年只有八九次战斗。①

战争也能实现更大的雄心抱负。在拿破仑治下,战争使法国成为一个帝国,一个范围覆盖从马德里到莫斯科、从哥本哈根到开罗的纵横帝国。拿破仑占领并征服了众多国家,重新划定国界版图,扶持傀儡君主,神圣罗马帝国轰然倒下。一旦拿破仑克服了法国军队的技术和组织缺陷,

> 这位战争霸主就以全民之力,开始了它横贯欧洲的粉碎之旅……所有的限制已消失在政府及其所辖之民所展现的活力和激情中……战争,不受制于任何传统,已经奋起其全部狂暴的力量,如脱缰之马狂奔而去。(592 – 593)

战争所牵涉的"不再是一个国王对付另外一个国王,一支军队对抗另一支军队,而是双方人民之间的较量"。②

> (1793 年后)一支力量的出现超乎了所有人的想象……人民成为战争中的一分子;整个民族代替了先前的政府和军队,作为砝码被投到天平之上……此时已没有任何东西阻止得了发动战争的凶猛活力。(591 – 592)

---

① Rothenberg,1980,p. 61.
② 'Bekenntnisdenkschrift'('Political Declaration'),Hahlweg(ed.),1966,I,p. 750 [笔者自译];亦见 Marshal Foch:'The wars of Kings were at an end,the wars of peoples were beginning'. Foch,1918,p. 29。

克劳塞维茨相信,之所以如此,根本原因在于法国国内发生了社会和政治变革,并随之不可避免地影响了邻国:

> 战争中很少有新的表现能够归因于思想观念上的新创造或新的出发点。它们主要是社会变革或新社会条件的产物。(515)

打动克劳塞维茨的,并非法国大革命提出的新理念,而是其中所蕴含的政治和军事能量。① 兵役制度、民兵和游击战,所有这些都展示出新的可能,而政府也学着把经济套在战争之马上。

全民征兵

[28]军队应依赖于人民参与,这样的想法并不新奇。孟德斯鸠(1689—1755)和卢梭(1712—1778)二人皆提倡由志愿公民士兵组成的军队,前者视之为对抗独裁统治的保障,后者则视之为公民德性(civic virtue)的表现。二人皆看好这样一支军队的战斗品质。然而,1789 年以前,尽管存在多种强制兵役的形式,但构成军队主体的仍是志愿兵。在法国,国王定期要求地方政府提供特定数目的男丁,由地方政府自己挑选,比如在 24 名成年男性中征召一人。② 在普鲁士,弗里德里希大帝强迫囚徒在军中服役。③ 尽管如此,强制兵役因其成本和实际困难常遭到质疑。

法国展示出征兵的新潜力。1791 年招募 10 万志愿兵后,法国政府发现"主动的公民"已经招募殆尽。④ 全民动员(levéeen masse)是唯一的出路,于是,国民公会通过了著名的 1793 年 8 月 23 日法令:

---

① Moran,1989,p. 198.
② Best,1982,p. 31.
③ 'Observations on the Wars of the Austrian Succession',p. 27.
④ Best,1982,pp. 78 – 79.

> 从现时起直至敌人被全部逐出共和国领土之日,所有法国男子被要求长久在军中服役。①

法国人口比除俄罗斯之外的任何国家都多,其军事潜力开始释放。截至1794年,一百万男人中有四分之三都被武装起来,形成了一支新征兵、志愿兵和"旧制度"下的老兵混合而成的军队。② 这不再只是一支公民军队,而是全民皆兵。

1792年革命战争在瓦尔米的开场前哨战,只不过是一场非决定性的炮兵对决,伤亡很少,也没有什么战略意义。但出于另一个理由,它又别具历史意义。法国公民士兵对抗训练有素的普鲁士步兵,并在枪炮下保持冷静。平民大众不是乌合之众,他们可以满怀斗志、纪律严明地战斗,显然是可靠的。因此,据克劳塞维茨的分析,"瓦尔米炮击比霍克奇战役更有决定性"(222)。③ 彼时在瓦尔米的歌德评论说:"从此时此地起,世界历史的新时代开始了。"④

全民征兵开始时很管用,除了人民对战争的热情,还因为收成不好、高通胀以及失业。[29]然而这种征兵体系存在诸多缺陷。农夫不满于被迫背井离乡远离家人,农村丧失了宝贵的劳动力。⑤ 虔诚的天主教徒不愿意为一个主张无神论的共和国战斗。一些公民甚至用自残的方式逃脱兵役,或者利用已婚男子的兵役豁免权逃避兵役。此外还有别的逃脱兵役的法子,如找人代替、行贿或者在荣誉卫队象征性地服役。⑥ 地方官员不喜推行不受欢迎的法律,也不喜处理时常发生的骚乱。

---

① Cited Porter,1994,p. 131.
② Porter,1994,p. 131.
③ 1758年,在霍克奇(Hochkirch),弗里德里希大帝被奥地利军队决定性地击败,但这次失败不是毁灭性的。
④ Cited Best,1982,p. 81.
⑤ Esdaile,1995,p. 49.
⑥ Esdaile,1995,p. 56.

尽管存在这些问题,法国还是靠着它的征兵政策获得了大量兵力投入战场,确保士兵数量能够承受住因敌人进攻、疾病和逃兵造成的重大损失。1792—1799年间,法国在阵亡60万士兵的同时兵力得到补充。① 当1807年拿破仑势如破竹的胜利(easy victories)结束后,法国的征兵体系更加严酷,②协助逃脱兵役者受到惩罚,逃兵遭到追捕。③ 克劳塞维茨被囚法国时,目睹了拒服兵役者被警察用绳子捆绑着游街,惊诧不已。④ 截至1812年,法国年平均征兵人数从7.8万人增长到12.7万人,但兵源质量下降。即便在莫斯科大撤退后,法国仍然能征召84万人入伍。⑤ 法国士兵的补充似乎是无穷无尽的。拿破仑向梅特涅所夸不虚,他可以每月"消耗"3万名士兵。⑥

法国的对手们无法在法国那样的程度上摆脱1789年之前的军事体系。有些国家,特别是英国和俄国,只做了微小改变。普鲁士的政治和社会条件没有变化,因此征兵制备受争议。国王害怕强制服兵役会使士兵更忠诚于国家而非王权;贵族阶层认为它会在军官团中带来更大的平等主义;资产阶级不愿意投身行伍生活;普通平民则因为军队严苛的军纪和恶劣的条件发现了征兵制的明显弊端。但对于克劳塞维茨和改革派来说,征兵是唯一能抗衡法国的方法。只征召公民士兵是不够的,还要培养他们成为爱国的士兵。

民 兵

民兵(militia forces)在业余时间进行军事训练,其重要性通常被全

---

① McNeill,1983,p. 194.
② Esdaile,1995,p. 248.
③ Esdaile,1995,pp. 248 – 249.
④ Paret,1970a,p. 4.
⑤ Esdaile,1995,pp. 276 – 277.
⑥ Holmes,1991,p. 69.

职士兵所遮蔽。在 1789 年之前的欧洲,民兵是一国军事实力的补充,为常备军[30]源源不断地提供志愿兵(volunteers)。克劳塞维茨以雄辩的言辞认证了民兵的价值:

> 民兵概念体现了这样一个想法:全民不同寻常且很大程度上自愿参与到战争中去,……(与常备军相比),民兵构成了一个力量库,它更具扩展性、灵活性,他们的战斗精神和忠诚度也更加容易被唤起。(372)

克劳塞维茨认为,一支组织优良的民兵力量的首要目标,乃是借助在全民中推广军事精神,让国家变得强大。

1808 年之后,民兵在普鲁士的地位提高,因为那时法国借巴黎条约将普鲁士军队规模限制在 4.2 万人。只有广泛动员民兵力量,才能快速扩充常备军的数量。最具雄心的民兵组织莫过于"国土防卫队"(Landwehr),它基于省级政府,招募 17 至 40 岁之间的男丁。"猎兵"(Jäger)则是针对中层和上流阶层中的爱国者,他们通常受过一定的教育,但又不希望在正规军中服役,他们能自行承担军服和装备支出。①"国民军"(Landsturm)装备最差,通常缺乏武器和制服,剩下的人都被纳入其中。

动员民兵的时机出现在 1813 年初,其时拿破仑虽从俄罗斯撤退,但仍然占据着普鲁士的领土。普鲁士开始引入全民征兵制度,准备建立一支 12 万人的国土防卫队。同年 3 月,国王发表了颇能引起共鸣的"告吾民书",呼吁"每位祖国之子(参与)……这场自由之战"。② 4 月,所有剩下的男丁被要求进入国民军服役,因措施过于严厉,导致目标弱化。③ 截至 1813 年中,普鲁士大约有 27 万男丁投身战场,占总人口的

---

① Rothenberg,1980,p. 194.
② Cited Esdaile,1995,p. 265.
③ Esdaile,1995,p. 267.

6%,这一比例是 1806 年的两倍,而且那时军中有更多还是外籍军人。① 在争取自由的战争中,猎兵和国土防卫队表现尚可。当身穿军装的平民多于正规军时,也就从全民皆兵的得胜民族中诞生出一个半真半假的神话。

法国战败后,国土防卫队再次成为争议的中心。尽管它已经在战争中证明了自身的价值,许多人仍然认为它在和平年代可有可无。克劳塞维茨不断催促建立一支强大的国土防卫队,方式是连续服役三年,而不是一年一个月持续 24 年。因为这样"更加容易在士兵的思想、习惯和[31]价值观里赋予一种尚武精神"。② 在他看来,反对在民兵中混编不同阶级是基于偏见;无论如何,实际上跨阶级混编不可能发生。③ 重要的其实是确保所有的社会阶层共同分担责任。但实际上,在他写给格奈泽瑙的信中,克劳塞维茨指出,民兵的特征是"贪污腐败,难以想象的专横,并且不公正",而且"我们可悲的体系的最终结果,常常是穷苦人变成士兵,富人仍旧免于服役"。④

更加棘手的是,反对意见声称,由武装的人民形成的国土防卫队,可能会成为"一种革命手段,一种合法化的无政府状态,其对社会秩序内部的威胁堪比其对外敌的威胁"(479)。克劳塞维茨首先挑战了常备军在政治上可靠这个前提,指出在所有近期发生的革命运动,特别是在"众革命之母"中,常备军都未能有效地捍卫君主制度。⑤ 大众的态度不可避免地渗入每支常备军。路易十四的军队就是这样消融在"革命精神的光辉下,如雪逢春至"。⑥ 其次,克劳塞维茨主张,即使存在政治风险,保留国土防卫队仍然利大于弊:

---

① Esdaile,1995,p. 246.
② 'Our Military Institutions',p. 324.
③ 'Our Military Institutions',p. 327.
④ Cited Paret,1976,pp. 290,291.
⑤ 'Our Military Institutions',p. 328.
⑥ 'Prussian Landwehr',p. 332.

国土防卫队增加了发生革命的危险,解除国土防卫队则增加外敌入侵和被奴役的危险。历史可证,哪个危险更大?①

普鲁士必须武装全民,这样她才能顶住分别在东西两线对其构成威胁的两大巨头。她要惧怕自己的人民,过于惧怕这两大巨头吗?②

但是,到1819年12月,斗争失败了,高层的改革派辞职。他们在1813年武装人民时,其意图不仅是增加军队人数、唤醒人民情感,更是要发动"不那么依赖君主的薄弱意志"的战争。③ 当前的国王或许会勉为其难地接受征兵制以强化常备军,但却不会支持民兵,除非是在危急关头。④ 随后的普鲁士政府从来没有完全信任手拿武器、身穿制服的公民,国土防卫队的意义丧失殆尽。

游击战

人民参与战争最引人注目的形式发生在西班牙。1807年后,在一场骚扰战役或小型战争(游击战)中,一支西班牙非正规军与拿破仑的军队发生较量。[32]这些战士被称为"游击队员"(guerrilla),他们擅长掠夺、抢劫、屠杀、残害、酷刑和谋杀,经常袭击孤立的法军小分队、通信兵和那些纵队行军落单的士兵。一位德国老兵口气阴郁地提到"一支看不见的敌人的不断骚扰"。⑤ 这种战争并不新奇,但在西班牙,游击队是一种与正规军并驾齐驱,甚或取代正规军的国家防御手段。约米尼(Antoine Jomini,1779—1869)曾与元帅内伊(Ney)一起在西班牙

---

① 'Prussian Landwehr', p. 332.
② 'Our Military Institutions', p. 328.
③ Paret, 1976, p. 235.
④ Paret, 1976, p. 291.
⑤ Cited Esdaile, 1995, p. 136.

供职,他对这种"最可怕的"战争类型留下了深刻印象。①

克劳塞维茨也把游击战视为一个重大发展。对他而言,人民战争(Volkskrieg)的概念指民众广泛地参与战争。② 在一个极端,它指的是大规模地用民兵支持正规军,如1813至1814年的普鲁士。在另一极端,它指的是由不穿制服的游击队员从事的非常规且通常缺乏训练的活动,主要用来骚扰正规军。两者的共同特征是人民参与抵抗入侵者。克劳塞维茨分析了游击战的几个必要条件:战争发生在本国领土上;战争是一系列行动,而不是一次性的会战;一个宽广的作战区域,由于山脉、森林或沼泽而条件恶劣,无法进入;一个性情上适合非常规战争的民族(480)。

在克劳塞维茨看来,游击队的巨大优势在于灵活、出其不意以及善于集中力量,如"一团乌漆漆来势汹汹的云,从中随时都可能有一道闪电击出"(481)。然而,游击队的战术并未引起职业军人的兴趣,整个欧洲听到西班牙发生的战争暴行后感到的只是恐怖。惠灵顿公爵尽可能少地与游击队产生瓜葛。③ 虽然曾颇费周折来约束他们,但效果有限。游击队的真正贡献在于阻止法军集中兵力打败英国和西班牙正规军,反过来,这些常规军的存在也意味着法军不能投入足够的精力来歼灭游击队。④ 拿破仑称其为自己的"西班牙溃疡",它从未得到医治。解决的药方是投入大量正规军,但如此多的军队无法足量抽调。法国曾成功镇压卡拉布里亚和蒂罗尔发生的人民起义,这说明了法军能达

---

① Jomini,1992,pp. 29 – 35.

② 术语 Kleinkrieg 也有"小战争"的意思。1810—1811 年克劳塞维茨对此主题的扩展性讲义涵盖了许多游击队类型的战术,适用于 20 到 400 人之间的小分队,例如伏击、俘虏巡逻兵以及摧毁桥梁(Hahlweg,1966,I,pp. 208 – 599.)然而,焦点不是游击战,而是教导常备军战士使用这样的战术作为正常行动的一部分。Paret,1976,p. 190n.

③ Best,1982,p. 178.

④ Esdaile,1995,p. 138.

到的成就。① 但即便如此，法军对西班牙的控制也只是到 1811—1812 年，那时法军为了入侵俄罗斯撤出了西班牙。

在克劳塞维茨看来，非常规武装的巨大贡献在于激发民族抵抗。人们为何加入游击队并不重要，他们的理由五花八门：爱国主义、个人雄心、[33]经济收益、亲教会的情感等。游击队经常靠在乡间劫掠为生，当地社会并不欢迎他们，有时他们甚至比法国人更招人恨恶，但这也无关紧要。② 克劳塞维茨辩称，民族抵抗之焰一旦被点着，势必若山火蔓延，危及敌人的通讯线（communications）甚至全军。"如焖烧的灰烬，（人民战争）消耗着敌军的根本"（480）。方法可能不是人见人爱，但重要的是结果。

俄罗斯在拿破仑入侵期间也有类似西班牙游击战的斗争。沙皇亚历山大一世呼吁俄罗斯人民"都起来反抗宇宙暴君"。③ 农民们激烈而迅猛地报复撤退的法军士兵，因法军不久前随意行军，毁坏了他们的田地。克劳塞维茨认为俄罗斯仿效了西班牙，使战争得到人民的关注，并且认为其结果"光彩夺目"（592）。但是，他也承认俄国并非用游击战术赢得了胜利。拿破仑是被俄罗斯军队、俄罗斯的（即兴的）战略、俄国的天气以及自己的后勤失误击败的。在普鲁士，1813 年国王最终被说服允许采取有限的非常规军事行动。他一反以往的战争传统，宣布"国土防卫队"的成员无须身着制服，即便被俘也仍然是合法的战士。④

西班牙是个启发，而不是典范。⑤ 对普鲁士和克劳塞维茨而言，游击战只是其他一切手段都不管用时的最后选择：

就像溺水的人本能地抓住一根稻草，一个发现自己即将跌入

---

① Esdaile, 1995, p. 137.
② Esdaile, 1995, p. 139.
③ Esdaile, 1995, p. 252.
④ Best, 1982, p. 162.
⑤ Paret, 1976, p. 227.

深渊的民族,也会试图用任何方式自救,这是道德世界的自然规律。(483)

游击队无法替代职业正规军,它应"在正规军主导的战争框架内推行,在一个全盘的计划中予以调配"(480)。必须保持对分散部队的指挥,尤其是在多山的乡下。民兵和武装平民不应该用来对抗敌人的集团军,因为他们的角色不是"粉碎其核心而是啃咬边缘",他们只在战场外围行动,从入侵者手中夺回这些区域(480-481)。总体上,这是一个"缓慢、持久、精打细算的买卖,存在一定的风险"(482)。

克劳塞维茨谨慎地对待游击战这个政治敏感话题。《战争论》只有一次直接提及西班牙的叛乱分子(350),但其传递的信息是明确的。人民战争从[34]任何方面来看"都只是另一种战争手段",原则上适应于所有国家。一般说来它是"传统障碍在我们有生之年被战争的狂暴消除之后的产物。事实上,它是战争发酵过程的扩大"(479)。任何国家处在绝境时都会重视武装平民的价值。

战争经济

在18世纪的欧洲,大多数君主制国家很少关注战争中的经济举措。① 然而1789年后,战时政府面临前所未有的财政负担,故开始设法从人口中发掘经济资源和人力资源。颁布法规、控制物价和课税是通行的应对方式。1799年英国引入了收入所得税,从而能够向任何反对拿破仑的国家供应武器、物资、制服、补给和资金(大部分用在采购英国商品上)。普鲁士是主要的受益国之一,截至1813年,普鲁士的大部分新式武器都从英国获得。跟军队需要士兵一样,战争经济也需要手工业者。各国政府设立或扩大工厂,来生产军队需要的各式装备。

---

① Weigley,1993,p.195.

例如在18世纪90年代早期,法国建立了15家兵工厂,以及另外20家专门生产剑和刺刀的工厂。①

封锁是战争经济的另外一种手段。拿破仑广泛使用了这一战略,并辅以贸易限制。1806年,他颁布所谓的"大陆封锁体系",要求普鲁士关闭其对英航运港口,禁止与英国的一切贸易往来,就连经行英国的也不允许。作为报复,英国皇家海军解除了普鲁士仅有的来自公海的航运,并强制封锁了所有与欧洲大陆有关的中立贸易,经由英国港口的除外。

《战争论》似乎忽略了战争的经济维度。但克劳塞维茨并非对此类事漠不关心。他承认,足够的资金对军事行动的效率至关重要,"现今金钱可以补偿一切,故而,它是一切有效力量的标尺,或者更确切地说,乘数"。② 事实上,"金钱可以看作润滑油,它的作用是减少天然的摩擦,让所有军队以更大的[35]独立性和灵活性来行动"。③ 他的历史和政治作品中强调了财政限制在战争进行中的重要性,尤其是对弗里德里希大帝而言。普鲁士当时的军事预算也引起了他的兴趣。政府花在军队上的钱比例上少于弗里德里希大帝时期,这是错误的,因为军队需要改进武器装备,需要提高士兵待遇,需要关怀荣军并支付征召费用。④

> 蔑视军队消耗了半数国家收入,这在文人间成为时髦。他们似乎将军队当成一种额外的支出。⑤

克劳塞维茨也计算了损失一位普鲁士士兵的成本,他充分考虑了所有武器、装备和运输的支出。⑥ 他还跟许多士兵一样,批评增加行政

---

① Best,1982,p. 94;亦见,Rothenberg,1980,pp. 120 – 123。
② 'Our Military Institutions',p. 318.
③ 'Agitation',p. 344.
④ 'Our Military Institutions',pp. 319 – 322.
⑤ 'Our Military Institutions',p. 319.
⑥ 'Observations on the Wars of the Austrian Succession',p. 27.

类预算的做法。

经济封锁的影响也没有逃过他的关注。法国"大陆封锁体系"削弱了国民经济中的信用,抬高了利率,刺激着通货膨胀,滋生了腐败并引起资源闲置。"法国皇帝封锁了贸易,整个大陆凋零下去,一片惨淡"。① 克劳塞维茨当然熟悉亚当·斯密的某些观点,了解国家财富和贸易是军事实力的重要来源,只不过他研究的主题是战争,经济因素固然重要,但并未被纳入《战争论》。

战争、政治和社会

1789年大革命为法国开启了全新的战争维度和力量源泉。在法国,不只通过征兵,政府更深入地触及公民的生活。18世纪90年代,政府通过价格控制、审查制度和宗教压制来推动人民对战争的支持。在拿破仑治下,廉价的报纸普及了政府的宣传。国家机构监视教师,大学生被迫穿上制服并接受军事训练。出现了护照和身份证制度。② 甚至绘画、音乐和建筑都被征调来荣耀皇帝。③

人民日渐将国家的命运视为自己的命运,战争和军队代表着这个国家的精神和力量。但这个过程是复杂的、不完整的,不同国家[36]各不相同。传统派和改革派都支持国家的中央控制,区别在于变革可以走多远、多快。地方政府、神职人员、行业公会和村级公社通常会抵抗国家集权,有时抵抗还很剧烈。封建主义和教区制度仍然很重要。世界主义也不应受到忽略,它转向法国寻求文化和启蒙,既与地方主义竞争,也与民族主义竞争。

在改革派眼中,普鲁士的生存之道在于最大限度地发挥人民的力

---

① 'Political Declaration', p. 292.
② Porter, 1994, p. 135.
③ Esdaile, 1995, p. 53.

量和才能,同时又不削弱现有的社会秩序。必须说服贵族阶层相信改革势在必行,并保持他们为国效力的意愿。同时又必须迁就中产阶级,他们对国家官僚体制的发展、贸易和工业的扩张以及行业的增长,尤其是武装部队的扩充至关重要。① 军队需要群众的数量优势和爱国热情,后者乃是为发动战争而可利用的最强大的激情之一。但是,篡位的拿破仑可以拥抱全民皆兵,传统的君主却还是担心公民对国家履行义务会取代对君主的忠诚。

对于克劳塞维茨而言,陈旧的政治、社会和行政结构很明显已经崩溃,被"一个扩大和强化的、被称为战争的发酵过程"所取代(479):

> 战争归还给了人民,在某种程度上职业常备军曾将人民与战争分隔;战争摆脱了束缚,并越过了一度看似可能的界限。②

克劳塞维茨认为,新的战争力量源泉将不可避免地被开发出来。论及1812年俄罗斯对其人民的依赖和1813年普鲁士对民兵的依赖,他总结道:

> 既然各国政府已经意识到这些资源,我们就不能指望它们在未来继续被束之高阁,无论战争是出于自卫还是为了满足野心。(220)

不会有回头路:

> 当我们说一旦障碍——在某种意义上只是人类对可能发生的事情的无知——被击破,就不会再轻易地建造起来时,读者会赞同我们的观点。(593)

---

① 见第16章。
② 'Scharnhorst', p. 102.

[37]这并非说未来所有的战争都会遵循相同的模式。只有重大战争才足以激励政府投入举国资源(488)。但永远不能忽视新的可能性。对于克劳塞维茨来说,"问题只是,是否人类大多数将借着战争元素的这种扩张获益"。他做出明智选择,把这个问题留给"哲学家们"去解答(479)。

4 论军队

战争的真正本质将以排山倒海之力一次次地突显,因此任何永久性的军事部署都必须以之为根据。(313)

如果人民现今成为战争的参与者,旧的军事结构能否承受其重?18世纪的军队大多规模较小,由长期服役的士兵、外籍士兵以及雇佣兵组成。在这些通常选拔自社会最底层的队伍中,少有忠诚可言,更多是背叛。士兵们需要反复训练才能操作笨重的武器和以密集队形行军。① 将军们则不愿意将士兵投入会战,因为一个上午的战斗就可能带来两成半的伤亡。② 巧取阵地或者切断敌方的补给线似乎更受欢迎,这样相对容易避免或结束战斗,也相对不容易迫使敌方参战或追击战败的一方。此外还有静态的防御工事、笨重的后勤补给以及守护漫长的通讯线,这些进一步限制着军事行动的开展。克劳塞维茨说,这些军队"用他们的要塞和布置妥当的阵地,形成了一个国中之国,在其中暴力渐渐消退"(591)。

1789年之前,改变已经悄然发生。军事职业化已经在军官阶层中开始,一些国家建立了军校。处处有倾向进步的军队采纳新的组织和控制形式、更加灵活的战术以及更优化的补给方式。一些人主张,更加人道地对待普通士兵将有助于招募以及提高战斗力。处处有人提出军队改革,也处处有人反对,因为它跟社会和政治变革捆绑在一起。到了

---

① Esdaile,1995,p. 42.
② Duffy,1987,p. 245.

18世纪90年代,军队改革才变得迫切。

军事专业化

[39]克劳塞维茨认为,军官阶层必须与它的传统决裂。贵族们曾以为从军不是"一项光荣的集体职责(corporate duty),而是一项集体特权",即特权和保护的来源。① 比如,七年战争以后,弗里德里希大帝系统地把平民排挤出军官阶层,其中包括克劳塞维茨的父亲,因为他认为"小资产阶级(bourgeois)出身的人精于算计",不值得信任。② 彼时的法国则要开明些:买官卖官的做法已经被淘汰,晋升凭借的是公开和统一的规则,一些非贵族出生的军官被接纳。③ 但军队如同社会,仍存有深刻的阶级分裂,新的政策通常遭到无视,改革也可能适得其反。④

军事职业化缓慢且不均衡地挑战着旧观念。越来越多的军官视自己正从事一个需要专业知识的职业。人们认识到这一职业需要了解炮兵、补给、维护、运输、防御工事、浮桥、道路、桥梁建设、测绘方面的专业知识。⑤ 从大约18世纪中叶开始,一些国家建立了训练炮兵和军事工程军官的学校,比如拿破仑就在法国的炮兵学校上过学。军事题材的书籍得以出版,专业的军事刊物得以创办,同时军界也围绕战术和学说发起了严肃的辩论。

进步分子主张,战争事关重大,不能只交给贵族或外行。关键标准是职业竞争力:不论出身,所有满足既定标准的人,都具有出任军官的资格。这是法国军队在18世纪90年代采取的方法,他们依次任命了

---

① 'Agitation', p. 343.
② McNeill, 1983, p. 173.
③ McNeill, 1983, p. 164.
④ Palmer, 1986, p. 92.
⑤ Creveld, 1991a, p. 143.

有能力的军士。拿破仑进一步为经验和才能之士开辟晋升道路。法国的初级军官大部分都年轻、精力充沛、称职能干,许多将领则"年轻、有活力、有雄心壮志、风风火火"。① 尽管如此,仍然只有百分之十以下的职业军官来自最贫寒的阶层,军官任职所需要的教育水平仍限于中层和上层阶级才能拥有。②

军中混杂着热情的公民士兵、情愿和不情愿的应征兵以及老练的正规军人,拿破仑在这里同等地培育着军人的职业自豪感。他们不像自己的前辈那样频繁地遭到鞭笞,而是享有更多的主动性和尊严。标准化的服役条款得以设立,如入伍期限、薪资和条件。③ 在军士中,随着越来越多地依赖于书面的命令以及越来越多地做记录,识字变得普遍,而且识字的军士还可以阅读革命和民族主义宣传品。④ [40]独特的制服增强了团队凝聚力,团或营的制服都有区别,这些军事单位成了士兵们首要的效忠对象。⑤ 在这些军事分支内,通常设有精锐连,他们可以在公开的阅兵和仪式上炫耀华丽的军服。⑥ 1802年,拿破仑引入了荣誉军团奖项,该奖项向全军上下敞开,并附有可观的抚恤金。⑦ 在危险时刻,皇帝也曾现身士卒中,"矮小的下士"被接纳为一名普通士兵。⑧ 擅离职守、开小差是军队中共同存在的问题,但法国军队中这个问题极少。

然而普鲁士的军队未能应对挑战。1789年,普鲁士夸口要以不到600万的人口建立起一支17万人的军队,该军队占总人口的比例远高

① Esdaile,1995,p. 59.
② Esdaile,1995,p. 56.
③ McNeill,1983,p. 164.
④ McNeill,1983,p. 188.
⑤ Best,1982,p. 34;Esdaile,1995,p. 54.
⑥ Esdaile,1995,p. 64.
⑦ Esdaile,1995,p. 63.
⑧ Esdaile,1995,p. 65.

于法国,后者的军队人数为18.1万而总人口超过2600万。普鲁士军队曾经比其他军队更加高效,也更倾向于论功晋爵,它在军纪和战术方面设立了榜样,为其他欧洲国家所仿效。1795年以前,其表现足够卓越,但它未学习任何新的功课。1800年,142位将军中仅有13位年纪在50岁以下,超过半数年逾60岁;①非德国人仍然占队伍的三分之一;防御工事没人重视,普鲁士士兵也缺少冬季的棉衣。② 克劳塞维茨这样描述1806年以前的普鲁士军队:

> 高级指挥官无精打采;高阶军官下至中尉上尉,整体老态龙钟。许多士兵也年纪太大……装备是欧洲垫底的……士兵的食物和衣着令人不齿……军队的精神状态已经到了极度厌战的地步。③

1806年普鲁士的战败早已在意料之中。

耶拿战役后,普鲁士军队成立了军事重组委员会,发起军事改革。约208名军官因表现差被革职,142名将军中有120名被勒令退休或者列入非现役名单。④ 组织和战术上的变革得以彻底推行,包括于1809年发明了一种灵活的作战队形,混合了散兵、线式和纵队。军事训练得到简化,练兵得以改进,体罚和极刑减少。⑤ 具有极大象征性意义的是,弗里德里希·威廉三世于1808年8月6日颁布一条命令,打开了凭功勋晋升军官团的大门:

> 从今往后,对军官阶衔的申请,在和平年代应仅按学识和教育水平授予,在战时则按出类拔萃[41]的英勇和敏捷的洞察力……

---

① Best,1982,p. 154.
② Koch,1978,p. 156.
③ 'Observations',pp. 39–40.
④ Esdaile,1995,p. 206.
⑤ Esdaile,1995,p. 207.

迄今为止存在的所有对特定社会阶层的偏好,在军队中完全结束。①

至少在原则上,社会身份与军阶之间的紧密联系已被打破。但每个团仍对新的军官任命严加控制,以保证军官阶层的贵族特征。②

不过,普鲁士把更大的关注放在了军官团体的教育上。改革派鼓吹说学习是"进入军队上层的先决条件"。③ 参照普鲁士政府文职部门的做法,军队也引入了任命考核和晋升考核制度。④ 两所军官学员学校被建立起来,战争学校(后来的战争学院)于1810年成立。军队不会有沦为"受过教育的贤达之人的笑柄"的危险。⑤ 在普鲁士,学习和军事职业化正稳步向前。

军事组织及其控制

早在1763年,随着七年战争结束后普鲁士得到屈辱的和平,法国军队从传统的营或团开始,着手改变军队基本结构,以解决如何指挥单支规模超过5万人的军队这一棘手问题。⑥ 一开始法国采用了更大的师级编制。独立指挥下的一个师,人数多至1到1.2万人,由步兵、骑兵和炮兵组成,并辅以工程、医务和通讯诸兵种。由于征兵将士兵人数提升到前所未有的水平,师的编制变得不可或缺,它使大规模的兵力得到有序管理和有效控制。⑦

---

① Cited Paret,1966,p. 133.
② Rothenberg,1980,p 191.
③ Koch,1978,p. 181.
④ McNeill,1983,p. 217.
⑤ Scharnhorst,cited Koch,1978,p. 181.
⑥ McNeill,1983,p. 159.
⑦ McNeill,1983,p. 163.

这样做还有其他的好处。拿破仑将几个师凑成兵力近3万的军,将几个军凑成独立的军团。军级编制能力范围更广,并能够独立行动,具有较小编制所没有的战术灵活性。一个2到3万人的军,不可能一个下午就被消灭,故能够抵抗足够的时间等待援兵到来。① 娴熟和有活力的指挥官更能轻易地找到敌人并迫使对方决战。独立师中聚集骑兵则可增加打击力,聚集炮兵则可实施大规模轰炸。② 后勤也变得相对容易,因为部队能够安全地分编,能够适应不同的行动路线,或者大规模地分散,能更加快捷地部署郊野。③ [42]军队组织结构是军事效能不可缺少的组成部分。而普鲁士直到1806年战争前夕,才建立起常备的师级编制。

指挥控制新的军事组织绝非易事,特别是考虑到拿破仑的战线覆盖了广阔的地域。在帝国的两端——西班牙和俄罗斯,拿破仑没能取得快速胜利,正是由于指挥失灵。④ 通讯仍然受限于马背上通信兵的速度。参谋承担着支持指挥官的工作,包括制定详尽的计划、提供可靠的地形图、精确地传递军令、持续监控事态、协调各编队等,虽然法国的参谋已经比他国的进步,但仍然落后。从属于编队的常备参谋军官团(而不是像最早出现时从属单个指挥官)的好处日益明显,专业培训的需求也日益凸显。不那么愉快的是,也不可避免地出现了参谋军官和前线军官间的彼此猜忌。另外一个是情报问题。拿破仑明白收集各种相关情报的重要性,但他缺乏足够的专职情报军官和一个中央情报分析机构。⑤ 如果全部的东西要归集于一点,那就只能是在指挥官的脑海中。⑥

① Creveld,1985,p. 61.
② Esdaile,1995,p. 62.
③ McNeill,1983,p. 162.
④ Bond,1998,p. 38.
⑤ Rosello,1991,p. 107.
⑥ 见第13章。

与约米尼不同,克劳塞维茨为另一阵营而战,他意识到拿破仑重视收集具有重大战略意义的情报。① 从他个人的经验出发,克劳塞维茨相信大部分情报都不可靠,这一观念非常正确。例如,在奥尔斯塔特,普鲁士的侦察就不够尽职,未能发现拿破仑如何集结起他的部队。这有助于解释《战争论》中充满不屑的评论:"战争中的许多情报报告是自相矛盾的,更多是错误的,而大多数是不确定的。"(117)作战报告"从来没准过,很少符合真实,大部分情况下则是故意伪造的"(234)。克劳塞维茨并未区分我们现今熟悉的原始信息与处理过的情报,他所用的术语 Nachrichten 仅含前者的意思。故而,将 Nachrichten 翻作"情报"而不是"报告"具有误导性,特别是在"大部分情报是假的"这一归纳下(117)。② 他的重点在于强调大部分信息是"不可靠和暂时性的",而战争中的计划"结构轻薄,会轻易坍塌,把我们埋在它的废墟中"(117)。当然,只要可能,也应当使用巡逻兵、牵制和其他方法来获得尽可能准确的敌情(236、258、302)。

　　[43]克劳塞维茨所参与的战争尚处在过渡阶段,介于"年代久远的口头指挥与书面参谋新体系"之间。③ 布吕歇尔(Blücher)这样的指挥官开始尊重并依赖参谋的专业技能;参谋官慢慢变成被认可和极有用的专职人员,在战役中占据中心角色。情报的收集和组织在这些战争中也进入了早期发展阶段。普鲁士军队认识到这类领域需要专业的技能培训和教育,这就为"大参谋本部"(The Great General Staff)奠定了基础,后者日后成了普鲁士军队的"集体大脑"。④ 从长期来看,是普鲁士而不是法国将"战争天才"制度化了。⑤

---

① Rosello,1991,p. 108;亦见 Kahn,1986。
② Rosello,1991,pp. 110－112.
③ van Creveld,1985,p. 100.
④ Wilkinson,1992.
⑤ Dupuy,1977,ch. 5.

战术和战略

1792年以前,全欧洲标准的作战序列是线列步兵,三列纵深,这样设计是为了最大限度地集中不精确的火枪的火力。这些笨拙的武器重填火药比较耗时,士兵只能通过长时间的军事训练来提高速度。有效火力还要求严明的纪律。故而,弗里德里希大帝的士兵需要两到六年的严酷训练。①

线式战术也使军官更容易控制战场上的士兵。但是其中的问题逐渐暴露。这种战术总是很难快速前进,更难突破敌人的线式序列。欧洲开阔地形被众多篱笆、树篱和沟渠分隔,也使问题变得更为突出。② 此外,战前练兵的实效,火器精度的提高和战场领导力的提升,使得战斗"几乎过于昂贵而不能持久"。③ 在七年战争中,战斗伤亡率达20%或者更高已经变得普遍。步兵需要高强度的训练,损失后无法快速得到补充,而作为替代的炮兵则极大地拖着后勤和机动的后腿。④

于是采用更灵活的战术显得尤为重要。在法国,关于战术的严肃辩论最早始于18世纪20年代。法国采用了步兵纵队(方阵)战术,约50人宽、12人长(纵深序列)。这种队形比长线式(细长序列)更容易调动并保持移动,它像标枪一样被掷向敌军,最大效能地突袭敌人。⑤ 头阵的开火较少,火枪手的训练需求也就更少。⑥ 有人认为,集体荣誉感能够将整个这样的纵队维系在一起。相比之下,英格兰则坚决并成功地固守着线式队形。

---

① Duffy,1987,pp. 95 – 96.
② McNeill,1983,p. 165.
③ Posen,1993,p. 90.
④ Posen,1993,p. 90.
⑤ Esdaile,1995,pp. 45 – 46.
⑥ Esdaile,1995,p. 45.

[44]旧军队的另一个问题,是绝不能信赖将步兵分成小支队作战,更不能拆成散兵。① 军官们害怕失控,害怕士兵擅离职守。但持改革思想的战术家们则提倡用散兵在攻击前和攻击中骚扰和扰乱敌人,执行侦察和巡逻任务,以更小的分队在崎岖不平的乡下或在敌人防线后方行动。其实质是将参战行为委托给更初级的人员,甚至是单个士兵。由于士气和军纪更胜一筹,法国部队证明自己能胜任这样的任务。

第三个重大改变是战斗之后的做法。早期的将领们通常不愿乘胜追击,甚至有时还为敌人的逃亡提供"退路"。士兵们迫不及待要掠夺死伤敌人,将领们却更愿意重整队伍,重建秩序。② 拿破仑则相反,他经常对战败的敌人实施进攻性追击,这通常极大地扩大了战果。骑兵自成一体,扰乱敌人的有序撤退,追击逃亡的敌军。耶拿一役后,克劳塞维茨亲历了法国骑兵的这一作用。

更加灵活的战术,新的军事组织结构,为不同风格的战役提供了空间。拿破仑用一种让对手望尘莫及的方式,带来了速度、能量、灵活性、后勤自由、想象力以及大规模部队的战斗参与。他既能分散队形,又能将部队快速聚集起来投入战斗。他最喜欢的计策是"斩断后路"——把队伍插入敌军后方,切断其补给线和通讯线,然后再从后方和侧翼发动攻击。拿破仑在1796年和1815年间使用这种策略达30次,大部分用得恰到好处。③

旧的战争形式突显出不足,但却不乏追随者,克劳塞维茨斥责这些追随者心胸狭隘又兼傲慢清高:

> 最近的战事在他们眼中只是几场粗鲁的喧闹,无从诲人,只被当成向野蛮主义的倒退。这种眼界狭隘如其人。(218)

---

① Best,1982,p. 51.
② Duffy,1987,p. 258.
③ Esdaile,1995,p. 68.

新的军事组织形态使新的更加危险的作战形式成为可能。如克劳塞维茨所说,"法国人的革命性方式,像酸液一样侵蚀着传统的战争方式"。

现今,战争带着它所有的原始暴力,拉拽着一个巨大的能量积蓄池,向前行进。呈现在眼前的无他,一方面是传统[45]战争艺术的毁灭,另一方面是不可思议的胜利。①

在克劳塞维茨看来,战争已经打开了前所未有的种种可能性。

军队后勤补给

军队在规模上不断扩大,且必须行动得更远、更快,那么,如何补给食物、住所、装备和弹药？克劳塞维茨对18世纪后勤补给的描绘着重于其局限性,并强调了新作战方式中所采纳的先进补给方式——不过他在这两方面都有点言过其实。当然,军队已经觉察到很难在农村生存下来,士兵需要分散到更大的地域,而分散有其战略劣势,并导致擅离职守的现象激增。因此,军队的目标是尽可能独立,他们随身携带大量的行李搬运车,同时也依赖供给站和来自后方的补给流。然而军队仍然照例从当地取得补给,并努力通过购买当地资源来确保有序供应。②

在克劳塞维茨眼中,新的体制已摒弃了旧的束缚。拿破仑很少关心仓库和补给系统：部队和将领们一起被扔进战场,他们获准"采购、偷窃、掠夺所需要的一切"(332)。法国军队行动迅速,所到之处就近补给,不管在何处驻军都是用野营作庇护。不再需要搭建临时营舍。长官信任地将士兵分散开来,以确保补给。反过来,这种做法也将补给

---

① 'Scharnhorst', p. 102.
② 克劳塞维茨的批判观点,见 van Creveld, 1977, pp. 36 – 39。

线被切断的风险降至最低,而且,克劳塞维茨还总结说,带着好队伍的大胆的将领们也乐见这种前所未有的战略革新(330)。

后勤问题并不能完全无视。克劳塞维茨承认,对补给的考量通常影响着"一个战役和一场战争的战略路线"(131)。

> 一支军队像一棵树从它所生长的土地上汲取营养。一棵小树苗可轻易移栽,但它长得越高大,移栽就越难。(343)

举例来说,行军中可以出于保障补给的理由,让部队进入大型市镇和农耕区域(298-299),或是在前进过程中将队伍分散(622-623)。临时营舍对于士兵们的健康通常也不可缺少(325)。拿破仑在俄罗斯的战役揭示了疏于后勤的代价——"行军中史无前例的[46]军队损耗……以及全然灾难性的大撤退"(339)。

克劳塞维茨找到了三种就地获得给养的方法:(1)依靠地方居民或社会的资源;(2)部队自行就地征用补给;(3)通过地方政府组织征用(332-337)。最后提到的这条是"最简单、最有效的喂饱部队的方式",当为首选,这种方式构成了"最近所有战争中的基本方法"(335)。虽然有缺点,但这种"现代补给方式……允许军队使用当地所有可用的东西,无论所有权归谁"(332)。除非国家遭受彻底的枯竭、贫穷和毁灭,否则没有任何人能限制部队这样做(336)。克劳塞维茨承认,付款通常不是必需的。对于将要受到惩罚或虐待的恐惧感,将成为"压在举国上下肩头的集体重担"(335)。旧的补给方式更人道这一想法没多大意义。"战争本身毫无人道"(338)。克劳塞维茨关心的是效率,而不是道德。①

克劳塞维茨之所以谈到后勤问题,仅仅因为后勤会影响作战。他和前线士兵一样,对那些仅仅为战争提供补给的人怀有天然的偏见,认为作战技能才是重中之重,而不是当时那些作战中可靠的后勤

---

① Best,1982,pp. 103-104.

规划。① 他声称,后勤问题过于经常地被指挥官当作行动不力或错失战机的借口。过于担忧补给的风险,会让后勤总长变成最高指挥官(339)。

武器和科技

工业革命虽在19世纪初开始,但并没有给当时的武器装备带来重大进步。火枪上有了一些进步,开火更快,精确度提高;炮兵方面也有了一些进步,炮筒不再采用铸造的方式,而是用坚固的金属镗出,升降和瞄准装置更加准确。但是,从根本上,火器基本还跟一个世纪前一个样子,运输和通讯方式则千年未变。② 因此,军队间的技术差异影响不大:

> 现今的军队,在武器、训练和装备上是如此相像,以至于在这些方面最好的军队和最差的之间差别不大。(282)

[47]除此之外,任何重大的技术不平衡都很容易得到修正:

> 教育可能仍会造成工程兵团之间相当大的差别,但通常的情况是,一边发明改进并首先利用,另一边则迅速地模仿他们。(282)

事实上,由于天然的保守主义和技术技能的缺乏,大部分军队都缓于拥抱改变。

《战争论》中很少提及炮兵,着实让人惊奇,因为沙恩霍斯特和拿破仑都曾是炮兵军官。③ 虽然炮兵可以攻克驻防要塞和难攻的据点,将其"机械地夷为平地"(393),但克劳塞维茨主张,战场上只有步兵是

---

① Michael Howard,1983,p. 102.
② Michael Howard,1983,p. 4.
③ Wilhelm von Schramm, 1976, pp. 38 – 39; William H. McNeill, 1983, p. 173.

必不可少的,炮兵终究可有可无(285)。① 在他看来,科技永远不可能成为战争的核心。技术问题与战斗的关系"等同于铸剑师的手艺与击剑艺术的关系"(133)。

在克劳塞维茨的时代,武器的进步只产生了边缘性的效应,新发明通常被视为奇技淫巧。拿破仑解散了法国军队1793年建立的用于观察敌方阵地的气球军团,威灵顿公爵立即解除了新式的"康格里夫"火箭。② 直到19世纪20年代,当欧洲的工业家们提出能够快速部署部队的铁路系统时,人们才略知技术可以改变战争的本质。③ 克劳塞维茨未能预料到军事技术的非凡进步——这几乎是在他死后马上开始的,他绝不能因此而挨批评。至于这些技术进步是否挑战他的这种战争观,稍后再作讨论。

海 战

若说克劳塞维茨寻求从整体上诠释战争,那么又似乎难以解释为什么他实际上忽略了海战。《战争论》既没有提及海军实施的经济封锁,也没有提到英国皇家海军从1794年到1805年所取得的一系列胜利中的任一场,而1805年的特拉法尔加之战毋庸置疑地确立了英格兰的制海权。克劳塞维茨似乎漠不关心如下事实:英军凭靠海上力量攫取了法国的殖民地,1798年的尼罗河战役摧毁了拿破仑的舰队并迫使埃及的拿破仑军队投降,1804年在西班牙、1807年在丹麦发动突袭,1805年在那不勒斯登陆,[48]1809年在瓦尔赫伦登陆,并补给其在葡萄牙和西班牙的军队。综上,也许是海上力量阻止了拿破仑最大胆的

---

① 克劳塞维茨指出比较三个兵种(步兵、炮兵、骑兵)的难度,每个兵种都有不同的国民经济基础(人力、马匹、财政),一份间接的成本-收益分析中还提到"唯一可以确定的因素:货币成本"(286)。
② William H. McNeill,1983,p. 220.
③ Best,1982,pp. 298-299.

企图——入侵英格兰。

没有哪位英国或美国作者,在讨论战争主题时敢于忽略不提海上力量。就克劳塞维茨而言,为什么他会有这种"令人震惊的……思想上的狭隘"?① 个中理由更多是普鲁士人的视野。普鲁士缺少海外领土,在殖民地、贸易和帝国问题上不感兴趣,只是极度关心领土边界和虎视眈眈的邻国。陆战既是主要威胁,又是首要的安全手段。克劳塞维茨是欧陆列强中的一位陆军军官,自然是"从陆地"出发思考问题。② 我们是否能说些什么为他辩护呢?

首先,克劳塞维茨的确只对海权做了数量有限的观察。③《战争论》中关于牵制(diversion)的一个章节(第七卷,第20章),讨论了英国人1799年利用海上运输在荷兰北部的登陆,以及1809年在位于斯海尔德河口的瓦尔赫伦岛的登陆,后面那次登陆由于天气恶劣、士兵患疾、计划不周以及领导力差而证明是一场灾难。在克劳塞维茨看来,可采取这类行动的唯一理由是"英国军队只能以这种方法用兵"(563)。此外,假如能够依靠当地居民,得到他们的支持,则武装登陆可能是合理的(563)。像这样威胁敌人的海岸,最有力的作用是使敌军不能正常运作,因为防守方与潜在的攻击者相比,可能需要集结数量上两到三倍于攻击者的部队和枪支(634)。④ 在1831年撰写的一篇文章中,克劳塞维茨也承认,时至1812年,英格兰的海军力量已经大大生效,英国不再采用将大型军队投入欧洲大陆这样的方式。⑤

其次,可以说主要战争的胜利都是在陆地上而非在海上获得的,拿

---

① Best指出这种孤立性与那种在陆战方面影响英国人的孤立性一样大,1982,p. 122。
② Arndt,1980,p. 203.
③ Arndt,1980,p. 205;Tashjean,986,pp. 53–54.
④ 这种策略并未失传,证据就是施瓦茨科普夫将军(General Schwarzkopf)在1991年海湾战争中还使用了海军陆战队。
⑤ 'Europe since the Polish Partitions',p. 375.

破仑最终不是败于舰队,而是败于联军的陆军。假如拿破仑已经无可争议地锁定对欧洲大陆的控制,那么特拉法尔加之后英国在海上的统治地位将毫无价值。① 海洋战略家朱利安·科贝特爵士(Sir Julian Corbett,1854—1922)是这一论点的重要支持者。他对克劳塞维茨的"发现",使他主张控制海洋只是达到目的的一种手段,真正的大国不会仅凭海战就被击败。② 克劳塞维茨既不是第一个也不是最后一个相信:战争最终在于获拥领土并控制土地上的人口,海军的存在则归根结底是为了支持并补给陆上军队。

然而,克劳塞维茨海权思想的关键,在于《战争论》中他的第二处引文。他在那里比较了早期的海军和常备陆军:"因此,陆地作战[49]与海军战术有某种共同的东西,一种现已完全消失的品质。"(220)以前,两者都没有与人民密切联系,也都没有能够利用全部的国家资源。陆军后来已从根本上发生改变,海军则仍停留18世纪,舰队的建立和维护花费昂贵,部队规模有限并且携带自己的补给。由于时间和距离,海军也远远超出政治控制范围,在本土他们也无法像陆军常做的一样给王室专制撑腰。③ 尽管尼尔森把英国民族主义带到了海上,但克劳塞维茨时代的海战仍然受其历史渊源的束缚,无法整合陆地作战的能量和动力。

军队和变革

人民更多地参与战争,使得陆地战争呈现出一种更具活力、破坏性和决定性的形式。1789年之前已经开始的变革,因着欧洲历史上前所未有的大规模战争需求而加速。军队需要少点业余和贵族气息,需要变得更熟练和专业。变革无处不在,军队最好学得快些。只是战争技

---

① Howard,1984,p. 184.
② 7. Gat,1992,pp. 216 – 221.
③ Best,1982,p. 69.

术像当时的海军那样保持不变。

1815年后,各国政府开始取消战时促成的军事改革举措。胜利(和失败)已定,输赢各方似乎都没有理由再花大代价投入大型军队建设。关乎战争输赢的终归是常备军,而不是拿起武器的公民志愿者或农民。英国和俄罗斯已经历战争,但军队基本未被改变。普鲁士和别处的保守力量则减少或消除了战时所需要的平等主义及民主式妥协。然而,一切不可能简单地倒退回1789年。减少贵族特权这样的政治和社会改革已站稳脚跟。关于组织结构、战略和战术的辩论则在继续进行。

各国政府也比以前更强调国民在国家军队中服役的义务。拿破仑曾在许多国家征兵,如比利时、瑞士、波兰、爱尔兰以及意大利和德国的各州省,外国士兵的总数达72万。① 他入侵俄罗斯时,大约一半兵力并非法国公民。1815年后,就像当初无法接受部队更换军官一样,各国已无法接受大规模地依赖外国雇佣兵。国民的忠诚为大众军队提供了动力,鼓励了志愿者,并使得征兵工作更加可行。② [50]军队因而也打破地方束缚,大力宣扬爱国主义,促进了民族主义的兴盛。③

未来需要怎样的军事力量?约米尼提倡训练有素的小型职业军队,他谴责拿破仑不切实际的野心,并且主张(并非完全明智)拿破仑成功的关键在于战略、速度和集中。④ 另一方面,克劳塞维茨则着眼于可能针对普鲁士的主要威胁。仰赖人民在战争中的作用,拥有可扩充预备役的大型军队,才是最安全的筹码。在19世纪后期,保守派和大多数职业士兵发现约米尼的总结更加经得起检验,因为与克劳塞维茨相反,他不必提及法国大革命带来的社会和政治动荡就解释了拿破仑的胜利。

---

① Esdaile,1995,p. 99.
② Posen,1993,pp. 121–122.
③ Porter,1994,p. 124.
④ Strachan,1983,p. 61;Esdaile,1995,pp. 295–296.

第三章

《战争论》

5 《战争论》的思想起源

> 我们既有的(战争)理论……充斥着各式各样的老生常谈、自明之理和无稽之谈。①

[53]克劳塞维茨的战争观不仅受社会、政治和军事发展的塑造,也受到时代思想氛围的影响。18世纪以及19世纪初,启蒙和反启蒙运动的思想席卷整个欧洲。法国和英国是启蒙运动的中心,而德国各邦则同时持续地经历着这两种运动。思想和艺术创作力兴盛,作家有席勒、歌德、海涅和克莱斯特,作曲家有贝多芬,哲学家有康德、费希特、谢林和黑格尔,历史学家有兰克,等等。克劳塞维茨熟悉他们大多数人的思想和艺术成就,他参与了一场更广泛的辩论:关乎人类和社会行为,哪些可以理解,哪些又无法理解。他要解答的问题是,对战争的思考如何融入大的思想氛围之中。

启蒙运动和反启蒙运动

启蒙运动认为,凭借理智(reason)和科学方法既可以理解外部世界,如行星、潮汐、地质、动物及诸如此类,也可以理解人类内部的思想世界和行为。纵贯欧洲,科学分析、实证研究和哲学作品比比皆是。人们相信这些知识能够且应当向他人传授。包罗万象的各式新期刊创办

---

① Author's Preface, 'To an Unpublished Manuscript on the Theory of War, Written between 1816 and 1818', *On War*, 1976, p. 61.

起来,百科全书得以编纂,公共图书馆出现,各种学会应运而生,探讨科学、艺术和政治思想。公共教育透过[54]学校、大学和培训机构,向大众传播启蒙思想,消除愚昧和迷信。改革派中的威廉·冯·洪堡(Wilhelm von Humboldt)从1808年开始担任普鲁士第一任教育部长,他也相信,给平民百姓更好的教育,将有助于增强国民经济、政治和军事实力。大学教育成为政府的重要议题,并且引起了军队的兴趣。

启蒙运动的一个核心假设是,在一定程度上时间、空间和人性是统一的(uniformity)。人类行为虽然被历史细节、当地文化和个体独一无二的性格一层层遮盖,但包含连续性和规律性。因此,从中可以发现一般性原则,它适用于任何时间或地点。历史事件在本质上并非独一无二,而是普遍规则或趋势的外在表现,关于人类行为以及互动的系统知识是可以设想的。更好地理解人类思想和人类社会也会结出实践上的果子。例如,亚当·斯密的《国富论》(1776)便已找出支配市场行为的"道德情操",并提出了理性行为者可能会利用这些规则将自身利益最大化。① 更激进的观点认为,理性的力量可以让人类控制自身的命运。人类事务上的进步变得可以想象了。

某些人希望,将理性应用于政治会消除战争。哲学家卢梭(《永久和平论》,1782)和康德(《论永久和平》,1795)追随像威廉·佩恩(《论现今和将来的欧洲和平》,1693)和德·圣·皮埃尔修士(《永久和平》,1712)这些早期学者,严肃地思考了使人类摆脱这一祸害的可能性。② 其他的思想家倒没有这么大的雄心,他们认为对战争可作理性分析,以便战争的实施可以更加科学严谨。他们认为,亚当·斯密研究经济的方法也可以用于研究战争,而且研究所取得的实用性知识可在军事学院教导和传授。

启蒙运动不可避免地遇到了抵抗。理性的进步挑战着传统、教条

---

① 亚当·斯密和克劳塞维茨的比较,见Perlmutter,1988。
② Hinsley,1963,chs. 2–4.

和权威言论等既有的确定性因素。反对者质疑科学本身能否兑现其许诺,特别是在人类世界。反启蒙运动声称,行动和动机只能通过个人经验获知,因为它们来自一些不可衡量的因素,如情感、天赋和运气。驱动人类的激情过于强大,而人类事务过于复杂,以至于无法用理性推理来解释。到了某个时刻,理性就必须让步于直觉,经验主义就必须让步于信仰。[55]伟大的艺术和成就不是来自研究和实践,而是来自灵感和天赋。因此,剧作家是以人类情感和伟大人物的内心挣扎来表现他们的主题。例如克劳塞维茨喜欢的席勒创作出了英雄人物如华伦斯坦将军、玛利·斯图亚特和威廉·退尔。① 总之,战争关乎激情,不能将战争行为视为理性的奴隶。

反启蒙运动还认为,更糟糕的是唯物主义和经验主义方法排除了信仰和道德的价值。人类处境是独一无二的,因此人需要依附于自己的历史、传统和情感。在反启蒙运动中,一个与众不同的"德意志学派"见证了浪漫主义和对民族文化信心的复苏。对全世界多样文化的研究兴趣日增,他们认为每个文化都有其自身的价值和意义,不同文化并无高下之分。历史学家在回顾中世纪时也强调历史事件和历史时代的特殊性,这一观点影响了克劳塞维茨对战争的理解。②

德意志学派也反省和鼓励1789年后出现的民族主义。与其他被拿破仑占领的国家类似,德意志各邦的一些公民开始感受到一种共同纽带、一种摆脱入侵者的渴望。作者和艺术家们"发现"了一个独特的德意志民族。德国人用自己的民族语言开展教育,这呈现出特殊的重大意义。曾与克劳塞维茨有书信来往的哲学家费希特,在其著名的1807至1808年的《对德意志民族的演讲》中,谈到了爱国主义职责和德国人民(Volk)的命运。1810年,费希特被任命为新的柏林大学的校长,他相信国家应当强制公民进入国民教育体系,就跟

---

① Paret,1976,p. 84.
② Gat,1992a,p. 370.

征召他们入伍一样。① 人们已经开始从"德国人"的身份和"民族"解放的角度来思考问题。

同时代的战争理论家

战争本身被裹挟在启蒙与反启蒙两种思潮的碰撞当中。战争是一种基于深切情感、英勇努力和天赋才华,并需要用同理心和经验去理解的活动吗,还是说,它具有足够的持久性和独特性,需要像经济学甚或物理和数学那样去分析?约在18世纪中叶,欧洲兴起了一波战争理论化的浪潮,其中法国和德国最为突出,这个浪潮一直持续到19世纪。个别作家,其中有将领和初级军官、理论家和历史学家等,[56]开始解读"战争的艺术"。1756年至1789年,共有一百多篇这类作品发表。② 在德国,1765年至1790年之间共出现了16个新的军事科学期刊。③

在18世纪下半叶的大部分时间里,启蒙思想盛行,其中著名的作品包括1748年皮塞居侯爵(Marquis de Puységur)的《按原则与规则解读战争的艺术》,以及1756年莫里斯·德·萨克斯(Maurice de Saxe)的名著《战争艺术的沉思》。这些作品(包括其他一些法国作家的作品)很快被翻译成德语和英语。启蒙运动传统之下的德国理论家大多强调教育,而不是建立理论体系。④ 弗里德里希大帝于1746年完成了《对将领的军事训导》,沙恩霍斯特于1787年完成了《军官手册》。但还有些人受多数军事活动的常规要素,特别是战术、要塞防守和攻城技术所激发,坚信应对作战进行科学严谨的分析。炮兵的发展也离不开精确计算。也许冲突双方的基地和补给线之间的空间关系——所有能

---

① Koch,1978,p.175.
② Gat,1989,pp.25-26.
③ Niemeyer,1977,p.18;Gat,1989,pp.64-66.
④ Gat,1989,pp.55-56.

够在地图上表示的一切——可以生发出关于作战行为的一般定理。

著述甚丰且富有挑战性的布洛采取的就是这种进路,他于1805年出版了《现代战争之原则》。① 克劳塞维茨发表了一篇充满敌意的匿名评论,批评布洛研究军事战略的数学方法。例如,他声称,认为无论敌军如何移动,军队的行动线跟其基地线的角度应始终大于90度,乃是一种"洛可可式的谬论"。② 不过布洛对拿破仑1800年在马伦戈的胜利印象深刻,他提出了新式战争中的一些重要主题。布洛指出,拿破仑控制大型军队的能力,使其能够实施包围战及粉碎较小的编制等战略性移动。他注意到拿破仑如何最大程度上利用他的军队,军队就像商业活动中的钱,需要保持活跃,而不仅仅是持有以备将来之需。③ 他赞成征兵并吸纳有才之人进入军事职业,他观察到战争渐渐变成外交政策和国内政治。克劳塞维茨虽然长篇大论批判布洛,但也承认布洛的一些想法有价值。④ 然而,布洛的思想缺乏理论自觉,他的好想法很大程度上并未得到发展完善。⑤

这一时期英国唯一著名的军事理论家是陆军少将劳埃德(Henry Lloyd,约1718—1783),他的多卷本《德国晚期战争史》于1766年在伦敦出版,并很快被翻译成法语和德语。这本书区分了战争的两个方面:机械性的一方面,这个方面可做分析,并可通过学习获得;[57]再就是"高妙"(sublime)的一方面,这方面在于应用固定的、永不改变的战争原则,但它很难被掌握。1781年的一部理论著作(《原则》),采纳了行动线的观念,即用于进退、补给和通讯目的的军队与其基地之间的连线。劳埃德据此推断出一些原则,例如短通信线的重要性,从而贡献了

---

① 由于精神崩溃,布洛最终被普鲁士当局监禁。《战争论》中提到了他的长兄冯·布洛将军(General Friedrich Wilhelm von Bülow)。
② Howard,1970,p. 25.
③ Palmer,1986,p. 117.
④ Paret,1976,p. 92.
⑤ Palmer,1986,pp. 118–119.

人有可能发现一套战略原则的想法。① 拿破仑对他的理论构建不屑一顾,认为这是一个可悲的笑话。② 但劳埃德也强调了心理学之于领导力、士气和人性弱点的重要性,③他试图将物质和心理因素结合起来,这一点同时启发着两个学派的追随者。④

贝伦霍斯特(Georg Heinrich von Berenhorst,1733—1814)是反启蒙运动的主要人物,他第一个挑战了启蒙运动的霸权。在德国学派探索民族主义和浪漫主义的时候,他的著作《反思战争艺术》(1796—1799)大受欢迎。贝伦霍斯特在弗里德里希大帝治下打过仗,在他看来,战争是混乱无序的,而不是科学严谨的。他强调无法计算的机会和偶然性会对人类的英勇奋斗构成挑战。力量、天赋和运气可以克服高山险阻,打破战争的传统原则。⑤ 贝伦霍斯特主张,虽然有种种所谓的客观因素,诸如敌军的数量和武器等,但让弗里德里希大帝取得胜利的却是意志力和战斗精神。⑥ 可是,弗里德里希大帝并未理解士气和爱国主义在其军队中的重要性,贝伦霍斯特认为这些精神力量比严格的训练、冷酷的军纪以及军官们的科学和学习更有价值。⑦ 贝伦霍斯特承认,只要竞争对手未能效仿,一些战略理论也可能发挥有限的用处。可一旦敌人也采纳了同样的战略理论,勇气、活力、技能就会跟机会和运气一道,回到战争舞台的中央。

约米尼是一名生在瑞士的军人,虽然从未指挥过部队,但他曾在法国和俄罗斯军队中服役,参加过耶拿战役、占领柏林的战争以及西班牙

---

① Gat,1989,pp. 75–77.
② Shy,1986,p. 149.
③ Howard,1970,p. 23.
④ Howard,1970,p. 25.
⑤ Howard,1970,p. 26;King,1977,pp. 6–7;Strachan,1983,p. 5.
⑥ Gat,1989,p. 153.
⑦ Gat,1989,p. 154.

战争,并在合适的时机(1813年)开始担任沙皇亚历山大的军事顾问。① 作为一名多产好辩的军事理论家,约米尼很爱宣扬自己的优点,而批评包括克劳塞维茨在内的其他人的作品。1804年他出版了自己的第一部重要研究,《大战术论》(或译《论大规模军事行动》),经常续以各种修订版和额外卷,后来都归集在1838年他的《战争艺术概论》中。他以清晰、坦诚的方式写下许多原则和格言,追求让读者易于理解,并给予[58]实用的建议。他与克劳塞维茨不同,喜欢避繁就简、清晰"易学"。② 结果,《概论》广受欢迎,成了"19世纪最伟大的军事教科书"。③

虽然约米尼的思想随着时间有所改变,但他接受了劳埃德的观点,认为普遍、永恒的战略原则是可以找到的。弗里德里希和拿破仑打的胜仗虽然特征各异,但经过分析都可以找出成功的共同要素。④ 约米尼关注"行动线",强调机动的重要性,即保持"内部"线并在"决定点"大规模集结,快速出击。约米尼没有忽视人的因素,特别强调人民需要有军事精神,而军队需要高昂的士气。但是,他关注的焦点是英勇、进取、满有灵感的军事领袖,这样的军事领袖才是永恒的战略原则的最高阐释者。⑤ 跟克劳塞维茨一样,约米尼视交火冲突为战争中唯一的决定性手段。但跟克劳塞维茨不同的是,他认为心理、制度和政治因素在解释战争的过程和特征上没有价值。⑥ 约米尼疑心大众军队会对政治和社会秩序构成威胁,他更喜欢职业军人主导的战争。⑦

沙恩霍斯特在思想和性格上都深深地影响着克劳塞维茨。沙恩霍斯特在绍姆堡-利浦-比克堡伯爵(Schaumburg - Lippe - Bückeburg)

---

① 有关约米尼的详细生平,可参 Elting,1964。
② Gooch,1980,p. 27.
③ Howard,1970,p. 31.
④ Shy,1986,p. 184.
⑤ Shy,1986,p. 152.
⑥ Shy,1986,p. 159.
⑦ Elting,1964,p. 25.

创立的进步军事学院接受过教育，他重视教育和思想传播，并为此创办了三份军事杂志。他笃信军事理论的实用性，但也认识到其局限，认为还需要批判性方法并深入研究历史。沙恩霍斯特的主要理论贡献在于，他强调，选择"正确的概念"对分析战争中的重要元素非常重要。[1] 这些概念源自经验和"事物的本性"（nature of things，一个源自孟德斯鸠的概念），并有助于理论家领会部分与整体、理论与现实之间的联系。虽然战争原则可从历史和分析研究中推断得出，但沙恩霍斯特也承认应用那些原则还是要靠人类的判断，并强烈反对任何将它们简化为公式的企图。他本质上非教条主义的方法，塑造了克劳塞维茨早期的很多思想。

无法把一个个理论家简单归入某个学派。启蒙运动与反启蒙运动只是侧重点不同，彼此之间其实也存在共同之处。比如所有理论家都同意区分物质因素和心理因素[59]，且所有人都赞同后者对战争产生影响。所有人都相信运气永远无法消除。他们所争辩的只是这些因素的相对重要性。辩论的核心在于能否足够精确地辨识出规则或原则，以指导指挥官来指挥战争。

关于线式与纵队、散兵角色等战术辩论，可以在演习中和战场上加以检验，从而合理地推导出固定的规则。但作战战略是一个更不容易破解的难题。能否为指挥官阐明有实际用途的永恒原则？它们是从历史和经验中还是从抽象的思考中搜罗得来？它们的有效性如何得到检验？与此相关的是军事天才的问题。才华横溢的将领是否遵循战略原则——打破它们，还是新创？他们的思想和方法能否被模仿，能否教授他人？不同观点的背后，是对战争理论与实践之间关系的不同理解。理论是否能够或应该在多大程度上影响战略的实际施行？理论与作战胜利之间的关系是什么？有人像布洛一样提出数学精确度的规则。也有人像贝伦霍斯特一样全盘否定这些规则的用处："若到处都是例外，

---

[1] Gat, 1989, p. 160.

规则又有什么用处?"①

在18世纪和19世纪初,许多军事理论家也认识到战争的政治和社会背景的重要性。劳埃德、约米尼和布洛等人认为,战争可视为国家推行政策的手段。社会和政治变革与一个国家军事潜力的相关性得到学者的广泛认可。在法国,旧制度的崩溃戏剧性地透过爱国主义和民众热情的兴起助长了军事力量,这是无可辩驳的。但是专制制度能否在不发生革命的情况下取得同样的成果?政府与军队有何关系?很明显,战争理论除了需要处理军事问题,还要处理社会和政治问题。

走进克劳塞维茨的思想世界

克劳塞维茨既借鉴了同时代战争理论家的思想,又同他们一样都受惠于更早的战争、政治和哲学作家。影响克劳塞维茨最大的无疑是马基雅维利(1469—1527),他在柏林念书时就读过后者的《论李维》《战争的艺术》和《君主论》。克劳塞维茨不赞同马基雅维利关于永恒的战争原则的观点,[60]也不像后者那样对古代战争感兴趣,但他接受了后者的两个重要观点,即人性不变,以及国家内部及国家之间永远存在政治斗争。克劳塞维茨的兴趣进一步受到费希特的激发,他在1809年初读过费希特论马基雅维利的文章。② 当时许多德国人因为类似的境遇而转向了意大利的马基雅维利。1494年,法国军队击溃意大利各邦的雇佣兵部队,马基雅维利谴责意大利软弱的政策和无效的战争方式,他呼吁团结及采取强有力的行动以恢复独立,并提倡为佛罗伦萨建立一支和平年代的民兵和应征军。③ 面对这样的任务,君主当义不容辞地将国家利益置于个人品德或道德理想之前。克劳塞维茨完全

---

① Cited Gat,1989,p. 154.
② Paret,1976,pp. 173ff.;'Letter to Fichte',11 June 1809,pp. 280-284.
③ Delbrück,1990,pp. 103-105.

认同这些观点,如果说马基雅维利会招致批评,那么他的主要错误只是"在某种程度上过于直白,直指真相,不够得体"。①

克劳塞维茨还热忱地读过孟德斯鸠的作品,不过后者对他的影响比较难以确证。沙恩霍斯特也熟悉孟德斯鸠,可能是他将孟氏的思想介绍给了克劳塞维茨。《战争论》中孟德斯鸠只出现过一次,克劳塞维茨在修订第一卷第1章时说他希望模仿孟德斯鸠简洁的格言体。更笼统地讲,克劳塞维茨对战争的分析,借用了《论法的精神》(1748)中构成部分之间的必要关系(necessary relationships between component parts)这一概念——《论法的精神》审视了立法、行政和司法的不同职能,以及三者之间似乎内在于其本性中的相互关系。克劳塞维茨还发展了孟德斯鸠按社会类型区分战争的思想。② 社会在变迁,战争也随之变化。孟德斯鸠关于民族精神的观念,也指向了政治中的无形因素与人口、气候和地形等具体因素的相互作用。克劳塞维茨讨论战争时发现的正是多种复杂因素的混合,抽象和具体的混合。

康德和黑格尔是否直接影响了克劳塞维茨,这一点存在争议。克劳塞维茨可能没有直接读过康德关于哲学和伦理学的主要著作,但战争学院的讲师基塞维特(Johann Kiesewetter)在柏林所做的普及性讲座就是以此为主题。③ 克劳塞维茨听了其中几场讲座,他的方法论肯定归功于康德,他简单粗糙地改造了康德的方法。因此,康德1788年《实践理性批判》中的规律、原则、规则、规定和方法的层次结构,在克劳塞维茨的战略和战术方法中看以看到清晰的回响。④ 克劳塞维茨的"绝对战争"概念[61]也归功于康德,康德的"纯粹理性"概念指的是抽象中的理性,与应用于真实世界的"实践理性"形成对比。1827年,克劳

---

① 'Notes on History and Politics', p. 269.
② Perlmutter,1988,p. 13;亦见第16章。
③ Gat,1989,p. 176.
④ Kant,1976,pp. 130 – 132(Part I,Book I,Chapter I,§ 1);亦见 Echevarria,1995,p. 231。

塞维茨正困惑于两种截然不同的战争类型——有限战争和无限战争，以及历史上多样的战争变体，能否都归入一个单一的概念，此时他发现了康德这种区分的价值。绝对战争未受到特定的历史或政治背景的影响，可以与现实中形态多样的战争形成对比。

19世纪20年代，黑格尔在柏林大学讲授历史哲学并担任校长。克劳塞维茨没去听过黑格尔的课，但很可能私底下认识黑格尔，当然也在许多观点上跟他有共识：崇尚国家及其在人类历史中扮演的文明化角色；国家是社会不同利益群体间纠纷的公正仲裁者；战争有助于净化和激发国家的生命力。① 二人都从马基雅维利那里获得启发，并对国际法不屑一顾，认为其无关紧要。② 克劳塞维茨对黑格尔的辩证法颇感兴趣，因为它提出了现实中多样的、竞争性的诸元素的终极统一，正题和反题交互形成一个合题，反过来变成一个新的正题。但他不是黑格尔主义者，可能永远没有完全理解他的哲学。与当时的许多思想家一样，他借用对立面、两极、矛盾、积极和消极、主动和被动等术语来思考，所有这些都便于用来分析战争。③ 克劳塞维茨的方法是二元的，但不是真正的辩证法。④ 一个军人不用成为黑格尔主义者，也能讨论进攻和防守、手段和目的、精神和物质因素。

一部时代之作

克劳塞维茨的作品反映了当时身边流行的种种哲学思想，虽然他并不是一个哲学家。他是那个年代受过教育之人的典型代表，他"从他的文化环境中获取第二和第三手的思想碎片"。⑤ 他特别感兴趣的

---

① Gat,1992,pp. 241–248.
② Croce,1935,p. 248n.
③ Paret,1976,p. 150.
④ Creveld,1986,pp. 37–38.
⑤ Paret,1976,p. 151.

是方法论问题:手段和目的的区分(克劳塞维茨从晚期启蒙运动的艺术理论中借鉴了这个主题,并就此写了一些片段),①变化与连续性的问题,纯粹概念的构建,冲突性力量的角逐,正负极的思想,知识与行动之间的关系,等等。与战争相关联,他选取了精神和物质因素的重要性、机会和不确定性的角色、训练和教导的价值[62]、战争行为的规则和原则难题以及战争作为政治工具等观点。

所有这一切都以兼收并蓄而非系统的方式完成。他排斥启蒙运动对理性的笃信,不相信人类可以通过理性控制战争,但他支持启蒙运动对分析和教育的重视。在反启蒙运动中,他发现了个体心理和运气的重要性,运气既是挑战者又是解放者,无处不在。然而,他并没有屈从于情感、宗教或神秘主义。② 那个年代的思想氛围确立了重要的议题,激发他去分析战争,并提供了某些相应的分析方式。克劳塞维茨是一位务实的军人,有着卓越的分析能力,而且胸襟远大,对各种思想有着不同寻常的开放性,这些让他在战争思想史上留下了自己的印记。

---

① Paret,1976,p. 162.
② Paret,1976,p. 149.

6 《战争论》

我的目标是写作一本两三年后不会被忘记的书,对此主题感兴趣的人可能会不止一次地拾起它。①

写作《战争论》

[63]当决定写作一部关于战争的重要作品时,克劳塞维茨已经意识到可能面临的困难。在1816—1818年的一份笔记中,他试图让人不要幻想"一个完整的系统和一套无所不包的信条"。② 他说他要写的东西与其说是"一个完整的理论,不如说仅仅是为某个理论提供材料",需要"一个更伟大的头脑",才能把他的"一个个小纯金块儿"转变成"由坚固的金属铸成的纯净无杂质的整体"(61-62)。这些谨慎和谦虚之言可能是在说克劳塞维茨打算写的某篇关于战略的文章,而不是《战争论》。③ 尽管如此,到了1818年,克劳塞维茨还是决定写一部作品,它不是简单地复制"每个共同点,每个已被人说了上百次的显而易见的东西"。一种"分析精神",一种分析战争的"系统方法",将产出一部"两三年后也不被人忘记的书,对此主题感兴趣的人可能会不止

---

① Author's Comment, 'On the Genesis of his Early Manuscript on the Theory of War, Written around 1818', *On War*, 1976, p. 63.

② Author's Preface, 'To an Unpublished Manuscript on the Theory of War, Written between 1816 and 1818', *On War*, 1976, p. 61.

③ Paret 主张这个作者序被不合时宜地包含在《战争论》第一版中,并一直留存下来。1976, p. 360.

一次地拾起它"(作者的评论,63)。尽管表达得很谦虚,但克劳塞维茨这时的学术抱负已是更加宏大。

截至1827年,前六篇已完成草稿,其中混杂着新材料和一些在19世纪头十年里写的文章、讲义和笔记段落。① 在一份未注明日期但可能写于同时期的笔记中,克劳塞维茨详述了他对第六篇的不满,说它"只是一个概要"。② "为战争艺术构建一套科学严谨的理论是项非常艰巨的任务,失败的尝试如此之多,以至于大部分人说这是不可能完成的任务,[64]因为它所处理的事情并没有普遍规律在其中。"但他也总结说,关于战略实施已经有足够多的命题"毫无困难地"得到了证明,说明探索这样一个理论不是徒劳(71)。他还说,只有第一篇的第1章可视作完成品(70)。

克劳塞维茨1827年7月10日的另一份"笔记"将草稿描述为"一堆相当杂乱无章的想法,须彻底重写"。但对于种种不完善之处,他希望读者"发现其中所蕴含的、可能会带来一场战争理论革命的基本思想"。他还有许多工作要做,按照有关战争本质及战争与政治的关系的两个补充想法,他还要再写两篇,并对前六篇作重大修订。待写的其中一篇关注两种战争之间的区别,克劳塞维茨视之为"一个现实问题",该问题可从历史观察中推断而得;另一篇则关注各国如何利用战争手段实现自身目标(69－70)。

克劳塞维茨早期曾经设想,每一场战争不管目的如何,都需要尽最大努力取胜,而此时他却承认,取胜和仅仅确保有限目标这两种战争同等有效。在名为"防御"的第六篇中,克劳塞维茨意识到,防御行动往往寻求拖延,避免对抗,旨在慢慢挫败敌人;对于防御方而言,维持现状

---

① Paret,1976a,p.3.

② 'Unfinished Note', *On War*, 1976, pp. 70－71. Gat出具了令人信服的证据证明此笔记写于1827年,可能是在7月10日的笔记之前,而不是通常认为的1830年。1989,pp. 255－263.

是战争合情合理的目标。① 第六篇的最后一章,即第 30 章,也是全书篇幅第二长的一章,标题中包含一个限定从句——"当决出胜负并非目标之时",其中已经开始稍为详细地处理第二种战争。第七和第八篇更是全面地论述了这一区分。

第二个关键思想是,克劳塞维茨洞察到战争不能被理解为一个独立变量,而应理解为一种政策功能:"这一点必须绝对弄明白,即战争只是政策以另一种手段的延续。"(69)克劳塞维茨建议读者牢记这个命题,因为"这将极大地促进主题的研究,从而整体也将更易于分析"(69)。最终只有第八篇完全将战争放在其政治背景下处理,彼时克劳塞维茨已经转去写作军事史,故而原计划中的修正并未进行。《战争论》的第 1 章(全书共有 125 章)仍然是唯一一章他修订满意的,尽管如此,其中仍不乏晦涩之处。②

[65]克劳塞维茨死后,他妻子玛丽将手稿汇编成卷并于 1832 年开始出版。她在《战争论》第一版的序言中说,虽然她未在手稿上添加或删除一字,但整理材料,包括插入准备好的修订,也需要做出"大量工作"(67)。我们现今所认识的《战争论》一书,不像大多数经典著作那样,在出版时表达了作者各种深思熟虑的观点。相反,它包含从未经修订的早期草稿,到完成程度不一的各章节最终版本的罗列,这些东西的写作时期跨 12 年或更久。它还包括部分可以追溯到改革时代的文章、讲义和备忘录。若要恰当地描述这本书,或许可称之为"克劳塞维茨的工作坊"。③

阅读《战争论》

阅读《战争论》会碰到许多难题。除了已经提到的兼收并蓄的哲

---

① Gat,1989,p. 213. 7. Gallie,1978,pp. 48ff; 1978a,p. 152.
② Gallie,1978,pp. 48ff; 1978a,p. 152.
③ Aron,1983,p. 89 提到谢林用这类术语描述了此书第八篇。

学和临时拼凑的方法论,还有1827年7月10日笔记中提到的,克劳塞维茨因未能完全吸纳新思想带来的模棱两可。因此,这本书中既包括他早期对会战和取胜的重视,也包括他晚期对节制和有限目标的关注。这种早期和晚期的思想混合,有助于解释对克劳塞维茨多样且相互矛盾的诠释:他既颂扬会战和全面战争,又清醒地倡导克制和政治控制。可以说,《战争论》既包含一个好战的"旧约",又包含更加克制的"新约",两者不是割裂的,而是交织在一起。

《战争论》也经常前后不一、晦涩和模糊。例如,克劳塞维茨未能将两种战争的区分应用在防御或进攻上,也并未清晰论述政治与军事的关系。他也并不总是很严谨地使用术语和定义。《战争论》使用了许多被动结构和抽象概念,风格通常错综复杂。① 法国军事历史学家卡蒙(Hubert Camon)在他1911年论克劳塞维茨的书中表达了一个常见的观点,他称克劳塞维茨是"德国人中最德国的……读他的著作时,会不断感觉身处形而上学的迷雾中"。② 这样的批评过于苛刻,但即使是克劳塞维茨的崇拜者也承认《战争论》"密集地塞满"了各种想法,需要频频驻足思考。③

可是,《战争论》也有很多优点,包括其行文方式。虽然克劳塞维茨时常密集使用抽象的术语,但他也可以通过把复杂的问题加以简化,并通过将战争中人的元素戏剧化,来阐明问题。他从游戏、自然和商业等日常事物中提取生动的比喻,[66]令人印象深刻:战争中的行动就如在水中行走,调动军队就像移栽树木,战斗就像支付现金。他能化繁为简,这一品质可能会让一般读者认为"他读的纯粹是老生常谈的东西"。④ 当恩格斯于1858年评点《战争论》并提到战争与商业之间的类

---

① Paret, Moran (eds), 1992, p. xii.
② Cited Brodie, 1976, p. 48.
③ Brodie, 1976, pp. 45, 58.
④ Brodie, 1976, p. 45.

似时,马克思回答说,"这家伙具有近乎机智的健全推断能力"。①

然而最重要的是,《战争论》记录着克劳塞维茨对战争课题投入的激情,无论是个人的、政治的还是知识上的激情。他的作品起源于"常年对战争的思考,与了解战争的有才干之人的交往,以及大量亲身经验"(作者序,62)。与许多理论家不同,他亲身经历了一切,下至普通士兵的苦难,上至最高层的战略筹划。作为普鲁士公民,克劳塞维茨也奋发努力地分析和理解战争,因为战争给他的祖国带来了最深的屈辱,使其独立不断受到威胁。找到打胜仗的方法是当务之急。无论作为研究者还是实践者,克劳塞维茨都是全身心投入(engagé)。

尽管克劳塞维茨忠于普鲁士,全身心地投入战争,但他的《战争论》却是客观中立的,没有情感上的偏见。他并未打算在有生之年出版此书,他写作是为了自我满足,是为几个准备仔细阅读它的朋友而写。② 他也不渴望约米尼之流所取得的名望。因此在他的军事写作上,他少有拘束,这与他追求影响舆论的政治文章形成对比。他可以自由地批评弗里德里希大帝或赞美拿破仑。③ 他攻击那些他认为错谬的战略作家,批评战略思想中"时尚占据主导"(162)。他忍不住嘲讽约米尼、布洛和其他人,讽刺和挖苦用尽其效。《战争论》中这种明显的"好斗姿态"吸引了他的读者,④但他往往也担心被头脑简单的人误解,他表示,他担忧自己的想法"易受无休止的误解……成为许多半生不熟的批评的靶子"(70)。

《战争论》的另一优点来自克劳塞维茨渊博的军事史知识和客观处理史实的态度,他曾广泛阅读军事史并写作这方面的东西。虽然他对军事史的贡献从未得到认可(部分因为他的作品大都是遗作)并早

---

① Gat,1992,p. 231.［译注］此处引文据英文直译。
② Aron,1983,p. 1.
③ Aron,1983,pp. 1−2.
④ Paret,1965,p. 26.

已被超越,但他的作品显示出相当的原创性,构成了史学上的重要过渡阶段。① [67]比起战斗和战术,他更关心战略,史学训练使他批判地看待证据,承认决策环境的重要性,并注意到战争千变万化的社会和政治背景。克劳塞维茨认为,写历史不是寻找经验教训,而是具体展现种种个体间的互动,其中有伟大领袖与其卑微追随者间的互动,也有社会变革、民族主义和军队精神等复杂力量之间的互动。

克劳塞维茨不仅从历史中学习,还从广泛的学科中学习,包括哲学、认识论、社会科学方法论、政治理论、国际关系学、政治学、心理学、社会学、公共行政学、军事战略学和战术学。他不可能门门都专,甚至可能对哪个领域都算不上精通,这些领域的专家们也已经挑出了他的错误。② 然而,若没有对异质性的坚持,克劳塞维茨对战争的理解将失去其大部分的价值。同样地,在他写作的年代,社会科学尚在襁褓之中,而他分析了社会和心理学因素如何塑造战争决策并影响士兵的表现,这本身就是现代社会科学发展的一部分。③

最重要的是,《战争论》是启蒙运动与反启蒙运动之间的战场。克劳塞维茨同时涉足两大阵营。按启蒙运动的传统,他相信理性在人类事务中的运用。战争中能够找到不变的要素和原则。从一场战役到再一场战役,存在着足够的规律性,因此指挥官不必完全手足无措。但其中也不存在或不可能存在数学式的或机械式的原理,像运动的几何形状、军队的空间关系又或数目和补给的微积分等。尽管如此,战争本身仍应尽可能地受理性控制,以服务于政府的目标。

然而,理性在人类事务中的角色,以及在它所能阐明的问题上都存在不可避免的局限。克劳塞维茨强调了激情和机会、摩擦和人类直觉的作用,就是说战争从来都不是简单地运用理性而已。克劳塞维茨从

---

① Paret,1976a,p. 12;亦见 Paret 1992b。
② Handel,1986a,pp. 1 – 2.
③ Gat,1989,p. 253.

反启蒙运动中发掘出判断力、创造力和无畏等特质,它们必不可少。他强调人类行动存在情感和直觉的本质,重视战争中精神力量的重要性——从士兵的战斗精神和爱国情感到将领的灵感。① 与浪漫主义者一道,他受与逆境斗争的英雄领导人物以及关乎国家命运的伟大战斗吸引。与历史主义者类似,他相信每一个历史事件均有其独特的品性,每场战争都反映了它所在的时代,[68]相信总的说来战争一直处于一个持续变革的进程中。与国家主义者(nationalists)一起,他赞扬国家的活力和公民做出巨大牺牲的意愿。与理想主义者(idealists)一道,他相信政府的重要性及其在人类事务中的核心作用,但又并不同意普鲁士有什么天定的宿命。他熟悉所有这些思想流派,却不依附于任何一支。

克劳塞维茨的成就

启蒙运动要求理论的严谨性,而反启蒙运动主张战争的难解性(intractability),《战争论》尝试调和这两者。如果必须将克劳塞维茨归入某个阵营,那么相信理性使他可算是启蒙运动的追随者。但反启蒙运动也使他认识到科学分析的限度。这种持久的张力刺激着克劳塞维茨充分探索理论与实践的关系,这也因此成为《战争论》的主要成就之一。虽然克劳塞维茨在方法论上的努力并没有得出完美的答案,虽然他所处时代的战争理论一点也不像许多人包括克劳塞维茨本人在内曾表明的那样了无生气和机械,但《战争论》以其全面性和思想的严谨性代表着一个重大进步。

克劳塞维茨的贡献,在于找出了战争这一复杂活动的重要组成部分,并提出一个框架将各部分按其"必要关系"联系起来。用《战争论》首段中使用的说法,他确定了"主题所含元素",它的"各个部分",并最

---

① Gat,1989,pp. 178-183.

终确定了"按其内部结构构成的整体"。因为"在战争中,比起在任何其他主题中,我们都更需要从观看整体的本质出发"。(75)对于克劳塞维茨而言,战争包含四个主要元素:

(1)战争即战斗(fighting),是一项独特的人类活动——士兵的视角;

(2)战争即军队间的较量,是具有自身动力机制的斗争,这种斗争提出了各阵营如何追求其最佳目标的问题——将领的战略视角;

(3)战争是,或者至少应该是,国家政策的工具——政治家的视角;

(4)战争是社会行为,是国与国之间的一种活动形式,它源于并且成形于政治和社会总体,包括各种制度和互动——观察者而不是参与者的视角。

[69]这四个诠释层次构成了本书的主题,在此简要概述如下。

战争,首先且最重要的是战斗。它可能类似于其他形式的人类行为,但它有自己特殊和不变的属性。战争中永恒的元素是武装冲突,即人群之间在体力和精神上的斗争,人谋求在战斗中杀死和伤害对方。克劳塞维茨从来没有忘记战争的人性维度,即战场上人的情绪和行动。他将包括勇气、恐惧和军队士气在内"精神力量"带入战争的中心,他是第一个带着分析性的严谨这样做的理论家。与人的元素相伴的是摩擦,这是一个难以解释的因素,它无法度量,且将现实战斗和理论上的战斗区分开来。

其次,战争是由各自将领指挥的两军之间的较量。国家利益,战争的政治、社会和文化背景,这些战争之外的力量影响着这场较量,过程中充满了偶然和意外、未知和多变。但军队间的互动具有特定的属性,尤其是进攻和防御之间的关系,以及交互影响所导致的"升到极端"的可能性。如何最好地引导这样一项动态的活动?能否有规则或原则来指导相关负责人来发动战争?如何推导和检验这些原则?如果存在战争理论,它会如何影响指挥官的行动?这些是与所有战争都相关的问题,尽管答案可能因战争而异、因年代而不同。

克劳塞维茨是矛盾的,他断言战略原则可以轻易得到证明,但又主张战略原则很难证实且用处有限。这就是军人们经常对他失望的原因之一。① 事实上《战争论》的价值与其说在于其中关于战略的命题,不如说在于他分析战略的本质这一活动本身。《战争论》提供了关于战略的创造性品质的一种理解,并探索了知识与行动之间的关系。克劳塞维茨是第一位深入讨论如何从历史和分析中得出各种战略命题,以及这些命题又如何能够影响战争展开的军事理论家。他不解决所有的认识论问题,他试图阐明的用于评估指挥官的独特方法(批判法)也尚有争议。但是,他仍然是军事战略领域方法论和认识论的一位先驱。

第三,克劳塞维茨提出了一种讨论战争和政治之间关系的学说。战争之所以存在,是因为国家利益不可避免地会发生冲突,[70]因此,战争是国家间关系的必要组成部分。国家运用战争手段来推进其目标的达成,可能是为了生存或征服,可能是为了打破或恢复权力平衡,也可能是为了解决大小争端。因此,动用武力应被理解为一个政策工具,且应当受政治的控制。这是克劳塞维茨学说的核心:战争应该服务于国家确定的目标。规范性元素是清楚的,虽然像当时的普遍做法那样,②他并没有截然区分"应该"和"必须"。克劳塞维茨是首位以系统的方式把战争作为实现某个目标的手段进行分析的人。

最后,克劳塞维茨提出了将战争视为一种社会活动的理解。战争同时是战斗,是较量,是一种政治活动,最广泛地说,是社会互动。虽然战争是一项独特的活动,但它与国家的社会、政治和经济结构,与人们的传统和价值观,以及与人们对世界的认知紧密相关。同样,如同任何一项重大的社会互动,战争唤起人类的激情和情感,要求人类运用理性与技能,并且常常受制于机会和命运。这种激情、理性和机会组成的

---

① Brodie,1976,p. 57.
② Rapoport,1968,p. 14.

"令人惊叹的三位一体",是克劳塞维茨将战争理解为一种社会现象的关键。

克劳塞维茨思考战争的进路分布在多个层次,我们并不总是清楚他针对的是哪个层次。类似地,在单纯的会战和战役之外更深入地理解战争,同时保持他对战争现实的判断力,这可能使他显得"对战争从业者来说过于哲学,对哲学家来说又过于实践"。① 但在那些对一个正在处理复杂主题的聪明而敏锐的头脑感兴趣的人看来,他提出了一套深入的战争分析,把战争当成一种多层次的人类和社会现象。借此,他使战争研究在林林总总的知识研究中稳稳占据了一席之地。②

克劳塞维茨还阐述了一种战争范式,主导了西方思维约200年。可称为"现代战争"的战争主要应由军队(相互对抗)实施,并被国家用作一个合理的政策工具。这一学说向来不乏质疑,毁灭性武器的大幅增长,敌对行动的蔓延远远超出了战场的范围,同时革命者、恐怖分子、自由战士等众多其他类型的战士登上了这个舞台,所有这些都挑战着克劳塞维茨的现实意义。然而,关于战争和冲突的辩论几乎总是以他的范式为起点,尽管并不总是会回到起点。

---

① Kitchen,1988,p. 31.
② Gallie,1978,pp. 42 – 43.

第四章

战争的层次

7　作为战斗的战争

> 战争绝不是消遣……绝不是胆量和输赢带来的简单愉悦,战争也不是不负责任的狂热分子该待的地方。(86)

[73]克劳塞维茨剖析战争的第一个视角是士兵的视角。战争的中心是武力的较量,士兵杀人也被杀,伤人也被人伤。这是战争独特的、本质性的特点,区别于其他任何人类活动。"战争的独特性仅在于其手段的独特"(87)。任何关于战争的定义都必须承认它真正的特点,并远离18世纪某些学者学究式的或拘泥于条文的定义。克劳塞维茨直接"切中事物的要害":战争是暴力,是"武力行为"(75)。他还加上一句"[战争就是]要迫使敌人按我们的意志行事"——关于战争目的的问题我们放到后面再讨论。简而言之,战争就是战斗。

虽然战争与其他活动,比如商业或法律诉讼,有某些相似性,但其独特的方式规定了它的本质。"战争中只有一种手段:战斗(das Gefecht)"(96)。战争中的任何事情都必须从属于战斗:

> 一个士兵从入伍、穿上军装、装备武器、训练,到他的吃、喝、睡觉和行军,这些都是为了在合适的时间和空间战斗。(95)

战斗"是贯穿军事活动全网络的那根线,其实它也把军事活动凝聚成一个整体"(96)。因此,绝不能如某些理论家所提议的那样,淡化战争的血腥性质,因为"战役就像它的名字,意味着屠杀,其代价是[74]流血"(259)。德语的"战役"一词Schlacht,意思也是屠杀。

聚焦于战斗,克劳塞维茨区分了"战争本身"和"只是准备战争的活动"(131)。战争本身包含了作战以及与之相关的活动,如行军、宿营、临时营地、征用资源等。征用资源一项虽然属于行政管理的范畴,但需要作战部队的参与,其中存在作战的可能性(129)。给养、日常维护和管理这三者不断地与作战和战略互动,但仍然与士兵作战存在"本质上的差异"(131)。所以,克劳塞维茨抛弃了"后勤给养最终决定战争胜负"的观念(135)。进而,他也反对将战争等同于建造防御工事,或者是创建和训练武装力量。这些活动虽然绝对会影响作战,但仍只是在准备战争,而不是战争自身。

战争关乎杀戮,但它不只是"相互残杀"(259)。没有哪个军事将领会对流血完全无动于衷,"将领也是人,他会畏惧流血"(259)。但是,卷入战争的人绝不可以忘记战争的真实特性:"由于对战争的残酷感到痛苦,就想闭眼不去面对战争的真正本质,那将是毫无益处的,甚至是有罪的"(76)。使用不当的人道主义会比严肃实施的战争带来更大的杀戮。

> 杀戮是令人恐惧的现象,这一事实使我们更加严肃地对待战争,而不是以人道的名义为裁军提供借口。迟早有一天,有人会带着利剑夺走我们的武器。(260)

因为"战争是一个如此危险的行业,以至于仁慈者犯的错误是最糟糕的"(75)。战争不是热心肠者或者"不负责任的狂热分子"该待的地方(86)。

尽管如此,克劳塞维茨也认识到了限制战争残酷性的要素。其一,他认为战争天然是士兵的事情,与平民无关。非作战人员享有豁免权,这种军事作战中的骑士传统是 18 世纪国际法律师们正在探索的概念。① 城市被包围后若拒绝投降或不肯停止叛乱,则无法享有豁免权。一些针对平民的报复行为,如在西班牙发生的事,也自称具有某种合法

---

① Best,1983,pp. 63–67;Weigley,1993,p. 195.

性,但是,克劳塞维茨与大多数职业军人类似,本能地厌恶西班牙和俄国的哥萨克等军纪不严的游击队员伤害平民和杀死战俘的野蛮行径。

[75]其二,军人间的战争行为的确存在规则(187)。荣誉、骑士精神、习俗都要求遵守相关公约,比如接受投降、开展停战谈判、照顾伤员、交换战俘或支付一定的赎金等。1793年中期,法国政府尝试通过不宽恕任何人、杀死所有战俘等方式"消灭"国家的敌人,该措施遭到军人抵制,并最终在1794年底被废除。① 军官阶层多出身贵族,他们共同的价值观在其中发挥了作用,奥古斯特亲王和克劳塞维茨作为战俘受到宽大对待,也就不足为奇。

其三,克劳塞维茨认为,文明国家间对战争行为已达成某种程度的共识(intelligence)。理智告诉他们野蛮方式是无效的,甚至会适得其反:

> 如果文明国家不处死战俘,或不破坏敌方的城市和乡村,那是因为理智在他们的战争方式中扮演着更大的角色。理智教会了他们如何更有效地使用武力,而不是放纵来自本能的残暴。(76)

例如,到17世纪,夷平失败一方的城市和乡村"理所当然地被视为不必要的野蛮,会引发报复,这样做只会伤害敌人的国民,并不会伤害他们的政府,因此它是无效的,只会成为阻碍文明进步的绊脚石"(590 - 591)。

自利,付出的努力是否合算(ecomony of effort),以及文明标准,这三者同时限制了战争过多的残暴。

尽管如此,武力,"用科学艺术发明装备起来的"武力,仍然是战争的核心,只能在很低的程度上限制它。正如克劳塞维茨所见,"与武力相连的,是某些人类自我强加的微乎其微的、几乎不值一提的限制,即所谓国际法和习惯法。但是,这些限制几乎不会减弱对武力的使用"

---

① Rothenberg,1994,p. 88.

(75)。因此,他很少讨论战争法和习惯,并极力弱化法律的重要社会功能——如法律使士兵可以区分战争和谋杀,可以巩固战争状态下的纪律和团结。① 法律为战争这种与众不同的混乱活动带来了某种程度的秩序,但克劳塞维茨认为,战争中的秩序主要还是来自政治目标的指引和军事控制。

战争心理学

[76] 战争是"一项特别的活动,不同且区别于其他任何人所从事的活动"(187)。军人们把自己与其他社会成员区别开来,他们"视自己为某种行会的成员,在该行会的规则、法律和习惯中,尚武精神占据显眼的位置"(187)。

> 不管我们如何清楚地看到同一个人既是公民也是军人,也不管我们如何强调战争是整个民族的事业……战争事务将一直是独特的,与众不同。(187)

战争活动中充满"危险、劳累、不确定性和偶然性"(104),因此,参与战争的人需要某些特殊的品质。

克劳塞维茨并非第一个强调心理因素在战争中作用的学者。② 例如,贝伦霍斯特认为士兵的精神状态是"作战中的主要因素",特别是当"他们被爱国激情鼓舞时"。他批评弗里德里希大帝缺少民族意识,不敢谈德意志,只把军队当成机器。③ 拿破仑有一句格言:战争中四分之三的事务与精神要素相关。他鼓舞士气的方式简单而有效,也凸显

---

① van Creveld,1997,pp. 13–14.
② Gibbs,1975,pp. 16–17.
③ Gat,1989,pp. 153–154.

了心理因素的重要性。① 克劳塞维茨在早期作品中就赋予"精神"因素以核心地位。他认为,任何对战争的思考若不"考虑并充分重视精神品质",就是有缺陷的,因为这些品质"构成了作为整体渗透在战争中的精神"(184)。

精神因素增加了作战的不确定性。克劳塞维茨看到,炮弹的飞行速度是每秒 1000 英尺[译者注:约 304.8 米],对处在弹道上的生命的破坏力是清晰且可测量的,然而,大炮对军队的心理影响却不是那么明显和可预测,这种影响即便不是更重要,至少也同样重要。② 与此类似,粗制火器在中世纪出现后,对士兵的心理震慑远大于物理意义上的破坏(170)。的确,精神因素常常带来难以"置信的后果"。"或许可以说,物质性的力量不过是木制的手柄,精神性的力量才是宝贵的金属,是真正的武器和锐利的刀锋"(185)。

心理学在克劳塞维茨所处的时代并不发达,很大程度上只是静态的和描述性的,并且只关注人格的类型,很难准确理解精神要素的作用。克劳塞维茨曾抱怨这一"模糊领域"的落后[77],他在这个领域只有"微不足道的科学知识"(106)。他对比了两类人,一类是与人体打交道的医生,一类是与心灵打交道的精神科医生(Seelenartazt),他认为后者更有价值,因为后者研究的主题更加复杂(136 – 137)。可是,倘若"只是罗列出战争中最重要的精神现象,并像勤奋的教授那样逐个评定其价值",那将不过是陈词滥调(185)。他更喜欢"采用不完全的、印象式的风格来处理战争中的精神现象",同时展现其"普遍意义上的重要性"(185)。从今天的标准来看,尽管克劳塞维茨的分析非常简单,只是依靠简单的分类和二元对立展开,但他仍是第一位将心理因素

---

① Paret,1976,pp. 157 – 158.

② "大炮热"现象(cannon fever,后来被称为"炮弹冲击",shell shock)在 18 世纪发现(Duffy,1987,p. 253)。1792 年歌德在一个小分队的陪同下,从魏玛出发前往战场做实验,观察大炮开火对部队的心理影响。Davies,1997,p. 721。

置于战争研究中心的军事理论家。①

战争中的摩擦

人类的心理难以估量,这也导致所有战斗中都存在的一个重要现象——摩擦。克劳塞维茨从力学中发现了这个概念,用它来描述并分析人类行为。"摩擦"这个概念在工业革命开始启动的18世纪非常流行。在力学中,摩擦使机器的运转效率比理论设想的要低。类似的原理也可应用于作战研究。克劳塞维茨在《战争原则》一书中写道:

> 战争行为就像一台运转中的复杂机器,会遇到巨大的摩擦阻力,纸面上的计划很容易规划,具体落实的过程却需要巨大的努力。②

摩擦阻力源自战争的特性和战场,源自人们的思维对战争和战场的回应。物理环境的危险会引发恐惧和焦虑,进而导致有利条件下反而失败。恶劣的天气、糟糕的战场地形、瘫痪的设备,都会让士兵疲惫不堪,士气低落,从而拖延或打乱将领的计划。摩擦是累积性的,因为一个问题会恶化另一个问题,"你永远无法预见的小事故不断出现,并与低水平的作战能力相结合,这时就常常使得事与愿违"。克劳塞维茨举了一个旅行的例子,旅行者预想的应该是一次舒适的旅行,付诸行动时却找不到膘肥体壮的马匹(119)。人类在战争中的行动比在其他任何地方都更少实现其理论上的可能性。

摩擦阻力会影响到战争的各个层面。若军队纪律严明,那么只要命令发出,[78]军纪就会保障军令的执行,这样的军队看上去就容易控制,"就像一个大横杆转动铁轴,仅用最小程度的摩擦阻力"(119)。

---

① Paret,1986a,p. 204;Aron,1983,p. 117.
② 1942,p. 61.

但军队比这复杂,在任何节点,从士兵到元帅都会面临摩擦阻力,因为"它的组成部分没有一个零件,有的是独特的个体,每个人都是摩擦阻力的潜在来源"(119)。士兵无法避免地与摩擦阻力做持久的斗争:

> 战争中的行动就像存在反作用力的运动。就像走路这种运动虽然最简单、最自然,但在水中行走就很难,因此,在水中时用正常的努力程度很难达到甚至很平常的目标。(120)

所以,每场战争,甚至是最难的战斗,都"会受到人性弱点的束缚"(216)。

克劳塞维茨指出,摩擦主要有四个来源,这四个来源都取决于人类对战争环境的反应:

- 敌人带来的危险
- 己方部队需要付出的努力
- 自然环境带来的困难
- 很难准确感知动态的战争环境[1]

战争的外在危险很快就会让新手们认识到,支配战场的力量完全超乎个人经验(113-114)。克劳塞维茨想象着陪一位新手来到战场时的情形:

> 我们向前走,枪声逐渐变大,时而交替着炮弹的呼啸声,这吸引了他的注意。子弹从我们身边飞过……炮弹和炸裂的弹片非常密集,生死问题开始比年轻人想的更加严峻。突然,你认识的一个人受了伤,接着一发炮弹落到人群中。你会发现有些军官们动作举止有点异样;你自己也不再像之前那样平静淡定。(113)

---

[1] 《战争原理》(*Principles of War*)列出了摩擦的八种具体原因,都归在这些条目之下。1942,pp. 62-67.

亲眼看见"人被杀和受伤,其冲击让我们破碎的心灵走向敬畏和怜悯"。战争的危险会临到每个士兵,会带来恐惧、犯错、失败和恐慌。因此,在战场上,观念和理性"会以某种方式发生扭曲,完全不同于正常的学术推理"(113)。

[79]战斗也要求每个士兵都竭尽全力,但很难判断士兵的极限在哪里、士兵们能够实现何种目标。例如,下级军官和士兵"经常遇到他们认为无法克服的困难"。① 此时仍要鼓励输掉战斗的部队继续战斗吗,即使会造成惨重损失?要让士兵全速行进很远的距离吗?克劳塞维茨观察到,"就像一个强大的弓箭手要把弓弯得超过平均水平一样,把他的军队逼到极限也需要一个强大的头脑"(115)。尤其考虑到这个极限是弹性的且不能预先知道,就更是如此。"经验不足的观察者现在开始认识到众多要素中的一个,这些要素像链条一样捆住斗志,暗中消耗着人们的精力"(115)。

自然环境也在挑战着将领和士兵:

> 浓雾会阻碍及时发现敌人,影响开枪时机,阻止指挥官搜集情报。下雨会阻止一个营到达,或让另一个营在行军中花费八个小时,而不是预想的三个小时,从而晚于指定时间到达指定位置……(120)

同样,诸如山地、沼泽、河流、森林等不利的自然环境也是摩擦的重要来源。这些会阻碍行军或让情报延迟,会打乱作战计划,让各方力量无法及时会合。在军官和士兵眼中,战斗就是与物理环境进行密切、持续且常常无法预测的互动。

摩擦的最后一个来源是指挥官无法避免的认知偏差。各级军官对己和对敌的知识均不可靠。他们会自然地夸大敌人的力量,选择相信坏消息而不是好消息。战争最激烈的时候,"感官比系统性的思考更

---

① *Principles of War*, 1942, p. 64.

能生动地影响人的观念"(117)。计划出错时,会出现畏缩和胆怯的情绪。恐惧、焦虑、犹豫不决以及在获得更多信息之前不愿意采取行动,这些都大大加大了摩擦阻力。正因为如此,"战争中的每一件事都很简单,但最简单的事情却很难做到"(119)。因此,克劳塞维茨非常关注指挥官应对摩擦所需的素养。

政治层面也存在摩擦。1806年9月,克劳塞维茨给妻子玛丽写了一封信,他在信中使用"摩擦"这个词来批评向国王提供军事谏言的制度如何复杂。① 他还自如地使用这个词来描述1812—1815年战争的决策过程。②《战争论》在讨论军政关系的本质时触及了这个主题。[80]今天我们对政治与军事间的摩擦阻力习以为常,但是在克劳塞维茨时代的军队中,这种现象并不明显,因为那时的军队是"第一支真正庞大和现代化的组织"。③

在所有人类活动中,战争中的摩擦最多,因为"战争中出乎意料的事情比其他任何地方都要多"(193)。摩擦概念总结了这种差异,它是"唯一一个多少对应于把真实战争与纸上战争区别开来的那些要素的概念"(119)。因此,任何战争理论都必须处理摩擦问题,否则就将不符合战争现实。有些人尝试通过复杂的理论来消除或者干脆无视摩擦问题,这是自欺欺人。尽管其他军事家都提到过这一现象,但把摩擦作为战斗的中心,克劳塞维茨是第一人。即使是在最有经验的军队中和指挥官那里,摩擦也永远存在,并将对整个军队的风气和精神造成影响。

军事美德

军队该如何应对摩擦?鉴于"除非经历过战争,否则很难想象"摩

---

① Paret,1976,p. 124.
② 例见 *Campaign of* 1812,1970,p. 185.
③ Bassford,1994,p. 25.

擦,应对摩擦最好的准备就是战争本身(119)。就像"新手被丢进深夜",眼睛会逐渐习惯黑暗一样,久经沙场的士兵会逐渐习惯战争(122)。战斗确实是减少摩擦的唯一"润滑剂",但即使身经百战的老兵也无法逃脱它的影响(122)。事实上,大多数军队缺乏直接的战争经验,只能依靠演习。演习尽管比日常的机械训练更有价值,"与真正的战斗相比,仍然只是不可靠的替代品"(122)。和平时期要想熟悉战争,一种有用但有限的方法是"吸引打过仗的外国军官"。也可以派出本国军官去实地观察战争(122)。

然而,军队的军事精神才是对抗摩擦的主要手段。军事精神指的是军人们展示出来的各种军事美德的总和。1806年的普鲁士军队缺少这种精神。这种精神比"常备军的自尊和虚荣心更加重要,因为正规军队是通过规章制度和训练凝聚起来的,苛刻严厉和铁一般的纪律或许能够维系一支军队的军事精神,却无法创造出它们"(189)。凭靠严格的纪律训练出来的军队,纪律严明、令行禁止、自负、士气高昂,但还缺少内在动力。[81]"就像冷却得太快的玻璃,一个裂缝出现后,整块玻璃都碎了"。他警告说,我们应该小心,"永远不要将军队的真精神与它的情绪混为一谈"(189)。

克劳塞维茨认为,军队不是一台机器,而是一个社会组织,其动力应该是"真正的战争精神"。他在1809年写给费希特的信中说,战争精神"最大限度地调动每一名士兵的能量,让他进入战斗状态,这样战争之火就会蔓延到军队的每一个组成部分,而不是大多数人在那里无动于衷"。① 因此,改革军队不单是建立一种或另一种组织,而是恢复"军队荣誉这一独特而强大的理念",进而恢复"真正的军事精神"(188)。

克劳塞维茨指出,这种道德和精神"像发酵剂一样渗透到战争中",影响着军队在战前、战中和战后每个时间点上的战斗力(366)。

---

① 'Letter to Fichte', p. 282.

心理因素往往在交战中起决定性作用,打击敌人的士气是"获得利润优势的手段"(231)。若存在失败的危险,军事精神更是必不可少。危险会慢慢降临到军官身上,并扩大到整个队伍,此时若丧掉了精神,军队就会失去信心。"更糟糕的是,对最高统帅的信心也逐渐丧失"(254)。但是,"一支有军事精神的军队面对失败永远不会惊慌失措"(255)。

> 像这样一支军队:它在最猛烈的炮火下保持着凝聚力;它不可能让想象中的恐惧动摇自己,并且竭尽全力克服所来有自的恐惧;它为军队的胜利感到自豪,即使在失败的时候,它也不会失去服从命令的力量,不会失去对军官的尊重和信任……它铭记着所有这些职责和品质,因为它怀有军队荣誉这一独特而强大的理念——这样一支军队充满了真正的军事精神。(187–188)

在战争中,军队的精神至关重大,它是"一个心理上可减退的确定的精神要素,因此它的影响是可以评估的"(188)。

军事精神建立在个体士兵的具体素养之上。首先就是士兵面对危险的勇气(courage)。战争是危险的领域,"勇气是士兵的第一要求"(101,85)。勇气将贯穿所有的决定,"勇气是对自身力量的感知,是影响判断的主要因素。[82]可以说,它是一面镜子,各种直觉印象通过它传递到大脑"(137)。军人因为两种原因得到勇气:要么天然地漠视危险,这是一种持久的状态;要么是一种临时性的情感,比如雄心、爱国主义或热情战胜了恐惧(101)。这两种勇气及其带来的自信是"武德中最优秀、最不可缺少的"(86)。

大胆(boldness)是另一个士兵至关重要的品格,与其他任何活动相比,胆大在战争中是日常必备。"一名军人,无论他是鼓手还是将军,能拥有的最高尚的品质无过于大胆;大胆就是那赋予宝剑以锋刃和光泽的金属"(190)。胆量越大,行动就越少出于不得已(191)。那些遵从命令而行动的普通士兵,大胆对他而言就像是"随时准备释放力量的压缩弹簧"(190)。高级军官则必须用反思来约束它,尽管鲁莽是一个"值得称赞的错误",不过。频繁的、不合时宜的大胆其实绝不是什么坏事,"它是一种茂盛的野草,但也说明那个地方土壤肥沃"(190)。只有大胆到了违抗军令的地步,才应该受到谴责(191)。

士兵有雄心抱负(ambition)也是值得称赞的。对荣耀的渴望是最强大、最持久的激情,它激励军人去战斗(105)。有些人冷嘲热讽"对荣誉的贪婪"或"对荣誉的渴望",克劳塞维茨对这些嘲笑不以为然。这些"崇高的抱负"或许会被滥用,但"在战争中,它们是根本性的生命气息,能动员无动于衷的民众。其他情感可能更普遍、更激烈,如爱国主义、理想主义、复仇和各种热情,但都无法替代对名声和荣誉的渴望"(105)。至于克劳塞维茨本人,我们也不能说他缺乏雄心。

勇气、大胆和雄心固然必要,不过要组建一支强大而成功的军队还需要更多。首先,纪律和训练是必不可少的。然而高标准严要求并不总能带来优势,因为"几乎所有欧洲国家的军队纪律和训练水平都大致相当"(186)。但纪律和训练也不能忽视,克劳塞维茨警告说,长期处在和平时期,军事精神会退步,战斗经验会缺乏,这使得训练和纪律变得更加重要。

士气高昂是第二项要求,也是领导者的责任。指挥官不能"被微妙的情绪所控制",要在他的部队中激发信任和献身精神,进而可以向他们提出更多要求(339)。"不管出于同情还是出于谨慎",他都应当奖励部下(339)。[83]食物的供应量也不应该基于"维持一个人生存最低标准之类的抽象计算"(331)。克劳塞维茨不同意"糟糕的食物对军队来说无关紧要"的观点,他认为弗里德里希大帝若能像拿破仑一样补给士兵,可能会取得更大成就(331)。然而,归根结底,物资供应的问题仍是次要的。克劳塞维茨同意并转引了拿破仑对给养问题的驳回:不要讨论吃饭问题(339)。同样,军队的健康也是次要问题,克劳塞维茨只是偶尔才提及。

真正拥有军事精神、铁的纪律和高昂士气的军人,将承受住巨大的困难和物质匮乏：

> 数以千计的士兵们衣衫褴褛，肩上扛着三四十磅的武器装备，在各种天气和各种道路上，连续跋涉数日，持续遭遇健康和生命的威胁，却连一块充饥的面包都没有，还有什么能比这更令人感动呢？(339)

克劳塞维茨观察到，这类事件频繁出现，而士兵们的"精神和力气"却常常并没有耗尽，这让人吃惊(339)。除了军事精神和士气，还有两个因素有助于解释这个现象，即军队打仗的原因和对困难的认知——"无论多么极端的艰难困苦，都必须视之为暂时状况，最终迎来的将是充裕甚至奢华"(339)。

特别是常备军，可以通过职业自豪感鼓舞他们。虽然他们可能拥有军事美德(military virtue)，但他们的精神首先是通过两种相互关联的经历来维系，即"一系列胜仗"与不太明显的"军队不断竭尽全力进而突破他们的极限"(189)。士兵们需要亲眼看到他们能取得的成就：

> 一个将军越是习惯于对他的士兵提出苛刻的要求，他就越能依赖士兵的反应。无论对于所克服的困难还是所面临的危险，士兵同样感到自豪。(189)

仅凭借专业技能，常备军可能是有效的，尤其是对阵其他国家的常备军时。但是，若没有真正的军事精神，那它最好保持在大规模作战，而且它很难分割成小的作战单位，当对手是武装的人民时常常有必要这么做(188)。[84]相比之下，从亚历山大统治下的马其顿军队，到波拿巴统治下的法国军队，这些历史上能征善战的伟大军队均依赖他们的军事精神(189)。这样一支军队在"最猛烈的不幸和失败中，甚至在和平时期的惰性中"，都能够存活，"至少存活一段时间"(189)。

战争的内核

尽管战争会随着时间和地点变换形式,但战争"必须包含某种更一般甚至是普遍的因素,这是每个理论家首先应该关注的"(593)。这个要素就是战斗:浴血奋战。战争的其他因素,如给养和后勤、日常管理和装备,都是次要的因素。此外,战斗既有物质层面,也有"精神"层面,且两者密不可分。作为战斗的战争也揭示了摩擦的不可避免性,摩擦有其生理和心理根源,影响着所有的战斗,并渗透到战争的各个层面。摩擦在战争中比在其他任何人类活动中起的作用都大。人们误以为"战争迷雾"这个术语是克劳塞维茨创造的,实际上克劳塞维茨从未使用过,但该术语的确捕捉到了战争的本质。

军队不是机器,而是人参与其中的社会组织。军事精神激励军队更好地战斗,激励它克服战争中的摩擦、危险和不确定性。需要把勇气和大胆、纪律和高昂的士气等个体性和集体性的素养融合起来。这将使一支军队能够忍受许多困难,并增加获胜的概率。和平时期固然可以做很多事情来创造某些必需的美德,但是只有战斗本身才能造就并真正考验军队的军事精神。

与他前后的许多军事家不同,克劳塞维茨选择了以人为本位的战争观。战斗是战争的核心,是由优缺点并存的人来实施的。一旦承认人的因素,围绕人的性质和重要性就会存在很大分歧。对克劳塞维茨来说,战争的心理因素复杂而关键,但并非难以捉摸、深不可测和完全无法分析。

8 作为竞赛的战争

任何措施都会对敌人产生影响,这一影响是行动的所有特殊性中最为独特的要素。(139)

[85]战争是战斗,但战斗需要一个目的,即打败一个用武力反抗的对手。战争中的战斗不同于动物之间的打斗或仪式性的打斗,它有明确的意图和具体的目标。战斗围绕——或者如克劳塞维茨所说,战斗应该围绕——这些目标来设计。当对手满足我们的愿望时,目标就达到了。因此,从第二个层面来看,战争是"迫使我们的敌人服从我们意愿的武力行为"(75)。

战争之外的竞赛

克劳塞维茨对战争的分析,始于这样一个描述:战争"不过是一场大规模的决斗"。① 他采用了各种类比隐喻来扩展这个概念。第一个类比是摔跤,出现在第一篇第 1 章第 1 小节。每个摔跤选手都用体力来摔倒对手,迫使对手认输。但摔跤与战争之间有明显区别。前者使用赤手空拳和体力,后者则动用成千上万的军队和大量武器,且持续时间很长,覆盖范围很大。在摔跤比赛中,每个参赛者只有获胜这一个想法;而在战争中,交战双方都由一群人和一个复杂的组织构成,战争中

---

① 克劳塞维茨的句子是 ein erweiterter Zweikampf。Zweikampf 一词被霍华德和帕雷特正确地翻译为"决斗"(75),但出于下文所说的原因,译成"竞赛"更贴近克劳塞维茨的意思。

的目标无限变化,它会随着交战者和战争过程的变化而变化。尽管存在这些差异,但两者毫无争议仍存在相似性。

首先,体力和心理均发挥作用。除了身体上的努力,无论多与少、好与坏,每个摔跤手都会思考,[86]会判断对手在做什么、在努力达到什么。每个摔跤手都在寻求"通过体力迫使对方屈服"(75)。尽管体力是主要手段,但选手的心态,如准备比赛,对胜利的渴望,这些心理因素也会发挥作用并渗透到整个比赛过程中。战争实际上是精神力量和体力的结合,"以身体为媒介来考验精神和身体的力量"(127)。

其次,克劳塞维茨的"摔跤"比喻说明了战争中互动的重要性。一名选手做出一个动作或假动作,接下来对方会有一系列的反制动作,这样比赛的过程会充满悬念并存在无限可能。战争是一种交互性的活动,其特点是"在危险情况下使用武力,经常与对手互动"(133)。战争从来不是"一个活着的力量对一个无生命群体的行动(对手若完全不抵抗,就不会有战争了),而是两种活的力量的碰撞"(77)。由此产生了重要的后果:交战者与摔跤手类似,他最好的策略取决于对手的实际动作和潜在的动作。同样,这种互动也是一种动力机制,它激励参赛者更加努力。

第三,都存在手段与目的的区分。摔跤运动员当下的目标是把对手摔倒在地。摔倒对手是手段,服从于打败对手这个目的。摔跤比赛的规则规定,将对手压在地上一段时间就是胜利。一旦发生这种情况,胜负就已经见分晓,比赛就结束了。克劳塞维茨有时会使用决斗来类比战争,决斗区分输赢的方式非常清楚:在决斗中,按照惯例和传统用剑刺伤对手即胜利。与之类似,战争中也有克劳塞维茨称之为目标(Ziel, goal)的中介性物理结果与战争的最终政治目的(Zweck, object)之分。后者对于理解战争必不可少,但原则上它并不属于战争作为竞赛这一概念。在战争内部,目标则"取代了目的(object),目的被丢在一边,因它并非战争本身的实际组成部分"(75)。

正如我们将会看到的,在战争中,目标和最终目的之间的关系比摔跤或决斗要复杂得多,尤其是因为战争缺少明确的规则。战争可以使用任何手段。如果摔跤运动员拿着枪进入赛场,比赛已经失去意义;如果决斗一方用火枪对阵用剑的对手,那就是谋杀。然而,战争没有这样的界限。敌对双方彼此施加各式暴力,甚至不分青红皂白地屠杀平民和战俘,[87]使竞赛无法结束。① 战争结束前会存在不同层次的暴力,但原则上暴力可以无限升级。就此而言,战争更像是一场酒吧中的斗殴,规则、参与者和旁观者都可能被扔出窗外。

克劳塞维茨还经常用法律来类比战争。例如,迫使对手决战,就像到更高一级法院提起诉讼,让法院来裁决输赢(99)。早期的胜利并不是战争的终点,因为有可能"在一个案件中赢了一审判决,但在上诉中败诉,最后还必须支付诉讼费"(597)。克劳塞维茨还将战争比作商业,因为商业"是人类利益和活动的冲突"。而且"它仍然更接近政治,反过来,政治也是一种更大层面的商业"(149)。在商业中,买方与卖方讨价还价,一旦达成一致,就会按照规定的程序进行交付。此外,信用体系是能让交易者完成结算的体系,它是贸易的基础。战争也是如此:

> 武力在战争中的作用类似于现金支付在商业中的地位,它适用于战争中的所有主要和次要的行动。无论双方的关系有多复杂,无论达成协议的几率有多低,它们都不会完全消失。(97)

这里的商业并不是今天包括信用和支票支付在内的现代银行体系。在克劳塞维茨的时代,银行体系运转的基石是现金流通。②

当然,归根结底,商业和摔跤不关乎生死。决斗有时可能会死人,但它本质上是小规模的、私人性的。克劳塞维茨认为战争独特性在于"通过流血的方式来解决重大的利益冲突"(149)。战争可能在很多重

---

① Walzer, 1978, p. 25n.
② Hepp, 1978a, p. 403.

要的方面与其他竞赛类似,但其独特之处在于为了政治目的而大规模流血。

向极端升级

敌对双方都尝试用武力方式迫使对方服从自己的意志,克劳塞维茨相信双方的互动(Wechselwirkung)原则上可能会带来更大程度的暴力。有三种要素可能会推动暴力升级:

- 一旦引入武力,其使用在逻辑上就没有极限(logicallimit);
- [88]战争双方都害怕被对手打败;
- 战争双方都觉得必须赶上对手或比对手更努力。

三种因素的交互作用,造成了战争不断升级而走向"极端"(77)。

第一种形式的交互作用仅仅是双方暴力冲突的条件。双方可能选择使用任何手段:

> 战争是一种武力行为,且武力的使用在逻辑上没有极限。因此,每一方都迫使其对手紧随其后。从理论上讲,一种争夺先机的交互性行动,一旦开始就会走向极端。(77)

理性或道德考量不一定能限制暴力的使用:

> 最大限度地使用武力与使用理性,二者是兼容的。如果一方毫无顾忌地使用武力,不怕流血,而另一方保持理性克制,前者将占上风。一方将迫使另一方效仿;每一方都会驱使对手走向极端。(75–76)

面对敌人无所不用其极的暴力,己方很容易输掉战争,因此战争中的任何一方都不敢说战争中保持克制是安全的。

第二种形式的交互作用,其出现的原因是双方都试图将对方置于一种无法反抗的境地:

> 如果你想通过开战迫使敌人屈服,那你必须让他的确失去抵抗能力,或者让它处在可能丧失防御能力的境遇之中。(77)

战争进行之时,双方都害怕自己因为吃败仗或被解除武装而处在这样的境地:

> 只要我没有打败我的对手,我就会害怕被他打败。所以我无法控制整个局面,他对我的命令和我对他的命令一样多。(77)

双方都想让对方处在屈服投降的境地。克劳塞维茨认为,每一方都有个[89]临界点,过了临界点,他就会放弃抵抗,服从对方的要求。①

把战争真正推向极端的第三个压力,在于双方都明白对方的投入水平。双方都用"可使用的全部工具和精神力量这两个无法分割的要素"来衡量对手的实力(77)。一旦完成对对手的准确评估,

> 你就可以做出相应的调整,也就是说,你可以增加兵力,直到超过敌人,或者,如果这超出了你的能力范围,你可以尽你最大的努力。可是敌人也会这么做。竞争会再次出现,从纯理论上来说,这必然再次迫使双方走向极端化。(77)

在《战争论》的第八篇,克劳塞维茨做了进一步阐述:

> 因为在战争中,用力太小会导致失败甚至损害自己的有生力量,所以双方都被迫超越对手,这就形成了一种交互作用。
>
> 这样的交互作用会导致双方的努力都走向最大化——如果最大化可加以界定的话。(585)

---

① Gallie,1991,p. 63.

因此,每位交战者都不想自己的实力逊于对手,这驱动他们依据敌人的努力程度而备战。所以,将军必须"从一开始就做出判断:对手是否愿意并且能够通过更强有力、更果断的措施超越他"(517)。他绝不能忘了,对手可以在任何时候通过寻求一场大战,来选择向"武力这个最高法庭"上诉。因此,敌人的选择会"迫使我们违背自身意愿去做同样的事"(98-99)。

战争的两种类型

就像德文"向极端升级"(Steigerung bis zum Äußersten)所揭示的,战争是一场不限价的暴力拍卖会。理论上,"趋向极端"是常态,不可避免。它是战争的"自然趋势",但这只限于在"哲学或严格的逻辑意义上才成立"(88)。现实中,包括摩擦和政治在内的很多因素限制了战争,因此很多战争并未落入极端化。在某些历史阶段,连"趋向极端"的观念都不存在。在18世纪的欧洲,每个国家[90]都可用"数字和时间来估量对手的潜在实力",战争变成可预测的,因此

> 战争趋向极端的趋势,以及随之而来的一系列不确定性这一最危险的特性被消除,之后……暴力极端化的威胁已免除,走向极端也就没有必要了。(589-590)

这给克劳塞维茨提出了另一个问题。当战争缺少强度、缺少升级的潜能后,它与那些为争夺欧洲控制权的大战还一样吗?或许存在两种完全不同的暴力冲突?

克劳塞维茨早期(1804年)写过一篇讨论战略的论文,文中他确定了战争的两种政治目标:要么彻底打败对手,要么充分削弱对手从而让其接受任何条件。在每一种情况下,当务之急都是削弱对手的抵抗能力,直到对手无法反抗或者继续打下去会存在巨大风险。这两种状态

下,军事上都需要全力以赴。① 在这时的克劳塞维茨眼中,缺少决战热情和紧迫性的战争很难算作战争。

在《战争论》某些未修改的部分,克劳塞维茨称呼这些战争为不纯(mongrel affairs)或半吊子(hanbdinge)的战争。少了生死攸关的重大决策,战争就降格为"温顺的和半心半意的事情",军队十分之九的时间里"无所事事"。军事行动"沦为无关紧要的消磨时间,变成半认真半开玩笑的小打小闹"(218)。"真正战争的敌对精神"受到限制,本应是"赌注高昂的赌博,却变成了微妙的斤斤计较和讨价还价"(218)。

战争的目标广泛而多样,并不是所有目标都需要全力以赴去争取,这一观念在《战争论》中讨论防御的第六篇的中间部分首先得到清晰的阐述。② 在讨论山地防御时,克劳塞维茨问道:抵抗"是相对的还是绝对的?是意味着只持续一段时间呢,还是以一种明确的胜利结束"?他总结说,"山地天然适合运用第一种防御",它使防御者能够拖延、骚扰进攻者,让其筋疲力尽(419)。克劳塞维茨承认,这些消极目标会影响战争的激烈程度。

这种有限战争同样可以用在进攻上。一个进攻性的国家,其目标可能只是获得"一个省、一块领土、[91]一座要塞等等。保留或者交换其中的任何一项可能都在谈判上具有政治价值"(526)。这种战争不寻求明确的决断,其目标是在谈判中占据有利位置或确保优势。竞赛更多是"处于戒备(observation)状态,而不是生死搏斗"(488)。克劳塞维茨一度瞧不起这种战争。进攻者不寻求决断,就像"游手好闲者一样,在战场上闲逛,并利用偶尔出现的讨价还价获取利益"(501)。

然而,到1827年,克劳塞维茨接受了这一观念,即政治因素导致了两种真正战争形式的存在。这种区别可以说是"事实问题"(a matter-of-factualfactor)。两者都可称为"战争",但"要时刻记住,两种战争的目

---

① 'Strategie aus dem Jahr 1804', Hahlweg (ed.), 1979, pp. 20–21.

② Howard, 1983, p. 47.

标大相径庭,它们之间存在不可调和之处"(1827 年 6 月 10 日笔记,第 69 页)。两种战争的关键区别在于,战争目标是彻底打败对手,还是获得对对手的优势。一个"完全被决战的欲望支配",这种欲望如果不是双方的,至少一方会感受得到;另一个的目的则是保住位置和获得一些优势(488–489)。

国家不同于决斗和摔跤选手,国家可以自行决定比赛的性质。由此,政治目的就进入了战争大图景之中,必须接受其影响:

> 一旦承认政治目的对战争的影响——也是必须承认的——就没有什么能阻止这一影响;因此,我们同样必须愿意发动小型战争,其目的是恐吓敌人,进而为讨价还价赢得筹码。(604)

核心结论是:"只有这样看战争,战争的统一性(unity)才会再次显现;也只有到那时,我们才能看到所有战争的性质都相同。"(606)因此,在修改后的第一篇第 1 章中,克劳塞维茨毫无违和地接受"从灭绝型的战争到简单的武装侦察这些重要性和激烈程度各异的战争"(81)。

当然,存在一个"鸿沟,把消灭式战争即寻求政治生存的争斗,与一场因政治压力或因一个不再反映国家真正利益的联盟[92]而勉强宣战的战争分隔开来"(94)。但这两种类型的战争都是战争,而且都是"政治性"的战争:

> 只有当政治被视为并非源自对事情的正义理解,而是对武力的谨慎、狡猾甚至不诚实的回避时——政治通常正是如此——第二种类型的战争才可能看起来比第一种类型的战争更"政治"。(88)①

当然,实际的战争通常并不能完全归入一类或另一类范畴。虽然

---

① 亦见克劳塞维茨于 1827 年 12 月 22 日写给 Roeder 的信,"Gedanken zur Abwehr",Hahlweg (ed.),1979。

理论上两种战争之间存在清晰的边界,是"完全的对比,光谱的两端",但克劳塞维茨发现,对于卷入战争的人来说,"事情很难清晰地描绘","作为一个实际事件,战争通常介于……这些极端之间"(517)。

尽管如此,仍有某些因素会推动一场现有的战争变成一种或另一种类型。利害关系很大时,互动自然会将暴力推向更高层次。两国之间紧张的政治关系可能意味着"轻微的争吵会引发完全不相称的后果——真正的爆炸"(81)。同样,雄心勃勃的政策也会激发强烈的情感,使战争趋向其"抽象概念"(88)。如果政治上没有雄心抱负且战争的胜负无关大体,战争固有的摩擦和困难就会一起阻碍战事的升级。政府也会受到战略考量的限制:"如果我们的目标只是激发敌方和我们一样努力,那我们何必要付出如此大的努力?"(217)事实上,政府可能不知不觉地在激发而不是控制人们的情绪(88)。激情会褪去,资源会耗尽,政府则寄希望于突然发生什么好事而继续拖延着。"与此同时,战争就像一个苍白且虚弱的人,拖着步子向前走"(604)。

克劳塞维茨认为,目标有限的战争数量更多,可能每 50 场战争中有 49 场。① 一旦考虑到政治目标、摩擦的限制、战略考量和有限的资源,作为竞赛的战争趋向极端便不再是天然和不可避免的。相反,克劳塞维茨的主要任务是理解少数克服了自然束缚的竞赛式战争。

决定竞赛的结果

战争是竞赛这一观念引发了一个问题:胜负如何判定?判定一方获胜、[93]另一方失败的标准是什么?某些个体之间的暴力打斗,如打架、街头斗殴、抢劫和袭击,其结果很容易判断。小偷在街上打倒了一个人,他可以从受害者钱包里拿走他想要的钱。② 这个目标的实现

---

① 'Gedanken zur Abwehr', Hahlweg (ed.), 1979, pp. 497–498.
② 关于国家中的这种观念见 Gallie, 1988, p. 22。

是体力上的结果引发的直接后果：小偷从昏迷的受害者身上拿走了钱包。这是个人意志的执行，简单直接。同样，克劳塞维茨看到，入侵者也更喜欢占领不反抗的国家。

从犯罪者开始伤害受害人并强迫他交出财物的行为中，可以看到解决冲突的另一种方式。该方式需要受害方一定程度的合作——尽管是在胁迫下，这样就有一个心理因素进来起作用。以保护受害者为条件而勒索钱财，这一手段将罪犯和受害者之间的关系变得更复杂。在这种胁迫情况下，受害者决定在压力下合作，因为担心不让步会导致更多的痛苦甚至毁灭。战争通常就是寻求这种强制(coercive)关系，即不情愿地接受对手的要求。

第三类结束冲突的方式在摔跤或决斗等运动中比较突出，克劳塞维茨也曾使用二者来类比战争。赢的一方和输的一方都由"游戏的规则"决定，不管是像摔跤运动中的那种明确的规则，还是像决斗中的那种不成文规则——后者与战争的相关性更强。例如，在决斗中，受伤可按照规则结束决斗，双方的荣誉感都得到满足。同样，在战争中，流血，大规模的流血，具有特别的意义，有助于建立某种观念，即战争伤亡为政治妥协提供了理由。

达成目标的三种方式，即强制(enforcement)、胁迫(coercion)和约定(convention)，都可以在克劳塞维茨的思想中找到。实践中三者交织在一起，分析时则可以分开对待。重点是如何将军事结果转化为政治后果，通过军事目标(Ziel)如何达到政治目的(Zweck)。

(1) 作为强制(enforcement)的战争

胜利者在肉体上摧毁敌人，从而可以把任何想要的结果强加给失败者，这种战争观念非常流行。战争是"强迫对手服从于我们的意志的行为"这一概念，就是该观念的明显体现(75)。"为了实现这个目标[94]，我们必须让敌人无力反抗（无能为力或无防御能力）；理论上讲，这才是战争的真正目标(75)。特别是，必须毁灭敌人的军事力量——具体就是指让敌人无法继续战斗",让占领国无法集结新的部队(90)。

这种全胜似乎带有"战争自身的强制力"。① 就像摔跤手"无力继续抵抗"(75),敌人别无选择,只能服从我们的意愿。因此,理论上,任何事情都受武力这个最高法则支配(99)。但是,克劳塞维茨意识到,纯粹的强制只是一种理想状态,现实中几乎无法实现。完全摧毁敌人,这很难(从长远看也不明智)。敌人的力量无法完全消灭,敌人和战斗意志也会持续下去:

> 即使在失败后,也总是存在出现转机的可能。或通过发展新的内部力量源泉,或通过进攻在时间中自然趋于钝化,或通过国外来的帮助……精神世界的自然法则是,一个发现自己濒临深渊的国家,会试图以任何方式自我拯救。(483)

因此,绝大多数战争并不会达成最简单的物理征服,屈服(compliance)因素变得必不可少。

(2)作为胁迫(coercion)的战争

战争需要某种程度的服从,这就让战争变成了影响对手的物质能力和心理状态的博弈过程。战争变成了用威胁(有时是通过承诺)来胁迫,而不是简单的解除武装或毁灭。既有的损失,以及会有更大损失的威胁,可以引诱敌人做出让步:

> 要想胁迫敌人,你就必须把他置于比你要求他做出的牺牲更令人不快的境地。(77)

施加伤害或威胁施加伤害不只是摧毁对手的能力,还包括胁迫他

---

① Scarry,1985,p. 101.

的思想。事实上,大多数战争都结束于物理强制之前:

> 解除敌人武装这个目的(抽象意义上的战争目标,是实现战争政治目的的终极手段……)在实践中其实并不总是达到,[95] 也并非完全实现这一目的才能获得和平。理论无论出于什么理由,都不应该把实现这一目的抬高到法则(law)的水平。许多条约在敌对中的一方可称为无能为力之前就已经缔结了。(91)

然而,总是存在对手拒绝威慑的可能性,攻击者必须决定是否将战争升级到强制性战争的程度。

(3)作为约定(convention)的战争

约定乃是连接军事行动与政治结果的第三种方式。战争中的"游戏规则"之一是,输赢双方都承认军事胜利方享有某些特权。① 古希腊发展出了这样一种观念,战斗结束后占领战场者即算胜利,而军事胜利应该带来政治后果。② 因此,城邦国家间用几个小时激烈的血肉交锋来解决纠纷。类似地,中世纪的习俗规定连续三天占领战场的一方获胜并享有相关特权。③

克劳塞维茨认为,直到17世纪末,武力都是解决纷争的一种象征性手段(symbolicmeans)。当时战争被看成是"更强的外交形式,更有力的谈判手段,而决战和围城是主要的交易筹码"(590)。与体育比赛一样,胜负由共同接受的规则决定。这些约定俗成的规则"不必要地限制了作战的许多方面",特别是在战场上对胜利的利用(265)。只有像马尔伯勒和弗里德里希大帝这样的杰出将领,才能通过凶猛的追击来

---

① Walzer,1978,pp. 24 – 25. 然而沃尔泽(Walzer)认为克劳塞维茨否定了习俗的约定这一要素,p. 25n。这一判断只有就绝对战争而言才是事实。

② Hanson,1989,ch. 2.

③ van Creveld,1991b,p. 423.

宣告他们的胜利(266)。对大多数指挥官来说：

> 与胜利相关的荣誉才是关键所在……一旦做出决定，人们当然会停止战斗；进一步的流血被视为不必要的残忍。(265)

有限战争这种用来解决冲突的方法很难无限使用。正如法国在1789年后所证明的那样，"这种伪哲学并不是做出战争决策的全部基础"(265)。

然而，在许多战争中，尤其是在那些目标有限的战争中，常会出现惯例这一要素。一些战争的军事目标与政治目标是一致的——克劳塞维茨举了为控制一个省而发动战争的例子。[96]但在大多数战争中，政治目标很复杂，不能等同于简单的军事目标或单独的武装冲突。然后，各国必须或明确或含蓄地同意，军事对抗或一系列对抗"服务于政治目的，并在和平谈判中充当政治目的的象征"。当公众情绪未被激起且利害关系较小时，达成"替代"(Äquivalent)性的协议就比较容易(81)。这里的核心思想是，"放弃作战"应该等同于"放弃目标"(234)。

为什么各国要接受战争结果的约定(convention)？原因似乎比政治更为深刻。在人类社会中，有组织地伤害人的身体总是具有象征性和仪式性的意义。① 从人类祭祀到入会仪式，很多文化的仪式都包含流血，而且几乎所有文化都赋予战争中逝去的生命以特别的意义。这种象征性的元素有助于解释为什么共同体愿意在战争中牺牲年轻人，以及为什么它乐意接受战争结果。从这个角度来看，战争是一场竞赛，双方在竞赛中以杀戮和伤害来寻求"免受伤害"。② 克劳塞维茨并不探索战争的这个面相，但他将流血置于战争的中心地位并把战争解读为一种社会关系，则与此相符。

---

① Scarry,1985,尤其是第2章。
② Scarry,1985,p. 69. 16.

竞赛的概念

战争是竞赛,这一观念着眼于竞争性的互动,因为双方都在争夺优势或相对于对手的整体性优势。摔跤比赛的类比抓住了这一本质,阐明了克劳塞维茨为何强调战役中指挥官的角色——就好像"整个被称为战争的怪物实际上是个人之间的竞赛和决斗"(577)。摔跤类比让人们重视作为战争核心的交互性(reciprocity),以及随交战双方的互动而来的动态性。克劳塞维茨在他那个时代的战争中看到的,不仅是战争资源的扩张,还有交战各方之间更激烈的互动,以及相互的压力如何提高了双方的投入度。他是最早开始将战争看成竞赛,并分析"向极端升级"这一观念的作者。虽然没有像后来的战略家那样充分探索这一概念,但他为后来关于冲突升级的一般理论(a general theory of escalation)提供了基本框架。①

战争包括旨在获得全面胜利的战争和旨在取得零星优势的战争。但是,在体现雄心壮志和实力的战争与为克服摩擦而保持势头的战争之间,存在着一道自然的分水岭。[97]在实践中,大多数战争都是后一种战争,其中有两组与战争"抗衡的力量"(counterweight)限制着战争走向极端:(1)战争自身内部的抗衡力,如战斗中固有的摩擦,以及动态的竞赛,它可能抑制也可能刺激对手;(2)战争之外的因素,它们通常与战争的政治目的及当时的社会和政治状况相关(388)。

战争的目的就应该是其概念所隐含的——打败敌人。但"失败"到底意味着什么?(595)克劳塞维茨认识到,胜负是个复杂的过程,决出胜负的途径多种多样。强制(enforcement)似乎是首选,但很少出现一方完全征服另一方的情况。要获得军事上的胜利,通常需要从心理

---

① Gallie,1991,p. 50.

上胁迫(coercion)对手,把战争变成谈判过程,使对方在震慑胁迫下做出让步。约定(convention)的要素也可能存在,因为争议各方都承认武装冲突是他们的政治斗争在象征层面的等价物。简而言之,战争是一场竞赛,体现了两个国家之间复杂的物理、心理和社会关系。

9　作为政策工具的战争

> 战争并不遵从自身的法则,而必须把它看成其他某个整体的一部分,这个整体的名字就是"政策"。(606)

[98]从竞赛视角理解战争,是着眼于对手间的互动和最终结果如何达成。但克劳塞维茨还需要一个外部视角,来解释为什么冲突双方会全力以赴地投入这种竞赛。他认为,应该视战争为一种手段,它服从于国家为自身设定的政治目标。国家的目标不是取得竞赛胜利,而是胜利可以带来的东西。如果胜利就是战争的目标,战争就是一个自足的行动(an activity in itself),缺少更广泛的意义:

> 战争无法与政治生活(Verkehr)分开,每当我们将战争与政治割裂开来思考时,二者之间的很多联系就被破坏了,只留下一些无关紧要和没意义的东西。(605)

战争或许有自身的动力,但战争存在的理由(raison d'être)在战争之外:"战争有自己的语法,但没有自己的逻辑。"战争自身"无法自足",必须被视作"其他某个整体的一部分,这个整体的名字就是'政策'"(606)。

政策和政治

克劳塞维茨作品中使用的德语 Politik 一词,含义并不清晰,需要区分其中的两种含义。首先,第一层意思可能是"政策"(policy),即国家有意识地说明自己的目标,然后寻找各种手段实现目标。以此来看,战争是政策的仆人,政策"将战争中巨大的破坏性要素转变为纯粹的工具"(606)。[99]Politik 的第二层意思指政治(politics),即国家内部及国家间互动的总和。在这种语境下,"战争只是政治活动的一个分支……战争不是自足的"(605)。克劳塞维茨对政治的理解范围更广,他认为政治除了政治活动,还包括社会变革、经济关系和时代精神(后来的技术)。在此语境下,"政治"一词等同于"社会"。尽管政治与社会之间的区分是模糊的,但克劳塞维茨的要点很清晰:社会政治过程和制度既塑造了一般意义上的战争,也塑造了特殊意义上的政策。

因此,战争不只是政策的工具,还是与政治存在内在关联的活动。"战争不只是一种政策行为,还是真正的政治工具,是政治活动通过其他方式的延续"(87)。这两种视角都很重要,各自都发挥了一定功能。政策反映了一个国家特殊的利益和特质,包含着某种选择或主观性的要素,无论它受到多少环境的限制。而政治更多关乎客观要素,像权力均衡、可用资源、政府性质等之类的政治和社会条件,这些会限制政策的选择,推动政策向某个方向发展。

> 对手如何选择目标和使用资源会受到他所处位置的具体特点的限制,但他们也会服从于时代精神和时代的普遍特点。(594)

这层含义的政治有助于解释为什么过去的战争本质上是有限战争,而在克劳塞维茨的时代战争已经变成极大规模的破坏。

至于在克劳塞维茨眼中主观视角与客观视角谁优先,向来有很多争论。① 但若认为一方总是支配另一方,那就违背了他通常的观点。所有的要素都需要得到理解。对克劳塞维茨而言,战争是"一种特殊形式的决斗",因为战争的基础不只是

> 彼此渴望战斗的意愿或欲望,还有战争需要达到的目的。那

---

① Hepp,1978a,pp. 411 – 412,415 – 416.

些目的总是属于更大规模的整体,而由于被视为单个冲突的战争本身也受政治目标和一些本身属于更大整全的条件所支配,就更是如此。(245)

[100]本节分析克劳塞维茨将战争视作政策工具的思想。在下一节,我们将讨论作为政治和社会环境产物的战争。

观念的发展

战争是政策的工具,这一理念与克劳塞维茨的关联最为紧密,但它也是18世纪比较常见的观念。① 很多战略作家已经认识到战争与政治间的某些联系。普鲁士将军弗里德里希·冯·洛索(Friedrich von Lossau)曾表达了类似的想法:战争是国家以暴力方式来达成以和平方式达不到的对外目标。②"政治战略与军事战略的关系,就像军事战略与战术的关系",布洛的这一表述过于简单,但促使克劳塞维茨发展出了他的经典定义。③ 有些人质疑这个概念的用处。修订过沙恩霍斯特《军官手册》(1817—1818)的编者认为"战争……总是有某种终极的政治目的",但他没有继续展开这一想法。④

早在撰写战争相关论述之初,克劳塞维茨就坚信战争和政策存在关联,尽管这种关联的性质有待确定。他早期的思想,例如1804年写的《论战略》一文专注于军事活动的重要性、战役的决断性和指挥官的角色。在文中,政策按照军事律令行事,即必须摧毁敌人的有生力量和抵抗意志。目标有限并不意味着战事程度的有限。但随着时间的推

---

① Duffy,1987,p. 154.
② Cited Gat,1989,p. 242.
③ Paret,1976,p. 94.
④ Cited Paret,1976,p. 315.

移,克劳塞维茨渐渐开始重视政策的作用。① 起初的改变是,他要求指挥官尽可能地协调军事与政治强制之间的关系,两者均不具有优先性。后来,他认为政策优先,政策应排在战争之前而不是之上。

到1827年,克劳塞维茨已完全将战争的政治目的放在首位。政策不只决定战争的目标,还解释了战争演化的路径和战事的激烈程度。"战争的原始动机是政治目标,它决定了要实现的军事目标以及需要付出多大程度的努力。"(81)另外,政策会从内部深刻影响战争,并超越敌对目的:"军事行动演进的主线和被禁止的行动范围都由政治路线决定,政治路线将贯穿整个战争,并延伸进入随后的和平时期。此外没有别的可能,怎么可能有呢?"(605)战争被一只手牵着走,"这只手就是政策(policy)"。②

[101]战争是政策的工具或延续,这一观念在《战争论》中还有其他表述:

· "战争不过是政策以另一种方式的延续"(1827年6月10日笔记,69)。

· "所以,战争是一种政策行为"(87)。

· "政治目的才是目标,战争是实现目标的手段"(87)。

· "战争不应被视为一种自足的东西,而应该一直被视为政策的工具"(88)。

· "战争仅仅是政治交往的延续,是既有政治交往手段的增加"(605)。

· "再重复一次:战争是政策的工具。它必须服从政策的特性并按照政策的标准来评估"(610)。

以上表述有时被称作"公式"(formula),它包含以下重要要素。

---

① See Gallie,1978,pp. 50–51.

② 'Gedanken zur Abwehr', Hahlweg (ed.),1979,p. 498.

首先,诉诸战争是政策可用的额外工具,战争并未取代政策或降低政策的地位。克劳塞维茨的德文原文意思很清晰(翻译后不一定清晰),即使用武力不是代替政策,而是政策的补充。战争总是一种延续,而不是一种替代;是"用"(with,mit)另一种手段延续了政策,而不是政策"被"(by,durch)另一种手段所替代。① 战争有可能代替两国正式交往意义上的外交,但战争和外交都服从于政策。

> 所以,战争行为从其大致轮廓来看,是政策本身,它以剑代笔,但这种解释无法代替对战争自身法则的思考。(610)

诉诸战争仅仅是选择了"一种通过决战而不是发送外交文书的方式来实施的政策"(607)。对国家来说,战争只是"表达思想的另一种方式,是言说或写作的另一种形式"(605)。

第二,冲突之时外交仍然继续,政治关系依然存在。克劳塞维茨明确说道:

> 人们很容易假设,战争终止了政治交往,并进入一种没有法律制约、只服从自身法则的全新状态。
>
> 恰恰相反,我们认为战争不过是政治交往用另一种手段的延[102]续。我们之所以有意用"以另一种手段"这一表达,是因为我们也想清楚表明战争本身并不会终止政治交往,也不会把政治交往改变成变成某种全新的东西。本质上,不管采用什么手段,交往将继续存在。(605)

敌对双方间的政治交往不会结束,战争只是成了双方政治关系的一部分。

第三,这一公式并未区分战争在实践中是政策的延续,还是战争在

---

① King,1977,pp. 30 – 31.

理论上应该是政策的延续。按照定义,战争是政治的延续,是政治条件的结果,但在实践中,战争有可能不是政策的延续。克劳塞维茨知道,战争爆发之初可能并没有特定的目标,可能逃过了政府的控制或没有得到恰当的管理。他的意图很明确,国家应该把战争看成政策的工具。这样将分析和信条杂糅的做法符合当时的思维方式,后者并不截然区分"实然"(is)与"应然"(ought),就像现代哲学所要求的那样。克劳塞维茨认为,受中央集权化国家的发展和国家利益观念影响,政府会自然地将战争看成实现某种目的的手段。他像亚里士多德那样,关心的是物的天然潜能(natural potential)或物的目的(telos)。依其本性,国家可以而且应该将战争变成它的工具。

发动战争

战争的直接起源是一些政策问题:

> 当所有国家——所有民族,尤其是文明民族——发动战争时,其原因常常源自某些政治情境,而政治情境多源自某些政治目标。所以,战争是一种政策行为。(86–87)

然而,只有在一国采取行动反抗另一国时,事实上的战争才算开始。进攻者天然地更喜欢对方束手就擒:

> 进攻者是天然的和平爱好者(就像拿破仑一直宣称的那样),他更喜欢不费一兵一卒占领整个国家。为了防止他这么做,我们必须愿意战斗且为战斗做好准备。(370)

[103]因此,实际上是防御方发起了战争,"防御方最先发起了真正符合战争概念的行动"(377)。

本质上,战争的概念并非伴随着进攻而来,因为进攻的终极目

标不是作战,而是占有。战争的概念源自防御,因为它将战斗看成直接目标。(377)

用政治术语来理解,战争中一个国家寻求改变,另一个国家则捍卫既有的地位。"从政治上来看,只可能有一方是进攻者;假如双方都尝试自卫,战争也就不存在了"(216)。所以,"弱者,那些很可能需要防守的人,才应该随时武装起来以免被人征服"(370)。简言之,"战争从属于防御者的目的,而不是进攻者的"(370)。需要明确的是,"进攻者"一词在克劳塞维茨的年代还没有法律和道德上的贬义。

战争作为政策的工具,包含从最大规模的暴力到最微不足道的武力暗示各种类型:

> 要用双手和全身力量才能举起只作致命一击的可怕的重剑,变成了最轻便的长剑,有时甚至变成了仅仅适于刺戳、佯攻和格挡的不伤人的花剑。(606)

像"消灭型的战争"这类重大目标,自然需要付出巨大努力,但当利害关系不大时,"简单的武装侦察"就足够了(81)。然而,不管其中利害多大,战争都应该被视为政治的工具。第一种情况下,重要的是一个国家有能力准确决定是主动宣战还是被动应战。国家领袖会误判形势,尤其可能低估实现目标需要付出的努力,这都很常见。这可能造成灾难性的影响,但也很常见。

例如,克劳塞维茨同时代的政治领导人就未认识到与法国作战的本质:

> 政府有祸了,它依赖的是半心半意的政治和受限制的军事政策,而它面对的敌人却像未经驯服的自然,只知挥洒自己的强力,没有任何规则。(219)

然而,还可以提出一些解释。既然大多数的战争都是有限战争,人们也就很自然地假设战争会遵循过去的类型,接下来的仍然是[104]有限战争(501)。普鲁士和奥地利在对抗法国时简单地认为,他们那时需要的是"外交式战争"(519),政治领导人的思维也局限于以有限目标为诉求的有限战争范式。

战争的这种变革本会带来思考战争的新方式。在1805、1806、1809年,人们本可以认识到总体的毁灭是可能的——这一点其实就在他们眼前明摆着……然而,他们没能充分改变心态……他们之所以失败,是因为战争的变革尚未被历史充分地揭示出来。(583–584)

他们没有察觉到关于战争新潜力的迹象,而选择了"习惯性的方式"去回应,这明显是政治判断上的失误(609)。

克劳塞维茨提出一个问题:从单纯的军事视角去看战争,能让人找出并纠正这些错误吗?答案很明显:不能。一位"深思熟虑的战略家"或许可以理解各种事件甚至预见其影响,但"单纯依靠他的推理行事是根本不可能的"(609)。制定政策除了需要军事分析外,还需要政治抉择。

直到政治家们至少感受到在法国出现的战争的本质,并意识到当时欧洲已经出现了新的政治形势,他们才能预见到这些可能会对战争造成的广泛影响;而且只有这样,他们才能领会必须动用何等规模的手段以及如何最好地运用这些手段。(609)

政治误判同样可以解释如下事实:战争可能由某些缺少足够军事实力的国家发动。按照理性这不可能发生,但现实中却真实存在(91)。

控制工具

战争作为一种政策工具,除了服从政治目标外,还要服从政策制定者的掌控。理想状态下,战争可以对政策的任何要求做出及时而彻底的回应,同时战争作为被动的工具,还不能影响目标的设定。可是,激烈的动态对抗让这只能存在于单纯的理论层面。在实践中,[105]无论任何时候要控制战争,都需要持续的警醒和努力,因为暴力绝不是一种惰性元素。

> 因此,政策将会渗透到所有的军事行动中,并在后者的暴力性质所允许的范围内持续地影响后者。(87)

因此,战争不但是一个钝的工具,还是不稳定的工具,任何时候若要诉诸战争,都必须考虑到这一点。

第一,克劳塞维茨认为战争是复杂的,国家不能自以为可以预知战争的过程和结果:

> 战争的暴力不是那种一次性的爆炸,而是无法同步或达到同一标准的各种力量的效果。(87)

要想准确评估一场战争将如何变化,不能只凭"严格且有方法的研究",还需要"天才的直觉"。这种天才的直觉有赖于各种复杂的要素,包括力量对比、可用资源、相关民族的特性、军队的精神气质以及"其他国家的政治同情以及战争对这些国家可能造成的影响"(586)。"波拿巴说牛顿自己也会在战争可能提出的代数问题面前望而却步,这句话很对"(586)。

第二,政府必须考虑一个事实,即战争有自己的动力机制,它会影响甚至改变战争开始时设定的目标。战争不是一次性的决定,而是一系列决定,每个决定都会受到之前决定的限制。尽管战争最初的目标必须牢记不忘,

> 但这并不意味着政治目标是专断的。政治目标需要调整自己以适应它所选择的手段,在这个过程中政治目标可能会发生剧变。(87)

再次重申,

> 最初的政治目的在战争中可能变化很大,可能最后完全改变,因为它会受到事件及其可能后果的影响。(92)

[106]在一部关于1799年战役的作品中,克劳塞维茨清晰描述了战争中手段和目的的相互依存:

> 在战争中,目的和手段之间持久的交互关系胜于其他任何领域。不管政治目的多么有效地指明了事件最初的方向,战争这种手段都绝不能被视为死的工具。从战争的鲜活性中可以生发出一千种新的动机,它们可能比最初的政治考量更重要、更具主导性。①

克劳塞维茨已经看出了这里面的反馈现象,尽管他没有使用这个词。

第三,存在成本上升甚至超过收益的可能性。为了避免得不偿失,对手必须采取"如下原则:不投入过多兵力,不设置过高的目标,只要能够实现其政治目的便足矣"(585)。此时的风险在于"行动与政治要求间的整体比例失调"(585)。在此情形下,就需要改变政策,因为"手段不再与目的相匹配,在大多数情况下,竭尽全力赢得战争的政策会因引发国内问题而失败"(585)。

很有可能,"参战方消耗到一定程度后,就不再想打更昂贵的战争,而是想要寻求和平"(338)。然而,国家可不愿意承认力量已经耗尽,"这种事儿都是长期秘而不宣的,甚至有可能永远保密"(388)。政府必须向世界给出其他看起来更可信的理由,来解释为何要放弃战争。

---

① Cited Paret, 1976, p. 338.

最后,战争作为一种政策工具可能会脱离政府的控制。例如,士兵们的情绪可能会"如此高昂,以至于很难用政治手段控制住"(88)。到了一定程度,政府会发现很难控制或终止敌对情绪,此时战争就不再是政策的工具。克劳塞维茨没有详细探讨这个观点,因为过多的讨论可能削弱他的核心观点,即战争可以而且应该是一种政策的工具。

批 评

[107]针对克劳塞维茨关于战争是政策的工具这一观点,存在很多批评。其中三种批评涉及战争与和平的区分问题。第一种批评,有人认为他漠然对待战争的残酷性。比如,沃尔泽认为,他忽视或严重低估了拿起这个充满暴力和杀戮的工具的意义。① 的确,克劳塞维茨几乎没有提到针对发动战争或战争行为的法律和道德限制,必要时他会平静地倡导全力以赴地使用武力,他还主张战争中讲人道主义绝对是危险的。然而,尽管他将暴力和杀戮置于战争的中心,可是他始终坚持战争不应该遵从自己的法则,而应该从属于政治目的。

第二,有人说这个公式模糊了战争与外交间的边界,把战争和外交一起放进决策者的工具库,并未很好地区分两者。例如,该公式把战争与相对温和的外交活动混为一谈,斯卡里(Scarry)发现其中存在某种花招。② 按此观点,公式将战争与外交的区别变成了技术性的事务,只是简单选择一个而不是另一个工具。克劳塞维茨的回应可能是,从对外政策的性质来看,战争和外交需要同时存在,任何有效的外交都需要武力做后盾。正如弗里德里希大帝说过的,外交如果少了武力,就像音乐没有了乐器。这并不是偏好武力,而是说武力必不可少。

第三,有些评论者认为克劳塞维茨太过欣然地求助于战争,甚至偏

---

① Walzer,1978,p. 79.
② Scarry,1985,p. 77.

好战争。例如,拉波波特(Rapoport)认为"很难从客观角度明确区分准备、意愿和渴望",某种程度上,政治会在心理上自我调适以顺应战争。① 的确,克劳塞维茨强调备战,而没有提到战争是国家最后和不得已的手段。但是,他的整个立场都在表明战争是危险的、代价高昂的事业,具有很大的不确定性。尽管战争是必要的可用工具,但在没有仔细权衡战争后果的情况下,还是不要发动战争。

第四种对克劳塞维茨公式更根本的批评是质疑其理性假设。用手段-目的来研究战争,也就假定了某种程度的理性,这在实践中是不太可能的——认为理性可以控制政治,这是一种典型的[108]自由主义或乌托邦式的信念。② 克劳塞维茨当然认为理性在战争决策中起到重要作用:

> 战争以不同的速度向目标前进,但它总是持续足够长的时间,长到足以对目标施加影响,长到足以以这样或那样的方式改变它自己的进程——也就是说,长到足以始终服从一个更高智慧的行动。(87)

因此,战争是一种理性的事业,交战双方会权衡过去和未来的损失与收益:

> 因为战争不是无意义的激情行为,它受政治目标的控制。政治目标必须决定要付出多大和多久的牺牲。一旦努力的代价大于政治目标的价值,目标就必定被放弃,和平也必定随之到来。(92)

鉴于各种不确定性,克劳塞维茨认为,假设当战争不再划算时各国就有能力停止战争,这有点过于乐观了。在收益较低的战争中,"即使

---

① Rapoport,1968,pp. 411,77.
② Hepp,1978a,p. 417.

一方有能力继续下去,最微小的失败也足以让它停止战争"(91)。但在一场收益很高、激情高涨的战争中,这种假设确实很难成立。然而,克劳塞维茨不可能承认战争的目标可能会被战争推翻,因为这会"摧毁他关于战争是政策的手段而非反过来这一基本论点"。①

最后一个批评是,像小国遭遇大国的进攻这类战争,对小国而言乃是至关重要的,是为生存而战,因此若只把战争描述成服务于共同体"政策"的"工具",会存在误导。② 随着战争掌权并成为阶段性的政策,手段和目的融合在一起。为生存而战是否属于政策范畴甚或政治范畴,是个有争议的问题。无疑,克劳塞维茨认为纯粹受情感驱动、不包含任何政策因素的战争是很难想象的:

> 政治观点在发动战争这件事上完全不再有影响力,这几乎是不可想象的事,除非单纯的仇恨让所有的战争都变成了你死我活的搏斗。(607)

[109]克劳塞维茨暗示,即使一个卷入这种战争中的民族,也会有某种预定目标——无论目标是生存还是多么遥远的胜利——也都会有某种有组织的领导来守护这一目标。武装起来的爱国者可能只想作战,但他们的领袖会思考适合的手段和最终目标。

克劳塞维茨的现实主义

克劳塞维茨诉诸战争的观点似乎有些超然,只关心实用主义的计算,并未考虑国际法和国内法、公共舆论和民众的和平诉求等因素对外交政策的微妙限制。虽然他意识到战争中的风险和代价,但他似乎已经准备好面对这些。克劳塞维茨与他众多的批评者分歧的核心在于现

---

① Brodie,1976a, p. 647.
② Creveld,1997, pp. 19–20.

实主义信条:战争是执行国家政策的一种常见和必要的手段,国家必须准备好为追求自身利益而发动战争,战争一旦开始,就需要以做生意的方式运作。克劳塞维茨的思想预示了19世纪实证主义者的信条,后者认为关于战争与和平的决策是至高无上的主权国家的特权。如果说他对正义战争思想有所贡献,那他的贡献并不在于确立战争的正当性,而是在审慎的义务上,即国家有义务在决策时运用理性。

因为战争不像外科医生的手术刀,是纯粹被动的工具,而是复杂和不确定的,有许多固有的问题:很难评估成本和收益,存在非预期的后果,敌对升级会影响政治目标,可能付出了沉重代价但目标仍无法达成,等等。因此,必须仔细考虑发动战争的所有影响:

> 无人会发动一场战争,或毋宁说,没有哪个神智正常的人应该发动战争,除非他首先弄清楚这场战争要实现什么以及如何进行这场战争。前者是政治目标,后者是军事目标。(579)

另外,战争的可能性越大,就越需要审慎,"越需要不想好最后一步,就不迈出第一步"(584)。

克劳塞维茨说,战争应该是政策的继续。也就是说,考虑到审慎和国家利益,政治家应该把战争视作实现目的的手段,并尽可能地[110]依照理性行事(关于政治家的讨论见第17节)。因此,战争是政策的工具是一个应当追求的理想,要让战争服从于政治指引和理性控制来实现这一理想。正因为战争是一个危险且很难驾驭的工具,所以需要理论信条(doctrine)。参与战争的人是否真的把战争视为政策的工具,以及实践中是否成功实施,这很难说。事实是,战争有时并未以理性的方式进行,或者冲突过程中失控,对此克劳塞维茨表示遗憾。但这些真实存在的可能性恰恰强化而非弱化了这一理论信条存在的必要性。

10　纯粹战争和现实战争

但从抽象走向现实世界,整个事物看起来完全不同。(78)

[111]克劳塞维茨思考战争的三个视角,即分别作为战斗、竞赛和政策的战争,聚焦于人的行为对战争过程的影响:军人如何作战,将领如何实施战略,政治家如何推行政策。然而,战争还受到更大范围的背景的影响,包括国家内部和国家间政治的性质、政府形式、社会结构、国家经济、文明水平、军事制度和技术的发展等。这就是克劳塞维茨最综合、最全面的战争观——作为社会活动的战争。

为了阐明外部因素对战争的影响,他选择了当时德国思想界比较常用的方法,即用理想或纯粹的形式来定义某项活动,而不考虑非本质性因素的影响。一旦确立了纯粹的概念,就可以衡量那些影响和塑造现实活动的各种要素的影响。康德用此方法分析了包含理性在内的人类行为的各个方面,牛顿讨论天体运动的数学模型、亚当·斯密论述其"完美市场"(perfect market),也都采用了类似的方法。① 对克劳塞维茨而言,"纯粹战争"的概念是要用于确定现实中可能影响战争的多种不同因素。他把这一概念称为"绝对战争"(absoluter Krieg)。

绝对战争

用最纯粹的形式看战争,需要剥离所有次要因素,如士兵和指挥官、

---

①　韦伯的"理想型"也沿用了这一进路。

军队、战役、将军、政务家、政治社会背景等。必须从其剥离那些[112]常见的动力——摩擦、战略互动和政治目标。在这种战争中,没有人性的弱点,行动进展不会遇到障碍,计划都得以成功实施。所有战略计算事先都已经完成,战争开始时所有必需的资源都是现成的。武力的使用是一次性的活动,中间没有暂停,不需要等待更好的行动时机(79)。

克劳塞维茨认为绝对战争有三个要点,分别涉及战争的起源、过程和影响:

- "一种全然孤立的行为,突然出现,不是政治世界中先前事件引发的";
- "一次性的决定性行动,或一组同时发生的决定性行动";
- "决定本身是彻底而完全的,不受先前对它将引发的政治局势的任何估计所影响"(78)。

因此,绝对战争没有任何政治和社会背景,仿佛在没有野心、利益、历史或未来关切的抽象实体之间进行。它不考虑政策、预算、联盟、国内舆论或未来风向,不考虑这些因素可能改变或决定战争。既然不存在政策,战争也就不是政策的工具。它是一个自在之物(a thing in itself),是一次纯粹而完全的暴力冲突。

德语 absoluter Krieg 通常翻译为"绝对战争"(Absolute War)。它很容易且常常被误解为在鼓吹每场战争都应该勇猛且全力以赴。可是,克劳塞维茨提出这个概念是为理论家准备的,而不是为政客或将军准备的。更好的译法是"纯粹战争",这一术语指没有掺杂那些与战斗无关的考虑的战争,从而避免了"总体战争"的意思。克劳塞维茨有时用术语"战争的纯粹概念"(reiner Begriff des Krieges)(90)。他还用到 bloßer Begriff,翻译过来就是战争的"纯粹概念"(78)和"纯粹定义"(580)。

引起混淆另一个来源是《战争论》本身,因为克劳塞维茨曾花时间澄清过这个概念。他在第六篇第 28 章(这一章写作时间早于第一篇第

1章)第一次尝试性地使用了该术语,他写到"真正的战争或绝对战争,如果我们可以称呼它的话"(488-489)。克劳塞维茨经观察发现,拿破仑战争最具决定性和毁灭性,他不止一次忍不住将拿破仑时代的战争描述为绝对战争的实现。因此,战争"在波拿巴手中达到了它的绝对状态(absolute Gestalt)","我们目睹着战争已经实现了绝对完全的状态"(580)。

[113]然而,这让他落入两难境地。如果拿破仑的战争已经圆满,"那自亚历山大直到波拿巴时代打过的所有战争(除了罗马人的某些战役),我们怎么评价?"(580)它们只是低层次的战争?未来战争的暴力程度会不会更高?克劳塞维茨意识到,暴力和能量的实际水平并不是用来定义纯粹战争的标准。他总结说,即使是以最大的努力和暴力进行的战争,也不能与属于理论领域的抽象战争概念相匹配。因此,他可以毫无保留地断言"绝对的战争事实上从未实现过"(582)。在他所处的时代,战争只是"非常接近它真正的品格、它绝对的完全"。克劳塞维茨最终认为,绝对战争是一种"逻辑幻想"(logical fantasy),我们人类的头脑不可能屈服于这种幻想(78)。纯粹战争就是纯粹理论。

那么,为什么还要用这个概念?最明显的理由是方法论上需要。要理解战争,就必须理解它最纯粹的形式,不需考虑现实的限制:

> 在抽象思维的领域,思考不会停止,直到达到极端;自行运转的武力冲突,也只服从暴力自身的法则,不服从其他。(78)

因此,将"节制原则引入战争理论本身总是会导致逻辑上的荒谬"(76)。绝对战争就像温度标准上的绝对零度(Absolute Zero)。一些大的战争可能会接近纯粹形式,但理念与现实之间的差距总是存在。

该概念的第二项益处在于辅助发展出战争理论(见第14节)。现实战争越接近纯粹形式,战争的原则就越明显。

> 涉及重大胜负决断的战争不仅更简单,还更具有连贯性、更与

战争自身的本性相符、更客观、更服从于内在必然性的法则。(516)

因为在这样的战争中,人性的弱点更有可能被克服,战略互动不可能停滞,政治的复杂性和妥协所占的分量也较小。因此,拿破仑的诸战役虽然不是严格意义上纯粹战争,却"让我们更容易理解现代绝对战争的概念及其所有的毁灭性力量"(584)。相比之下,在较小规模的战争中,战争的内在逻辑则被各种迂回曲折、各种"通常不可理解[114]有时甚至令人震惊的特殊要素"所掩盖了(517)。

最重要的是,"绝对战争"这一概念阐明了现实中影响战争的种种因素:"从抽象概念走向现实世界,整件事情看起来将完全不同。"(78)克劳塞维茨确定了四类修正绝对战争的要素,每种要素宽泛地对应于他分析战争的四种视角。第一,发动战争的不是抽象的人,而是具体的人和组织:

> 这些人和组织并不完美且永远无法达到最佳。这些缺陷对双方都有影响,并因此变成了限制性的力量。(78)

因此,现实战争在每个层面都会受制于人的缺陷。原因很简单,"付出极度的努力与人性相悖"(80)。

第二,实际战争还需考量时间和人的筹划。动员军队需要时间,备战工作永远没有终点。战略互动本身绝不是同时性发生的,也不是单次的决定性行动,因为战争"包含多个连续性的行动,若观其来龙去脉,每种行动都会为接下来的行动提供参照标准"。的确,"那些可用资源以及资源利用本身的性质,决定了它们无法全部在同一时刻被使用"(79)。决策是延迟的,行动也不总是尽如人意。简言之,战争是艰苦的斗争,它通常缺少"能量"来"克服大众巨大的惯性"。这就解释了为什么实际的"战争不同于理论上它应然的样子,而是变成了某种不连贯和不完整的东西"(580)。

第三,战争也不是政策中的最后决定性要素:

就连战争的最终结果也并不总是被视为最后的结局。战败国往往只把战争结果看作一种暂时的损失,他们认为日后在某些政治条件下还可以找到补救的办法。(80)

因此,紧张局势会缓和,交战者会降低战事的程度。这让克劳塞维茨找到了修正绝对战争的最重要的因素——政治目标。

政治目标是战争最初的动机,它会决定要达成的军事目标和需要付出努力的程度。(81)

[115]"与战争相抗衡的力量弱化了战争的暴烈性",让战争无法达到绝对状态,其中政治是最重要的抗衡性力量(388)。同时,政治也是唯一偶尔可以把国家推向其绝对状态的力量。拿破仑正是靠着他的雄心壮志,再辅以激烈的社会政治变革,才得以将战争推向极限。

现实战争

克劳塞维茨还想抓住作为社会政治现象的现实战争的本质。他认为,战争在其最广泛意义上"是社会存在的一部分"(149)。像所有的人类活动一样,战争中既有非理性和无法控制的要素,也有服从于人的理性的要素,同时还有那些完全不可知的要素。这三种支配性倾向把战争变成了"令人惊叹的三位一体"(wunderliche Dreifaltigkeit),由以下三位组成:

· 激情(passion):仇恨和敌意,这会催生最原始的暴力,可视之为"盲目的本能力量";①

· 理性(reason):战争"作为政策工具的从属性,让它只从属于理性";

---

① 霍华德-帕雷特的译法混合了暴力、仇恨和敌对各种要素,而德语原文则暗示是仇恨和敌意引发了暴力。

・运气(chance):"偶然性和概率性的游戏,创造性精神可在其中自由翱翔"(89)。

这些要素以不同的排列组合存在于所有战争中:作为战争能量主要源泉的激情、作为国家实现战争目标之手段的理性(或好或坏),以及机会或运气的难以预料的影响。绝对战争中则缺乏这三种要素。

这三种可变因素让战争成了变色龙,但这种变化不是表面的,而是更深层的变化:"战争是一条真正的变色龙,它会慢慢地调整自己去适应特定环境。"激情、理性和机运就"像三部不同的法典,深深扎根于它们的主题,相互间的关系则千变万化"。为了理解战争,需要一种理论"在这三种趋势之间实现某种平衡,就像悬挂在三个磁铁中间的一个物体"。忽视三位一体中的任何一位,或在它们之间建立起某种固定关系,都是不可能的。任何这样的理论都"会与现实相冲突,到了一定程度,单凭这一点,理论会完全无用"(89)。

理性、激情和运气三种要素在所有重要的社会活动中都能找到,从爱情[116]到财富的创造,再到政治行动。这种三位一体并非克劳塞维茨的原创,最早可追溯到古希腊时期,它在他的同时代人中很流行,包括他的朋友、普鲁士政治家和外交官洪堡(1767—1837)在内。[①] 但克劳塞维茨将此概念最彻底地应用到战争中,虽然《战争论》并未详细讨论激情、理性和运气,但这些基础性的力量已渗透在他整部作品中。

(1)激情

克劳塞维茨看到战争和激情之间存在根本性联系:

> 如果战争是一种武力行为,情感就无法不牵涉其中。战争可能并不源自激情,但激情仍然会在一定程度上影响战争,其影响程

[①] Suganami,1997,p.409 提到辛格(J. David Singer)的论点,即所有社会事件都是由"某些确定性、随机性和自发性元素的串联"而导致的。

度并不取决于文明的水平,而是取决于冲突的获益有多大、冲突要持续多久。(76)

在大战中,激情可能是国家间仇恨的来源,会影响战争前后的关系,并自始至终强化这种敌对情绪。在某些情况下,和平时期的敌意也是如此强大,以至于微小的争端就可以引发大战:

> 两个民族间和两个国家间会有某种紧张关系,如此多的易燃物品,一次微小的争吵都会带来完全不成比例的效应,即真正的爆炸。(81)

冲突过程中很容易激发并进一步刺激对抗:

> 即使在一开始没有民族仇恨和敌意的地方,争战本身也会挑起敌对的情感;依照上级指令实施的暴力会激起报复行凶者的欲望……(138)

简言之,激情无法预测。因此,政策制定者必须理解他人的情绪反应是高度多变的,"同样的政治目标可能会引起不同民族的不同反应,甚至是同一民族在不同时间的不同反应"(81)。一旦情感被激起,就很难把战争作为政策的工具来控制住。

[117]这与文明程度无关。克劳塞维茨认为,野蛮民族"由激情支配,文明民族由理智主导",但"即使是文明程度最高的民族间,也可能因为相互间的仇恨而开火……认为文明民族之间的战争正逐渐脱离激情,仅仅是政府间的理性行为,这显然是一种幻象"(76)。克劳塞维茨观察到,他所处时代的战争"离不开民族间的仇视"(138)。激情是持续存在的动态要素,在它滋养战争的同时,战争也在反哺它。

(2)理性

尽管激情是战争中必不可少的要素,但仅凭仇恨还不足以引发战争。战争还需要将敌对的意图引向另一个团体,来疏导卷入其中的情感。

人们彼此争战通常是出于两种不同的动机:敌对情感和敌对意图。而敌对意图是普遍性要素,因此我们的定义便建基于此。如果没有敌对的意图,就连最野蛮、几乎完全本能性的仇恨激情,我们也无法想象其存在。(76)

还有一些战争中,敌对意图可能起着主导作用,尽管敌对情感也从未完全熄灭。无论哪种情况下,都是敌对意图这一要素,即渴望达到某个结果的欲望,为理性提供了一个立足点——尽管有时并不稳固。
在克劳塞维茨眼中,理性首先是一种状态,这时,人与他们健康的常识(gesunder Menschenverstand)一致。这种实践理性(practical reasoning)可在有判断力和理解力的领袖身上找到,克劳塞维茨认为它是宝贵且值得赞赏的素养。例如,他在讨论军事天才时写道:"总是渴望依照理性行动是人性尊严的一部分,是最高贵的骄傲和所有人最深处的需求。"(106)

在克劳塞维茨那里,理性的第二层含义是抽象理性或智力(intelligenz)。在此意义上,理性是连接目的和手段的桥梁。克劳塞维茨和后来的韦伯一样,认为理性指的是选择合适的手段去实现特定的目标,因此,克劳塞维茨可归入"行动社会学之缔造者"的行列。① 目标导向的理性,意味着要算计如何以最佳路径、用可行的手段去实现[118]既定目标,同时还要考虑自身行动的影响并预测对手的反应。如果没有一定程度这种意义上的理性要素,战略和外交政策就不会存在。

克劳塞维茨认为,文明国家虽然也可能被伟大的激情驱动,但还是更善于利用上述两种理性去影响战争。作为常识的理性可在充满潜在混乱的活动中创造秩序,帮助某种本质上残暴的行为变得高尚和尊贵。

---

① Aron,1972,p. 602.

作为智力的理性则为一种若无它便会毫无意义的行动设定目标。有限战争中,因为政策制定者和将军们可以对事态发展保有更大的控制权,所以理性往往起着更大的作用:

> 卷入的人口越少,国家内部及国与国之间的紧张程度越低,政治性的要求……就越具支配性并往往具有决定性。(81)

在一些重大的冲突中,理性必须与更加激烈的激情打交道,偶尔还会向激情让步。在两种类型的战争中,目标导向的理性都寻求让暴力服从于人的目标。

这与绝对战争的理论性案例形成对比,绝对战争中没有一个政策去驯服战争暴力,从而将它引向某个目的:

> 假如战争是一种完全的、不受限的、绝对的暴力展示(正如纯粹的概念所要求的),那么,就在政策使战争开始存在的那一刻,战争就会出于自己的独立意志篡夺政策的地位。然后,它将把政策赶下台,凭靠它自身本性的法则来统治一切。(87)

忠实于启蒙运动的理念,克劳塞维茨相信人可以在一定程度上掌控事件,相信理性可以且应该用于保证战争只是实现某种目的的手段,尽管这会遇到相反方向的很大压力,而且需要某些英雄般的努力。可是,如果仅凭理性,则无法提供战争的驱动力,也绝对无法充分地控制战争。

(3)运气

克劳塞维茨并未详细阐述战争中的激情和理性,但他常常对运气和概然性做出评论,并强调偶然性和不可知性赋予战争一种特殊品格:

> 只需再增加一个因素,战争就会变成赌博,这个因素就是运气。运气是战争中最不会缺乏的东西。没有任何其他人类活动

[119]如此持续和普遍地与运气绑在一起。通过运气这个要素,猜测和幸运在战争中占有重要位置。(85)

> 战争是运气存在的领域:没有任何其他活动可以给运气如此大的空间,其他活动不会如此不停和反复地与运气这个闯入者打交道。运气让所有事情变得更加不确定,并影响着事件的整个进程。(101)

为什么运气和不确定性在战争中扮演着如此重要的地位?克劳塞维茨指出了其中的客观和主观两种因素:作为复杂且动态的互动,战争自身是无法预测的,因为缺少足够和可靠的信息,理论无法预见战争演进的路径;另外,面对未知和不可知,决策者只能靠猜或预估,而这些未知之事对战争形态甚至战争的结果常常至关重要。

从行为主体的角度来看,运气也同样重要。士兵和将军们知道,他们是在快速变化且无法预测的情况中,在未掌握充足信息的条件下做决定,而这些决定可能带来重大的后果。做决定不只需要仔细的分析,还需要精神素养(moral qualities)。理性和计算固然有助于应对战争的不确定性,但还需要勇气来面对伴随其中的恐惧:

> 战争存在其中的元素就是危险。在危险时期,最高的精神品质无疑是勇气。尽管勇气与审慎的思虑可以完美兼容,但是两者又有不同,属于不同的精神力量。另一方面,勇敢、大胆、莽撞、迷信运气都是勇气的变体,所有这些品质特性都在寻求属于它们自身的元素:运气。(85 – 86)

所以,克劳塞维茨花费了相当大的心力来关注战争中的精神品质和必要的节制(参见第13节)。

运气给克劳塞维茨的理论带来了一些问题。他不能赋予运气太大的空间,否则诸如军队规模等物质因素,以及军队的士气和将领的军事天才等精神因素的空间就会大大被压缩。例如,将战役中的胜负完全交给运气,意味着"指挥官的个人作用,进而连他的责任都变得无关了"(167)。实际上,运气成分会被有能力的人压制,并受到勇敢之人的挑战。如果我们发现成功或失败在同一个人身上不断重复,我们就必须得出结论说,"战争中的运气比赌博中的运气含金量更高"(167)。

[120]运气既非恶意的,也非仁慈的。人或许可以对抗它,但绝不可能从战争中消除它:

> 从战争一开始,就存在多种可能性、或然性、好运气和坏运气的互动,它们交织在一起,贯穿战争这幅挂毯的各个角落。在所有的人类活动中,战争最像纸牌游戏。(86)

纸牌游戏并没有危险性,不过这个类比强调的是不确定性的重要。那些不相信不确定性的人认为,战争只需要理性和激情,战争的结果可以提前决定和知晓。在克劳塞维茨看来,运气就像马基雅维利所说的命运女神(fortuna),渗透在战争的各个层面。不管理性或激情承诺了何种确定性,运气使任何事情都不能被视为给定之事。

三位一体

理性、激情和运气的三位一体只在第一篇的第1章出现过,但其各种要素在《战争论》中到处都可以找到。理性是作为政策工具的战争概念的中心,对于区分目的和手段是必要的。激情给了战争原初的动力和最终目标。从作战到竞赛再到政策,运气渗透在战争的各个维度。克劳塞维茨总是更喜欢赋予抽象概念以更具体的形式,因此,他将三位一体中的三大要素与欧洲社会中的三种制度联系起来——人民、军队和政府;或与三大阶层联系起来——平民、武士阶层和统治阶层。但这种联系不是直接的。克劳塞维茨提出,激情"主要与人民相关",理性主要与政府相关,运气主要与指挥官和他的军队相关(89)。

激情是一种盲目的自然力量,因此首先与人民相关,但也并非人民所特有。民众的情感和民族间的敌意制造了彼此的仇恨并将这仇恨推向战争状态:"战争中需要点燃的激情必定已经内在于人民之中。"(89)理性主要与政府相关。政府设定战争的目标,决定所要使用的必要手段。克劳塞维茨并没有说,只有政治领袖才是理性的,也没有说政治领袖总是理性的。他公开批评君主将个人的荣誉置于国家需求之上,并含蓄地批评拿破仑放任个人政治野心[121],最后孤注一掷,变得疯狂。克劳塞维茨只是想指出,如果战争要成为政策的工具,那么政府与理性之间的必要关系在他看来是怎样的:"政治目的唯独是政府的事情"(89)。

运气和或然性是军队和指挥官的天然领地。指挥官评估或然性,并尝试利用好运气,士兵们则需要持续地处理战争中的不确定性和摩擦阻力。在此环境下,战争艺术需要创造性,也需要勇气和耐力:"在或然性和运气的王国里,勇气和天赋活动的范围取决于指挥官和军队的特殊品格。"(89)运气并非军人的专属,但军人的确最熟悉运气。

在尝试表述战争的过程中,克劳塞维茨承认,三位一体的各要素与国家诸要素之间的关联并不是排他性的。政府可能是非理性的政府,军队可能尽力避免不确定性,人民也可能对战争漠不关心。简单地把各种要素关联起来不是克劳塞维茨的思考方式。更令人满意的关系模式可通过引入另外三种概念来加以表述,这三种概念与克劳塞维茨思考战争的三个视角,即战斗、战略、政策息息相关。如此就有可能用各种三位一体的集成来描述战争各大要素、战争活动、国家制度三者之间的一系列关系(见图10.1)。

[122]在这个示意图中,战争的三种中心性的活动,战斗、战略和政策,可以分别描述为激情、理性和运气这三大基本要素中某两者之间的互动。而任何一个中心活动也都与国家三大建制中的某两个存在着首要的联系。

战斗是激情和运气间的互动。尽管不需要任何情感也可以作战,但对敌人的敌意是必需的。与此同时,运气渗透到战争暴力之中,影响

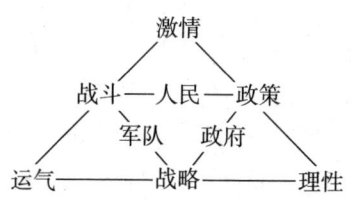

图10.1 众三位一体的三位一体(The Trinity of Trinities)

了冲突发生的路径。军队想通过有组织和训练有素的方式作战,人民也会通过制度性的形式参与作战。人民和军队都被激情驱动着,虽然可能随情境有程度上的不同,但双方都必须考虑运气问题。战斗依其本性是远离理性的,但政府通过战略和政策尝试控制战争暴力并为其设定目标。

梅尼克(Friedrich Meinecke)认为国家理由(德语的 Staatsräson 或法语的 raison d'état)存在于"冲动与理性之间的模糊地带",①与之类似,政策代表着理性和激情的混合。从制度视角来看,政策源自政府和人民间的互动。即使是独裁国家也要考虑民众的感受,民主国家则会考虑更多。理论上,由于政策只寻找某些逻辑性的关系,其目标是把战争置于控制之下,因此它远离运气;实践中,战争的不确定性则会持续闯入。

战略可视为理性与运气或与不确定性的妥协,战略尝试为战斗施加某种模式,以实现自身目标。战略与军队和政府相关:对军队而言,战略是战役中有效的领导和指挥的艺术;对政府来说,战略是政治家和外交政策的艺术。相反,人民因为缺少知识和必需的经验,无法直接参与战略或政治决策。理论上,战略离激情最远,它直接运用理性实现既定目标;但现实中,战略无法长时间忽略民众的激情或冷漠。

从制度的视角看,军队、政府和人民有各自独特的活动。在不确定

---

① Meinecke,1984,p. 7.

的环境下运用暴力和实施战略的能力是军队的特色技能。对政府而言，即使在实践中很难做到，它也必须把战略和政策[123]结合起来，让战争变成政策的工具。对人民而言，战争则意味着参与暴力，为国战斗和捐躯。不同政治制度下，民众对国家领导人及其政策的影响也大小不等。

克劳塞维茨并未明确提及图表中所示的关系，但他整体上是依照这种路径分析的。图表中所示的种种关系可以回应一些人对克劳塞维茨的批评，他们认为，克劳塞维茨将理性归于国家而将激情归于人民，是过于简单了。① 军队、人民、政府扮演着不同但却相互交织的角色。任何名副其实的战争，都会表明克劳塞维茨理论中基础性的三位一体（激情、理性和运气）与他所说的三种主要建制即政府、军队、人民之间的复杂互动。

一种属人的活动

克劳塞维茨把战争比作电流放电，这意味着实际战争并不像真空中两种"互相破坏的元素"之间的冲撞，而是"两种暂时分离的元素间的张力，在微小而间断的撞击中释放能量"。

> 但这种绝缘体，这一阻止两种元素完全放电的东西，到底是什么？……这个所讨论的障碍，就是受战争影响所导致的国家事务中的一系列要素、力量和条件。(579)

战争中的内在因素，以及那些与政治社会环境相关的外部要素，共

---

① 例如，帕雷特观察到，拿破仑的征服激情所占的分量，大于法国人民对欧洲其他国家人民的仇恨，同时在帝国的最后几年里，"常识，那种特别打动人的理性形式，更多地存留在厌战的人民当中，而不是在拿破仑身上"(1986a, p. 202)。亦见 Aron, 1983, p. 398。

同确保了现实中的战争无法达到其纯粹形式。一些战争比其他战争更接近战争的纯粹形式,借此我们可大致了解战争但永远不可能完全认识战争的理想形态。

绝对战争的幽灵一旦释放出来,就很难消除。许多读者认为克劳塞维茨是在劝人以最大的强度发动战争,他们有时赞美这种观点,有时指责它。克劳塞维茨早期对总体战争(all-out war)充满敬意,有时还说拿破仑已经完美实现了绝对战争,但他最终认为,纯粹战争观念是他所采用的一种理论装置,用以更好地理解现实战争的本质。绝对战争是为理论家而不是实践者准备的。设计绝对战争的概念是为了说明战争是一项需要放置在更加广阔的背景下才能理解的活动。

[124]与其他重要的人类活动类似,战争带有激情、理性和运气这些特质。它们是战争的底色,能够以无限多样的方式混合。其中每一样都是本质性的。只有理性,战争将会是思想游戏——"一种代数运算的战争"(76);只有激情,战争只是非理性生物间的打斗;只有运气,战争就变成了大自然中的事故。尽管战争是一条变色龙,一会像理性主义者,一会儿是浪漫主义者,一会又是听天由命者,但以上三种要素中任何一个都不可或缺。与克劳塞维茨同时代的理论家,有的寄希望于通过理性彻底消除战争,有的强调激情和战争中浪漫主义的和英雄式的德性,有人尝试通过数学计算减少战争中的偶然性。但是克劳塞维茨接纳甚至欢迎全部三种要素。理解实际战争的基点"不是战争的纯粹定义,而是为每种外来异物留出余地"。实际战争"必须考虑到自然惯性,组成部分之间的所有摩擦,人所有的反复无常、粗心和胆怯"(580)。

不过,如果说克劳塞维茨会把一种要素放置在更优先的位置,那就是理性。只有纯粹激情的战争漫无目的,也不包含任何运气的因素,战争因其本身的缘故被看重。纯粹基于运气的战争不留任何余地给手段和目的间的计算,也不留任何余地给政治领导和军事美德,战争变成了诸神之间的玩偶。只有理性,当激情鼓动人们去战斗而战争的复杂性导致运气入侵进来时,只有它提供了一种途径,使人可以理解战争并增强控制自身命运的能力。理性在克劳塞维茨的战争概念中并不是支配性的,但它是唯一为人类提供了如此前景的要素:在一定程度上控制战争,并为战争暴力找到某种意义。

第五章 战 略

11 战略的本质

每个重大的战略规划,其主要思路大体上都是政治性的。而且,这个战略规划越多应用到整个战场和整个国家,其主要思路的政治品质就越鲜明。①

[127]《战争论》用了很多篇幅关注战役和指挥官所面对的问题(从广义上讲,这相应于今天的作战战略)。战略问题比较复杂,因为战略既要处理自身层面的要素,也要持续不断地与士兵的作战以及国家领导人的政策互动。本节首先着眼于战略的一般特点,然后讨论支撑战略的一系列重要观念:

- 会战(battle)的意义
- 战争活动的三个层次:战术、战略和战争计划,三者之间的关系
- 重心的观念,该观念尝试将军事胜利与政治成功连接起来
- 寻求彻底击败对手的战争与寻求零散收益的战争的不同战略特点

接下来一节会讨论作战本身的动力机制。

战略的特点

当然,战略由更高层次的政策,即战争的目标所决定。每项战略计

---

① 'Gedanken zur Abwehr' (1827), Hahlweg (ed.), 1979, p. 495;译自 Paret, 1976, p. 379。

划的主要思路都反映了国家领导人的各种决定,涉及战争的政治目标、要承担的风险层级、承受的损失、投入的资源等等。[128]但是,战略本身首先且最重要的是与战斗(fighting)相关:"战略是武力的运用,其核心乃是交战(engagement)。"(227)如果没有战场上的胜利,就无法实现任何目标:"一切战略规划都只依赖于战术的成功……在所有情况下,这都是分出胜负的切实和根本性的基础"(386)。虽然有时不会出现会战(battle),但战略的焦点总是在于交战:"即使有时通过不流血的方式分出了胜负,结局归根结底还是由交战决定的,只不过那是些被提议过但并未事实上发生的交战"(386)。

然而,战略不能只依靠威胁。18世纪的欧洲人认为,战争是由机动突袭和位置所决定的不流血的竞赛,克劳塞维茨拒绝这一观点。按照此观点,会战仅仅是失算的结果。克劳塞维茨认为这是"病态的表现"(259)和幻象,会把统帅们带向失败(98)。统帅若相信战争可以通过不流血的方式进行,无论是出于误解还是仁慈,都应该被免职:"我们对那些不战而屈人之兵的将军不感兴趣。"(260)没有作战的军事成功只是例外,而不是像孙子所说的那样,是一种值得追求的理想战争形态。①

虽然战斗是战略的通货,但战略的定义性的特征在于,战略决策是在与对手的互动过程做出的。战斗很少是一次性的打击,而更多是一系列交战,之前的阶段都会对接下来的交战产生影响。② 最有效的战略有赖于将领正确评估其对手现在和未来的行动。所以,战略需要"巧妙安排交战的优先次序……的确,这就是战略的全部"(228)。在这个过程中,机会和不确定性构成了战役的特征,它比战术或政治层面带有更多的不确定性。在战术层面,不确定性可通过训练和规矩来应

---

① 关于真实和感知的差别,见 Handel,2001,ch. 11。
② 克劳塞维茨在1817年的一篇随笔"论前进和暂停"("On Progression and Pause")中提出了这一思想。Paret,1976,p. 377.

对。因此,会战很少由非预期因素决定而改变整体结果,这样的战斗只存在于"那些为失败寻找借口之人所讲述的故事中"(249)。在国家层面,不确定性也较少。长远来看,两国的资源和能力对比使得战争的结果不可能取决于运气和偶然。①

在战役中不确定性总是很高,如果双方兵力相近,不确定性的作用就更大。这意味着,战略中的

> 成功不能只归于一般原因。特殊因素常常发挥决定性的作用,具体细节只有身处其中的人才能了解……细小的运气和偶然事件可能决定事态的结果,它们如此细小以至于历史只能将其记载为趣闻轶事。(595)

[129]克劳塞维茨举了几个例子,表明一个不同的战略决定,或一次小规模作战的不同结果,也许就改变了一场战役的结果(595)。战略总是像赌博,最大的赌徒是拿破仑。在滑铁卢,

> 他把全部的剩余兵力押在了一场无法挽回的会战上。他花光了最后一分钱,然后像乞丐一样逃离了战场和他的帝国。(252)

克劳塞维茨认为这最后一赌"极其愚蠢"(252)。威灵顿公爵却没那么自信:"这真是大好事,是你一辈子都碰不到一次的最势均力敌的较量。"②

战略中的会战

《战争论》中一个较大的部分,即从第二篇到第五篇,写作都是基

---

① 因此,克劳塞维茨问法国能否打败一个欧洲联盟。在俄罗斯中立的情况下,拥有7500万人口的国家联盟可以在战场上投入72.5万军队,远超只有3000万人口的法国能做的任何事情。这种悬殊是确保法国战败的"主要考量因素"。(633)

② Horne,1996,p.375.

于一个假定,即每场战役的目标都是带来某种清晰明确的结果,且实现结果的最好方式就是在会战(battle)中击败敌人。因此,第四篇的第11章标题为"会战的用途",其中提出了一套"明确的声明":

1. 摧毁敌人的武力是战争的首要原则……
2. 摧毁敌人的武力通常通过战斗来完成。
3. 只有大规模的交战才可能带来大规模的成功。
4. 要实现最大的成功,就要将所有的交战汇聚成一场决战。(258)

简言之,对进攻者和防御者而言,"会战是最血腥的解决方案"(259)。这是克劳塞维茨的原话,他鼓吹作战和"摧毁性原则优先"是唯一真正的裁决胜负的手段(228)。

此外,一场决战(Hauptschlacht)是实现战争主要目标的"天然的和最好的"手段。"一般来说,通过避免会战的方式来逃避大决战自有恶报"(259)。事实上,当时的战争表明,"没有什么能阻止一位倾向于采取决战方式的统帅找到敌人并发起进攻"。所以,防御者要么应战,要么放弃阵地(246,545-546)。一场大决战可以——"或多或少地根据情况而定,但总可以在某种程度上——作为整个战役的暂定重心"(260)。克劳塞维茨承认,[130]只有在他那个时代的战局中,由一次会战决定整个战役的结果才变得"非常普通";而在此之前,由一场会战来确定整个战争的结果向来只是特殊情况(260)。

对于克劳塞维茨来说,"摧毁敌人的力量是最终目的的一部分",而且"必须永远是首要考虑"(228)。会战的重要性不仅体现在物质损失上,还体现在种种心理影响上。"每场交战都充满血腥和毁灭,考验着人的体力和心理承受力。谁最后剩下的越多,谁就是胜利者"(231)。克劳塞维茨认为,失败带来的心理沮丧非常重要,它"对战败者的心理影响要大于胜利者"(253)。一边精力充沛,一边却失去了精神力量。反过来,这又会带来更大的物质损失。因此,物质损失相当的会战,对失败者会带来大得多的影响。战败"杀死的不是敌人,而是敌人的精神"(259)。

会战是战略的核心——"以武力解决危机并渴望消灭敌人,此乃战争的长子"(99)。但克劳塞维茨慢慢认识到,很多战役中敌对双方可能都得不到明确的结果。因此在某些条件下需要避免会战:

> 如果政治目标很小,动机不强,紧张程度有限,一位审慎的将军可能会想方设法避免重大危险和决战行动,而利用对手政治和军事战略中的破绽,最终达成和平协议。(99)

如果这样一位将军正确地判断了形势,他不应该受到指责。然而,他"永远不能忘记他正在(湿滑)的道路上前进,战争之神可能会不知不觉中抓住他",因为对手总是可能以突然的压倒性力量攻击他。

《战争论》从未走出强调大型和决胜型会战的全面战争(all-out-war)精神,然而,公允的结论是,克劳塞维茨最终降低了会战在他的战争观中的中心地位。① 大多数民间人士或很多学术界人士在解释战争时都着眼于会战和交战。交战毫无疑问是战争的基础,但对克劳塞维茨而言,交战首先是统帅用来实现更大目标的一种手段。事实上,会战与其说由战术、作战单位和个人的技艺决定,不如说由外部因素所决定,[131]如军队的数量和部署,士兵的训练、纪律和士气,统帅的能力和他所选择的战略。② 与战斗本身相比,克劳塞维茨更关心这些与军事统帅和政治领导相关的要素。

战争的三个层次:战术、战略和战争计划

如果说战争服务于政治目标,并从属于理性计算,那么,战争中的各种复杂活动就必须在概念上统合起来。没有这样一个框架,战争就

---

① Gilbert,1981,p. 12.
② Paret,1976,p. 333.

分解成了互不相关的武装冲突。克劳塞维茨将战争分为战术、战略和战争计划三个层次(或者更准确地说,指挥的三个层次),这一区分简单却重要:

> 战术教导在作战中如何使用武力;战略是运用交战达到战争的目标。(128,177)
>
> 战争计划涵盖了战争的每一个方面,并把它们编织成一个单一的行动,该行动必须有一个单一的、最终的目标,用来融合所有特殊的目标。(579)①

三个层次按照目标等级关联起来,这一路径克劳塞维茨最早在1804年就开始采用了。② 与之形成对比,有些理论家则认为战术囊括了所有军事活动,包括军队的给养和训练。③ 布洛把"战术"定义为敌人视野范围之内的活动,"战略"则是敌人视野范围之外的活动。克劳塞维茨认为这些区分完全是"捏造的"(128)。比如琐碎的行政事务不可能仅仅因距离敌人远就成了战略。

克劳塞维茨的方法并非完全原创,却具备其他理论家所不具备的思想上的连贯性。本质上,战争的三个层次按照时间和空间来定位。小型战斗或者说交战持续时间最短(通常最多几天),并集中在有限区域。战役则耗时很长,可能持续几个月或几年,作战区域(theatre of operation)会延展至较大范围。战争指的是整个冲突时期,可能覆盖整个国家或几个国家。因此,战术、战略和战争计划在时间和空间范围上渐

---

① 克劳塞维茨的"战争计划"(Kriegsplan, grosse Kriegführung),如今通常被称为战略、大战略、国家战略或国家政策。克劳塞维茨使用了各种术语来描述战役的开展,包括当时开始流行的"战略"(Strategie)。现今这个词通常指战争或指挥的运作层面。此处保留了克劳塞维茨的术语,但必要时也会使用"战役战略"以避免歧义。亦见 Echivarria,1995, p. 230。

② Paret,1976, p. 91.

③ Palmer,1986, p. 107.

次扩大。克劳塞维茨也讨论了另外两个维度:战争中每个层次的作战单位(一支部队;一整支军队;一个国家);每个层次所寻求的具体目标(取得战场上的胜利;确保实现整个战役的目标;实现国家的政策目标)。同样地,各层次的每个维度,其范围也呈不断扩大之势。虽然克劳塞维茨并未提出一个明确的框架,[132]但从如下表格可以充分看出战术、战略和战争计划间的关系。

活动	作战单位	空间	时间	目标
战术	一支部队	阵地	交战	获胜
战略	整支军队	战区	战役	实现战役目标
战争计划	一个国家	国家	战争	政策

交战通常是一支军事力量与另一支军事力量在既定位置的冲突。战术直接与交战相关,它可能采取也可能不采取会战(battle)的形式。会战仅仅是扩大意义上的战斗,其时间和空间范围相对集中,且双方都认可战斗可以决一胜负。战术的独特目标是获得包含三个要素的军事胜利:

1. 敌人物质力量的损失更大
2. 敌人失去士气
3. 敌人放弃既有目标并公开承认上面两项。(234)

交战通常在地理上限于"个人指挥的范围",时间上限于转折点的到来——在这个点上战争的结果变得清晰(128)。简言之,战术与战斗相关,是士兵的事情。

战略在某个战区内运作。战区借助防御工事、天然边界或距离等形成,它"有受保护的边界,是整体战争区域中的一个部分,具有一定程度的独立性"。作战区域内,通常会有(最好是)一位指挥官对一支军队享有权威,尽管有两支或更多的军队也是常见的例外(280-

281)。指挥官制定战役计划,并"决定何时、何地、动用多少兵力投入战斗"(194)。他必须评估战术胜利对整个战役的意义,因为这些胜利可能会对战场的规划和行为带来显著的影响(142),必须警惕敌人的新战术,因为"战术性质的变化会自动地对战略产生反作用"(226)。因此,战略寻求利用战术胜利达到战役的目的。

"战略上没有胜利这回事",因此,战略的目标不是胜利(363)。交战时的胜负很容易确定,但"战略上的胜利则很难精确地界定和描绘"(228)。因为战争[133]的目的"通常十分遥远,很少近在咫尺",战略会寻求类型各异的过渡性目标(194)。事实上,在最高层面上,"战略、政策和治国之道之间几乎没有差别"(178)。指挥官作为战略家,要寻求建立小规模战斗之间的连贯性,充当战斗与战争计划之间的衔接角色。

战争计划关乎战争的目的,关乎整个军队和整个国家。战争计划密切影响着任何旨在支持该计划的战役。

> 毕竟,战争计划是较小的攻防计划的来源,并决定了这些攻防计划的主要思路……在战争中,整体决定部分,在各个部分留下它的印记,并急剧改变着部分,这在战争中比在任何其他地方尤甚。(484)

这是国家领袖的领域,政治因素在主要和次要战争中都发挥了充分的作用。

克劳塞维茨承认,这三个层次并不总是很容易区分。战略和作战计划可能会相互影响。特定战区内的作战行动可能意在发挥"直接的政治影响",如破坏敌人的联盟或找到新的盟友(92)。如果一场"大战"被视为战区上的一场决战,此时战略和战术就重叠为一(260)。克劳塞维茨的区分还反映出技术进步减少了战争原有的限制——物理屏障,夜间或冬季作战的问题,将领的指挥跨度,通讯速度。然而,迄今为止,克劳塞维茨宽广而灵活的区分被证明是经久可用的,因为这种区分是基于战斗、战略和政策三种具体活动和清晰的目标层级。

重 心

战略要求军事行动和政治目标间有一定的联系。当时存在一种流行的"国家锁钥"概念,即某个对国家至关重要的地理位置,那里易守难攻,但一旦被敌人攻取或占领,就会导致敌人目的得逞。① 克劳塞维茨对这种普遍看法不以为然,认为这个术语只是"评论家们希望用来炫耀其学识的伪科学术语之一",是无数战役史书中从未得到清晰界定或被证明其价值的"获奖展品"(456)。而他所提供的并非什么新东西,只是一个支撑"历史上每位将军的行动"的概念(486)。

[134]为了将战役与战争的政治目标衔接起来,克劳塞维茨更喜欢借用力学上的"重心"概念(Schwerpunkt)。重心指的是一个假想的点,一个物体的所有重力都作用于此点。② 在战争中,重心本身并不是某个薄弱点或某个强处,而是"所有力量和运动之枢纽,一切都依赖于它"(595-596)。它与敌人的力量或力量来源无关,而与敌人的团结和凝聚力相关(485-486)。③ 重心很重要,因为它是让敌人失去平衡(用力学术语来类比)并终结其抵抗的机会所在。因此,重心是"最有效的打击目标"(485),是"我们所有能量都应该指向的点"(596)。

克劳塞维茨的兴趣主要集中在那些旨在取得决定性结果的战争上。如果战争的目标仅仅是获得优势,打击敌人重心就不再占主导地位,战略也会有更多的选择。此时的军事行动可能是为了瓦解敌人的联盟、争取新盟友或有利地改变政治局势。例如,也许占领"一个被轻

---

① Delbrück,1985,p. 388.
② 要区别于克劳塞维茨用于战术背景中的"决定点"。(194-197,204)
③ 艾奇瓦利亚关注霍华德和帕雷特译本中的段落,那里暗示重心是某种力量来源。2002,p. 9.

度控制或不设防的省份"就够了,该省份可能没有什么内在的军事价值,但会让敌人焦虑(92)。然而,如果寻求决战,那么确定重心就是"战略判断的主要行为"了,会影响整个战争进程(486)。在某些特定条件下,特定重心会因交战方的情形和特点而异,此时可能就必须确定多个重心。"战争计划的首要任务是发现敌人的各种重心,如果可能的话,应追根溯源,找到那个唯一的重心"(619)。

克劳塞维茨讨论了四种可能的重心:领土、国家的首都、武装力量和盟友。这些重心关乎国家内部的三大要素(即人民、政府和军队)及其外部支持。领土的重要性显而易见,丧失领土意味着国家的部分或全部人口和资源将被敌人控制。但是,在大战中,丧失领土并不是决定性的。敌人暂时性的占领意味着领土"只是借给了他"(488)。即使占领一国的大片领土,也并不足以打败对手。例如,尽管俄国曾丧失大片领土,甚至连莫斯科也被占领,但俄国军队还是坚持战斗,并最终战胜了法国军队(595)。

重心可能是敌人的首都,因为首都"不仅是行政中心,还是社会活动、职业活动和政治活动的中心"(596)。在一些战争中,首都代表着国家的抵抗意志。[135]克劳塞维茨认为,"如果1792年巴黎被占领,针对法国大革命的战争无疑在当时就会结束"。鉴于法国的军队并不是特别强大,先打败法国军队就并非必要之事(595)。一般来说,在被内乱撕扯得四分五裂的国家,首都也是其重心(596)。然而,在某些情况下,俘获一个国家的君主比占领该国的首都更具决定性意义,这也是普鲁士国王在耶拿战役和奥尔施塔特战役失败后离开军队的原因之一。①

在某些战争中,一国的主要盟友可能是攻击的最佳重心(596)。因此,此时的任务是确定联盟的重心,并据此展开打击。对抗这样的联盟带来的问题有点不一样。战场上联盟的凝聚力来自不稳定的政治协议,这样的凝聚力"通常非常松散,而且往往是全然虚幻的"(486)。在

---

① Historische Briefe, p. 58.

此更好的做法就是直接打击敌人的盟友，其失败会瓦解联盟，使得"把我们的主要大业集中于致命一击变得更容易"(596)。

但最重要的重心还是敌方的军队：

> 你的努力必须聚焦在敌人力量的核心要素上，而不管这一核心要素是什么，打败并摧毁敌人的军事力量都是最好的起点，且在任何情形下都将是战役中非常重要的要素。(596)

摧毁敌国的军队就是毁灭敌国的象征，使其人民和政府暴露在外国控制的危险之下。如果亚历山大、古斯塔夫·阿道夫、查理十二世和弗里德里希大帝的军队被消灭，那他们必"作为失败者载入史册"(596)。同样，拿破仑的军队在1814年和1815年两次战败，拿破仑自己也随之倒台。事实上，军队绝对比领土更重要。

> 如果军事力量被摧毁，换句话说，被攻克且无法继续抵抗，国家就会自动消失。另一方面，丧失国家却并不自动导致武装力量被摧毁。他们可以自主地撤出自己的国家，为的是以后更容易重新占领它。(484-485)

在寻求决战的战争中，有一个"自然的"但绝非不可避免的进程：从打败敌人的武装力量，[136]到占据敌人的领土和首都，然后是削弱或摧毁其抵抗意志(90-91)。战场上的失败这一象征性要素，加上认识到继续交战可能造成进一步损失且无法补充新的兵源，可能使敌人放弃抵抗，乖乖来到"和平谈判桌"前(91)。

克劳塞维茨对1812年法国尝试打败俄国的讨论很能启发我们。拿破仑有两条可能成功的路线。第一是在战场上打败俄国军队，促使沙皇谈判，进而实现和平。但俄国人本能地回避与拿破仑的军队正面交锋，反而退军500英里，以此拖垮法军。"最有智慧的人也无法设计出一个战略，来胜过俄国人无意之中采用的战略"(615)。俄国幅员辽阔，很难控制，入侵者将无法保护自身后方，因此占领并不切合实际。① 尽管拿破仑调动了 50 万大军，俄国也不是一个可以"正式被征服也就是说被占领"的国家(627)。

第二条路线是占领俄罗斯的主要城市莫斯科，尽管它不是政治首都。拿破仑希图以此"动摇政府的意志、人民的忠诚和坚定"。虽然不一定能成功，但这是拿破仑"唯一合乎理性的战争目标"(627)。拿破仑用 9 万人占领了莫斯科，等待沙皇来讲和，却落了空。烧毁莫斯科并未让俄罗人屈服。拿破仑最后的希望，即沙皇的臣民发动叛乱，也未实现。"只有内部的弱点"，克劳塞维茨发现，"只有内部的不团结才会毁灭这样一个国家"(627)。拿破仑失败了，因为政府仍然坚强，人民忠诚并充满信念(628)。歼灭俄罗斯的军队事实上是唯一可靠的成功之途。

简言之，克劳塞维茨认为军队是主要的重心，"敌国的真正关键是其军队"(458)。故此，在某些战争中，一场战役可能具有决定性的意义，因为它是两国重心的直接交锋(489)。然而，每场战争都会产生出不同的重心，一个强大的国家常常不只有一个重心。例如，在思考如何进攻法国时，克劳塞维茨认为，法国的重心是"它的军队和首都巴黎"(633)。仅靠打败敌人的军队无法保证成功，一个国家可能依靠民众的反抗继续斗争，同时寄希望于重整军队或获得盟友的援助。[137]克劳塞维茨的重心论，其焦点在目的，而不在手段。因此，负责战略的人"必须牢记交战双方的支配性特征"(595)。借用现代术语，重心理论是"基于效果"(effects-based)，而非"基于能力"(capability-based)。②

大战中的战略

有些《战争论》的诠释者，尤其是德国历史学家德尔布吕克(Hans

---

① Campaign of 1812, p. 184.
② Echivarria, 2002, p. vii.

Delbrück)认为,克劳塞维茨区分了两种战略:一种是推翻或歼灭战(Niederwerfungsstrategie),它聚焦于在战场上通过战役消灭敌人;第二种是消耗战(Ermattungsstrategie),它依赖于会战和机动的交错使用。①德尔布吕克认为,所有的将军往往都是以牺牲一种战略为代价来选择另一种战略,具体如何选择,取决于参战军队的性质和政治环境。拿破仑只知会战,而弗里德里希大帝则是消耗战的大师,他将会战列为最后的手段。战略可能会在战争过程中发生变化,可能会随着精力疲乏、资源减少而从歼灭战转向消耗战。德尔布吕克的观点在19世纪70年代发表时引发了争议,因为它有悖于总参谋部的常识,即与克劳塞维茨一致的观点:歼灭敌军是唯一正确的战略。②

在一场寻求某种决定性结果的战争中,克劳塞维茨的主要信条很清楚:只有"通过不断寻找敌人实力的重心,并敢于全力以赴大获全胜,才会真正打败敌人"(596)。全力以赴的会战比长时间的消耗战更加自然、简单,风险也更小。

> 实施征服时要尽可能快……拖拖拉拉,使花费的时间超过完成征服所需的最短时间,并不会使征服变得更容易而只会变得更难。(598)

如果国家强大到可以取得某种成功,就没有必要按阶段推进。就像克劳塞维茨说的,"短跳比长跳更容易,但是没有哪个想要跨过宽沟的人会先跳跃一半的宽度"(598)。假定"缓慢、所谓系统性的占领比持续推进更安全、更明智"是错误的(598)。然而,即使在寻求决定性胜利的战争中,消耗战略也可以使一个国家"逐步走到最后的极端"(626)。"利用战争的持续时间,[138]逐渐耗尽敌人身体和精神上的抵抗力",使敌人让步(93)。

---

① Delbrück,1985,pp. 378 – 381,421 –439;亦见 Craig,1986,pp. 341 –344.
② Bond,1998,p. 24. 19.

实际上,实践中很难区分这两种战略,两者并非泾渭分明。

歼灭战略类似于绝对战争,在绝对战争中"只有一个结果是重要的:最终的胜利",但现实中从来达不到绝对战争的程度。因此,实际的战争常常包含着某些渐进的消耗性战略,在极端情况下,

> 它由一场接一场单独的胜利组成,每一场胜利与下一场胜利都不相干,就像在一场由几场比赛组成的比赛中一样。早期的比赛对接下来的比赛没有影响。重要的是总分。(582)

在现实中,两个战略都不能彻底抛弃。此外,对克劳塞维茨而言,重要的是政治影响。他的消耗战略与德尔布吕克形成鲜明对比,聚焦于对手的政治意图。在这方面,与其说它是一项战略,不如说它是一项战争规划。① 同样地,克劳塞维茨的歼灭战略也不只是摧毁敌军,还要着眼于敌人的政治意愿。

有限战争的战略

如果目标不是取得决定性的结果,情况就大不相同:

> 攻击敌人时一仗接着一仗,直到消除所有的反抗,这是一回事;但如果我们的目标仅仅是获得一次胜利,使敌人处于不安全的状态,让他感受到我们更强大的力量,进而让他怀疑自己的未来,那就完全是另外一回事了。(92)

"摧毁原则"和重心此时将排在第二位。控制领土就可以成为一个正当的目标:

> 如果一方放弃了决出胜负的想法,重心理论就会失去效

---

① Aron,1983,pp. 77–78.

力……占有领土,战场上接下来最重要的组成部分,将会成为直接的目标。(488)

军事行动的间歇此时也变得很常见,因为任何一方都不寻求决战,而会选择风险较低的方案,减少投入程度,寻求谈判和解。[139]双方都不愿意敦促对方寻求决断,这使得进攻和防御的界线消失了,交战双方处于"武装侦察状态"(513)。

政治目标的多样性也意味着战略所采用的方法是多样化的:

> 我们现在可以看到,赢得战争成功的道路有很多,并不是只有彻底消灭敌人这一条路。从破坏敌人的力量,占领领土,到临时性的占领或入侵,到施加直接的政治目的,以及被动等待敌人来战,等等。(94)

随着寻求决胜的意图逐渐减弱,军事手段逐渐消失:

> 战争的艺术将会变成审慎,它关心的主要是确保不要打破微妙的平衡而使之变得有利于敌人,并确保半心半意的战争不会最终演变成真正的战争。(604)

战略的结构

对克劳塞维茨来说,战争计划是战略的全部本质的基础,后者试图利用暴烈的战争实现国家的目标。战争总是意味着作战(fighting)或作战的前景,而且考虑到激情和运气的因素,战争还将抗拒让自身服从于政策。因此,战争必须用层级的方式来表述,以便在任何所需的程度上控制战争成为可能。目标的不同等级也提醒人们,战斗本身固有的危险和竞赛的动力机制都不能分散对战争最终目标的注意力。

在战争的政治目标所划定的范围内,战略学家需要作出很多重要判断：会战的重要性如何；战役应聚焦于单一重心还是多个重心；实现军事目标的最好方式是一次决胜还是分阶段实现。战略家还必须注意到战争政治目标的多样性和可变性，以及有限战争升级为无限战争的可能性，将领和国家领袖应该持续关注这一危险。最后，战略学家必须考虑到战役自身的动力机制，而接下来几节要说明这绝非易事。

12　攻防作战

> 战略理论……尝试弄清战争的各个组成部分以及部分间的关系,它重在寻找那很少的几个可证明的原理或规则。(177)

[140]《战争论》反映了克劳塞维茨时代的作战策略。要塞、河流和山脉等物理屏障的影响比后来更大。供给线(line of supply)在18世纪被认为非常重要,它们与拿破仑时代的战争间的关系有待评估。①但是,在战场上各种力量的相互作用中,仍然存在一些持久性的要素,克劳塞维茨讨论了这些要素,直到今天战略家们也仍在讨论它们。本节首先讨论进攻与防御的不对称性,以及进攻和防御成功的条件,然后研究战役的动态过程,如进攻的顶点、奇袭、战争的间歇等。最后讨论克劳塞维茨一个备受争议的主张,即防守是更强的战争形式。

进攻与防御的不对称性

所有的战争理论家都会区分进攻和防御,但这种区分揭示了一种重要的不对称。在战术层面,该区分讨论的是攻占或守住某个位置;在政治层面,它涉及改变或维持现状。战略层面的攻守与战术和政治层面类似,但也显示出独特的互动形式。

在所有三个层面,"防御概念"的核心都是"抵挡一击",其"特征"则是"等待一击"(357)。防御旨在守住所持有的,进攻则有一个积极

---

① van Creveld,1977,ch. 1.

[141]或消极的目标(358)。进攻和防御在心理上也有所不同:防御的"真正精神"是审慎,进攻的精神则是勇气和信心(545)。但防守并不意味着消极被动。若是消极被动,则将"违背战争的理念,因为这意味着只有一方在发动战争"。

> 即使处在等待进攻的防御位置,我们的子弹也会进攻。因此,战争的防御形式不是简单的盾牌,而是一张可以定向反击的盾牌。(357)

同样地,"防御战役可以用进攻性的会战来打,而在防御性的会战中,我们也可以用进攻的方式来调遣部队"(357)。

此外,进攻在概念上也许已经是"完全的",防御则不然,"若没有概念的必要组成部分——反击,就无法思考防御"(524)。克劳塞维茨认为,防御包含了反击和由守转攻的含义。他还说明,在由守转攻过程中,心理因素很重要:"突然有力地转向攻击,闪烁的复仇之剑,是防御的最伟大时刻。"(370)但正如防守中不能没有进攻一样,进攻实际上——尽管不是在理论上——也不可避免地需要防御。各种时间和空间的现实决定了攻击行动无法以"单一且稳定的运动"来完成,它还必须保卫自己的实力及所占领的领土(524)。因此,战略包含着进攻与防御间的持久互动。

有助于战略防御的要素

克劳塞维茨认为战场上的某些要素主要与防御有关,如果适当加以利用,就会加强防御,为进攻者带来麻烦。既然防御的主要目的是守住既有位置,那些有助于防御的因素就是静态的,且受制于防御是在本国领土内展开这一事实。领土、要塞、后勤补给、民兵和士气,这五大要素对防御一方尤其重要,而对进攻方则益处有限(如果有的话)。

克劳塞维茨认为,"无论在战略层面还是战术层面,防御者均享有地形优势"(363)。这主要有两大原因。首先,道路、河流和山脉的位置等地理特征会限制敌人的进攻路线。进攻的方向通常可以预测,而防御在进攻发动之前[142]则"几乎不可见"(361)。第二,河流、山脉等地形特征可以为防御者提供保护和掩护,如果采取的方法得当,这些优势将"永远"属于防御者(362)。

但是,防御方可能会因此而自满。克劳塞维茨发现,河流和山脉通常被视为坚固的屏障,这使它们变成"危险而诱人的目标,往往导致错误的决策"(433)。河流需要特别予以留心对待,它就像用坚硬而易碎的材料制成的工具:要么是承受住前所未有的最大打击,要么是防御能力崩溃"(433)。事实上,凭借河流的防御罕有成功的经验(433)。

要塞对防御非常重要,它是安全的军需库、战术支援点、补给站,并为薄弱或战败的部队提供避难所。要塞还保护着附近的大城市和营地,它可以延缓入侵者的行动,迫使入侵者在前进之前围攻,从而构成了抵抗入侵者的真正屏障(393－402)。克劳塞维茨认为,如果敌人总体上的进攻被阻止,转化成了对要塞的包围,那么进攻"通常"也就到达了它的顶点(625)。然而,仅靠防御工事,是无法像之前那样保护一个地区的(393)。只有那些能够引来并抵抗敌军的要塞,才会在"战争的天平"上发挥重要作用(372)。防守者还要避免将自己的军队分成小股的陷阱,因为那样会失去集中兵力带来的益处(393)。靠近边境的要塞只有在进攻中才会起到重要作用,在此之后只起次要作用(372)。

对防御者来说,供给线越短越安全。按照公民的忠诚或服从政府的传统,当地平民可能是重要财富,会帮着提供补给,防御方因此占据优势(373)。简言之,在本国之内,"各样阻力都会减少"(365),并且"如果公众没有十分不满的话,一切事情的运转会更加顺畅"(373)。相比之下,进攻方则不可避免地会遭受供给线延长带来的困扰,而且还要分出部分兵力去保卫后方(365)。与此同时,他国民众若不合作,那就意味着除非迫于"不可抗力",他们是不会为入侵部队做任何事的,而入侵部队"运用这种不可抗力也得花费很大的力气和精力"(373)。

与常备军相比,民兵为防御提供了"力量源泉,它更广泛、更灵活、更容易激发斗志和忠诚"(372)。正如普鲁士民兵在1813年到1815年所展示的那样,民兵对[143]本土防御非常重要,但并不适合去攻击敌方领土。

人民为保卫祖国而战,坚忍不拔,这是防御的最后一大要素。军民间的亲密关系和无数的日常接触,可以使防御方获得敌友两方的宝贵情报(373)。在某些情况下,人民会直接拿起武器,就像西班牙人那样,这不只是"人民支持的强化,而就是新的力量源泉"(373)。另一方面,进攻者则可能从"心怀不满的敌对臣民",从某个反政府地区(563),或从"分裂活动"(627)中获益。防御方的政治家园若出现混乱,它就会失掉大部分优势。

有助于战略进攻的要素

有许多要素利于进攻。这些要素与防御性的要素相比更具有动态性,因为进攻是动态的,而防御是相对静态的(367)。例如,知道部队正在进攻会激发军队的士气,但在激烈的抵抗面前士气难以持久(545)。下文将会讨论可能有利于进攻者的实质性要素,如军队人数、军队部署、集中攻击和持续努力等。但是,这些要素并不必然或专门有利于进攻方,进攻方需要为成功付出努力。下面的讨论假设战役过程中正在做出决策。

克劳塞维茨首先强调数量的重要性。数量优势并非获胜的必要条件,但却是战略中最重要的一项要素,而且可以"大到足以抵消所有有利条件"(194 – 195)。"因此,第一条规则应该是:在战场上投放尽可能多的军队。这听上去像老生常谈,事实上却并非如此。"(195)克劳塞维茨认为,在18世纪,军队的规模不被看重,军事史要么很少提及兵力数量,要么讨论时很随意,不够严谨(195 – 196)。还有一种"萦绕在学者头脑中的奇怪想法:军队大小有其最佳规模和理想的标准,超过理想标准会得不偿失"(196)。①

但是,在克劳塞维茨所处的时代,投入战场的兵力规模已经成为政治决策的关键,必须视为战略的一部分:"这一决策标志着军事活动的启动——事实上它是战略的一个至关重要的部分。"(196)当然,军队的士气和好的将领[144]或许可以弥补兵力的不足,但"在现代欧洲,即便最天才的将领也很难打败兵力是自己两倍的对手"(195)。寻求"把战争艺术的奥秘化约为数量优势的公式"显然也是荒谬的(135);数量不是最终决定性的因素,但数量会起作用。

兵力的分配和部署,即"在关键点上熟练地集中优势",是将帅之道的重要组成部分(197)。将领罕有什么情况能找到理由不集中兵力:

> 最好的策略是一直十分强大:首先是总体上的强大,然后是在关键点上的强大……没有比集中自身的力量更简单的战略法则了。除非出于明确而紧急的需要,否则不应让任何部队脱离其主体。(204)

指挥官有时会出于对情况不确定(546),或觉得"就该这么做",而把兵力打散(204)。克劳塞维茨批评奥地利陆军元帅施瓦茨伯格(Schwarzenberg),后者在1814年抵达法国领土后分散了兵力:"攻击应该像一个千锤百炼的楔子,而不是一个膨胀直到破裂的气泡。"(635,620)

集中兵力这一原则也支配着战略预备役的使用。预备役的存在具有多方面的必要性,最重要的是,它可以应对"无法预见的威胁"并防备一定程度的不确定性(210)。但设置预备役是为了最终使用它,为了搞预备役而搞预备役是荒唐的——据有些人说,设置预备役是"聪

---

① 见 Delbrück,1985,pp. 371-372,那里论到军队基于可控性和可部署性的需要所应有的"正常"规模。

明和审慎规划的顶点"(211)。战术预备役与战略预备役功能不同,前者是为了延长或更新行动,后者则必须"服务于总体的决策"(210,211)。虽然战场上投入太多士兵可能是一种浪费,但"所有可用的力量必须同时使用"仍是正确的(207)。兵力不足带来的恶果远大于兵力过多的代价。

在兵力的数量和部署之后,战略成功的第三大要素是同心攻击,即通过侧翼移动包围敌人。克劳塞维茨强调使用"外部"攻击线包围敌人,而"内线"主要与防御相关(542)。同心攻击的关键优势在于,部队"朝着共同的目的地"前进,且越来越集中,这不同于在散开的阵线上发起攻击。其好处在战术层面最明显,尤其是交叉火力的[145]增强效果和切断敌人退路的能力。一般而言也是如此,抵抗攻击的兵力越少——有时少到只有一名士兵——就越难抵抗来自不同方向的攻击(368)。

在战略层面,这些优势则会削弱或消失。"火力无法从一个战场打到另一个战场",此时交叉火力就变得无关紧要。涉及更大区域也会延长并暴露进攻者的通讯线(364),同时使进攻者很难切断防守者的退路(368)。此外,如果要达到消灭敌军兵力的效果,则战略性包围必须转化成战术性包围,但在某些情况下,防御阵地如此广泛,乃至提供了"一种绝对安全……防御线可能会从一片海延伸到另一片海,或者从一个中立国家延伸到另一个中立国家"(367)。如此就不可能对敌人形成包围了。

相比而言,战略防御很难展开同心移动,无法在所需的纵深上来部署部队,也无法充分隐藏其行踪(364)。"防御的一方在战略上不能像在战术层面那样包围包围者"(364)。然而,克劳塞维茨并不反对防御方的侧翼进攻,尽管这很困难,但若成功实现,则将获得高额回报。要是用在战役即将结束时,或向后方撤退时,或配合武装起义一起使用,侧翼进攻对防守一方更是尤有帮助(465)。

需要再次重申,无论进攻还是防御,使用侧翼作战都需要满足一定条件。侧翼作战不应该被高估,它在"书本上比战场上更受欢迎"(347)。它们自身并无价值,其价值有赖于与其他要素的有效结合(460)。在一个典型的总结中,克劳塞维茨发现,"会聚形式的战斗会带来令人目眩的红利,但分散形式的战斗带来的收益则更可靠"(368)。两者在某种程度上都不具备天然的优势,因为"一种尝试自然会激发另一种尝试,与之形成对抗,形成反制和矫正"(542)。可以肯定的是,"机动作战不存在任何规则,也没有任何方法或原则能够确定行动的价值"(542)。克劳塞维茨走得最远的一次是,他称包围是"最天然的进攻形式,若没有正当理由就不应被忽视"(547)。

最后,克劳塞维茨认为持续努力对战略成功至关重要。停止进攻的想法本身就令人厌恶:"任何形式的中断、暂停或中止活动都不符合进攻性战争的本质。"(599)没有任何理由拖延进攻,除了动员和调动部队[146]不可避免需要时间(598),或者进攻会冒太大风险之外(626)。暂停乃是"不得已的牺牲",一般来说,它对防御的帮助与对进攻的帮助一样大,甚至更大。一个因软弱而叫停的指挥官,通常会发现,

> 再次冲击目标是不可能的;如果事实证明它可能,那就表明当初根本没有必要暂停。一个目标若在一开始就超出一个人的能力,则它将永远如此。(600)

克劳塞维茨也承认有可能出现例外,但例外更多源自政治形势的变化,而不是战略本身。

持续努力、乘胜追击可将战术上的收益转化为战略上的成功。通常双方都在会战中损失惨重,但"但真正巨大的损失,失败者与胜利者不一样的损失,是从他的撤退才开始的"(230 - 231)。成功的追击解释了"为什么枪支和囚犯往往才可以算作真正的战利品"——它们是胜利在物质上和精神上的证据。克劳塞维茨这话来自他的亲身经历,耶拿战役和奥尔施塔特战役后的 33 天中,缪拉的骑兵俘虏了 14 万名

普鲁士战俘。①

指挥官在发起追击和持续追击时会遇到两大主要困难。首先,军队需要在战斗结束后重新集结和装备,此时"胜利者差不多和失败者一样,都处在混乱之中"(263)。士兵渴望休息、安全和享受胜利,从而需要暂停追击,这就使指挥官的领导力受到严格的考验。第二,指挥官要在快速分散的行动(可能包括夜间行动)中保持对部队的控制力。战败军队常常在没有增援的情况下相当快速地集结,这说明了追击的困难所在(271)。

进攻的顶点

克劳塞维茨认为,攻防之争中有一个具体的时空点,进攻应该在此点取得成功,超过了这个点,胜利的天平就会倾向防御一方。进攻的顶点这个想法至少可追溯到马基雅维利。② 之所以出现这个顶点,是因为进攻方随着时间的推移会承受越来越大的压力,除非取得成功,否则迟早被压垮。对拿破仑来说,占领莫斯科是他预想的顶点,也就是他认为自己可以"越过山脊"的时刻。③ 还有一些情况下,[147]进攻会导致己方的剩余力量只够维持防御并等待和平(528)。正如防卫以反击结束,攻击也在顶点结束。

有几个因素会降低进攻的威力。首先,最明显的是,防御方能更好地利用地形、要塞、地方供给、民兵力量和高昂的士气等有利因素。攻击方则缺少此类资源,或无法在相同程度上利用这些资源。

第二,由于战场上的伤亡、疾病、要塞阻挡、给养困难、体力自然衰减以及政治盟友的背叛,进攻会失去锋芒(527,567-569)。进攻中的

---

① O'Connell,1989,p. 181.

② Tashjean,1992,p. 169.

③ Campaign of 1812,p. 254;亦见 p. 185,193。

任何疏漏,无论是出于错误的判断,还是出于恐惧或懈怠,都会给防守方带来利好。进攻方需要做好更多的事情,因此它面临的崩溃和延迟风险也更大,而攻击费时越长,摩擦阻力就越大。因此,"进攻方白白消耗的时间都将计入防御一方的账户上。后者在没有播种的地方收获"(357)。正如拿破仑所观察到的,时间与空间不一样,一旦失去就永不再得。

第三,进攻方越来越多地被推到防御位置——防御对方的反击,避免丢失他占领的阵地,或者为部队赢得修整时间。进攻时也必须防御:

> 战略性防御的优越性部分源于这样一个事实:没有某种程度的防御——而且是某种不那么有效的防御,进攻本身也就不可能存在。(524)

因此,对于进攻者而言,防御是某种"必要的恶,一种纯粹因数量造成的阻碍性重担"。这是进攻方的原罪和致命的弱点(524)。此外,进攻方采取的防御,"其所有关键要素都已被削弱",不再"拥有基本上属于防御的优势"。

克劳塞维茨通过历史事例证明了他的主张,即进攻方必须在攻击负担过大之前取得成功。在对奥地利的战争中,弗里德里希大帝在1758年后逐渐采取了守势,因为"即使获胜,代价也太高"(614-615)。这就"好像整个普鲁士战争机器冒险开进敌人的领土,却只是为了发起一场防御性战争来维护自己的生存"。[1] 弗里德里希自己也警告过,不要向他国领土推进太深,超出他所谓的"临界点"。[2] 显然,拿破仑[148]在1812年与俄罗斯的战争中深入敌境太远,最后不得不从莫斯科撤车,"因为他已不幸沦为战略消耗这种疾病的牺牲者,并且不得不

---

[1] Cited van Creveld, 1977, p. 28.
[2] Delbrück, 1985, p. 393.

拼尽病弱之躯的最后余力将自己从这个国家拖出来"。①

指挥官必须判断他是否能以剩余的力量到达进攻顶点。他必须评估己方的能力,并作出明智的"猜测",即发起攻击是会加强还是粉碎对手的决心(572 – 573)。同样重要的是,他必须能够看出顶点在何时已到来,而这一决断很容易受到他所面临的"危险和责任"的强烈影响(573)。

> 攻击者即使精疲力竭,仍有可能受到攻击所特有的心理力量的强化,发现继续前进比停止前进更容易,就像一匹马拉着重物上坡一样。(572)

如果不能确定停止的正确时机,他就可能"错跨过那个点,而本来他若在此点上止步并采取守势,还是有机会成功的"(572)。正是由于害怕出现这种可能性,

> 所以,绝大多数将领才宁可在没有目标时停下来,也不愿冒险过于接近目标;所以,那些富有勇气和进取精神的将领才往往冲过了头,错过了胜利的顶点,从而无法达到目标。(573)

这是进攻者很容易犯的错误。

获得战略优势

实际交战中,攻守双方都在制定行动方案,尝试打破整体力量平衡并获取优势。这种"计谋"有赖于通过欺骗对手,让对手错会己方的意图。克劳塞维茨简要讨论了两个小计谋,即牵制(diversion)和欺骗(deception),并详细分析了一个总是吸引战略家的策略——奇袭。

---

① 'The Campaign of 1812 in Russia', p. 166.

牵制指的是为把敌军从主要目标上引开而设计的攻击。威胁要攻击的目标必须具备足够高的价值,以刺激敌人投入比进攻方多的兵力来防卫。克劳塞维茨谈到牵制的价值时持谨慎态度。[149]"如果一定要从大部队中抽出小股部队,那么从根本上讲必须有一些明显的特殊条件",比如攻击目标是敌人防守特别虚空的地方,或者是可以生产大量战争物资的地方(562–563)。这些"有利机会并不经常出现"(563)。为了谨慎起见,克劳塞维茨提到英国军队1799年在北荷兰和1809年在瓦尔切伦的登陆。这两次登陆都未能与法国军队联手,也没有赢得当地民众的支持。英军如此做的唯一的正当性是,除了这样用兵之外它别无选择(563)。本想作为牵制性的力量,结果却只是骚扰性的行动。

欺骗或牵制的目的在于制造假象以隐藏自身目的,引诱"预想的受害者自己犯错"(202)。克劳塞维茨承认,战争中使用诡计由来已久,很难抗拒不使用它,因为故意放出一些假的作战计划,或编出一些假消息来迷惑敌人,不但容易,而且成本低廉。但是,战略"不像生活的其他领域……它并非关乎仅仅由语言构成的行动"(202)。要筹备一次足以产生重大意义的"假动作",就需要时间和精力。如果被对手识破,"只是为了制造假象"的用兵行动还有可能使部队陷入无用武之地的处境(203)。只有当一方力量极其微弱、前景黯淡时,诡计才能提供"一丝希望",这样再加上勇敢和无畏,它"还可能点燃火焰"(203)。战略绝不应依赖欺骗,而应该只在"现成的机会出现"时才使用它(202–203)。拿破仑的牵制和欺骗之所以起作用,是因为它们与拿破仑已经强大的军力结合起来。

奇袭(surprise)是更加重要的计谋,指的是采取超出敌人预期的行动或兵力配置。攻守双方都可使用(200)。渴望实现奇袭"或多或少是所有军事行动的基础,因为若不靠奇袭,在决定的时间点上取得优势几乎是难以想象的"。奇袭提供了物质上的优势,并让对手处于重要的心理劣势。奇袭虽然主要是一种战术手段,但也可以存在于所有层次上(198)。奇袭的特点——"保密性和速度",在战术层面最为明显,因为战术层面的奇袭更容易仅仅因为"时间和空间规模有限"而取得成功(198)。奇袭还可以利用黑暗(274)。不过,奇袭在战术层面上效果有限,它可能引起"敌人队伍的恐慌和混乱",但决定性因素仍然是进攻者的整体实力(366)。

[150]只有在"更高的政策层面",奇袭才有望带来巨大回报,虽然也面临很多困难(198)。对另一个国家发动突然袭击需要政府和指挥官精力高度集中,军队高效运转。"备战通常需要几个月时间",包括调集部队以及建立基地,而这些活动的意图"可能很快就被敌人猜到"(198)。谈到防御可能的侵略者时,克劳塞维茨说:

> 通常在一枪未发之前,报纸上就会宣布敌人将在哪个方向上威胁我们的国家。准备工作的规模越大,奇袭成功的机会就越小。(210)

因此,发动突袭战争的真正先决条件很难满足(199)。但攻击者若"设法使其准备工作充分保密,也很可能使对方蒙在鼓里"。不过这种奇袭"已经与战争本身无关,也不该成为可能"(370)。这反映出政治领导人未能预见到威胁并采取必要的预防措施。

克劳塞维茨欣然承认奇袭在战役层面的好处。这种奇袭规模更大,集中攻击敌人的侧翼或后方,会"迷惑敌人,打击敌人的士气"(198,242),并"破坏敌军内部的凝聚力"(201)。如果一个指挥官比他的对手有心理优势,奇袭还可能使他"在本来以为会失败的情况下却收获胜利果实"(201)。在某些特殊情况下,"重大的奇袭"发生后(200)甚至会使"整个战争一下子结束"(363)。这种偶然发生的结果保证了指挥官们"普遍且实际上必然会渴望实现奇袭"(198)。

流行的观点认为奇袭是军事胜利的主要因素,但克劳塞维茨对此并不认同。不仅战役中还有其他许多起作用的因素,而且,奇袭需要指挥官以非凡的"精力、力量和决心"行动,以确保"松弛的情形和做法"

不至于露出马脚(199,198)。"整个机器的摩擦阻力"不可避免也会成为奇袭的阻力(198)。成功的奇袭通常还需要"敌人犯下重大、明显和异常的错误"(363-364)。普鲁士军队就曾侦察不力,未能发现拿破仑1806年是如何在奥尔施塔特集结军队的。[151]克劳塞维茨用他的标准句式给出了总体评价:"奇袭越容易实现,效果就越小,反之亦然。"(199)因此,"奇袭和主动……在战略上比在战术上重要太多,也有效太多",但又很难成功,必须同时采取适当的防御手段(363)。该公式尽管在实践中并不容易证明,不过直观上的确有吸引力。

解释战役中的间歇

克劳塞维茨发现,即使是在最激烈的战役中,指挥官们也会暂时停止作战。这明显违背了战争的本性:

> 在战争中暂停作战是一种矛盾。就像两个不相容的元素一样,军队之间必须不断地互相毁灭。就像火和水一样,两者永远不会达到某种平衡状态。(216)

若延迟可能改善交战一方的地位,那么另一方肯定愿意立即发起进攻。只有在"极端性"的情况下才会出现间歇,此时双方的进攻意愿处于完全但暂时的平衡状态(82-83)。然而,战争史表明,"静止不动和无所作为是战争中军队的正常状态,行动才是例外"(217)。为什么会这样?

克劳塞维茨反对双方进攻的意愿何时达到平衡,何时战争就会出现间歇这一观点,因为平衡状态不可能稳定很久。间歇更重要的原因在于摩擦阻力。"对形势了解不够"可能导致指挥官误判,认为主动权掌握在对手手中(84)。指挥官也倾向于高估敌人的实力——"这是人的本性"(85)。这种"人类感知和判断的不完全性,在战争中比在其他任何活动中都更加明显",也更经常地诱使交战方相信以后可能会出现更好的攻击时机。同样,"人类天生的恐惧和优柔寡断"会助长焦虑和逃避责任,像"精神上的重力"一样减缓行动(217)。

对间歇的第二种解释来自战略中根本的不对称性,即防御是比进攻更强的战争形式。一方推迟攻击以等待更好时机,并不意味着对手就有足够的力量发起攻击。即使双方指挥官都在寻求一次明确的决战,[152]防御的优势地位也会降低持续行动的效力(84-85)。例如,在波罗底诺战役之后,俄罗斯无意寻求另一场会战,但这并不意味着作战就对拿破仑有利,因为拿破仑必须保留足够的兵力去占领莫斯科。简而言之,防御的力量强于进攻,它就"像棘轮一样,偶尔会使机器完全停下来"(217)。

防御是更强的战争形式

克劳塞维茨认为进攻与防守不对等,这一命题富有争议,既违背了当时流行的观点,也与此后的许多战略思想不同。① 但是,克劳塞维茨毫不含糊地说:

- "防御是比进攻更强的作战形式"(84)。
- "防御的优势(如果正确理解的话)非常大,远远大于乍看上去的优势"(84)。
- "防御形式的战争本质上比进攻形式的更强"(358)。
- "防御是更强大的战争形式,它使敌人的失败更加确定"(380)。

当然,坦率地说,这个命题意义不大。克劳塞维茨不可能主张,每场战役都将是防守的一方获胜。毋宁说,他想表达的是,防御拥有一些固有的特征,使其总体上比进攻更强。

克劳塞维茨首先指出防御和攻击的目标不同。前者是消极目标,

---

① Strachan,1983,p. 96.

本质上比后者的积极目标更容易实现,后者则更容易受挫。在战争中正如在法律上一样,拥有财产的人是有福的(Beati Sunt – possidenes)(357 – 358)。既然攻击是较弱的战争形式,攻击者就需要一些政治理由才能全力参与;反过来,假如攻击是更强的形式,双方就会只想进攻而不想别的,防御也就毫无意义了(359)。为了维持现状,防御方在实践中完全有理由采用更强的战争形式,不过克劳塞维茨主张,"只有迫于弱势"时才应使用更强的战争形式,而"一旦实力强大到足以追求某个积极目标",就应放弃这种形式(358)。

克劳塞维茨认为防御比进攻强的第二个论据是,尽管战略中的一些要素原则上为进攻和防御所共有,比如士兵数量、集中和持续努力,但还有某些因素则只属于或主要[153]属于防御。随着时间的推移,有效的防御能更充分地利用地形、要塞、供给和民族士气等因素。相比之下,很少有专门属于进攻的独有要素。同样至关重要的是,攻击在过程中会面临越来越大的负担,最终负担会达到极限。还可以在国家和国际政治中找到其他通常有利于防御的因素(见第18节)。此外,防御获得的大部分优势往往是永久性的,或者只受到历史变化的轻微影响。①

但另一方面,防御若转向攻击并进入敌方领土,也就失去了它的主要优势。军队一旦侵入首先发动攻击的那国的领土,就不仅丧失了防御的固有优势,还把这种优势转移给了被攻击的一方。克劳塞维茨用一个罕见的表述强调了其间的差别,他指出:"A + B 和 A – B 之间的差距是 2B"(218)。

进攻方和防御方天然地会争夺优势,尤其是在战术层面以拉锯战的形式展开对机动性的争夺。克劳塞维茨说,进攻方总是无法迅速移动其部队,防御方则受益于可自由选择准备好的位置。随着军队变得更加机动,防御方开始在河流后面或山上寻求安全。但防御方的这种

---

① Aron,1983,p. 151.

优势只能持续一段时间,到进攻部队增加了他们在崎岖不平的乡村的机动性,并转向防守方的侧翼为止。此时防御方的防线被迫拉长,这就使进攻者能够攻击其防线上的虚弱之处(361-362)。由此,进攻与防守之间的战术平衡开始取决于位置和移动。克劳塞维茨认为,在这一层面,不太可能发生决定性地有利于进攻方的变化,防守方无论如何都将设法抵消进攻方的这种主动态势(362)。

在战略层面,进攻与防御的关系则显得更加稳定。两者的竞争当然存在,因为新的防御方式刺激了新的攻击方式,反之亦然。但克劳塞维茨认为,"每种防御方法都有一种可靠的攻击方法"这一说法是徒劳的。只需表明一点就够了:防御可能被攻破,但攻破防御成本可能会高得不成比例(523)。政治变革可以创造出拿破仑所享有的战略优势,至少是暂时性的,那时他雄心勃勃的政策、他的一系列进攻战、他随时准备付出高昂代价的决心,使他无论走到哪里,都让防御方变得惊慌失措。然而,一旦普鲁士和其他大国开始积极且理性地组织防御,他们就转而处于有利地位。

克劳塞维茨的战略

[154]通常对克劳塞维茨战略思想的理解,如士兵的数量、集中力量、不懈努力、决战、推翻对手,并非完全没有根据。这是他早期的战略思想,"绝对战争"和"升级到极端"等概念强化了这些思想。可是,一旦他承认战争有各式各样的目标,包括取得微小收益或维持现状,他的战略就变得日益复杂和微妙起来。尽管他一直偏爱强力行动,并主张一有机会防御方就应反击,但他也认为,只有在与战役的成功及战争的政治目标明确相关的情况下,才应选择强力行动。

尤其在目标有限的情况下,战略就更多受到政治考虑的影响,而较少受冲突双方互动的影响。间歇、拖延和僵持在战争中司空见惯,而由于精力有限,奇袭则不那么常见。因为没有了力量和雄心来推动,进攻就不会达到顶点。敌人并不追求对防御方的所谓"突破点",即某个进攻方可以将其意愿强加于敌人的时刻(克劳塞维茨并未详细讨论这一重要思想)。① 与数量、集中、包围和持续努力相关的战略原则尽管仍然适用于这种旨在取得有限目标的战役,但已没那么大意义,也不那么明显了。

克劳塞维茨还强调,任何重大的战役都由进攻和防守不断变化的组合构成。进攻和防御都是复杂和要求高的活动,二者很难截然分开,而且都涉及物质和心理因素。进攻方在某个时刻必须投入资源来捍卫其战斗战果,除非对手已不抵抗。防御一方也不应完全被动,它必须向进攻方抛出点什么——哪怕是打几发子弹。进攻方试图达到结果明晰的顶点,防御方的反击则意在阻止或拖延这一时刻的到来。这是一场角逐,其间可能涉及或高或低不同水平的能量和暴力,但攻击者和防御者之间也不可避免地会有相互作用,双方都会在某种程度上混合使用进攻和防御。

构成攻击和防御优势(或劣势)的因素多种多样,主要有地形、要塞、供给、民兵和士气。克劳塞维茨认为,一般来说,防御方比进攻方更容易获得这些要素。除此之外,防御方的目标是维持现状[155],避免发生变化,进攻方的目标则更加积极,因此进攻方通常比防御方面临更大的摩擦阻力。时间的推移通常会增加攻方而不是守方的负担,克劳塞维茨因此得出结论说,进攻方会面临更大的挑战。这还没有考虑到国际势力均衡的要求,它也迟早会对抗先拿起武器的国家。

相比其他战略作家,克劳塞维茨更注重战略防御,《战争论》中讨论防御的第六篇也是各篇中最长的。他急切地想要证明,防御

> 相比于进攻时的那种令人遗憾的形象必须改变,而进攻也将不再看起来如此轻而易举和万无一失,就像在有些人悲观的想象

---

① Gat,1988,p. 24.

中那样。这些人在进攻中只看到勇气、决心和行动,在防守中则只看到无能和纸上谈兵。(371)

事实上,克劳塞维茨甚至认为,如果进行得当,防御是更强大的战争形式。在这一点上,他对他那个时代战争的判断大体上是正确的。拿破仑是进攻性战争的杰出倡导者,最终也被击败了,因为摩擦阻力削弱了他的军队,也因为他的对手军事力量增强了。但克劳塞维茨的分析对其他的历史时代有多大意义,则比较成问题。他给出了战争等式中的变量,他未必能提供一个适用于所有时代的答案。

13 指 挥

……军事活动计划是基于一般情况制定的,各种意外事件会打乱它,因此,军事指挥自然在很大程度上是天才的事情。(139-140)

[156]战术涉及惯例和规则,政治涉及价值观和妥协。战略是为战役设定目标并按照规划执行。这是将军或指挥官的责任,对他的能力和品格要求很高,因为他要面对身体上的危险,担负巨大的责任,并"与不可预知的事展开不懈的斗争",在此过程中他的头脑可能不会保持"毫发无损"(102)。本节考察克劳塞维茨如何理解军事指挥的性质、战略决策的环境以及军事天才的特质。

军队和指挥官

军队是复杂的社会组织,当被注入军事精神并受到战场胜利的鼓舞时,它表现最佳。但是,军队也需要强大的权威和指挥,以克服战斗中固有的分裂带来的摩擦和压力。这是指挥官面临的第一个挑战。"如果没有一种主导的、威权式的并渗透到最后一个人的决心,任何军队都不能得到适当的指挥。"虽然军队存在的基础便是上级命令下级,但这不是一件简单的事情。事实可能证明一些命令并"不适合当前的环境……而且是一个完全无法避免的缺陷"。所有军官都必须受到仔细审查。事实上,"任何人若习惯于往最好的方向想他的下属或寄望他的下属[157],那么仅凭这一点,他就不适合指挥任何军队"(510)。

选择下级指挥官至关重要,需要考虑个人的性格。军队应该认识到,"即使是初级的指挥岗位,也同样需要卓越的心智品质才能取得卓越的成就",而且"标准会随着职位一步步提高"(111)。幸运的是,并不是每个士兵都需要成为天才,否则军队就会非常虚弱(100)。不过,通常许多军官已具备必要的"实践智慧"(111)。另外一些军官则需要小心对待。缺乏想象力的将军不考虑周围环境,只会照抄其最高指挥官喜欢的计划(154)。大多数军队中常可以见到这样的现象:"军官在服役中变得衰老,他的头脑被常年的例行公事所蒙蔽",但这个"勇敢而头脑简单的战士"不会取得"任何突出的成就"。提拔这样的人"无助于军队的效率和幸福"(111)。

那么,一个国家如何才能培养出优秀的指挥官呢?克劳塞维茨认为,真正伟大指挥官的出现取决于"特定社会的知识发展水平",这是军队无法控制的因素。有些人可能具备战士精神,但永远不会成为一个真正伟大的指挥官,"因为这需要一定程度的智性能力,它必须超过远古之人所能达到的一切水平"(100)。只有从那些"文明程度更高"的社会,如法国和古罗马,才能产生真正杰出的指挥官,但即使这些人也可能缺乏好战的"天然性情"(100–101)。

至于其余的事,军队则必须尽力而为。例如,军队可能鼓励也可能扼杀人才。随着下级军官级别提高、指挥责任增加,大胆(boldness)这一重要品质往往受到压制,谨慎和胆怯会占据上风。"历史上几乎每一位我们所知的平庸甚至犹豫不决的将军,都曾以身为下级军官时的冲劲和决心而闻名。"(191)因此,若身处最高级别却仍然葆有大胆品质,就更加令人钦佩(191–192)。在一个级别上取得成功,完全不能保证在下一个级别仍然能成功。一个军官可能在一个级别上赢得声名,但晋升后其弱点就暴露出来(111)。克劳塞维茨很赞同伏尔泰的格言:"同一个人在第二层会发光,在顶层却黯然失色。"(191)

良好的教育至关重要。重要的原则是,不要像事实上经常发生的那样,将"战争所需的单纯知识"与"一系列辅助性的信息[158]和技能混为一谈"。军队不应该听那些"荒谬的学究"的话,他们认为"教育未来的将军要从所有的细节知识开始,这是必要甚至有益的"。"琐碎的东西造就琐碎的头脑,除非一个人视之为完全格格不入的东西而加以拒绝"(145)。阅读历史并了解道德因素的重要性则要好得多:"这是一个具备将军心灵的人研究过去所能获得的最珍贵、最坚实的养分。"(185)然而,研究那些升至顶级的军官的生涯意义不大,因为他们很少分析自己的作战艺术:"他们读一点历史,最后根据自己的天赋做自己所能做。"①

决策的环境

克劳塞维茨认为,"战略上的一切都很简单,但这并不意味着一切都很容易"(178)。指挥官在危险、不确定、满是摩擦阻力的复杂情况下施展才华。在人类活动的任何其他领域,都没有在如此困难的情况下如此频繁、如此专横地要求人做出生死攸关的决定。所有这些因素都要求指挥官具备非常特殊的心智和性情上的品质。

身体上的危险不言而喻,这是战争的本质,因为双方都想伤害对方。

不确定性意味着要根据不充分且往往不可靠的信息做出决定——既有关于指挥官自身情况的信息,也有关于其对手的信息(84)。因此,在战争中,

> 可以说,所有的行动都发生在一种朦胧中,这种朦胧就像雾或月光一样,往往会使事物看起来怪异,比实际更大。(140)

不确定性除了源于信息缺乏,也是心理压力的结果:

---

① 'Über den Zustand der Theorie der Kriegskunst'(1808 – 1809), cited Paret, 1976, p. 155.

难以精确辨别情况,这使事情看起来与人所以为的完全不同,从而构成了战争中最严重的摩擦源之一。感官比系统思维给人的印象更生动。(117)

在任何情况下,看到最坏的情况都是很自然的:"大多数人宁愿相信坏消息也不愿相信好消息,他们宁愿夸大坏消息。"恐惧和焦虑使[159]"谎言和不确消息"倍出(117)。甚至得到更多信息也不能使决策更容易:"我们现在知道得更多,但这让我们更加不确定,而不是更加确定。"(102)

除了危险和不确定性之外,指挥官还必须处理摩擦,因为他的部队会遇到不可避免的战争障碍和负担。尤其是这些部队内部的摩擦,因为各部队都是拥有不同技能和设备的复杂组织(144)。下属很少干脆而轻易地对上级的指示做出反应。甚至高级军官也可能抵制作战计划,以至于指挥官发现自己老是在尽力地说服同事。但"很少有人在这方面获得必要的技能,以至于大多数讨论都是徒劳"。结果往往是为了达成一致而达成一致,以及"无话可说的妥协"(未完成笔记,71)。

此外,指挥官面临着最大的复杂性,因为他要设法平衡政治指令、作战现实和战略考虑。存在无数种选择。克劳塞维茨在《1814年战局》中谈到:"每一个作战计划都是从一千条道路中选择一条。"①这就像在危险和未知的海域中航行:

> 每一场战争都充满了独特的插曲。每场战争都是一片未知的海洋,充满了暗礁。指挥官可能因为从未看见过暗礁而怀疑其存在;现在他不得不在黑暗中避开他们。(120)

指挥官还会无法摆脱地怀疑自己所选择的行动路线是正确的。他"永远不可……指望在虚幻的安全这一狭地上前进,仿佛它是绝对的

---

① 'Strategic Critique of the Campaign of 1814 in France', p. 207.

安全一样"(517)。

因此,战略从来不是一种例行公事的活动:"任何一种方法,如果凭着它就能得出现成的战略规划,就像从某种机器上出来的一样,那么对这样的方法必须全然予以拒绝。"(154)战略实际上是一种创造性的活动,是想象力和智力的训练。由于指挥官面临着严重的危险、持续的不确定性、不可避免的摩擦和各种各样的选择,因此他需要优秀的心智和品格。在战术中,"当下的压力"意味着必须当机立断做出决定,不能怀疑,也不能犹豫不决,因这些很可能威胁到战略(178);而在战略中做出重要决策则非常不同,需要特定的品质。那么,优秀指挥官应具备哪些品质?天才指挥官的特质何在?

指挥官的素养

[160]克劳塞维茨承认自己不是作战指挥心理学的专家,但还是用一定篇幅对此展开了分析。他采用他常用的方法,先确定其中冲突或对立的元素,然后提出它们如何结合起来起作用。我们可以先看他对四种人格类型的讨论。这些人格类型的区分是基于两类要素:情绪水平的低或高,稳定程度的低或高。

前两种是情绪水平较低的人格类型。其中稳定性高的一类缺乏主动性和动力,但优点是很少犯严重错误,而且不容易失去平衡。稳定性低的一类可能被小事激怒而采取行动,但也可能被重大问题压倒,不太可能取得大的成就(106)。这两种类型的将军有他们的位置,但都难保能取得伟大的成就。

后两种是情绪水平较高的人格类型。其中比较不稳定的那一类可能有价值,他们行动勇敢但很难持久,需要密切监督。这些人若有勇气和抱负,则将适合"适度的指挥"(106-107)。第四类才是克劳塞维茨认为最有潜力成为军事天才的人:

> 很难动起来但感情强烈的人……他们最能唤起巨大的力量,消除阻碍战争活动的巨大负担需要这样的力量。他们的情绪就像巨大的物体那样移动——缓慢,但不可抗拒。(107)

很明显,这里是暗指沙恩霍斯特,他情绪强烈但性格稳定,克劳塞维茨认为这些是伟大军事领袖必须具备的心智和性情上的品质。

心智品质(qualities of mind)

心智品质有助于克服战争的"晦暗不明"(140)。所有这些品质中,最基本的无疑是智力(这也间接构成了其性情品质)。没有什么能弥补智力的缺乏,即使最大限度地使用武力,也不排除要"同时使用智力"(75)。很简单,"伟大的指挥官从来都不是智力有缺陷的人"(146)。这种智力并非通过正式的[161]教育获得,而要通过经验和观察、思考和研究获得(146)。一个好的指挥官有"从生活现象中提取本质的智力本能,就像蜜蜂从花中吸取蜂蜜一样"(146)。一些领导人有获得必要知识的"天赋",但大多数人——克劳塞维茨无疑想到了他自己——需要通过学习和思考来培养和发展他们的才能(147)。

在众多心智品质中,第一个是眼力(coup d'oeil)。由于战争的不确定因素和环境的迅速变化,大多数18世纪的军事作家都高度重视这一品质。① 眼力依赖于"心灵之眼"和"肉眼",它是"快速识别真相"的能力,"人的头脑通常会错过而看不到真相,或经过长时间的学习和思考才能获得"(102)。它不仅仅是基于直接印象的快速判断,它还需要"一种智力,这种智力使人即使在最黑暗的时刻也能保有某些微弱的、引人通向真理的内在明光"(102)。

第二个品质是处变不惊,或快速评估并处理突发事件的能力,对事件快速做出反应而不被击倒的能力。这究竟归因于某种特殊的心理状

---

① Duffy,1987,p.140.

态还是归因于神经官能的稳定,要取决于具体环境,但两种因素都会起作用(103-104)。

第三个品质反映了战争与地形密切相关的事实(109)。指挥官需要有良好的空间感,"一种快速准确地掌握任何地区地形的能力,它使人能够随时找到自己的方向"(109)。他需要在头脑中储存一幅面积或大或小的生动图像或地图,不褪色,也不模糊。这种能力很大程度上归功于"我们称之为想象力的心智天赋",也许"这是战争向这个轻浮的女神提出的唯一要求,尽管在大多数军事事务中想象力往往弊大于利"(109-110)。

综合起来,这些心智品质提供了对指挥官来说至关重要的判断的感觉:

> 一种整体感和判断力,它奇妙地站在最高处俯瞰,可以轻松地把握并排除一千种遥远的可能性。而普通人则需花费大量精力去一一识别这些可能性,把自己弄得精疲力竭。(112)

然而克劳塞维茨主张,即使是"悟性的超级发挥",若不是基于一些必要的性情品质(qualities of temperament),也不会具有什么"历史的重要性"(112)。

性情品质(qualities of temperament)

[162]如果说心智品质中最重要的是智力,那么性情品质中最重要的则是决心(determination)(108)。克劳塞维茨在为王储撰写的《战争原则》中,已经明确了这种品质的重要性,他认为"以武力和决心追求一个伟大的目标"这句格言,是"现代战争所有胜利原因中居首位的原因"。[①] 决心或坚持是基本的,因为行动一旦开始,就会显示出战争是"一个脆弱的结构,它可以轻易地瓦解并毁灭我们"(117)。由于情

---

① Principles of War, p. 19.

报的不可靠、摩擦阻力的影响以及敌人造成的损失,所有的计划、指示和命令都可能一事无成。

指挥官还面临着艰难的内部挑战:他可能怀疑自己计划的合理性,担忧敌对行动造成的危险,以及想到些"令人心碎的死伤景象"。因此,当一切都朝着相反的方向发展时,他必须对自己的计划和决定保持信心。

> 在可怕的痛苦和危险的面前,情感很容易压倒理智的信念,在这种心理迷雾中,很难形成清晰和完整的洞察,以至于改变看法变得更可理解也更情有可原。行动最牢固不过的基础是直觉,即某种对真相的感知。结果,没有其他任何领域中的意见分歧比在战争中更激烈,新的意见会一直猛烈抨击指挥者的信念。(108)

关于危险的报告像波浪一样从各方袭来,但他"必须相信自己的判断,并且像石头一样屹立,波浪击在其上只能徒劳地破碎开来"(117)。这考验着指挥官的心理素质(107)。

指挥官要克服自己与下属之间的摩擦,决心也必不可少。随着伤亡增加、恐惧加剧、迷失方向和怠惰,部下开始抵制他的意志,这不是违抗军令,而只是精神力量的自然消退。不受控制的群众"会把指挥官拖到畜类的世界,只知逃避危险而不知羞耻"(105)。指挥官必须对抗摩擦,但对结果不可抱不现实的期望(120)。处理摩擦是有代价的。"钢铁般的意志力可以克服这种摩擦,它粉碎每一个障碍,但当然也会磨损机器"(119)。

[163] 若胜利在即,乘胜追击可获得巨大回报,此时尤其需要指挥官的决心;但当部队一心只想要休息、食物和安全时,同样尤其需要指挥官的决心。这种"人类需求和弱点的全部重量"限制了将军的行动自由(263)。

> 所取得的成就归功于最高指挥官的雄心、精力,很可能还有他

的冷酷无情。也唯有如此,我们才能解释为什么很多将军缩手缩脚地没有好好利用胜利的优势。(264)

正是出于这些原因,克劳塞维茨批评维特根斯泰因在法军从莫斯科撤退时没有给法军造成更大的伤害。①

坚韧是不确定性和危险的"必不可少的抗衡物"(193)。它的作用是"限制怀疑带来的痛苦和犹豫所引发的危险"(102-103)。但将领常见的缺陷是,他的决心"可能退化为固执……不愿承认自己错了"。例如,在滑铁卢,拿破仑"坚韧得过了头,变成了极其愚蠢",他"孤注一掷地将最后的剩余力量押在一场无力回天的战斗上"(252)。这种固执不仅仅是虚荣,还是"性情上的缺陷"和一种特殊的自我中心(108)。指挥官如何知道何时坚持,何时改变或放弃计划?克劳塞维茨提出以下建议:"身处疑难情况之下,坚持自己原先的想法,拒绝改变,直到有清晰的信念要求改变。"(108)

像所有士兵一样,指挥官也需要勇气。克劳塞维茨认为指挥官的勇气有两种:"面对个人危险的勇气和承担责任的勇气。"(101)前一种可能是对危险的长久漠视,或者基于雄心或爱国主义等动机的某种不那么持久的情感(101)。后一种是"承担责任的勇气,直面精神危险的勇气"(102)。指挥官会在意"所有托付给他的人"的生命,"这种责任感会给他带来十倍的精神负担"(138)。他知道自己要为自己的行为,不只是当下的行为,也包括未来的行为接受审判——"要么在某个外部的法庭上,要么在良心法庭上"(101)。这种精神勇气是由智力(intellcet)创造的品质,因此被称为勇敢精神,但在现实中变成了"性情行为"。在战争中,"事态的发展"意味着人们"受感情而不是思想的支配",智力的任务就是"唤起勇敢品质"(102)。

伟大指挥官的第三种不可或缺的品质是无畏(boldness)。与勇气

---

① Brodie,1976a,p.643.

不同的是,它本身就是[164]一种原则,是一种"真正的创造性力量",它为指挥官分析形势并作出决断提供能量和支持。在战争中,无畏比其他任何活动都更能在一定程度上补偿"空间、时间和部队规模"(190)。它"不是违抗事物的自然秩序,也不是粗暴地违反可能性法则",而是一种"能为智力和洞察力插上翅膀"的力量(192)。低层军官可以自由地支配无畏,但指挥官的无畏则必须由强大的智力来加以节制:

> 越是在指挥链的高处,就越需要一个反思的头脑来支持无畏,这样它就不会退化为盲目激情的无目的迸发。(190)

不可避免地,无畏在高层指挥官中并不那么常见,因为对他们而言,"必要性与行动"之间的距离更大,"采取行动之前所要识别和分析的可能性也更多"(191)。指挥官可能不得不利用"对动摇和犹豫的恐惧来压制其他所有的恐惧",以此说服自己必须无畏(103)。军队面临的挑战是确保将领一直保有足够的勇气,能"跟上他的军衔增长"(191)。

即使与心智结合,无畏也包含风险。准备冒险的指挥官总是比犹豫、谨慎的将军更可取,"有时极端的大胆也是智慧的顶峰"(167)。克劳塞维茨主张,在战争中无畏通常胜过胆怯,因为胆怯与审慎相反,意味着失去平衡(190)。"在智力相当的情况下,胆怯在战争中造成的伤害是无畏的一千倍"(191)。无畏最明显地表现在面临积极行动或不行动的选择之时。克劳塞维茨赞扬弗里德里希大帝在1756年发起的攻击,而当时并无任何迹象指向战争(191)。出于必须而采取的无畏则要低那么一等。对克劳塞维茨来说,无畏是主动回应不确定性,也是增加成功机会的一种手段。18世纪欧洲曾广泛争论运气是不是军事指挥官的一个属性,其中许多人如弗里德里希大帝都认为运气"反复无常,无法预知何时到来"。① 克劳塞维茨的看法则更加正面一些,用现代术语来讲,无畏的指挥官为自己赢得了运气。

---

① Duffy, 1987, p. 142.

实践中的军事天才

[165]克劳塞维茨强调高层指挥遇到的挑战。低阶指挥官与军队指挥官或战区指挥官之间存在着"巨大差异",前者处在"更为密切的控制和监督"之下(111)。要测试的不只是指挥官的性格,还有他们的心智,因为军阶越高,"其活动受头脑、智力和洞察力支配的程度越大"(191)。"天才"一词只能用于最高层次的指挥官(111)。

克劳塞维茨的"天才"一词,指的不是抽象的或一般的心智素养,而是"适合某一特定行业的高度成熟的心理禀赋"(100)。特殊的军事天才不是如勇气那样的"单一的恰当禀赋",而在于"各要素间的和谐结合,其中一种或另一种能力可能占主导地位,但没有一种能力与其他能力相冲突"(100)。眼力、处变不惊、空间感和智力等心智能力,要与勇气、大胆无畏和决心等性格特质相结合。心智与性情之间的不平衡是失败的原因。例如,一些智力很高的人往往犹豫不决,因为"他们的勇气和智慧在不同的隔间里工作"(102 – 103)。

从伟大的指挥官如何开展工作,可以发现他们的几个特质。一个是他们的"心理力"(strength of mind),即他们能够在强大的压力和激烈的情感之下保持头脑清醒(105)。这种高度的自我控制来源于性情而不是心智,因此它不同于处乱不惊。指挥官有强烈的情感,但自我控制确保他不会被情感支配。自我控制是一种情感,它"用来平衡坚强性格中的激情,而不破坏它们",它是基于"任何时候都要理性行动的动机",克劳塞维茨称这种动机为"人类的尊严感、最高尚的骄傲和最深切的需求"(106)。"心理力"也意味着做出重要决定的能力。大多数将军"在应该采取行动时却被不必要的怀疑搞瘫痪"(179)。因为真相本身很少足以让人付诸行动(112)。行动更多地来自情感,而不是智力。

伟大指挥官的第二个特点是他们能够简化战略中的种种复杂要素。他们只专注于那些本质性的活动,这些活动就像溪水汇入河流,"完全倾

空自己,汇入战争的汪洋大海"(144)。这就使战略显得很简单:

> 似乎几个并不复杂的想法就解释了他们的决定……人们得到的印象是,伟大的指挥官以一种轻松、自信、[166]几乎让人觉得不经意的方式来管理事务。(577)

因而,"整个被称为战争的大怪物"经常被简化为"个体间的较量,一种决斗"(577)。

将军本人的身上也已经体现了整场战役:

> 说到底,其实指挥官的眼力(coup d'oeil),即他简单地看待诸事,并完全靠自己来识别战争的全部事务的这种能力,才是优秀将领的本质。(578)

将领想成为军队及其胜利化身的愿望创造了巨大的能量和生命力。这在有些人看来像是自我吹捧,但"对名声和荣誉的渴望"是高效领袖固有的崇高抱负。这给了指挥官"努力奋斗以超越其他人的雄心",也使他"对战斗的每个方面都有个人的、几乎是战争所有者那样的兴趣,这样他就能最大限度地利用每个机会"(105)。没有哪个能干的总指挥会缺乏雄心壮志,克劳塞维茨认为恐难想象有这样的人(105)。他没有提及琐碎的竞争、受挫的雄心及深深的怨恨所带来的破坏性影响,这些也可能是将军们职业生涯的特征。

最后,伟大的指挥官会让他的智慧和性情表达到极致。早在1804年,克劳塞维茨就提出,指挥官的战略选择"是他思维和情感方式的一种纯粹的表达,几乎从来都不是经自由考虑之后所选择的路线"。① 带兵是一种创造性的活动,在这种活动中,决策似乎由第二天性做出。例如,罗马的领袖昆克塔托(Fabius Cunctator)之所以推迟对迦太基军队

---

① 'Strategie aus dem Jahr 1804', Hahlweg (ed.), 1979, p. 10;译自 Gat, 1989, p. 179。

的行动,并非因为推迟战略是合理的,而是因为他天生就爱拖延。①

因此,伟大将军的才能在很大程度上是与生俱来的。

> 大多数人只是凭直觉行事,其成就的高低取决于天赋的大小。所有伟大的指挥官也都凭直觉行事,他们的直觉总是可靠这一事实,在一定程度上就是衡量他们固有的伟大和天才的标准。(未完成笔记,71)

杰出指挥官必须生来就具备某些性情品质,其中首要的是大胆无畏。"没有一个天生懦弱的人能扮演[167]这样的角色,因此我们认为这种品质是伟大军事领袖的首要先决条件"(192)。一个事实进一步证明了天赋的重要性:"在战争中,常有人成功地跻身军队高层,有些人甚至做了最高指挥官,而他们之前的奋斗领域原本与此完全不同"(145)。至于天才的领导潜力能否事前发现或加以有效培育,克劳塞维茨并未讨论。

总之,伟大的指挥官将心智和性情结合,达到了"主宰事件而不是被事件主宰"所需的自由(578)。克劳塞维茨如此强调"创造性人格",显然有别于他的老师沙恩霍斯特的观点,后者是启蒙运动的典型代表,更喜欢用普鲁士的军事部署而不是个性来解释弗里德里希大帝的胜利。② 克劳塞维茨认为,重要的是理解战争双方领袖的人格,而不仅仅是双方的实力比较。③ 军事天才会在战役中烙上他的性格特质。

战略心理学

战略永远是一场赌博,而将军永远是一个赌徒。将军对获得的信

---

① 'Strategie aus dem Jahr 1804', Hahlweg (ed.), 1979, p. 10.
② Azar Gat, 1989, p. 179.
③ Azar Gat, 1989, p. 180.

息存在疑问,不确定自己的军队和敌人的力量,不明确事态的发展方向,因此他必须拿众人的生命、整个军队和国家的命运来赌博。偶然性和概然性是战争的核心,克劳塞维茨的解决方案是求助于心智和性情品质。这些品质让指挥官可以处理复杂和危险的局势:"天平的一端是不确定性,因此必须在另一端加上勇气和自信以达到平衡。"(86)鉴于"这些最好的和最不可或缺的军事美德","可留给运气的空间更大"(86)。指挥官无法消除不确定性,只能最大化地利用它。确实,恰恰是这种不确定性为将军们提供了施展才华的机会。[1]

较之战术,战略更多是人类思维的产物。将领可以借助物质资源,但也可以借助他的心智结构来控制对手。因此在面对不确定性时,勇敢比胆怯更有价值,就像一个扑克玩家通过准备玩输来提高获胜的几率。这里有一种明显的浪漫情调。虽然历史是由社会力量塑造的,但克劳塞维茨认为个人可以在其中发挥决定性作用。特别是在危机时刻,个别领袖可以创造历史。[2] [168]有助于理解克劳塞维茨为什么经常提到拿破仑,以及他对沙恩霍斯特和格尼泽瑙明显的钦佩。[3] 他关于增进决心和无畏的提议,符合当时主流观点对伟大的军事领袖的看法。英雄在带来胜利的同时也会带来灾难,不过,看起来克劳塞维茨几乎不担心仰赖英雄人物带来的危险。[4]

克劳塞维茨对指挥和领导心理学的讨论并不十分复杂,也并不系统。他确定了一些对立的要素,并主张这些要素之间需要达成平衡。在战争氛围中,不能过分鼓励坚韧以至于它变成顽固,无畏的行动需要由反思来节制,自信要与怀疑相结合。心智和性情不断地相互作用。在克劳塞维茨看来,战略的实施不仅要运用智力,还需要用到情感和性

---

[1] 见 Herbig,1986,pp. 98 – 99; Gallie,1978,p. 45。

[2] Paret,1976,p. 349.

[3] 令人惊讶的是,克劳塞维茨没有一次提到威灵顿公爵,而此人的天才可以说在滑铁卢战役中具有决定性作用。见 Keegan,1987,ch. 2。

[4] Handel,2001,p. 185.

格。简而言之,战争使整个人——他的心智和性情都参与其中,这让战争比任何其他活动都更容易暴露出一个人的弱点。

在克劳塞维茨对指挥和指挥官的诠释中,可以同时发现启蒙和反启蒙两股思潮的痕迹:必须将理性、理智和知识带入战争行为,以便为一个带有内在危险和混乱的活动施加一定程度的秩序,使之达到一定的目的;可是,战争又关乎激情、情感、灵感和性格,这些都在驱动着将军,而他又不能被这些所主导。不管克劳塞维茨对战略指挥的分析带有怎样的局限,在那个时代他已体现出显著的洞察力和均衡性。虽有后来的分析者加以补充和修正,但他的分析并没有完全过时失效。

第六章

理论与实践

14 理 论

哲学教我们发现基本要素间的相互关系。(374)

对战略理论的探索

[171]许多人都寻找过战略中的圣杯(holy grail),它是将领借以取得军事胜利的一套规则或原则。这种探寻可追溯到古希腊和古罗马,文艺复兴时期因意大利城邦的涌现而得以复兴。马基雅维利曾渴望发现普遍的理性原则,以满足统一指挥和决胜战役之类的需要。因此,他的《兵法》为将领们提供了许多"预防措施"和二十七条"军事训练通则",这些通则由涉及战略、战术、行政和训练的格言和戒律组成。①

18世纪时,欧洲人对战略理论的兴趣重新恢复。当时建立了许多军校,这就提出了一个问题:如果有战略课,可以教些什么? 启蒙思想家寻求系统的方法,而反启蒙者则寄望于伟大的将军和他们天才的作战技艺。针对战争行为,"众说纷纭",需要"给出某种解决方案"。克劳塞维茨认为,随着战争变得"更加有序和复杂",找到更加复杂的原则和规则是可能的(134)。首先,理论必须处理好组织战役这一包含诱人奖品的活动。

在战术层面,原因与结果联系紧密,一场一场交战对士兵的要求大体相同。因此,战术层面的理论"对理论家来说,困难远小于战略层

---

① Machiavelli,1990,pp. 122,202 – 204.

面"。一般来说,[172]克劳塞维茨认为,"体力活动越多,为其制定精确规则的难度就越小"(140)。本质上类似的情况反复出现,因此,训练和常规程序可根据"同类情形下的一般可能性"来制定,行动步骤也由方法而不是由一般原则或个别规章来规定(151－152)。例如,不用以骑兵去对付尚未攻破的步兵,敌人进入射程以前不要开火(如果指挥官作出不同的判断,这些规则也可以打破)。克劳塞维茨称这些为"平均真理",它们会带来更好的总体效果(152)。

战争计划处在另一极,它主要关乎政治判断,并包含近乎无限的各种决定和后果。克劳塞维茨顺带着批评一些人通过归纳来寻求国际政治理论,认为这种研究根据"最显著的特征,事件的高潮"研究个别案例,而不深究其根本原因。这种理论家"走不出轶事",他们的发现只适用于单一个案(374)。这一层次的理论没有多大前景,尽管克劳塞维茨确实讨论了一些重要的规律性的东西,如追求国家利益和权力平衡。

战略理论的挑战

克劳塞维茨很清楚当时战略理论存在的问题。首先,这些理论试图找到固定的价值,因为理论家们专注于可测量的东西,重视物理因素而不关心精神因素,关注单边行动而不是双边互动(136)。此外,这些理论还以克劳塞维茨所指责的方式错误地使用证据:

> 选取三四个来自不同时空的例子,不管它们差异极大的外部环境,硬堆在一起,这只会分散和迷惑一个人的判断力,而不能证明任何事情。日光之下通常会显明它们只是垃圾,作者不过是以此来炫耀自己的学识而已。(169)

因此,许多流行理论缺少任何现实的根基。

与战略理论相关的一个问题是,它容易受时尚的影响,这也是军事界甚至整个社会的问题。① 克劳塞维茨指出,"支配"(domination)、"制高点"(commanding position)和"关键阵地"(key position)之类的名词术语都有其自身"魅力",这有助于它们各自成为"军事学问中神圣的惯用语"(352)。一些作家还过分着迷于法国人革命性的方法:"通常的情形是,观点凌驾于事实之上,[173]人们对旧体系的信心崩塌,其程度甚至超过了现实所能证明的"。②

浮华和虚荣也会鼓动战略家们提出明显狭隘而片面的宏大体系。战略家们太轻率地采用那些"行话、技术术语和隐喻",它们"就像一群无法无天的露营爱好者一样,无处不在"(168)。这不但常常使他们失去读者,也说明作者并不知道他自己在说什么。理论在那些真正拥有军事才能的人中间沦为笑柄(169)。

理论也往往给出太多承诺——许诺它是成功手册。但是,克劳塞维茨却反复谈到战略理论的局限,认为理论做不了以下这些事:

- "构建一个战争艺术的模型,像脚手架一样让指挥官随时可以依靠。"(140)
- "成为有用的信条,一种行动手册。"(141)
- "充当向导,在行动时准确地确定他必须走的道路。"(141)
- "涵盖每一个抽象的真理,这样批评家所要做的就是把研究的案例归类到适当的标题下。"(157)
- 向指挥官提供"可用作智力工具的有效的理论和系统。"(168)
- "在其中任何一方种下一道原则的篱笆,以此标示出唯一解决方案所应在的那条窄路。"(578)

因此,寻找"精心制作的科学指南,好像它们是一种真理机器",这是荒谬的(168)。简而言之,能提供详细指导的理论是"绝对无用的"

---

① Paret, 1976, p. 349.
② 'Scharnhorst', p. 102.

(136)。

与此相反,合理可靠的战争理论会避免"晦涩难懂的语言",而采用"平实的语言和一系列清晰易懂的概念"(168)。这会让那些期待奇异定理(exotic theorems)的人失望:

> 读者本来期望听到战略理论,听到些线条啊角度啊之类的东西,结果却发现自己遇到的不是这些来自科学世界的居民,而只是日常生活中的凡物。但是,作者不可能使自己比他心目中他的研究主题所保证的更科学,哪怕只是一点点——尽管这种态度可能显得很奇怪。(193)

理论也不可太细节,以至于涵盖所有可能的情况。如果想涵盖所有情况,理论将变得极其繁琐,"你将淹没在种种琐碎之中"。①

然而,[174]理论也不能太宽泛、太多陈词滥调,以至于与实际战争毫无关联。② 抽象在数学中有用,但在战争中却毫无用处:

> 抽象为了反映无生命的形式,就必须不断抛弃活生生的现象……其结果是枯燥乏味的真理和陈词滥调被挤压到一个教条中,组成一个干枯的骨架。③

危险在于,指挥官们将"不可抗拒地被拖入沉闷乏味的学究状态","在沉闷的概念世界四处摸索"(578)。

尝试构建"战争艺术的科学理论"会有很大问题。克劳塞维茨在一份可能写于1827年的笔记中看到:

---

① 'Abstract Principles of Strategy' (1808 – 1809), cited Paret, 1976, p. 152.
② 见'Strategie aus dem Jahr 1808', Hahlweg (ed.), 1979, p. 46。
③ 'Strategie aus dem Jahr 1809', Hahlweg (ed.), 1979, p. 60; trans. from Paret, 1976, p. 155.

如此多的尝试都失败了,以至于大多数人都说这是不可能的,因为它处理的是根本没有永恒不变的法则的东西。假如不是因为一个显而易见的事实,即一系列的命题可以毫无困难地得到证明,人就会同意这话并放弃这种构建理论的尝试了。(未完成的笔记,71)

他列举了许多命题作为例证,其中包括:

· "防御的目标是消极目标,是更强的作战形式,而攻击的目标是积极目标,是更弱的作战形式";

· "重大成功有助于带来小成功,因此战略成果可以追溯到某些转折点";

· "胜利不仅在于占领战场,还在于摧毁敌人的肉体和精神力量,而此目标通常只有在追击溃败之敌时才能达到";

· "每一次攻击都随着进展失去动力。"(未完成笔记,71)

《战争论》还提到其他几个"法则"或"原则",例如:在决定性的节点要非常强硬;除非有充分理由,否则要使力量保持集中(204);各部队应该同时加以使用(因此战略储备的存在不是为了其本身,而是服务于最终的决战)。克劳塞维茨认为,这类一般命题可能并不适用于每个实例,却包含了"各个案例的一般机制"(374)。

[175]很明显,这些命题还称不上一套全面的战略理论;有些命题无疑显得不言而喻、微不足道或用途有限。但克劳塞维茨最关心的不是提出一套有用的战略理论来直接帮助指挥官。正如他在 1808 年所写的那样,这只是理论的一个功能,理论另外还有分析和教学两种功能。① 为了实现后两种功能,克劳塞维茨着手做了两件事:1)考察建构和检验战略理论的科学依据,明确一个有助于解释现实的理论在逻辑

---

① Paret,1976a,p. 14.

上有何要求；2）阐明理论在实践中如何起作用——不是直接为指挥官提供可遵循的法则，而是间接教化他的思想并辅助他做判断。

建构战略理论

"绝对战争"（absolute war）是建构战略理论的起点。在此概念中，因与果关系紧密，不受摩擦或政治压力的影响。一切发生之事，其原因都只与战争本身有关。

> 在战争的绝对形式中，一切都源于必然的原因，一个行动迅速影响到另一个行动，如果我们可以一个表达来形容的话，那就是不存在中间空隙。（582）

因此，绝对战争更有可能通过提供"一般参考点"来揭示明确而持久的战略原则（581）。理论家或许可以想象他是在"逻辑和数学类精确的科学领域内"工作（585）。

但是，由于所有的战争都不是绝对战争，理论必须考虑在实践中发生的事情："理论是为了说明实际的战争是什么，而不是理想的战争应该是什么。"（593）事实上，战争越是远离其纯粹的形式，理论的活动范围就越小：

> 越多外部因素把战争转变成某种半心半意的东西，理论可用的基础就越不可靠；本质要素越稀缺，偶然因素就越是加倍增多。（218）

实际组织战争时，"必须从内在必然性的严格法则转向种种可能性"（91）。因此，"原则与实际事件之间存在明显差距，不能总是通过一系列逻辑推断来加以弥补"（108）。

虽然，理想［176］与现实之间的差距还是可以在某种程度上通过法则（laws）、原则（principles）、准则（maxims）和规则（rules）来弥合。这里,克劳塞维茨学习借鉴了康德的《实践理性批判》,特别是其中的第一卷第一章:"纯粹实践理性的原则"。① 在整个层级结构的顶端,是一条直接代表"事物及其效果之间的关系"的"法则",它客观真实,且适用于每个人。"法则"还有另一个类似的含义,即以"法令"或"禁令"的形式决定人类行为的命令(151)。

"原则"是"行动的法则",但它不是指着因果之间的固定关系说的。原则存在于"现实世界的多样性无法装进严格形式的法"的地方,应用时需要并"允许更大的自由判断度"(151)。只要一项原则建立在潜在真理的基础上,它就是客观的,"对所有人都同样有效"。相反,基于"主观考量"的原则(通常称为"准则")只适用于根据自己的判断和经验而采纳它的人(151)。

"规则"一词通常用来表示与原则相同的意思,但从另一个意义上说,它允许从一个单独的相关实例中识别潜在的真理。数学中的两点之间直线最短就属于这种规则。同样,在战争中,敌人故意暴露部队说明敌人是在伪装,这也"是一个规则"。"这种推断真相的方式可以被称为一种规则,因为你可以从相关的可见事实中推断出敌人的意图"(152)。

法则、原则和规则必须反映并解释现实,识别其中的重要因素,并以一致且合乎逻辑的方式表明各因素间的关系。② 克劳塞维茨提供了两个公式:

·其(理论)的科学特性在于试图揭示战争现象的本质,并指出这些现象与其各组成部分的性质之间的关联。(序言,61)

·理论若被用来分析战争的组成部分,精确地区分那些初看让人迷惑的东西,充分解释其所用方法的特性并揭示出方法可能的效果,那

---

① Trans. and ed. Lewis White Beck,1949,pp. 130 – 166。亦见 Echevarria, 1995,p. 231。

② Hahlweg,1980,p. 18.

么理论也就完成其主要任务了。(141)

与此同时,理论还将清除混乱和错误的想法。"理论应该稳定地揭示所有现象的本质,这样我们就能更容易地识别和清除因无知而滋生的杂草"(578)。

建构[177]战略理论的困难源自战争的内在本质。其一是复杂性问题。在战争中,原因与结果往往相距甚远:

> 事件与我们正在寻找的原因之间的距离越大,必须同时考虑的其他原因就越多。(159)

此外,任何战争中的重要事件都是多个复杂的原因同时作用的结果。每一个行动、每一个决定都有影响,"不管多么轻微,在某种程度上都会修改它们的最终结果"(158)。小事件可能有大的影响,反之亦然。影响可能是有意也可能是无意的。影响不是确定性,而是概率性的。给定的行为并不总是产生可预测的效果,现在这种现象称为非线性现象。① 寻找因果链不仅需要复杂的计算,还需要假设不同原因的相对权重和可能产生的不同结果。"必须做出大量假设来讨论那些实际上没有发生但显得有可能发生的事情"(159)。

其二,互动是战略的本质,这大大增加了战略的复杂性。从单边思考行动的理论家陷入了严重的错误,因为战争中存在"对立双方的持续互动"。一方的每个行动都会引发另一方的反应(136),每个行动和每个反应都会改变局势,而新的局势可能需要新的战略。一场战役中可能出现的变化是如此之大,以至于"互动的本质必然会使互动本身变得不可预测"(139)。正如拿破仑所说,你与敌人交战,就会看到接下来发生什么。

其三,战争不可避免的摩擦力会阻碍理论的建构。力学中的摩擦

---

① 有关克劳塞维茨的讨论,见 Beyerchen,1992–1993。

常常可以精确计算,可是在战争中,"巨大的摩擦……无处不在地与偶然性接触,带来难以计算的后果"(120)。理论建构也不可能去考虑战争中的摩擦:

> 军事工具像一个具有巨大摩擦阻力的机器,与在力学中不同,它不能还原到几个点,而是到处都与偶然性接触。①

因此,战争中的摩擦"是一种理论上永远无法界定的力量",需要"本能和机智"来应对(120)。

其四,[178]战略理论必须包含人类的心理因素。因为"军事活动从来都不仅仅针对物质性力量,而总是同时针对赋予它生命的精神力量,两者很难分开"(137)。因此,战争是精神力量和物质力量不可分割的统一体,是"一个有机整体,不像合金,即使化学过程也无法将二者分开"(184)。建构战争理论的问题在于,"精神的价值只能由内在的眼睛来感知,这在每个人身上是不同的,而且同一个人在不同的时间也不同"(137)。两个人可能会对精神因素有不同的评估,正如建筑师或艺术家对一栋建筑或一幅画作的美学评价不一致(136)。对于理论来说,"不幸的是",战争中的精神因素"不是学院式的智慧可驾驭的。它们既不可分类也不可计算。它们必须被看见或感觉到"(184)。

总而言之,理论家必须明白,"在战争中,一切都是不确定的,必须以种种可变量来加以思考"(136)。也不能仅仅以双方军队的可见行动来解释一场战役,还需要说明参战方的意图以及这些意图何以形成。此外,指挥官的决策在某种程度上也由他们所持有的战略理论决定。对于克劳塞维茨来说,战役是一个移动中的靶子,战争理论只能不断地接近它。

---

① 'The Campaign of 1812 in Russia', p. 165.

批判性分析

在上述背景下,克劳塞维茨建构战略理论的进路,就是通过他所谓的"批判"(Kritik)。或许最好翻译成"批判性分析",它包含三个阶段。首先是确立历史事实,此即"历史研究本身",它与理论"毫无共同之处",却是理论不可或缺的原始材料。第二是"严格意义上的批判性分析",即"由果溯因"。最后一步是评估战略,"对战略本身的评价,包括褒贬"(156)。这将在下一节中讨论。

(1)历史研究

历史研究最初的任务是"发现和解释模棱两可的事实",即可能引出不同解释的事实。但获得关于过去的精确知识是有问题的。克劳塞维茨观察到,生活中"没有任何领域像战争这样,如此普遍地"缺乏与行动及其背后动机相关的信息。细节或没有记录下来,或可能"被指挥者故意隐瞒"(156)。历史书或回忆录中很少提到高级将领之间存在的分歧,[179]因为它们可能"触及政治利益,或就是被遗忘了,就像建筑完工后拆除的脚手架"(112)。时间的流逝意味着"军事史像其他任何类型的历史一样,必然会……失去大量曾经清晰的次要元素和细节"。历史记录"失去了一些生命和色彩的元素,就像一幅逐渐褪色和变暗的图画"(173)。回忆录也不可靠。读完拿破仑对1796年战役的回忆和描述,克劳塞维茨总结道:"我们不可完全接受指挥官本人对他自己的决定所做的评价,这很可悲,但却是必要的。"①

说历史记录不可靠和不完整是一回事,怀疑历史与当下的相关性则是另一回事。18世纪的军事理论家更熟悉凯撒和韦格蒂乌斯、希罗

---

① Paret,1976,p. 334.

多德和修昔底德，而并不熟悉同时代的军事指挥家。① 然而，克劳塞维茨认为，战争形式随着时间推移会发生显著变化，很难从古代战例中获得"实际教益"。因此，"往前追溯得越是久远，军事史就越少用处，同时也变得越模糊、越空洞"。的确，"古代军事史毫无疑问最无用、最空洞"。克劳塞维茨认为，许多作家倾向于提及古代战争，这散发着"虚荣和骗术"的味道，让人对他们"目的的诚实性"产生怀疑(174)。同样，中世纪的军队非常专业化，"完全脱离政治和公民生活"，因此从那个时代吸取的教训用处也有限(174,586-587)。

战略理论要有价值，就必须着眼于最近的军事史。克劳塞维茨认为，奥地利王位继承战争(1740—1748)之后的战争与"今天的战争十分相似"(173)。《战争论》中，75%以上的军事史引述都与弗里德里希大帝时代的战争相关。② 但这提出了一个重要问题：战略理论在多大程度上具有普遍性？一方面，一场战役作为两个指挥官之间的较量，可能显示出适用于任何时代战役的互动类型，如突袭、追击或决战。就此而言，战略理论可以借鉴任何可靠的历史。但另一方面，克劳塞维茨认为，每一个历史时代，考虑到其政治、社会和文化条件，都有其"独特的战争类型"，因此也都有其"独特的战争理论"(593)。新的条件可能在战争中开出新的可能性[180]（或终结旧的可能性）——他那个时代就发生了这样的事——使战争更加活跃和激烈。

> 如果没有警示性的例子来证明战争的毁灭性力量，理论就会被当做耳边风。没有人会相信现在所有人都经历过的事情曾经是可能的。(581)

然而，这可能并不意味着战略原则变了，而只是意味着这些原则需要适应新的环境，或意味着适用于新环境的是一些不同的战略原则。

---

① Duffy,1987,pp. 52-53.
② 这排除了拿破仑式战争。Paret,Moran (eds),1992,p. 19.

追求普遍性的理论与专注于某一特定历史时期的理论之间存在持续的张力,克劳塞维茨总是倾向于后者,但也并未放弃前者。

(2)批判性分析

一旦关于过去的准确且相关的记录建立起来,批判性分析就开始了:"对历史事件的详细描述是将几个事件混合起来,尽可能地推导出一个学说。"(171)然而,即使在同一时代的战争中,每一场战争也都有其特定的环境、独特的事件和个性化的人物。克劳塞维茨在早期的一篇文章中写道:

> 恰恰是战争和战略中那些最重要的因素——具体的细节、明显的独特性和当地的环境,最能避开抽象归纳和科学的系统性。①

然而,必须找到足够数量的案例,且这些案例足够相似,以便得出一般性结论。

即使在战术层面,问题也很明显。克劳塞维茨关于骑兵与步兵的空间分布是否影响战斗结果的讨论,很能说明问题。仅举出骑兵被放在侧翼而失败的例子和骑兵被放在步兵后面而胜利的例子,是不充分的。这显然是一种"危险的权宜之计",因为也可以很容易地举出一些反例。显然还得考虑那些骑兵与步兵排成一列仍然取得胜利的例子(172)。

在战略层面,事情就更为复杂,克劳塞维茨对布吕歇尔和施瓦岑贝格1814年分别进军法国以及拿破仑如何回应的讨论表明了这一点(162-164)。他认为,盟军最初决定各自推进是一个"错误",尽管这场战役最终证明是成功的。拿破仑因迅速调动军队[181]并击败布吕歇尔和施瓦岑贝格而广受赞誉,然而克劳塞维茨认为,如果拿破仑"继

---

① 'Strategie aus dem Jahr 1809', Hahlweg (ed.), 1979, pp. 60-61, trans. from Paret, 1976, p. 155.

续攻击布吕歇尔并把他赶回莱茵河",他本可以完全阻止盟军的(162)。为了论证分散作战尽管最终取得成功也是愚蠢之举,克劳塞维茨必须证明这一战略本来是会失败的(163)。这种思辨性的论点不可避免地要依赖于特定的假设和命题。此外,即使他对这个案例的分析正确,那也只是一个例子而已,要推出令人信服的战略原则,还需更多的例子。

这就指出了克劳塞维茨理论中一些基本的方法论问题,因他不仅把历史用作事实材料,还把历史看作提出并检验其命题的实验室。① 首先,着眼于历史的研究者可能已经持有许多的理论,并有意无意地只是寻找支持这些理论的证据。克劳塞维茨在其他人身上发现了这个问题,但他相信自己能够避免它,他声称原则不仅来自历史,也要"对照历史来加以检查"(144)。第二,有些对自己理论最不坚定的理论家发现了不少支持其特定命题的例子,但即便这样的理论家,可能也仅仅是在说明某个假设似乎是可信的。历史事例究竟是在证明一个现有命题,还是在证明一个与之相对的命题,这从来都不明确。采用案例研究法总是存在一种可能,即如果研究的是一些不同案例,可能就会出现不一样的理论。

克劳塞维茨也认识到了这一点,他承认,在战略理论中总是可能存在例外情况。意识到该方法论的陷阱后,他转而求助于应用战略理论所需要的判断力。他针对不寻求决战的复杂防御战所说的话,同样适用于一般的战略:

> 尽管可能没有系统和机械的方式来认识真理,但真理确实存在。要认识到这一点,一个人通常需要经验丰富的判断力和长期经验养成的直觉。尽管历史可能不会给出任何公式,但在这个领域它确实为判断提供了练习,就像在其他领域一样。(517)

---

① Reynolds,1978 and Gooch,1980 的要旨正在于此。

然而，理解并应用战略原则时需要的判断力，本身就必须以一些理论概念为基础。还有什么别的选择呢？正在练习判断的将军可能会宣称他依靠的是经验，但归根结底，这不过是一些被内化了的战略命题；而且由于[182]没有暴露在日光下，这些命题可能并不那么可靠。若判断至少在某种程度上会用到理论，那么我们就是用理论来检验理论。

或许理论家可以指望天才来指明正确的方向："天才所做的才是最好的规则，理论所能做的无非是展示天才如何以及为什么会这么做。"(136)但这仍然没有解释天才为什么能起作用、其行为如何匹配或不匹配更广泛的命题等问题。没有坚实的理论基础作为起点，理论就不过是重复自己的假设而已。

克劳塞维茨意识到了其中的问题，他采取了一种实用主义的态度："在战争艺术中，经验比任何抽象的真理都重要。"(164)最好的理论就等于最有效的理论：

> 然而，包括战争艺术理论在内的经验科学，并不能总是用历史证据来支持其结论。单单所要涵盖的范围之广，往往就会排除这种做法了；除此之外，指出实际经验的具体细节可能也很难。在战争中，某一种手段如果被证明非常有效，就会再次被人使用；它将被人复制并成为时尚。于是，在经验的支持下，该手段就被普遍使用并且被纳入理论中。理论满足于引用一般经验来暗示方法的来源，而不是去证明这一来源。(171)

历史或许可以"提供经验科学中最好的证据"，在战争领域尤其如此(170)。但历史并非无可辩驳的证据，因为战略根本不承认无可辩驳的证据这种东西。于是我们只剩下一些命题，它们建基于经验、常识以及对它们内部如何运作的理解——这些命题不是法则，顶多只是暂时有效的原则、规则和准则。

克劳塞维茨所做的不是寻找科学命题，而是强调理解军事历史的重要性。军事史不是为了证实或推出理论。相反，克劳塞维茨认为理论的作用是帮助理解历史。① 在阅读历史时,我们会想到一些宽泛的战略原则,这些原则有助于我们理解过去发生了什么。换句话说,对于克劳塞维茨来说,理论"既不是历史的总结,也不是历史的提炼,而是历史的补充"。② 在实际的战争行为中,理论不是与过去打交道,而是与现在打交道。对将军而言,重要的是通过历史去理解他所用的战略理论的性质和局限。

结　论

[183]历史与理论的关系是克劳塞维茨关于战略的认识论核心。他关于许多战略理论弱点的讨论很有说服力。必须筛选证据,并确定具有适当可比性的事件。提出的命题不可太笼统,也不可太具体。不能夸大相似性,因为将军们从来不会再打一次同样的战役。不同的战争性质、军队和政治目的,使得每一场战争都与众不同。然而,如果每一场战争或每一场战役都独一无二,那么人就永远无法从一场又一场的战役中吸取任何教训,一个时代的战争也不可能与随后的时代有任何关联。

约米尼尖刻地评论说,《战争论》先否定了战争理论的可能性,接着又提出一个战争理论。③ 或许这样说更公平些:克劳塞维茨主张理论是可能的,但转而强调理论建构的困难。他认识到现实与理论之间不可避免地存在差距,个中原因多种多样:战争的复杂性,交战各方之间的相互作用,物质和精神因素的融合,以及摩擦和偶然性的影响。因此,战略与其说是规定性的,不如说是推测性的。理论家除了研究实际事件,还得在头脑中思考没有打过的战斗和没有使用过的

---

① Paret,1976a,p. 23.
② Sumida,2000,p. 70.
③ Aron,1972,p. 603.

战略。克劳塞维茨总结说,战略理论的价值最终取决于判断力和专业知识。

因此,即使拥有了关于过去的确切知识,有了与当代情况的相关性,也判定了大量具有可比性的案例,关于战略的明确命题似乎仍然遥不可及。克劳塞维茨在讨论某次不寻求决战的战场防御时承认,"简而言之,我们承认在本章中我们不能发现任何原则、规则或方法:历史不能为这些东西提供基础"(516)。只有在纯粹战争中,战略理论才能找到其规律和必然性。因此,《战争论》并没有提供一个实质性的、明确的和充分发展的战略理论——仅仅是些一般性命题。而且,此书所提供的那些命题只是揭示了任何战略理论都会面临的困境。

克劳塞维茨的成就是在别的方面。《战争论》之前的理论家们很大程度上忽视了战略作为一种活动的特征,而他的第一大贡献是,分析了战略行动的性质及其与战术和政治层面的关系,他的分析比他前后许多思想家的论述更加清晰。他发现了[184]战略的诸多特征,如摩擦、不确定性、互动性、理论作用等,在这方面他从未被超越。虽然战争融合了具体历史时代的精神,每一场战争都具有独特性,但战争中仍然存在某种普遍要素,这就是那些不会改变也不可忽略的共同且持久的特征。① 对克劳塞维茨来说,这一要素就是战争是竞赛这一观念。它为确立广泛的战略原则留下了余地,这些原则在各个时代都有意义,但其形式由特定时代战争的普遍特征所决定。

第二,克劳塞维茨解决了一些认识论难题。在军事战略领域或人类努力的任何领域,任何人试图建构一个有用的理论时都会遇到这些难题。他的成功来源于他对历史方法的了解、他对实际战略的切实理解以及他本人的分析能力。他的方法论的成功之处不在于战略理论内容的增加,而在于战略理论的建构过程,尤其是他展现了理

---

① 'Strategie aus dem Jahr 1808', Hahlweg (ed.), 1979, p. 47.

论建构过程中的局限。① 克劳塞维茨在《1814年法国战局战略批评》中谈到,"我们相信,不是我们争论的内容,而是我们争论的方式,可能有益于理论"。② 他承认建构理论的任务最终要依靠判断,而不是科学。

最后,克劳塞维茨不仅讨论了理论与历史的关系,还讨论了理论与实践的关系。如果说战略理论需要判断力、创造力、灵感和智力,那么,理解它在实践中如何起作用就很重要了。

---

① 见 Gallie,1978,pp. 43–44。
② 'Campaign of 1814', p. 208.

15 实 践

> 理论……可以让人的心智看透大量的现象以及现象间的联系,然后让心智自由地上升到更高的行动领域。(578)

[185]如果说克劳塞维茨的作品具有哲学色彩,那是因为他试图理解理论与实践的关系。① 理论试图在观念层面建立因果联系,实践则尝试把现实世界中的手段和目的联系起来。理论处理与案例相关的术语,实践则关注实际案例。理论可能会借鉴过去的实践,实践则可能根本不用理论。事实上,有人可能会把理论和实践想象成全然分离的:"纯理论"将包括适用于所有战争的科学定律;"纯实践"则意味着指挥官有意或无意地不依赖理论来作战——这种情况只有在战争只是无须动脑的仪式或纯粹的激情时才有可能。实际上,正如克劳塞维茨所说,"没有一定的观念储备,人类心智的任何活动都将不可能;这些观念大都不是与生俱来,而是后天习得,它们构成了一个人的知识"(145)。总而言之,战略离不开指挥者头脑中的观念和理论。

克劳塞维茨强调理论和实践之间的持续互动,两者的边界一直处在变动之中。② 理论必须经受检验,检验的方式有应用于历史和应用于实践两种。理论应用于实践时,要把从过去汲取的思想应用到当下。理论通过提供现实世界如何运作的知识来影响实践。反过来,过去和当下的实践则为修正既有理论或发展新理论提供了原材料。没有或无

---

① Aron, 1972, p. 600.
② Hahlweg, 1980, pp. 12–13.

法用现实进行检验的理论,[186]很容易变成投机或无用之物。① 在战争中最重要的是理论不能偏离现实太远:

> 正如有些植物只有在不太高的情况下才会结果一样,在实践艺术中,理论的叶子和花朵也必须接受修剪,其植株必须始终紧贴合适的土壤——经验。(序言,61)

换句话说,不可以把理论和实践对立起来。

克劳塞维茨对理论与实践关系的考察不仅涉及军事领域,也涉及其他领域。首先第一个问题是,那些做决定的人心里到底发生了什么。在论及战略决策时,克劳塞维茨把一个将军的实际推理(他为什么这样做),与观察者关于这位将军的行为是否合理的判断区分开来。② 前者解释了行动的原因,后者是评估这位将军的根据。第二个问题是,战略行为是一门艺术还是一门科学,或者两者兼而有之,或者两者都不是。第三个问题是,指挥官在观念上如何为战略决策做好准备。第四个问题是军事天才与战争理论的关系:杰出的指挥官是战争原则的遵守者还是颠覆者? 最后,克劳塞维茨研究了批判性分析最终阶段的问题,即能否以及如何评估理论的普遍性? 有没有什么标准可以让我们认为这个理论普遍好、那个理论普遍坏?

战争中的决策

在军事之外的几乎任何艺术或行业中,"一个人都可以靠他从故纸堆中学到的真理来工作,但这些真理对他来说并没有生命或者说没有意义"(147)。相反,指挥官面对的却是会伤害自己的对手,他很清楚失败对自己、对军队以及对国家的后果。由于几乎没有确定的行动

---

① Hahlweg,1980,p. 13.
② Reynolds,1978,p. 187.

守则,也就难怪指挥官们或常常寻找简单的成功秘诀,或回到常规,或陷入无所作为。指挥官必须有"心理力",但他应该根据什么来运用他所拥有的知识和判断力呢?

首先,理论不是直接而是间接起作用。克劳塞维茨强调说,理性不能指导指挥官如何实现目标,也不能启发他的行动和决策;毋宁说,理性使他能够更清楚地思考形势和可供选择的方案。"理论之所以存在,是要叫人无须每次都从头开始去整理[187]和钻研材料,而是发现材料就在手边并且井然有序"。理论为"有思想的人提供了一个参照系"(141)。

第二,军事战略依赖于简单的命题,不需要大量和详细的知识。重心,防御的优势,摩擦的影响,战争的重要因素之间的关系,这些既不深奥也不复杂,只是指挥官知识储备的一部分。"战争中的知识非常简单,涉及的主题很少,此外它只在意最终结果"(146)。理论的成功应用很复杂,但理论本身是简单的。

第三,理论会让指挥官"熟识"(close acquaintance)战争,并且一旦将理论应用于实际,他就会对战争"彻底熟悉"(thorough familiarity)。这种认识和熟悉程度越高,指挥官的知识就会越多"从科学的客观形式发展到技能的主观形式"(141)。这种知识应该"被深深地吸收内化,以至于几乎不再以一种独立、客观的方式存在"。指挥官应该"把他全部的知识设备带在身上",这样他的决定就会是出于自然而然和直觉(147)。

最后,尽管理论的应用可能是无意识的,但理论建构只能通过判断力和经验。

> 这类知识无法勉强通过科学公式和科学方法产生出来;要获得这种知识,只能通过天赋的判断力,并靠着运用准确的判断来观察人和物。(146)

判断力是必要的,因为任何原则都有例外。有能力的指挥官永远不会忘记既有原则,但他必须准备好推翻甚至表面看起来最重要的原则。① 此外,理论会在战争实践中不断发展。优秀指挥官不断地重新评估他从过去汲取的原则,并且总是寻找适用于未来的原则。

克劳塞维茨把将军做出合理决策的过程称为"直觉式判断的隐匿过程"(389)。这个过程外部观察者很难理解,当事人自己也很难解释。理性和知识固然起了作用,但直觉和灵感、判断力和天才、性格和经验等因素也存在。战略的实施是人类心智的一种锻炼,其内在运作方式与心智本身一样,仅有很少的部分为人所知。

艺术还是科学?

[188]战略更像艺术还是科学? 克劳塞维茨认为,科学自为地从事分析和发现,并非为了什么特定的果效——"目标不过是一种预先所怀的观点,与科学完全格格不入"。② 因此,他相信,"科学"一词"应该保留"给"数学或天文学等学科",在这些学科中,可以发现能够预测特定环境中特定效果的定律(148)。另一方面,艺术的目的通常是在听众、读者或观众中产生某种效果,但艺术缺乏"足够的自身法则"将原因与结果相关联。寻找这类法则的尝试最终证明"过于有限和片面",经常被"意见、情感和习俗的潮流冲昏头脑"(149)。

然而,在实践中,科学和艺术从未完全分开,克劳塞维茨的这一观点与启蒙运动一致。③ 每一种艺术都需要科学知识来度量,这些知识本质上是机械的,是可能制定出法则的,例如建筑师对建筑物的牢固程度的计算。另一方面,"若没有某种艺术元素,科学也不可能存在"(148)。科学处理由大脑形成的假设,因此需要创造力和经验。在克

---

① Gallie, 1978, p. 44.
② 'Notes on History and Politics', p. 265.
③ 见 Gat, 1989, p. 165。

劳塞维茨看来,"心灵的感知已经是一种判断,因此也是一种艺术"(148)。活动不同,科学和艺术的组合方式也不同。

炮兵和防御工事之类的战争事务显然是科学的,在某种程度上,后勤和行军领域也可以使用现成的公式。战术和某种程度上的战略也容易受到科学分析和因果律的影响。但战争策略总是包含强大的创造性元素。它是在缺乏明确先例且往往独一无二的情况下应用理论。将军像画家一样,使用自己熟悉的材料来影响人类心灵,从而创造出一个显著的新结果。然而,艺术主要使用无生命的物体——颜料、乐器、文字,而战争则是以人类为材料——带着其所有优势和不足的士兵。此外,战争中还会有对手阻止你实现预期结果,"在战争中,意志指向一个会反抗的有生命的目标"(149)。那些欣赏绘画的人可能对作品冷嘲热讽,但这与将军遇到的抵抗是两码事儿。

克劳塞维茨[189]总结说,虽然战争中既有科学元素也有艺术元素,但"严格来说,它既不是一门艺术,也不是一门科学",尽管这两个术语都被普遍使用。如果必须做出选择,那"战争艺术"比"战争科学"更受欢迎(149)。战争更接近艺术,因为它包含了人类判断的要素:

> 战争不像一地麦子,不管单个麦秆状态如何,都可以把麦子收割干净,收割的效率视乎镰刀的质量;战争就像一片树林,斧子必须根据每个树干的特征和现状来明智地使用。(153)

指挥官运用的是"一门最宽泛意义上的艺术,即运用判断力来发现大量事实和情境中最重要且具有决定性的因素的能力"(585)。

学习战略

虽然战略原则可能很简单,但要获得必需的知识并不容易。这当然不是学习大量事实材料的问题。早在1804年,克劳塞维茨就批评了军事学家,他们拟出一长串将军应该掌握的学科清单——地图制作、数学、地理、围城技术等等。① 事实上,简单地学习大量细节知识显然是"有害的"(145)。指挥官需要的是广泛而非详细的知识,是对少量抽象原则实用性的而非专业性的理解。这种知识无法快速学习或传授。

克劳塞维茨承认,他年轻时曾被一些理论体系所吸引,这些理论体系承诺可以在几个小时内让学生成为一名战略家,并可以评点伟大的将领。但这就像一个孩子在学校学习规则一样,他并未真正理解它们。② 启蒙运动的主要抱负之一就是直接教人战略技能,但在克劳塞维茨看来,认为战略技能可直接教授这种观念简直是一种灾难。③ 他认为,最好的老师是那些能够激发学生自己去分析战争的人。军事理论家和某种游泳老师

> 有相似之处,后者让学生在陆地上练习本该在水中进行的动作。在那些并未想到游泳的人看来,这些动作会显得怪异和夸张。(120)

[190]虽然做什么都代替不了真正的游泳,不过学生至少可以在入水前对所需的泳姿有所了解。老师则当然应该有第一手经验,不管是战争还是游泳:"从来没有游过泳的理论家,或者没有从经验中学会归纳的理论家,是不切实际甚至荒谬可笑的。"(120)

教育不是传递某种固定的知识体系,而是培养学生理解世界并检验适合自己的原则的能力。"聪明的老师会引导、刺激一个年轻人的心智发展,但也会小心地不要一辈子用手牵着他。"理论存在的目的是"教育未来指挥官的思维,或者更准确地说,指导他进行自我教育"。克劳塞维茨认为学习战略不是学习教条,而是关乎学习本身,他这显然是回想起了自己的经历(141)。在军官这个最具群居性质的群体中,

---

① 'Strategie aus dem Jahr 1804', Hahlweg (ed.), 1979, pp. 6–8.
② 'Bülow', Hahlweg (ed.), 1979, pp. 87–88.
③ Gat, 1989, p. 181.

单独学习常常是将军职业生涯成功的标志。克劳塞维茨讽刺地说,这些成功的将军是不是知道正规军事教育所教的那些东西,是大可怀疑的。①

军事天才

18 世纪中期,早期启蒙思想家曾主张,一个军事天才娴熟地指挥战役并经常获胜,只是因为他熟练地运用了战略原则。真是这样吗?还是说,那是因为他打破既有的原则,制定出了新的原则?到了 18 世纪末 19 世纪初,启蒙运动及其许多军事思想不再强调将领对原则的遵循,而开始更多强调天才所表现的自由和创造力。克劳塞维茨发现这两种进路都存在难题。

克劳塞维茨继承了 18 世纪后期关于艺术理论的观点。他强调每场战争都包含新奇、偶然和不可预测的因素,因此,军事天才必须是创新者,他必须设计新的战略或以新的方式组合那些旧的元素。② 康德曾写道:"天才是一种创造出无法给出明确规则的东西的天赋。"③但克劳塞维茨不可能认为天才就能任意妄为。布洛和其他人认为,将军可以照着他所看为合适的无视规则,克劳塞维茨认为必须拒绝这种观念。但凡情况看起来如此,那要么是将军在犯错,要么是所说的规则对当下的情况没有针对性。④ 克劳塞维茨表明,当理论[191]家们只是局限于可计算的因素时,往往就会出现这类误解。

> 这类片面观点的微弱智慧所无法达到的一切,都被认为超出了科学所能掌控的领域:**它属于超越一切规则的天才领域**。

---

① Principles of War, 1942, p. 60.
② van Creveld, 1986, p. 38.
③ Cited Gat, 1989, p. 175.
④ 'Bülow', Hahlweg (ed.), 1979, pp. 80 – 81.

(136)

根据这种观点,天才"不需要理论",也不应该为其建构任何理论(145)。而天才向来是稀缺的,绝大多数军事领导人只能退而求其次:"可怜的军人们,只能在这些规则的碎片中爬行,天才看不上这些规则,也许还会忽略或嘲笑它们。"(136)

此外,如果允许天才在没有规则约束的情况下行动,就会得出"理论与实践冲突"这个不可接受的结论(140)。指挥官不能依赖现有的原则,必须依靠"天生的直觉",这是一回事(140);但将其视为违反旧规则或随意创建新规则的行为,则是另一回事。原则当然可以打破,但如果这种情况经常发生,就必须修正原则,因为理论和实践不能老是冲突。同样,如果新的原则很容易就由军事天才的行为创造出来,那么它们就存在偶然性,无法持续有效。战争原则绝不能沦为天才的玩物。①克劳塞维茨认为,军事天才会采纳且调整理论去适应现实场合,并且部分地改变理论,将其推向新的方向。理论处在不断变化之中,永远不会最终完全地把握现实。

对军事指挥官的评价

批判性分析的第三个阶段是"调查并评价指挥官所用手段"(156)。然而,评价指挥官的目的不在褒贬,而在于揭示实际发生了什么:"战争领域中的批判比其他任何地方都多,批判的目的不是充当法官,而只是为了发现真理。"②不过,克劳塞维茨承认,关于指挥官行动的真相通常会引来褒贬。

揭示一场战役失败的原因并不等同于批评它;但是,如果我们

---

① 见 Crocé, 1935, pp. 248–249。

② 'Campaign of 1815', cited Paret, 1976, p. 341.

接着去证明指挥官本来可以也应该看到这些原因并对之采取行动的,那我们就充当了批评家的角色,并使自己凌驾于将领之上。(627)

那么[192],应当如何评价一位将军的才干?

一场战役的输赢并非衡量指挥官能力的真正标准。克劳塞维茨说,"根据事件的结果来评判事件固是应当",但"仅仅基于结果的判断不能冒充人类的智慧"。一方面,这样做会导致不合逻辑的情况,同样的战略可能是天才的一击,也可能是彻底的失败。正如克劳塞维茨所指出的:

> 任何人若因为拿破仑1812年的战役大败就说那是一次愚蠢之举,或因成功了就称那是一个极好的主意,那就表明他完全缺乏判断力。(627)

再说一次,一个将军也可能靠运气或靠拥有压倒性的兵力获胜,而另一个将军则可能在不可能失败的情况下失败。尽管如此,我们并不愿意承认一个从未赢得战役的指挥官有天赋,因为正如克劳塞维茨所说,"成功与指挥官的天才之间有一种模糊的微妙联系,这种联系用理智之眼是看不到的"(167)。

俄罗斯之役还说明了另一个问题:要把指挥官与制定战役目标的政治家分开来加以评判。拿破仑集两种角色于一身,但如此区分仍有助于评价他的行为。克劳塞维茨不愿意评判拿破仑的政治野心,他更愿意评判作为将军的拿破仑。法国军队损失一半以上,这件事本身并不是拿破仑军事无能的表现,考虑到整个事业的特殊规模,出现此类损失原在意料之中(629)。但是,拿破仑犯了明显的错误:"战役开始得太晚;用他的战术白白葬送了许多生命;忽视了供给问题和撤退路线。"(628)至于在莫斯科停留太久,与其说是他的指挥失误,不如说是政治上对沙皇的反应存在误判。

克劳塞维茨还发现,作为将军的拿破仑也犯下了一些别的错误,包括滑铁卢战役(159-162;252)。尽管可能有争议,但这些评判说明了克劳塞维茨对批判性分析(Kritik)的理解:不只是找到错误,还要为指挥官提出另一种可行的行动方案:

> 批判性分析不是只评价实际所采用的手段,而是评价所有可能的手段——批评者首先必须把这些手段陈述出来,也就是发明出来。毕竟,如果不能找到更好的替代方案,就不能谴责原来的方案。(161)

[193]批评性分析和战略一样,是一种创造性努力,因为必须先设想出将军可采纳的方案,然后再加以论证并得出结论,光是断言某种选择更好却没有证据是无用的。"所有关于战争的作品都充满了这类断言"(163)。

克劳塞维茨认识到,批判性分析本身就是模棱两可的,好的分析并不容易。首先,在寻找一场战争的历史细节时,并不是所有的相关事实都可用。批评家"总是缺乏指挥官头脑中的东西",尤其是"大量可能影响他决策的次要情况"(164)。批评家也无法"关闭他多余的知识",尤其是他对战争的起源、过程和结果拥有的更多信息(165)。批评家总是既比指挥官知识少,又比他知识多。

其次,必须承认战略互动的不可预测性会带来重要后果。在一项既定的决定中,指挥官准备承担多大风险这一点可能至关重要,他的胆量、他所处的政治环境等因素也会对他产生影响。回避风险未必就是合理的战略原则,因此,批评家"习惯性地倾向于不确定性最小的路线"是错误的(167)。

这就导致评论家在评判将军的决定时,有一个非常成问题的要素,那就是他必须用到战略理论。如果存在一个可用的和被接受的理论,批评家就有权用它来支持他自己的评判,而反对他所讨论的那位指挥官的评判。

……可行的理论是批评的重要基础。没有这样一个理论,批评通常无法达到真正具有教育意义的效果,即其论点令人信服且无法反驳。(157)

但是,理论与批评家的关系就像理论与指挥官的关系一样,从来都没有完全清晰的、可自动应用的或绝对的结论。在评判战略时,"批评家永远不应该把理论的结果作为法则和标准,而应该像军人那样,仅仅作为判断的辅助手段"(158)。批评家不能"把伟大指挥官对一个问题的解决方案当作算术上的总和来评判"(165)。正如克劳塞维茨在早期的一篇文章中所说,"一个人不能仅仅凭理性来评判将军"。① 归根结底,批判性分析完全取决于它所采用的军事理论[194],以及从事批判性分析的人的判断。

评价一位将军自然会引出这样一个问题:是否能在任何意义上判定一位将军比另一位"更好"。② 这类比较使问题更加复杂。我们需要至少评价两名将军,并确立一些标准来对照衡量两位将军。即使是同一场战争中的同时代人,也会有复杂的变量掺入。同一个战场会呈现出不同的条件,出现不同的对手;同一个战场也会随着时间的推移而变化。跨越历史时期的比较更加危险,即使弗里德里希大帝和拿破仑只隔着几十年(331)。克劳塞维茨认为,拿破仑尽管军事成就非凡,仍然无法像约米尼所说的那样,为所有时代提供标准。③ 他的作战将来兴许会被视为"野蛮的,几乎是错误的"(260)。克劳塞维茨只能得出这样的结论:"每个时代的事件都必须根据时代自身的特点来评判。"(593)

或许,克劳塞维茨强调的东西,即指挥官的性情特质和心智能力,比如决心、大胆无畏和眼力(coup d'oeil),可提供一种衡量标准。这些

---

① 'Strategie aus dem Jahr 1808', Hahlweg (ed.), 1979, p. 49; trans. from Gat, 1989, p. 180.
② King, 1977, p. 17.
③ Paret, 1976a, p. 11.

特质通常在优秀指挥官身上比在较差的指挥官身上表现得更为明显，但很难加以评估，而且它们在许多指挥官身上以不同的方式彼此混合。克劳塞维茨回避了这种方法，但他确实暗示了另一种可能的比较标准："只有那些能够用有限的手段取得巨大成就的人才符合标准。"(573)弗里德里希大帝多次受到克劳塞维茨的赞扬，因为他把战略上日益增长的活力与"智慧地限定其目标"结合起来(283)。任何以少许资源取得巨大胜利的将军当然都值得钦佩。但是，我们用什么标准来衡量资源的多少和胜利的大小呢？而且，指挥官的品质可能并没有战争的政治方向那么重要。弗里德里希的伟大与其说是作为一名将军，也许不如说是作为一名政治家。

理论对实践的影响

理论和实践在指挥官的头脑中不断互动。理论从来不会固化成某种作为决策基础的刚性结构，而是一个开放的思想体系，供将军认为合适时使用。但衡量适当性的标准无法确定。它既不是单纯的成功，也不是对现有原则的遵守，也不是遵守相关规则后所做的总结。理论是科学和艺术的结合，它"活"在指挥官[195]的心中。① 实际上，理论影响实践，不是说将军宣称他要遵循什么原则，毋宁说是通过将军的行动在现实世界中来验证一些观念。正如克劳塞维茨所说，"在战争艺术中，经验比任何抽象真理都重要"(164)。

任何人若要寻找理论的实际运用都想知道如何评判指挥官的能力。克劳塞维茨的批判性分析为褒贬提供了框架，尽管这一作用比不上确定实际的因果关系那样重要。该方法避开了用结果来评判的陷阱，但无法克服一个根本性的问题，即评判指挥官既需要战略理论，又需要应用理论时的判断力。批判性分析是评价战略的一种逻辑方法，

---

① Gallie, 1978, p. 44.

比克劳塞维茨同时代的大多数方法更科学,但它无法超越理论本身的限制,也无法超越批评家本人对判断力的依赖。最后,克劳塞维茨的批判性分析既是对方法论问题的分析,也是这些问题的答案。即使它最终无法令人信服,仍具指导意义。

　　克劳塞维茨关于战争理论和实践的观念,代表着理解战争的一次重大推进,尽管是有限的;在他之前的很多思想家,都要么视战争为天然产物,要么视战争为人造作品。他的观念拯救了战争研究,使战争研究既摆脱了那些把战争归结为一种科学应用的人,也摆脱了那些把战争看作英雄和天才的舞台,从而不接受任何理论的人。归根结底,比起战略研究本身,克劳塞维茨更多的推进是在指挥和领导力研究方面。①此外,他对实践思想的发展不仅对理解战争有价值,对"一般意义上社会科学的应用"也有价值。② 尽管克劳塞维茨没有解决根本的认识论问题,但他正视了这些问题。公允地说,他的后继者也没有一个在这方面做到完全成功。

---

① Sumida,2000,p. 72;亦见 Sumida,2001。
② Gallie,1978,pp. 42 – 43.

第七章

政治处境

16 政治和国家

由此可见,战争艺术的变革是政治变革的结果。(610)

[199]《战争论》很少关注使用武力时的政治处境。一些评论家认为这是该书的主要缺陷,使得这部作品仅仅是一个抽象的"技术性考察"。① 但我们可以为克劳塞维茨做两点辩护。首先,他的焦点在于战争与政治之间的联系。② 讨论政治目标会远离他的中心主题,并使他的作品很快过时。其次,克劳塞维茨其实持有比较宽泛的政治概念,这在他的其他作品中体现得比在《战争论》中更明显。现实主义是他的信条,这种世界观既不是原创的,也并非不可批评,但足以使他达到目的。

很简单,对克劳塞维茨来说,战争和政治都以国家为中心。首先,国家抵御外部威胁,提供安全保障。他在给格奈泽瑙的信中写道:"国家潜在的核心理念是防御外部敌人。严格地说,其他一切都可视为保护的费用(faux frais)问题。"③ 该信条决定了外交和内政的某些原则,即一种可以在内部创造活力,并有效执行对外政策的政治和社会制度。因此,现代中央集权国家的发展是理解包括各国战争在内的欧洲历史的锁钥。

---

① Reynolds,1978,p. 189.

② Weil,1955,p. 293;Paret,1976,p. 439.

③ Letter of 9 September 1824,Hahlweg(ed.),1990,p. 456. faux frais 意思是偶然支出或小零钱。

民族和国家

克劳塞维茨很早就思考了国家起源的问题。1807 年,在一篇讨论法国人和德国人的文章中[200],他很自然地把人类划分为文化意义上的民族,每个民族都有独特的品质和特点。① 毫不奇怪,相较于法国人,他更欣赏普鲁士人的性格,但他的要旨在于,每个民族都是由心理和历史纽带联系在一起的真正的共同体。它不是某些哲学家和浪漫主义者所认为的神秘超验的实体,而是一个真正的人类群体,享有一定程度的团结、共同的目标以及发展和自我防卫的权利。

克劳塞维茨认为,一个民族的"生命法则"就是成为一个国家。②但并不是每个民族都能成为国家。那些不为独立而战的人只能是奴隶。③ 就连意大利人和德国人至今也无法团结起来,他们都是"政治化石"(political fossils)。④ 德国人缺乏民族意识,但仍然具有鲜明的民族特征,因此,克劳塞维茨支持德国统一。但他批评了当时对统一的感性渴望,认为 19 世纪 20 年代初的流行风潮是"虚幻的"和"幼稚的"。⑤德意志的诸侯王各都坚持自己的主权,彼此展开激烈争夺,要实现统一,只有通过武力,由"一个国家征服所有其他国家"之时才有可能,但此事将如何发生甚至是否会发生,完全不能确定。⑥

一个民族要想充分表达其自然特性,实现其政治和精神抱负,唯一途径是成为独立的国家。反过来,国家则从民族获得生命力和能量。国家也必须积极有为,因为不作为是衰退的原因之一。克劳塞维茨为

---

① 'The Germans and the French', p. 252ff.
② Cited Rothfels, 1920, pp. 75 – 76.
③ 'History and Politics', pp. 240 – 241.
④ 'History and Politics', p. 248.
⑤ 'Agitation', pp. 349, 359.
⑥ 'Agitation', p. 350.

马克思作了铺垫,他说,一代一代的人"只有借着那通过他们所成就的工作,才能实现他们的价值……他们不是为了观察世界而存在的"。①但是,没有一个国家能够自信于它的最终命运:"我们经常看到民族和国家实现了统一和独立,却又再次消失。"②

国家的历史发展

影响一国政治生活的最重要因素之一,是社会各阶级的兴衰。社会阶级会影响公民的政治生活,也影响到军队和战争的特点。特定时代的战争特性反映了国家内部长期的社会和政治变化,克劳塞维茨的这一论题是《战争论》的基础。只有从这个角度,才能理解法国大革命后欧洲战争的转型。

克劳塞维茨认为,历史上大多数的战争规模都很小,因为很少社会拥有足够的财富来维持大规模的军队。古罗马是一个值得注意的例外,古罗马有能力维持众多军团,且长达几个世纪。亚历山大大帝也是一个例外,他之所以能维持大量军队,源于其组织军队的天赋和向外征服的决心。中世纪欧洲的政治实体符合一般模式,没有大规模的常备军,其中许多国家只不过是"松散联合力量的聚集"(588)。战争大多组织不善,难以持续,更像是统治者之间的个人竞争而不是国家利益的冲突。战斗力的主要来源是骑士。当君主需要武力时,贵族们就提供相关服务以换取地位、特权和政治影响力。他们可能招募农民作为步兵,但农民总是"军队中无关紧要的一部分"。③ 因此,贵族的作用不可或缺,他们既是在保卫国家,也是在捍卫自己的社会地位和生活方式。

---

① 'In Reference to Well – Meaning German Philosophers', p. 270.
② 'Polish Partitions', pp. 372 – 373.
③ 'Agitation', p. 342.

然而，随着时间的推移，君主的收入来源趋向独立且不断扩大，逐渐摆脱了对封建领主的依赖。君主可以用"金钱招募"士兵，组建由自己控制的常备军(588)。在战场上，火药对骑士形成挑战，而大量技术熟练的步兵团，通常是各国雇佣兵，也削弱了贵族骑兵的统治地位。封建制度下将贵族军队视为"一种贡赋和人头税"的模式被废弃(330)。尽管贵族保留了庇护权(patronage)和免税权，但君主的权力在稳步累积。

到 17 世纪末，较先进的国家已经实现了"彻底的内部统一"，君主享有集权，建立了官僚制度，控制了贵族、教堂、城市、行会和其他传统的权力中心。内部的凝聚力和高效的政府，使发展较好的国家得以扩张其军事能力并巩固其安全(588 – 589)。政府、军队、人民三者的区别更加稳固，三者奠立了现代战争的基础。国家利益逐渐取代了王朝利益，军队作为国家政策工具的想法逐渐成型。

贵族不再是"国家的主要保卫者"，但仍然"热爱军事这个行当"。① 然而，即使在这里，他们也受到资产阶级的挑战。随着贸易和商业的扩张以及城镇规模的扩大，资产阶级自然会集中精力"通过勤奋和努力工作增加财富"。曾经"多少属于贵族所有"的技术和科学技能，现在归资产阶级所有。② 资产阶级人数越来越多，[202]受教育程度也越来越高，野心越来越大，他们希望在包括军事事务在内的国家事务中发挥更大的作用。到了 18 世纪，资产阶级已经可以觊觎军事行业，他们在工程和火炮等技术领域变得非常重要，甚至是必不可少。

穷人和劳工阶层也加入进来。他们也可以积累财富，因为他们"对经济的贡献总是大于消费"。③ 随着他们"理论上的权利和主

---

① .'Agitation', p. 342.

② .'Agitation', pp. 340 – 341.

③ 'Agitation', p. 340.

张……逐渐从迷雾中浮现",他们也获得了影响力。① 政治思想家开始倡导大众的权利,这让克劳塞维茨感到不安:

> 这些哲学家既不习惯也不倾向于把社会状况看作历史力量的产物;他们只是从社会契约这个抽象概念出发,所以他们发现不公正和腐败遍地皆是,罄竹难书。他们由此点燃了人们的激情。②

通过这样或那样的途径,农民和城镇工人对经济和国家变得越来越重要。

在法国,阶级之间的紧张关系达到了这样一个程度:"自发的渐进式改变也好,通过武力的突然改变也好,总之有必要给出某个解决方案。"③因此,革命不是偶然现象,而是有其根本性的原因:

> 社会关系改变了,因为不同社会地位的人沿着不同的道路向前发展;而之所以沿着不同的道路发展,是因为他们各自代表不同的原则。④

克劳塞维茨认为,社会关系的改变,再加上政府管理中明显的滥行、浪费和无序,就是法国爆发革命的两个主要原因。特权和浪费也许可以得到挽救,军队也许可以仍然忠于国王,但法国未能适应其社会结构中的历史趋势,这才是革命的深层原因。⑤ 其结果是,法国不仅发现了激进的政治形式,还发现了开发军事力量来源的新方法。

---

① 'Agitation', p. 344.
② 'Agitation', p. 345.
③ 'Agitation', p. 344.
④ 'Agitation', p. 339.
⑤ 这种对法国大革命的诠释为德尔布吕克(Delbrück)所赞赏,他在克劳塞维茨那里看到了托克维尔的主要思想。Aron, 1977, p. 1260 – 1261.

革命后的政治

克劳塞维茨认为,与大多数国家相比,普鲁士受革命紧张局势的冲击较小。普鲁士的权力滥用和越权现象较少,除了"挥霍无度者"弗里德里希一世和弗里德里希·威廉二世,普鲁士的君主们[203]一直躬行节俭,勤于政事。这一切创造了一种强烈的"内部幸福"感,并确保了"革命战争期间德国国内的完全和平"。① 但是普鲁士不能忽视法国的前车之鉴。普鲁士威权式的政治制度和社会等级制度需要做出改变,以扩大政府的基础;必须在不危及稳定的前提下,容纳不断上升的社会和政治力量;必须在不出现革命道路的前提下充分发挥全体公民的才能。克劳塞维茨和改革家们认为,只有通过这些手段,普鲁士才能恢复实力,确保独立。

耶拿战役失败,使得建立开明君主专制的所有信念宣告破灭。但政治变革并不简单。正如克劳塞维茨所说,国家并不是一个能够为其自身目的去训练公民的机器。普鲁士必须拥抱改革,不过,是自上而下的改革,而不是自下而上。三项任务至关重要:

- 鼓励人民恰当地关心国家事务,并在其中发挥积极作用;
- 减少或消除阶级特权和其他妨碍效率的障碍,有效利用公民的才干;
- 调整现有的政治和军事制度。

这并不容易。普鲁士还不是现代意义上的统一国家,根深蒂固的地方主义仍然抵制中央权力。市镇政府、商业行会和教会仍然拥有权威和影响力,通常与中央政府对立。受法国哲学、文化和流行时尚影响的世界主义也是一大麻烦。这些态度与克劳塞维茨所说的基于"健康

---

① 'Agitation', pp. 346–347.

的偏见"之上的民族认同感相抵触。①

让更多的人参与公共事务尤其是个问题。克劳塞维茨总是怀疑大众的动机和可靠性,他在1807年写到,臣民对君主的爱通常是基于粗俗的、得到满足的利益。正是由于这个原因,马基雅维利曾正确地指出,君主如果不能同时激发臣民的爱与恐惧,就应该选择后者。② 此外,民众的情绪一旦任由其宣泄,就可能"来回摇摆"——对克劳塞维茨来说,这正是"问题所在"。③

中间阶层和最上层阶级在国家政策中是更可靠的伙伴,因为他们的实质利益与国家事务休戚相关。但[204]他们往往不愿致力于为国家谋利,而更倾向于追求私人利益或从商业中牟利。克劳塞维茨同意沙恩霍斯特的观点:"只能通过无形的控制杆才能让大多数人摆脱偏见。"④不负责任、容易被煽动这两个因素也容易造成麻烦。克劳塞维茨从未对记者、学者之类的人有什么高的评价,他在1812年评价法国公共舆论时表明了这一点:"我们这里指的是公众真正关心的东西,而不是咖啡馆里报纸读者们的奇谈怪论。"⑤

克劳塞维茨认为,中间和上层阶级需要接受政治现实的教育,"全面把握问题"。⑥ 关键在于通过公众讨论和辩论来阐明国家政策和利益。"臣民如果要与国家适当地联系起来,就必须了解国家的主要利益"。⑦ 经过适当的鼓励,这种有限意义上的公共舆论可以为和平时期和战时的政府提供宝贵支持。若没有公共舆论,政策将更难实行。例

---

① 'Germans and the French', p. 258.
② 'Bemerkungen und Einfälle', Rothfels, 1920, p. 223.
③ 'Agitation', p. 353.
④ 'Scharnhorst', p. 107.
⑤ 'Observations', p. 73.
⑥ 'Germany's Existence', p. 383.
⑦ 'Agitation', p. 353.

如,1792年后,"公众对(对法国的)战争及其目标的兴趣消失了"。①在战争中,舆论可能也会对撤军行动中"被遗弃地区的命运"感到愤愤不平,不过,克劳塞维茨怀疑人民是否有能力"看出有意撤退和溃败撤退之间的区别"(471)。

普鲁士社会的第二大问题是特权。克劳塞维茨认为,一定程度的特权有利于鼓励不同阶层支持国家。他批评1789年前法国存在的特权,是因为特权让法国陷入功能失调的境地,而不是因为他是自由主义者。普鲁士需要消除那些阻碍个人才能发展的社会和法律障碍,这样做的动机首先是为了个人利益,但最终是为了有利于国家。② 改革在1806年之前已经开始,并取得了一些成功:农民被允许拥有土地;法律面前人人平等;贵族失去了免税权;税收负担得以更加公平地分配;中间阶层可以成为政府官员;为民众提供公共教育支持。③ 但是,这些改革是由国家领导和控制的过程,向来容易被保守分子拖延或阻止,就像1809年和1815年之后发生的那样。

第三个挑战是创建有效的政治体制。克劳塞维茨认为,1815年后,德国并没有恢复平静,因为"一部分受过教育的社会群体为自己设定了两个新目标:一是德国的统一,二是实行宪制"。④ 他认为两者都不切实际。[205]过于简单的政治目标,或相信政治革命会带来新的政治体制,两者都会带来麻烦。不是因为它们本身是错误的,而是因为二者终是徒劳,缺乏坚实的基础。他认为政治制度必须反映社会的真正利益,而不是只反映民主或平等之类的抽象教条。

克劳塞维茨关于国内政治安排的实际想法并不系统。他并不提倡一种纯粹的专制政府形式,因为1806年普鲁士的这类尝试显然失败

---

① 'Observations', p. 73.
② Paret, 1968, p. 395.
③ 'Agitation', p. 349.
④ 'Agitation', p. 349.

了。尽管如此,他还是寄望于一个像普鲁士这样的世袭君主制形式,它享有自然权威,并在大多数时候成功地促进了国家的利益,这就与拿破仑这样的篡位者形成了对比。① 克劳塞维茨认为,最好的政治制度安排是:一个强大而富于进取心的国王,并有一个由顾问和诸部长组成的内阁来辅佐他。这些顾问和部长不是向一个议会负责,他们是君主的谋士,通过控制贵族的野心、在国内推动温和的改革并促进明智而一致的外交政策来支持君主。② 一旦君主不再信任这些顾问和部长,他们就不再有影响力。③ 统治者很容易像弗里德里希·威廉三世面对耶拿战役的失败时那样,推诿搪塞,然而在某些情况下,一个强有力的首相则可以提供君主缺乏的领导力和使命感。④

如果说威权体制有时会软弱无能,民主安排则肯定是危险的。克劳塞维茨并不支持代议制政府。《骚动》尤其对民主制充满敌意,文中将民众参与政府的想法描述为"一种疾病"和"一种真正的异常"。⑤ 该想法对有些人而言吸引力不小:"宪制要求无数的小利益集团参与到公共生活中,这本身就是一个巨大的推动力";它可以重振"政治事业",产生"熙熙攘攘、活力与摩擦、恐惧与希望",所有这些都"让政治生活丰富多彩、充满活力"。⑥ 但是,公众介入政治也会造成持续不断的动荡,

> 在这种动荡中,每个人都在不断地思考国家昨天做了什么、今天在做什么、明天将会做什么,以至于公民几乎不能在晚上平静地闭上眼睛。

---

① 'Gedanken zur Abwehr', Hahlweg (ed), 1979, 496—497.
② 'Observations', p. 36; 亦见'Agitation', p. 352.
③ 'Observations', p. 34.
④ 'Observations', pp. 35 – 36.
⑤ 'Agitation', p. 353.
⑥ 'Agitation', p. 352.

政府事务[206]很可能落入小集团手中,留下"大多数民众在街头作围观者"。① 此时只有杰出的领袖才能成功吸引到"在众选民败坏之时仍然存在的少数几个优秀的头脑"。②

克劳塞维茨的信件也表明他憎恶民主。他认为公众对君主政体的批评会带来不稳定,并拒绝就宪法的承诺向国王请愿,他在1817年写给格奈泽瑙的一封信中称,人民应该只通过媒体或他们的代表与国王沟通:

> 人民与国王直接接触是危险的民主,从这个意义上说,1792年8月10日聚集在杜伊勒里王宫前的暴民与签署民众请愿书的人并无不同。他们寻求合法性的方式是一样的。③

他最后的一些信件也蔑视自由思想,抱怨"争吵不休的议院"。④ 他对议会的兴趣并非基于任何为公民争取权利的想法,而是基于国家让公民参与其事务的需要。

克劳塞维茨探索了各种制度的可能性。他在1819年不是很严肃地考虑过有限代议制政府这一理念。政府若感到被孤立,那就应该

> 在自己周围聚集人民代表,这些代表从与政府真正利益相同且为人民所了解的人当中选出。让这群人成为政府的主要支持、朋友和盟友,就像英国议会已经支持英国国王一个多世纪那样。⑤

克劳塞维茨理解像英国议会那样的代议制固有的稳定性和优势

---

① 'Agitation', p. 353.

② 'Notes on History and Politics', p. 273.

③ Letter of 12 November 1817, Hahlweg (ed), 1990, pp. 303 – 304. Trans. from Paret, 1976, p. 262.

④ Linnebach, 1917, pp. 445, 465, 473.

⑤ 'Prussian Landwehr', p. 333.

（直到1832年改革法案才有变化），但他忽视了议会权力不断扩大而君主权力不断缩小的过程。这是克劳塞维茨提出的最激进的政治改革建议，他之后没有再提这个想法，他顶多支持基于居住、财产和专业资格的有限特许(franchise)。此外，以这种方式选出的议会只应讨论和提供建议，而不应行使权力。

在克劳塞维茨看来，国际环境会直接影响到采用议会的适当性。像英国或美国这样的国家，优越的地理位置让其外部更安全，可以更容易[207]地采用代表大会制(representive assemblies)。但即使在环境有利的情况下，克劳塞维茨也怀疑这样做是否有助于加强国家的对外政策：

> 有人也许认为，外交政策在某种程度上的稳定性、必然性和安全性自然应源自宪制，但如果我们没完全弄错的话，历史并未证明这一点。①

实际上，英国在伊丽莎白一世和克伦威尔的统治下曾行使更大的权力，那时英国的国内自由受到限制。② 公民大会的真正问题不在于它偏好某种政策，而是容易使事情陷入僵局和拖延。克劳塞维茨认为，荷兰人、瑞士人和北美人——更不用说波兰人——正是因其自由主义宪制，才无法在国际事务中果断行动或发挥影响力。普鲁士处于欧洲国家体系的中间位置，面临持续的外部威胁，因此它需要"秘密、果断和灵活的外交政策，而这些并非议会机构的天然属性"。③ 评判一国的国内政治制度，标准不应该是是否违背了某种理念，而是是否有利于国家安全。

---

① 'Agitation', p. 351.
② 'Agitation', p. 351.
③ 'Agitation', p. 352.

政治的本质

法国革命和美国革命曾主张人民是国家主权或政治权力的来源，克劳塞塞维茨并不赞同这一观点。政治不应是多数人而应是少数人关心的事务。在他看来，关于"人权"的谈论忽略了法国国内存在的现实压迫和剥削。① 这些所谓的"权利"都是哲学家们的概括，"他们的思想杰出过头了，以至于不会费心考虑地方环境和历史经验"。② 克劳塞维茨反对对政治的教条主义理解，但他并没有看到权利和义务等"无形的抽象"带来的真正威胁。这类思想不过是"一套装腔作势、毫无实质意义的控诉之辞"。③ 意识形态本身并不是一种独立的力量，而是一种依附性的东西，只有与更深层次的社会和政治力量相契合才能产生效果。④ 政治观念只有反映真实和持久的利益，才会有它的分量和合法性。⑤ 克劳塞维茨的政治观点，是以尊重具体利益和深层的历史进程为基础的。⑥

克劳塞维茨并非只关注意识形态。其《骚动》一文[208]非常重视观点和修辞，甚至不厌其烦地嘲笑大学生及其导师们的政治努力。即使是"在体育馆或课堂里学了几句政治口号"的校长，也可能至少暂时地扭曲那些易受影响的心灵。⑦ 这类煽动并制造动乱的行为尽管从未对国家构成真正的威胁，也必须加以遏制。它可能分散政府精力，使其无法专心于必须的变革。克劳塞维茨认为，示威和暴力，如 1819 年保守派

---

① 'Agitation', p. 346.
② 'Agitation', p. 347.
③ 'Agitation', p. 355.
④ Moran, 1989, pp. 190 – 191.
⑤ Paret, Moran (eds), 1992, p. 337.
⑥ Paret, Moran (eds), 1992, pp. 228 – 229.
⑦ 'Agitation', p. 366.

剧作家兼政治作家科茨布遇刺事件,会激起非理性的反应,阻碍理性的改革。①

在克劳塞维茨看来,政治是"更大规模的商业",是利益的互通(traffic),而不是意见的互通(149)。这个类比很恰当,因为商业在很大程度上仅限于商人和制造商之间,消费者则处于被动地位。国家的功能是管理政治市场,制定政策,使其在保护国家利益的同时尽可能满足多样化的需求:

> 可以认为,政策的目的是统一并协调内部管理和精神价值观的所有方面,以及道德哲学家可能添加的任何其他方面。(606)

包括道德和宗教价值观在内的许多利益都应有权得到表达。但克劳塞维茨的多元主义受到政府责任的限制,即政府要保护国家利益,确保民族凝聚力。与黑格尔一样,克劳塞维茨认为国家凌驾于特殊利益之间的斗争之上,代表着统一性,并担任其政治和道德目标的最终守护者。②

政策不能由国内种种力量自由摆弄,还有一个最重要的原因。国家内部的统一仍然是所有国防和安全的先决条件。尤其是在战争时期,内部分裂最可怕,它会降低政策的力度,并正面协助入侵者(562 - 563)。正如克劳塞维茨在拿破仑企图征服俄罗斯时所观察到的那样,只有内部的不团结才能摧毁一个欧洲大国(627)。③ 归根结底,内部政治必须反映外部需求。

国家主义(the ideology of the state)

国家是克劳塞维茨政治思想的核心。但任何特定国家的形成或存

---

① 'Agitation', pp. 354, 358.
② Gat, 1989, pp. 247, 215.
③ See also 'Campaign of 1812', p. 165.

活并没有什么天然的保障。每个[209]国家都需要自行负责其内部秩序和外部防御。这就要求领导人既精通内政,又精通外交。一国的外部安全首先依赖于它有能力以团结有效的方式组织动员本国公民,妥善分配其利益。国内政治也会据此采取相应的行动。

国家当然不是实现人类进步或推进某种意识形态的工具。政治和政策应该由国家利益驱动,而不是由人权、宪制和世界主义等情感或教条驱动,后者只会让人偏离秩序和生存的目标。必须教导公民履行对国家的义务,而那些不负责任的学说,若无法安全地将其忽略,就应予以压制。克劳塞维茨不是民主派,他只是小心翼翼地思考政府改革,支持由强有力的顾问或部长辅助的威权制度,并不赞同真正的代议制。他没有偏离普鲁士的绝对主义和父权制传统。英美传统认为国家是人民的公仆,而克劳塞维茨在本质上认为国家高于人民。①

将克劳塞维茨置于当时还未出现的左与右的政治光谱中是无益的。他在某一问题上的立场可能与保守派、威权主义者、自由派或进步派的观点一致,但不能因为这些观点就给他贴上任何标签。他只有在反对各种教条(当然,现实主义除外)上才是教条主义的。他关心的不是意识形态,而是政治权力的运作过程和机制以及它们与国家根本利益的关系。这使他拒绝部门利益和利己主义,挑战特权和剥削,并批判许多传统思维。克劳塞维茨的政治思想也受到历史性视角、承认多元利益和反教条主义的调和。这使他摆脱了许多社会和政治偏见,但没有使他摆脱更宽泛意义上的意识形态——现实主义和国家主义。

---

① 相关讨论见 Behrens,1976 and Paret,1980a。

17 对外政策

> 总之,在最高层次上,战争艺术变成了政策。(607)

[210]马基雅维利认为外部的安全需求应决定国内的政治安排,克劳塞维茨继承了这一观点。外交政策居于主导地位(Primat der Aussenpolitik),从一开始这就是普鲁士的核心主题。人口和领土远低于主要强国的普鲁士,在弗里德里希大帝精明有力的政策下开始进入一流国家行列。但在他死后,这种"人为抬高的地位"就消失了,因为普鲁士未能有效应对国际挑战,尤其是法国的挑战。用克劳塞维茨的话说,普鲁士"缺乏欺骗和狡猾所需的能量,以及随之而来的不诚实所需的能量"。①

起到耶拿战败的耻辱和法国的占领,才使普鲁士完全认清了自己的境遇,并积极采取行动维护独立。而且,1815年后,普鲁士也需要强有力的外交政策来确保其在国际体系中的地位:

> 拥有1100万人口的普鲁士,与统治着3000万或4000万人口的欧洲大国处于同一水平。它位于欧洲国家体系的中间,因其迅速发展而受到大小国家的羡慕,若不付出比其他国家更多的努力,将无法维持其地位。②

克劳塞维茨认为,普鲁士必须做好战争准备,"这样她才能抵御来

---

① 'Observations', pp. 63 – 64.
② 'Our Military Institutions', p. 317.

自东方和西方的两个巨人的威胁"。① 它不能仰赖他国的善意或不靠谱的盟友。②

[211]尽管克劳塞维茨非常关心普鲁士,但他并没有为自己的祖国主张任何特权。追求安全和国家利益,是包括普鲁士的敌人在内的所有国家的共同权利。克劳塞维茨在1803年写道:即使是法国,也不能因为脚踩在普鲁士的脖子上,企图把自己的帝国扩张到整个欧洲而受到指责。③ 1831年,在晚年的一篇文章中,他承认法国和波兰是天生的盟友,法国有充分的理由支持波兰独立,而这会对普鲁士构成威胁。④

对外政策的挑战

国家安全是外交政策的核心。而国家安全取决于两个因素。一是国家在国际体系中的分量(weight)和所施加的力(effort,另一个力学类比)。相比于静态的军事实力或权力等概念,克劳塞维茨更喜欢这些强调动态的术语。他很少在政治语境下使用"权力"(Macht)一词,而是用它来指代一个国家采取军事行动的潜力,特别是在比较交战双方时使用。⑤ 他也不是单纯从积累实力——甚至是军事实力——的角度来看待国家的目标。⑥ 对于克劳塞维茨来说,实力仅仅对于它所能够推进的政治目标而言才是重要的。

---

① 'Our Military Institutions', p. 328.
② 'Ueber die künftigen Kriegs-Operationen Preußens gegen Frankreich', Hahlweg (ed.), 1966, I, p. 89.
③ 'Historisch-Politische Aufzeichnungen', Rothfels (ed.), 1922, p. 2; see also 'Notes on History and Politics', p. 239.
④ 'Germany's Existence', p. 382.
⑤ Aron, 1972, p. 612.
⑥ Aron, 1972, pp. 611–612.

国家安全的第二个要素是国家的荣誉和尊严(相当于今天的信誉和威望)。在1805年的一篇文章中,克劳塞维茨宣称,"国家的荣誉"必须被视为"神圣的",与其尊严扫地,不如高贵地失败。① 回顾19世纪20年代早期,克劳塞维茨仍然认为普鲁士应该在1806年不可避免的冲突之前奉行更有原则的政策,即要么光荣地站立,要么光荣地倒下。② 事实上,正如他在《战争论》中观察到的,一个失去了战斗意志的国家没有理由期待成功:

> 一个政府,它若在输掉一场重要会战之后只想让人民尽快回去安睡,并……缺乏勇气和欲望去做最后一搏……那它就不配获胜。而且,可能正因为不配获胜,所以它也不能获胜。(483)

国家的荣誉包括君主的人格尊严,③但这并不意味着君主可以把个人的关切和顾虑置于国家利益之上。

[212]虽然对外政策的宽泛目标很容易明确,但在实践中如何确定政策呢?克劳塞维茨认为,外交政策的任务就是代表国家内部利益:"单独政策本身并无任何价值;它只是内部所有利益对抗外部世界时的受托者。"(606)此外,这项政策必须代表"社会所有的利益"(607)。"所有"一词在这两句引文中都用于修饰"利益";第二句引文的德语原文指的是"整个社会"(entirecommunity)。外交政策太重要了,以至于不能像革命前的法国那样,留给国家内部某个特定阶层或利益集团来决定。政策是对抗外部世界时一个国家内部所有利益的代表或辩护者(Sachwalter),这可能是克劳塞维茨讨论政治本质时"唯一杰出的洞见"。④ 它标志着从王朝政治向国家政治的转变,国家从君主的财产变

---

① 'Notes on History and Politics', p. 245.
② 'Observations', p. 42.
③ 'Notes on History and Politics', pp. 272 – 273.
④ Gallie, 1978, p. 61; see also Schramm, 1958, pp. 709 – 710.

成了维护公民利益的工具。

然而,协调一国内部利益并确定国家利益并非自由放任或不受管制的过程,尤其是涉及安全问题时。克劳塞维茨不像多元主义者,只满足于接受政治折中的结果。相反,他认为国家必须控制政策决策,促进国家的长远利益,而不是助长公民一时的情绪。这就需要两样东西:一个强大统一的政府,以及运用理性。随着现代欧洲国家的发展,这些条件日益得到满足。克劳塞维茨指出,到17世纪末,"行政部门已经完全统一,并在对外关系中代表国家"(589)。与国家的中世纪前身不同,这时的国家已经获得了对地方主义和世界主义的充分控制,可视之为"根据简单和有逻辑的规则行事的人格化实体"(588)。

另一方面,国家需要借助理性来设定超出安全和荣誉之外的具体目标,并选择最有效的政策。克劳塞维茨赞同国家的客观利益这种说法,并认为政策决策者的任务就是准确地确定它。这就需要分析国家的处境、手段和目标,从而揭示出国家的真正利益。政策争议实质上是如何正确理解国家利益的争议。克劳塞维茨似乎没有意识到这一观点的内在问题。例如,关于是结盟还是绥靖政策最能提供安全保障,不是可能存在实实在在的分歧吗?克劳塞维茨总是笃信自己对国家利益的解释,[213]因而有时无法理解为什么其他人会持不同的观点。

人民和战争

合理的外交政策的中心是广大民众的情感,民众应该认真关心国家事务,尤其是关心国家的安全。18世纪的军事作家们注意到,长期的和平会使军队失去其作战技能和战斗精神,于是出现了一种观点:国家需要战争来恢复它的精神力量和体力。① 德国浪漫主义运动认为战

---

① Duffy,1987,pp. 146,147.

争促进了文明的发展,在"增强社会有机体的体质方面发挥了重要作用"。① 正如克劳塞维茨所说,人们可能会感到幸福,贸易和科学可能会蓬勃发展,个人可能会享有相当大的自由——但这些是不够的,一个"伟大的社会"所想要做的不仅仅是"安静地独自生活"。② 只有通过强有力的对外政策和积极备战,国家才能克服个人的自私自利,调动起社会上一切潜在的能量。

像康德和黑格尔一样,克劳塞维茨在战争中发现了某种高贵和挑战,该挑战可以超越和平时期种种职业的平凡普通。③

> 今天,除了战争,几乎没有别的方法能教育一个民族具有勇敢无畏的精神;这必须是一场在大胆领导下进行的战争。没有什么能对付人们的绵软和对安逸的渴望,这些在经济日益繁荣和贸易日益增长的时代使人的价值被贬低。一个民族和国家,只有在民族性格和对战争的熟悉持续互动并相互加强的条件下,才有希望在世界上成为强者。(192)

一个强大而有远见的政府会把军事精神灌输到全体人民中间。④ 一支真正的国民军队会有助于创造和保持这种军事精神。反过来,一个充满军事精神的社会也会增强其领导人的决心。

在这里,克劳塞维茨可能为自己招来军国主义者(militarism)的罪名。⑤ 12 岁就穿上军装的他,很自然地将士兵们的纪律和自我牺牲精神与平民的各种自私自利加以对比。他也相信强制服兵役既有助于国防,也会改变服兵役者的态度。毫无疑问,他和那个时代的许多人一

---

① Gat,1989,pp. 242 – 243.
② 'Observations',p. 41.
③ Gat,1989,pp. 243 – 234;Ritter,1969,p. 51.
④ 'Our Military Institutions',pp. 317 – 318.
⑤ Behrens,1976,p. 42;Rapoport,1968,p. 64.

样,深受军事价值观的影响,并希望普鲁士人至少能接受其中的一些价值观。[214]但与军国主义者正相反,他不为军队谋求任何不劳而获或不必要的特权,并主张军队在和平与战争中都必须服从政府。他的想法只是一个国家必须做好战争的准备。

军政关系

如果战争是一种政策工具,那么政府与军队之间的关系就至关重要。《战争论》多次提到军政关系,并打算在第八篇写一章"最高指挥的结构"(633)。这一章并未完成,可能是因为克劳塞维茨没有时间,也可能因为这是个高度敏感的话题。我们看到,克劳塞维茨经常在政策上与他的政治领袖意见相左,1812年至1813年间他的一系列行为,如离开普鲁士军队、陶罗根(Tauroggen)公约谈判、在东普鲁士组织预备役,显然都违背了国王的意愿。

1789—1815年的历史经验表明,失去军队的统治者也会丧失领袖地位,有时甚至会丧掉生命。克劳塞维茨注意到,1789年法国军人的逃离行为使国王失去了镇压暴徒的唯一手段,皇家卫队和正规军都参与了攻占巴士底狱的行动。18世纪90年代,法国军队中充斥着不服从命令、暴力和政治活动。① 1814年,拿破仑的将军们抛弃了他。整个19世纪,军事都在影响政治,在普鲁士、西班牙和瑞典这样的国家,这是一种永远存在的可能性和现实。只有在英国,军队才彻底地远离政治。② 克劳塞维茨的政治至上论并不总是能得到很好的理解,不过它的确跟政府和军队之间艰难且不断演变的关系密切相关。

克劳塞维茨的许多同时代人谋求军事行动的自主性:政府应该只在战争爆发时设定其目标,并让军队自主地去实现目标。克劳塞维茨

---

① Best,1982,p.75.

② 见 Esdaile,1995,p.313。

明确拒绝这一观点,他认为政府不仅要介入战争计划的制定,还必须对军事活动进行整体指导。不能简单地把事情交给军方了事:

> 以政治观点服从军事观点是荒谬的,因为是政策创造了战争。政策是指导性的智慧,战争只是工具。因此,除了让军事观点从属于政治观点之外,别无其他可能。(607)

[215]军事自主只适用于假设中的绝对战争情况,这时政策是缺席的。例如,在一场由"纯粹仇恨"驱动的战争中,政治因素就不再发挥影响(607)。

出于这样的原因,克劳塞维茨在1827年拒绝向他的朋友罗德(Roeder)提供可能的战略建议,后者假想了一场奥地利和普鲁士之间爆发的战争,却没有提供任何政治背景。① 军事和政治问题紧密相关:

> 我们现在可以看到以下断言是有害且无法接受的:一项重大军事发展,或一个计划,应该是一个纯粹的军事意见问题。实际上,许多政府在规划战争时会召集军人并要求他们提供纯粹的军事建议,这种做法也是不明智的。(607)

现实中不可能有什么"纯粹的军事意见"(607)。这也意味着军队不需要为政策失误负责。那些抱怨政治影响军事行动的人是错误的:

> 人们常常讨论政治对战争安排方面的有害影响,但他们往往词不达意。他们不满的应该是政策本身,而不是它的影响。(608)

只有当政治家们所期望于军事行动的结果与"该行动的性质全然无关"时,才能说政治决策会"对军事行动造成坏的影响"(608)。但只

---

① 'Gedanken zur Abwehr',Hahlweg(ed.),1979,pp. 495–496.

要政策"正确理解了军事行动的原因,它就完全有权且唯有它有权"决定军事行动(607)。出于同样的原因,军事行动也要对政策负全部责任。

这就是克劳塞维茨思考军政关系的模式。他认识到,具体实践中二者的关系还要复杂得多。其一,政府不能也不应控制军队的所有活动。细节可以而且必须留给军方去决定:

> 政策的影响当然不应扩大到具体的作战细节。政治考量并不决定卫兵部署或哨兵的使用。(606)

更重要的是,政策的影响要受到战争中暴力和不确定性的限制:"政策要[216]渗透到所有军事行动中,并在军事行动的暴力性质所允许的范围内对军事行动产生持续影响。"(87)政策可以影响战争和战役,但不能主导战斗。

其二,政策必须考虑到军事手段在多大程度上可用:

> 一般的战争,还有任何特定处境下的指挥官,都有权要求政策的趋向和规划不得与这些军事手段相抵触。当然,这个要求绝对不算低;但不管它在既定情况下对政治目标的影响有多么大,它最多也只是修正这些目标。(87)

如果手段支配了目的,那么战争就不再是从属的手段。只有在因缺乏手段而导致不可能达到任何特定的目的时,这种变化才可算为正当。

其三,军政关系受政治领袖对军队的认识和军事统帅对政治事务的认识的影响。军队在此有教育政府的重要职责。克劳塞维茨在给马菲林(Müffling)的一封信中说道:

> 关于政策,战争艺术的首要职责和权利是防止政策提出违背战争性质的要求,防止政策可能由于不了解工具的运作方式而滥

用了工具。①

许多例子可以说明,不理解军队如何运作的确会带来麻烦:

> 就像一个外语不熟练的人有时无法正确表达自己,政治家们经常会发布一些事与愿违的命令。这种情况一再发生,说明适当掌握军事事务对负责整体政策的人至关重要。(608)

这并不意味着政治领袖需要具体的军事知识或经验:

> 我们绝不会相信,一个沉浸在档案中的战争部长,一个博学的工程师,甚或一个有经验的士兵,仅仅根据他们的特殊经验就能成为最好的[217]政策向导。……远非如此。这个职位需要的是杰出的才智和品格的力量。他总能以某种方式获得必要的军事信息。(608)

一个有能力的政治家知道如何发现并利用武职和文职下属的才能,并且能够区分好的和坏的建议。与军事指挥一样,克劳塞维茨在此选择强调才智和品格素养,而非细节性的知识。

至于军事指挥官这一方,他需要熟悉政治问题,因为他要与最高等级的国家领导人打交道:

> 最高统帅不必成为博学的历史学家或政治评论家,但他必须熟悉更高层次的国家事务及其内在政策;他必须了解当下事务、正在考虑的问题和主要人物,并能够形成合理的判断。(146)

但他不能忽视自己的军事责任:

> ……最高指挥官还必须是政治家,但他不能停止带兵打仗。

---

① Cited Paret, 1976, p. 369;亦见 'Gedanken zur Abwehr', p. 499。

> 一方面,他了解整个政治形势;另一方面,他确切知道用他所掌握的手段可以取得多大的成就。(111-112)

这是一种微妙的平衡,因此对各国政府来说,选择最高指挥官是重要的决定。

军政关系也受到制度安排的影响。克劳塞维茨的分析反映出普鲁士的制度设计,即政治和军事领袖要向君主负责。高级军官凭借其职位和高贵的地位,与君主保持着密切的私人联系。政治领袖和军队为了争夺对君主的影响力展开竞争。这与英国的制度形成鲜明对比,英式制度下,军队逐渐从属于议会,进而归属文官政府管辖,而君主在政治和军事事务中扮演着越来越多的仪式性角色。英国军队不是与君主共同对付政治领袖,而是成为当时政府的公正仆人。

克劳塞维茨指出,最简单的制度安排是最高政治权力和最高指挥官是同一个人。[218]他更喜欢君主担任最高指挥官,这样可以确保其明确的权力范围,并借助皇家权威影响作战行动(608)。弗里德里希大帝就是这样将政治目标和军事战略统一起来,并享有"不向任何人负责"的优势(497)。拿破仑也成功地将军人和政治家合二为一。但这样的领导必须非常强势且有能力行使其权威,而普鲁士并不总是具备这样的条件。甚至弗里德里希也承受了"孤立和重压"的巨大代价。①

更多的情况下,是政府或内阁而不是国王独自承担战争的责任。与一些人的观点不同,克劳塞维茨认为这可能是一种有效的制度安排。他说"战争的灵魂,藏在内阁中"。② 但该制度也有陷阱。在一个生性多疑或不作为的国王治下,内阁很容易避免决策并消极被动。此外,内阁要想有效地控制战争的进程,还需要军方的有效投入。在这里,克劳塞维茨指出了最高指挥官的关键作用:

---

① Duffy,1987,p.151.
② Cited Hahlweg,1980a,p.70,出自未发表的手稿。

若战争完全符合政策目标,政策目标也与可用的战争手段相适应,那么除非政治家和军人合为一人,唯一合理的权宜之计就是让最高指挥官成为内阁成员,以便内阁能参与他活动的重要方面。(608)

尽管克劳塞维茨希望最高指挥官能影响内阁,但重点是内阁能影响他。1853年《战争论》第二版的编辑为了迎合当时的观点,把这段话中的动词"影响"改成了"被影响",暗示最高指挥官应该影响内阁,而不是相反。①

内阁影响军事的其他方式并不可取(609)。他们给出彼此冲突的军事建议,使军事丧失了有效军事行动的基本要求,即积极追求达成目标。1806年国王周围出现了三名总指挥和两名参谋长,这是荒谬的。1809年再次出现类似的问题,当时将军和其他指挥官抵制陆军部,利用他们与国王之间历史悠久的"职责关系",直接上书国王批评战争部。国王乐见双方意见分歧,并不支持战争部,战争部失去了威望。克劳塞维茨认为,战争部应该是国防大臣领导下的最高军事权威,[219]最年长的陆军元帅和最年轻的士兵都应该服从它。②

在战争时期,政治领袖所在的地理位置非常重要。克劳塞维茨在描述1799年的战役史时警告说,远程指挥战争非常困难:"部长和政策顾问们并不清楚他们的决定在战区会产生何种影响"。③ 因为"战争就像一艘抗击风暴和海浪的船。一个人必须上船,熟练地驾驭它,充分利用各种因素,尽可能漂亮地完成航程"。④ 政府若要影响指挥官,就需要放弃在首都制定战略的旧方法(177)。离战场上的军队近一些有助于政府维护其统治地位,避免决策制定中的长时间延误(608-609)。

---

① Howard, Paret (eds and trans.), 1976, p. 608n.
② Letter to Gneisenau (1809), Hahlweg (ed.), 1966, I, p. 677.
③ Cited Paret, 1976, p. 338.
④ Cited Paret, 1976, p. 338.

克劳塞维茨对实践中军政关系的讨论很切合实际,但也存在严重疏漏,即他没有讨论政治与军事间的冲突,而不是仅仅误解了它。例如,军事领导应该如何应对明显愚蠢或错误的政治命令?军事领导应该以多大的力度敦促一个不情愿的政府做出决定?在极端情况下,军方可以拒绝政治领袖的政策吗?克劳塞维茨对这些问题并非不熟悉。

当然,理论上讲,无论政治领导层做出什么决定,都应该得到服从:

> 政治利益和军事利益之间不需要再发生冲突——这绝不是因为案例的性质——如果发生冲突,那也只是表明政治领导的决定没有得到理解。有人可能会认为,政策也许会对战争提出战争无法满足的要求;但这一假设将挑战自然且不可避免的前设,即政策了解它要使用的工具。如果政策正确理解军事事件的进程,它就完全有权判定哪些事件和趋势最适合战争的目标。(607)

但这很难站得住脚。首先,克劳塞维茨假设政策了解它打算使用的工具,并"正确理解军事事件的过程"。两种假设在实践中不可能永远正确,相反,这两个问题长期以来都容易引发军事领袖和政治领袖之间的分歧。

还有一个更为深层而根本的问题,即克劳塞维茨假定国家的政策符合其真正的利益。然而,[220]正如他在其他地方承认的那样,政策很可能服从于领袖的个人野心,或未能为国家利益服务。克劳塞维茨只是认为政策应促进国家利益。当克劳塞维茨承认政策居于首位时,他承认的是"政治应该是什么,而不是政治必然是什么"。[1] 他自己在1812年违背国王的意愿时,就坚信自己在为普鲁士的荣誉和真正的长远利益行事。就算普鲁士最终战胜拿破仑,也仍然无法回答应该由谁来决定国家的"真正"利益这个问题。克劳塞维茨在1812年这样真诚的信仰,很难作为无视国家政策的恰当理由。

---

[1] Aron, 1983, p. 267.

政治家之道

克劳塞维茨对治国之道的思考很大程度上要归功于马基雅维利。面对充满不确定性和敌对的环境,国家领导人需要判断力和勇气。弱小国家别无选择,只能奉行谨慎和狡猾的政策,设法维持现状,并最终维持自己的生存。大国活力无限且能量巨大,可以更加积极地追求大目标。有些国家会奋起迎接挑战,有些则会衰落,但即使是最强大的国家,在经历几个世纪的考验之后也可能失败。像社会的所有造物(包括那些伟大的宗教)一样,国家在其自身内部就携带着"自我毁灭的种子"。①

可能受命运(fortuna)概念的启发,克劳塞维茨强调了概然性在战争和政治中的作用。人类的命运既不是纯粹的机遇和反复无常,也不仅仅是预定历史力量的展演。人类行为可能影响命运,但不能控制命运。正如战争中的不确定性会挑战将军的勇气和天赋一样,不确定性也会挑战政治家的创造力和责任感。双方都必须专注于主要任务,忽略道德上的繁文缛节,表现出勇气,做出大胆的决定并承担责任。伟大的政治家和将领都没有给胆怯和道德疑虑留下余地。

毫不奇怪,克劳塞维茨非常赞同马基雅维利在外交政策上的教导,并将《君主论》列为政治家必读的经典。"马基雅维利《君主论》第二十一章(君主如何赢得荣誉)是所有外交的基本准则,也是那些不听从他之人的悲哀"。国家间的政治具有竞争和不信任的特点,因此,对政治家来说,没有什么书比马基雅维利的书更为必要。那些[221]声称厌恶其原则的人只不过是"沉溺于空想的半吊子货色",②那些遵循自己的良知,"像在私人生活中一样在高级职位上行事"的领导人则是真正

---

① 'Notes on History and Politics', p. 264;亦见 the letter to Marie, 5 October 1807, Linnebach, 1917, p. 142。

② 'Notes on History and Politics', pp. 268 – 269.

的自我主义者。①

在克劳塞维茨看来,战争理论的任务并不是评判政治领袖的决定,即使这些决定毁灭了国家。这是政治学理论的任务。② 与讨论军政关系时一样,克劳塞维茨仍然不愿考虑外交政策误入歧途的问题:"外交政策可能会犯错,屈从于当权者的野心、私人利益和虚荣心——这个问题完全不存在。"(606–607)因此,他没有理由批评拿破仑代表法国而有的政治野心。入侵俄罗斯是法国避免东西方两头作战的唯一手段,而拿破仑追逐的是他唯一有可能成功的战争规划,即打断俄罗斯政府的中枢神经:

> 波拿巴参与其中可能是完全错误的;至少结果无疑表明他算错了。但我们认为,他要想实现这一目标,宽泛而言,别无他途。(628)

作为政治家的波拿巴别无选择,只能赌上整个军队——"这是游戏的赌注,是他宏大愿望的代价"(628)。克劳塞维茨最多只是在暗示,用政治上的词汇来说,拿破仑的入侵是一场"铺张声势"(325)。要进一步评判拿破仑,克劳塞维茨就需要陈明他本人的政治价值观。

尽管如此,拿破仑也好,任何其他政治家也好,他们的雄心若超出了能力范围,也可能受到克劳塞维茨的批评。克劳塞维茨观察到,在许多情况下,一国进攻他国并不是要彻底击败对手,而只是在明智地寻求"一种可以维持自身的平衡状态"(570–571)。他在弗里德里希大帝身上发现了很多值得称赞之处:他"用有限的资源追求一个重大目标……并没有试图去做任何超出他能力范围的事情,但这些事也总是恰好足以让他达成心愿"(179)。相比之下,拿破仑则冒着巨大的风险,

---

① 'Notes on History and Politics', p. 242.
② Paret, 1976, p. 365.

最终挥霍掉了他所有的一切。① 做出评判的,不是政治或道德形式的谴责,而是失败的事实。如同1806年之前的普鲁士一样,政治家若不明白现有的手段不足以支持国家防御,他就会失败。

克劳塞维茨理解的政治家之道本质上是否过于民族主义和军国主义?诚然,他主张采取强有力的措施来提高普鲁士的军事实力,并主张在普鲁士的独立受到[222]威胁时发动战争。但他在评论国际事务时并不愿将战争视为解决之道。例如,他认为1792年法国和普鲁士之间的战争并不符合两国的最佳利益。他认为,法国在阿尔萨斯的行动等一些问题是可以商谈的,并认为国王对被俘王室的同情不应主导其国家政策。"普鲁士在阿尔萨斯原本并没有什么值得防御或征服的东西"(631)。在1830—1831年关于欧洲局势的备忘录中,克劳塞维茨还反对对法发动先发制人的战争。② 尽管普鲁士也许会被迫发动战争,但当时的力量对比对普鲁士并不有利,包括缺乏国内民众的支持。

和马基雅维利一样,克劳塞维茨就安全的本质为他的祖国提供了更现实的分析方案,论证了软弱和中立的危险,并指出安全和荣誉是政治家的主要指引。两人都鼓励同胞抵抗外国统治。除了这些目标之外,政治领袖还必须决定何谓国家利益以及如何寻求国家利益。法律和道德判断并未进入克劳塞维茨的视野,这类事可以留给政治理论家或政治"哲学家"去做。政治家的行为或许只应根据理性和审慎的标准加以评判。像马基雅维利一样,克劳塞维茨强调成功的政治行动非常难。这是一种完全现实主义甚至悲观的外交政策观。这是一种不抱幻想但并非没有激情的哲学。③

---

① Aron,1972,p. 620.
② Paret,1976,pp. 402–403.
③ Aron,1976,p. 33.

18 国际政治

> 不仅如此,政治是孕育战争的子宫,就像胚胎中生物的种种特征一样,战争的轮廓在政治中已经隐约存在。(149)

[223]克劳塞维茨不必发展出一套国际政治理论。他从马基雅维利和其他人那里继承了既有的现实主义。现实主义认为,国家是最重要的政治行为体,依照本性它会追求自身的利益,这将会不时地引发与其他国家间的冲突。因此,在国际政治中,战争将永远存在且无法避免,就像战争中一直存在着战斗的可能一样,国家间也一直存在着发生战争的可能。克劳塞维茨说:"欧洲各处并非经常由和平掌权,全世界的和平则从未出现过。"(122)

国家间关系是战争的直接原因:"政治,即政府间和民族间的交往,是战争的唯一来源。"(605)战争有其深层原因,它"从来不会突然爆发,也不可能是瞬间蔓延开来的"(78)。战争的源头"不在于口号,而在于(国家间)精神和物质关系的总和"。① 这不只是不同政治制度共存的结果:

> 假设所谓的专制制度完全消失,各国人民都像巴黎人那样,都是自由和快乐的……国家间是否会出现田园诗般的和平,威胁国家安全的利益和激情是否会消失? 显然不会。②

---

① 'Polish Partitions', p. 375.
② 'Polish Partitions', pp. 374–375.

法国即便没有发生革命,也会对普鲁士构成威胁。战争不会仅仅因为各国采用了类似的宪制而消失。[224]康德提出把国家重建成爱好和平的共和国,以此消除战争,克劳塞维茨对此并不以为然。①

在有意回避国际政治理论的同时,克劳塞维茨也评论了国际法和道德原则(微不足道)的作用,并较为详细地考察了国际体系中与战争相关的两个核心特征:结盟和实力平衡(balance of power,或译作"均势")。前者是为了共同目的而协调国家间军事力量的方式,后者是防止一国独大的方式。

国际法

《战争论》很少提到国际法和道德,即使提到也比较随意。克劳塞维茨在第一章讨论武力使用时,直截了当地说:"附属于武力的,是某种自我强加的难以察觉的限制,几乎不值一提,此即国际法和惯例,但这些限制很少弱化武力的使用"。限制只源于国家愿意自我约束,因为"道德力量"与自然力量不同,它"除了在国家和法律中表现出来之外,并不在其他任何地方存在"(75)。战斗本身可能会受到骑士精神和风俗习惯的制约,但在国家间的关系中要约束各国,则只有指望恐惧和谨慎。欧洲四国同盟这样的超国家体无法对其成员国行使任何权力。

正义战争的概念,即一个国家在什么时候应该或不应该诉诸战争这样的原则,《战争论》中一次也没提到。有些翻译会用"侵略"一词,但它没有任何道德含义,在当时只是个中性概念。② 克劳塞维茨实际使用的术语是"攻击者"(attacker),与现代意义上的"侵略者"(aggres-

---

① Gallie,1978,p. 63.

② "侵略"经常与暗含某种道德或法律要素的其他术语连用,例如:"不公正的侵略"和"无端的侵略"。Brownlie,1963,p. 351.

sor)不同,该词指的是先拿起武器的国家。因此,《战争论》与许多较早强调道德和法律因素的战争研究形成了对比。① 和马基雅维利一样,克劳塞维茨认为,只要对国家而言必要的行为都是正当的。1789年以后的岁月似乎证明了他的立场,此时正义战争的传统已经完全失效。②

克劳塞维茨认为,发动战争只是一个明确国家利益并选择正确时机的问题。③ 论及七年战争的起源,他写道:"1756年弗里德里希大帝意识到战争不可避免,[225]除非他能提前阻止他的敌人,否则他就会失败。发动攻击成为必然。"(191)同样,关于先发制人的战争,克劳塞维茨认为,立即发起攻击"只要未来给敌人带来的冲击比我们大,就是明智之举"(601)。尽管在这些情况下动武有一部分是防御性的,但同样的说法也适用于征服战争。克劳塞维茨并未讨论战争的法律和道德维度,认为它们最多只是方便的借口而已。

结　盟

根据克劳塞维茨的说法,在18世纪,各国通常在无意做出明确承诺的情况下结盟。尽管结盟常常"半心半意",充满保留,却不能视之为荒谬,因其"深深植根于人类的弱点和缺陷"(603 – 604)。然而真正重要的是,通过结盟使两个或两个以上国家的利益真正融合在一起,这使得一方"在维护盟友安全的完整性方面具有实质性的利益"(373)。但即使在这种情况下,盟友间还是会经常出现分歧。克劳塞维茨在他的军事生涯中见识过结盟的曲折,尤其是1813年至1814年盟友间的剧烈冲突。④ 就像战争一样,同盟关系必须视为一种政策工具,并放在

---

① 这对一些人来说有吸引力。Ritter,1943,p. 58n. 。
② Scheuner,1980,p. 161.
③ Weil,1955,p. 306.
④ Ritter,1969,p. 67.

政治背景下来理解。

结盟的关键是统一政治目标,或者至少要"大多数盟国的利益和力量服从于领导国的利益和力量"(596)。最好的情况是盟国同意以击败对手为共同目标,并且其中一个成员国有能力并愿意担任领导角色。最坏的情况是,一个国家加入联盟只是为了削弱或抢夺盟友,或是转移对自己的打击。虽然这些目的都是合法的,无法从道义上排除,但克劳塞维茨认为这是一场"危险的游戏",最好留给更强大的国家。①联盟内的共同利益或重心越弱,对手越容易加以破坏;共同利益越大,联盟就越难瓦解(596)。

同样真实的是,没有一个国家会像对待自己的事业那样认真地支持他国的事业(603)。当两国对第三国宣战时,"这更像是一项商业交易",双方都在投资,并期望获得回报。"即使两国拥有共同的核心利益,行动也会因外交上的保留而受阻",而且,[226]谈判者并不情愿将全部力量投入共同的事业(603)。因此,

> 盟国不会仅仅按照那些积极参战的国家的意愿进行合作;国际关系本来就是这样,各国往往只在稍后的某个阶段才开始提供合作,或者只有在平衡被打破或需要校正时才会增加合作。(79)

俄罗斯就是一个很好的例子,它总是拖延履行义务。克劳塞维茨认为抱怨这一点没有意义,就像抱怨只有在寒冷的冬天才下雪。②

围绕盟军指挥权的争议是利益分歧的常见表现。各国政府通常会坚持,他们提供的部队应该由"只听命于自己政府"的指挥官指挥(603)。但是,独立控制本国部队的各国指挥官之间很难协调。例如,当盟军间的距离超过 250 或 500 英里,或在不同的战线上作战时,"各

---

① 'On Coalitions', p. 242.

② 'Ueber die künftigen Kriegs – Operationen Preußens gegen Frankreich', Hahlweg (ed.), 1966, I, p. 76.

部分之间的凝聚力通常会非常松散,而且往往完全是虚假的"(486)。最糟糕的情况是,"两个不同国家的独立自主的将领共用一个战场,这是七年战争中俄罗斯、奥地利和法国军队经常遇到的情况"(632)。这样只会引发联盟内部的冲突。

各国力量联合起来更有效,但这需要相关政府"罕见的自我克制"和"友好"。1813 年,"纯粹的必然性"驱使各国联合起来(631)。尽管如此,沙皇的行动仍非常值得称赞,因为他"没有宣称要指挥一支独立的俄罗斯军队",而是把战场上最大的军队交给普鲁士和奥地利将军指挥(632)。但亚历山大的德行不在于他的慷慨,而在于他对俄罗斯利益的远见。至于奥地利、普鲁士和日耳曼各邦,若试图建立统一的军事组织则是愚蠢的,因为"联邦国家在战争时期只是一个很弱的核心,缺乏团结和活力,也缺少任何合理的方式来选择其指挥官"(637)。

虽然结盟面临许多困难,但这并不意味着结盟很少成功。克劳塞维茨声称,除了 1792 年不幸的反法联盟外,几乎没有一个联盟彻底失败。特别是防御联盟,最不可能失败。[227]他们可能需要时间集合,但这是抵抗更强对手的一种自然手段,也是唯一的选择。① 当然,正如 1815 年克劳塞维茨在巴黎亲眼看到的那样,一个胜利的联盟无法保证盟国之间的继续和谐。和平时期利益的竞争取代了战争时期利益的暂时统一。

均 势

结盟对维系国家间的实力平衡很重要,克劳塞维茨认为它构成了朝向国际平衡的内在趋势。这种平衡过程起源于 15 世纪的意大利,当时意大利小国林立,彼此间实力差距不大,都坐落在有限的地理区域内。贸易、艺术和科学的勃兴,使得这些国家间关系的丰富和复杂程度

---

① 'On Coalitions', p. 242.

远高于欧洲其他地区。① 随着各国政府逐渐理解彼此之间关系的复杂性,一个平衡各方力量的系统出现了——克劳塞维茨认为,这种发展"必然会在众多文明国家的相互关系中自发出现"(373)。

接下来的几个世纪,强大的中央政府逐渐控制了对外政策,欧洲国家发展出一种能力,能够评估本国利益和他国利益以及各种可能的联盟。到了18世纪,这些复杂的相互依赖关系造就出一个稳定的国际政治体系,其特征是对军事活动的重要限制。"可以想象两国打一场大仗,但不会像之前那样将其他二十个国家牵涉其中"(589)。战争可以得到管理或控制,因为各国有更广泛和复杂的利益。"政治关系,连同其亲疏好恶,变成了如此敏感的关系网,以至于在欧洲大炮一响,各国政府都会感到自身利益受到影响"(590)。

因此,克劳塞维茨认为,任何想要征服欧洲的国家都会面临巨大的军事和政治困难。这个国家必须避免与它抗衡的结盟行为,因此"新的亚历山大需要的不仅仅是他的利剑,还有一支好用的笔杆子"(590)。此外,当时也没有实现霸权的军事手段。路易十四的野心受挫,部分原因是他发动战争的方式与他的对手一模一样(590)。在相对静态的环境下,那时对平衡的理解倾向于将其看作一种机械的甚至是自动的过程,其中[228]规则可以通过仔细的分析推导出来。政策需要遵守那些规则。但事实证明,这种对国际体系的看法完全不足以解释1789年后的动荡。

克劳塞维茨见证了旧体系的崩溃,他认为,需要根据新的起作用的力量来理解均势。

> 法国大革命把国家的全部重量和实力投到天平上,而之前天平上的砝码不过是小规模的常备军和有限的国家收入。……令他们自己和其他人都感到惊讶的是,法国人明白了,一个国家的自然

---

① 'On Coalitions', p. 243.

力量和一项伟大而简单的事业,远远强于这种支配着其他国家的人造国际体系。①

与大多数德国思想家(其中历史学家占主导地位)的观点一样,克劳塞维茨认为这种平衡是一种残酷和不可避免的法则,建立在不断斗争的基础上,而且它会惩罚那些不遵守规定者。相比之下,英国这种由政治家主导着平衡思维的岛上强国,则可以采取更为主动的方式去寻求调整和操纵平衡,而不是完全成为平衡中的一个部分。②

克劳塞维茨认为,国际体系稳定的关键,是各国应该追求自身利益,并根据自己的"自然权重"行事。③ 重要的不是搞出什么方案来制造一种"系统地调节权力和势力范围的平衡",而是不同力量之间的自然互动(373–374)。欧洲的平衡源自国家间关系的整体性和复杂性:

> 国家和人民的主要和次要利益以最多样和多变的方式交织在一起。每个交叉点都有约束力,用来制衡一组利益和另一组利益。显然,所有这些不动点的广泛作用是使整体具有一定的凝聚力。(373)

这不是内阁玩的微妙游戏,而是国家之间的一套更加动态、自然的关系,国家追求自身利益,并"没有明显的扭曲或道德上的努力"。考虑到这些情况,也就"并没有什么平衡体系的问题,平衡本身自立自存"。④

[229]尽管国家间天然地倾向稳定,但稳定的状况可能遭遇挑战或崩溃。不可避免地,也会出现破坏平衡的尝试:

> 人们不会惊讶,一个结构松散的体制,例如众多大小不一的国

---

① 'Observations', p. 76.
② Holbraad, 1970, pp. 152–153.
③ 'On Coalitions', p. 244.
④ 'On Coalitions', p. 244.

家,会生病;毕竟,这样的情形也发生在一切生物的具有奇妙结构的有机整体中。(374)

这些东西或许可称作"行为偏差、个别国家的多动症、实际病例",它们事实上是正常现象(374)。许多情况下,平衡遇到的挑战都得到了妥善解决——"或多或少被其他国家的公开反应所阻止或逆转"(375)。而在另外一些情况下,平衡过程进展缓慢,各国在"没有其他国家丝毫阻碍"的情况下实施了激进变革。"有些情况下,一个国家甚至变得如此强大,以至于它实际上可以对其他国家发号施令"(374)。

然而,这"并不能反驳共同利益会支持既有秩序的倾向"(374)。各国会自然地反抗霸权,只是早晚的事儿。因此,国家间实力体系的平衡只有在平衡存在丧失的危险时才会显现出来。① 克劳塞维茨从不怀疑这种内在的均衡倾向,尽管有些人可能会"嘲笑这些思考,视之为空想"(374)。

短期和中长期内失去平衡的主要原因是政治家们没有理解挑战的性质,也没有集中精力维持平衡,而是去追求"50个不同的小目标"(636)。1789年之后,鲜有人理解前所未有的起作用的政治力量以及战争的剧烈变化,但最终各国都做出了回应,因为它们开始理解自身的利益:"直到最近,拿破仑带来的极度危险,或者他本人无限的驱动力,才迫使人们以自然的方式采取行动。"(603)因此,维护平衡不是遵行法则,而是正确理解自身利益的结果。

三个过程有助于恢复各国间的平衡。一个是进攻国的军事负担,当他被迫捍卫进攻取得的成果时,这种负担就会增加。其他两个因素与国际政治有关。一方面,寻求霸权的国家发现很难赢得并留住盟友。进攻国通常单独行动,但是如果其成功[230]太重大,任何盟友都可能焦虑起来并尝试脱离同盟(525,569)。征服者也很难在他所征服的人

---

① 'On Coalitions', p. 244.

群中赢得盟友。攫取战利品、征税、让人只靠土地为生和限制贸易,拿破仑的这些做法比合作更容易引发反抗。

另一方面,进攻者打破平衡的企图,促使其他诸国形成了有助于恢复稳定的共同利益:

> 大多数国家肯定会认为集体利益将始终代表着并保证它们的稳定。同样可以肯定的是,每个与他国关系尚未紧张的国家,在保卫自己的过程中都会发现,它的朋友多过敌人。(374)

因此"通常情况下,防守者比攻击者更能依靠外部援助"(376)。受到攻击的国家如何保持独立性是另一个共同关注的问题。防御者的生存对其他国家的影响越大——也就是说,它的政治环境越稳定、越有活力——就越确定能获得他国的帮助(376)。与此同时,对寻求霸权的国家的怨恨也在增长。因此,法国入侵俄罗斯引发了对后者的广泛支持,因为"实际上,全欧洲都反对波拿巴"(615)。他们希望,"任何时候,如果法国选择重犯它之前使欧洲负重一百五十年的侮慢之举,都要叫它屈膝就范,并给它一顿教训"(636)。

支持不是以机械的方式流向较弱的国家或对抗较强的国家,而是政治算计和情绪的结果。这个过程之所以正常运转,

> 要归功于心理法则而不是动力法。羡慕、嫉妒、焦虑,有时甚至还有慷慨,这些都是失败者的天然支持。它们会为他赢得新朋友,也会削弱和分裂他的敌人。(597)

该系统的整体运作得到了像英国这样的大国的进一步协助,英国在欧洲大陆没有自己的野心,起到了平衡者的作用。克劳塞维茨指出,每当法国可能要取得优势时,英国就在海上和欧洲反对它。但是,也不能过于依赖英国这个平衡手,因为英国"对大陆的直接参与太少,不可能成为主要的平衡力量,而且,从欧洲主要依赖英国的那一刻起,它就

将走向毁灭"。① 他担心英国的另一个原因是,支持波兰独立这类
[231]大众情感可能会破坏健全的政策,不过克劳塞维茨认为,觉得英
国领导人实际上也许会协助法国这样的想法是荒谬的。②

　　克劳塞维茨写道:概言之,试图打破欧洲平衡的国家"肩上背负着
无法永远承受的重担"。"剧烈的政治动荡将会导致"体系的各个部分
做出反应,反应依据的不是"理性的意志",而是简单地随着"它自己的
势头走向任何可能的方向"。最后又会诞生一种新的、不一样的平
衡。③ 几个世纪以来,实力均衡对欧洲大有裨益,它遏制了谋求霸权的
企图,尽管各国有时反应迟缓。普鲁士从中受益,意大利、荷兰和德意
志的许多小邦也从中受益,这些国家的独立是通过起平衡作用的结盟
来维持的。④ 但是,有时这个体系似乎需要牺牲某个国家,波兰就是
例证。

瓜分波兰

　　1772年至1795年间,俄罗斯、奥地利和普鲁士相继瓜分了波兰,导
致波兰从欧洲地图上消失。正如克劳塞维茨所说,一个拥有800万居
民的国家"沦为"几个强国的"猎物",而其他任何国家均未亮剑阻止这
场权力的再分配(375)。因此,波兰

> 总是被讥讽政治平衡理念的人嘲笑,因为这似乎是一个极为
> 切题的例子,说明了一个无害、没有攻击性的国家如何在没有任何
> 其他国家援助的情况下灭亡。(375)

---

① 'Notes on History and Politics', p. 241.
② 'Polish Partitions', pp. 374–375.
③ 'Notes on History and Politics', p. 249.
④ 'On Coalitions', p. 242.

在为这次瓜分辩护时,克劳塞维茨首先指出,即使瓜分确实破坏了体系,但这"仅仅一个个案,无论多么引人注目,都无法推翻一项普遍原则"(375)。然后他提出其论点,大意是瓜分实际上符合实力平衡原则。

首先,克劳塞维茨质疑了波兰作为欧洲国家联盟的正式成员国身份:"波兰真的能被视为欧洲国家,视为欧洲国家共同体中平等的一员吗?不能。"波兰实际上是一个处在欧洲秩序中间的"鞑靼国家"。克劳塞维茨声称,他并非要凭这些观察来批评波兰。"我们这样说不是歧视波兰,也不想为瓜分辩护。我们唯一关心的是[232]直面事实"(375)。权力平衡是先进的欧洲国家的事,波兰文明程度还不够,需要区别对待。

其次,波兰是影响欧洲稳定的负面因素。"一个多世纪以来,波兰并未真正发挥政治作用;它是其他国家纷争的源泉"(375)。这主要是由于它的内部状况和制度设计造成了"混乱的公共生活"和"无尽的不负责任"(375)。波兰无法保持自己的独立性,不再是"一个拥有实质性边界的独立国家",波兰

> 已经失去了私人住宅的特征,变得更像一条公路,外国军队可以在这条公路上随心所欲地驰骋。(375–376)

简而言之,波兰自身的失败导致它被"深渊吞噬"(375)。

最后,克劳塞维茨驳斥了可以让波兰充当缓冲国来促进稳定的说法。这是不可能发生的,因为这要求波兰对普鲁士友好。实际上,波兰与普鲁士在领土、语言和贸易等方面的利益冲突,比与任何其他国家的冲突都更为持久。更糟糕的是,几个世纪以来,波兰一直是法国的天然盟友。① 不瓜分波兰,就会对法国有利而削弱奥地利和普鲁士。"任何

---

① 'Germany's Existence', pp. 381–382.

理性的人能相信这符合欧洲的利益吗?"①

克劳塞维茨关于波兰的讨论包含许多特别的辩护。但是,无论法国还是英国,都没有强烈反对这次瓜分,尽管两方也都没有捞到好处。确实,瓜分波兰的几个国家只是暂时联合了一段时间,并未对实力平衡造成长远威胁。在克劳塞维茨看来,欧洲体系既不可能也不应该保护每个国家的边界:

> 如果说集体安全(Schutz des Ganzen)并不总是足以维持每个单独国家的完整性,那么,这一事实应归因于整个体系的生命中包含种种不规范性。这些不规范性不会毁掉整个体系的生命,而是本身已被纳入该生命之中。(374-375)

一国的完整性若必须完全靠他国维持,那它"向国际体系要的就太多了"(375)。在这个例子中,"波兰若不被瓜分,它早就成为俄罗斯的一个省了,再没有比这更确定的事"(375)。瓜分绝不是[233]实质上打乱平衡,而只是确保更公平的权力分配罢了。

国际政治中的战争

战争是国家政策的工具,但它也可以在重要的方面服务于国际社会。克劳塞维茨承认欧洲国家之间存在着共同的价值观,有时他还会提到一个欧洲的国家共同体(Staatenrepublik)。欧洲各国更持久的共同利益之一,就是通过维持实力平衡来避免单一国家的霸权。这可能需要战争,虽然有时行动缓慢,但通常能成功地恢复某种平衡。作为最弱大国的公民,克劳塞维茨有充分的理由关注平衡是否能长期运行。

战争也是国际社会解决国家间争端的一种手段。克劳塞维茨认

---

① 'Polish Partitions', pp. 373-374.

为,敌对结束后从战争过渡到和平通常以一项条约为标志,条约暂时意味着"战争的目的已经实现,战争事务已经结束"(91)。条约熄灭了"一团可能悄然冒烟的火花",同时使"紧张局势得到缓解,爱好和平(在任何情况下,每个人都有这种火花)的人将放弃任何进一步行动的想法"(90)。当然,正如克劳塞维茨所强调的,战争不会一劳永逸地解决争端。各国可能将失败视为"一种暂时的损失,日后在某些政治条件下还可以找到补救办法"(80)。国际政治是持续不断的斗争,而战争的承诺是:如果顺利开战,至少可以带来暂时的安全。

第八章

《战争论》的现实意义

19　从克劳塞维茨去世至1945年

大众救世军和互相屠杀(mahdi of mass and mutual massacre)。①

[237] 自1832至1834年间《战争论》出版以来,克劳塞维茨已成为理解战争不可绕过的核心人物,一些人忽视他、谴责他,另一些人则推崇他。他的思想有时遭到完全误解,有时则被故意扭曲。关于他对实际战略的影响是好还是坏,也一直存在争议。这个话题如此宽泛,以至于学者们更愿意聚焦于克劳塞维茨思想的"接受史",即其他人如何理解和回应他的思想。② 他的思想与不断变化中的现代战争以及与核战略的相关性,已有不少人讨论;而近年来,他的思想与次国家(sub-national)战争及恐怖主义之间的无关性也引发了争论。本书这部分只能简单提及克劳塞维茨对自他时代以来的战争理解的贡献。

最初,《战争论》招来了一些直接的批评,尤其是来自约米尼。后者作为一名军事分析家的声誉在19世纪大部分时间里都让克劳塞维茨相形见绌。在发表于1838年的《战争艺术概论》中,约米尼瞄准了他这位竞争对手的诸多缺陷,同时又对照克劳塞维茨的分析调整了自己的许多观点。③ 不过另一方面,《战争论》也赢得了热情的支持者,他们意识到这是一部具有思想意义的著作。恩格斯在大概19世纪中叶偶然读到克劳塞维茨的作品,并把他推荐给马克思,马克思读过一些军事

---

① Hart, 1933, p. 120.
② Bassford, 1994, p. 6 and passim. See also Heuser, 2002.
③ Bassford, 1996, p. 267.

历史,因此虽未读过《战争论》却熟悉其中的主要思想。① 但是,《战争论》首印的 1500 册并未卖完,因此公允地说,克劳塞维茨曾沦落到被人"充满敬意地遗忘"的境地。②

尽管如此,在克劳塞维茨妻弟的支持下,1853 年柏林出版商杜慕勒出版社(Dümmler)还是制作完成了《战争论》的第二版。③ [238]19 世纪 60 年代,普鲁士主要的军事理论家和将领们都诚挚地捧读此书。他们不太关心普遍意义上的战争理论,而更关心如何在现有政治和技术限制下赢得军事胜利。④ 毛奇(Moltke)尤为突出,他公开宣称自己是克劳塞维茨的追随者,并赞赏克劳塞维茨公开倡导"拿破仑式"战争,后者强调群众、士气、爱国主义和领导力。⑤ 拿破仑 1866 年对奥地利以及 1870—1871 年对法国的决定性胜利,有力地推广了一个思想:战争是国家政策的一种实用、恰当且光荣的工具。不过毛奇从根本上误读了克劳塞维茨的思想,他把后者所说的"以剑代笔"(picking up sword in the place of pen)错误解读成军队在战时应该接替政治家。毛奇起先曾拒绝过俾斯麦在 1870—1871 年战争中炮轰巴黎的要求,理由不是出于道德,而是战术需要;但这位对克劳塞维茨知之甚少的首相坚持执行炮轰,并最终赢得了政治对战争的控制。⑥

《战争论》的重印本出现在 1857 年和 1867 年,1880 年出了第三版。此时克劳塞维茨在德国已得到人们的热情追随甚至崇敬,尽管许多读者抱怨他晦涩的哲学。⑦ 克劳塞维茨声誉渐广。1849—1851 年

---

① Hahlweg,1980a,pp. 91 – 94; Gat,1992a,pp. 366 – 377.
② Gat,1989,p. 129.
③ Hahlweg,1980a,p. 121;Dümmler 一直是《战争论》的出版商,如今已出了第十九版(1980)。
④ Echevarria,2000,p. 7.
⑤ Bond,1998,p. 78.
⑥ Dupuy,1977,pp. 107 – 108.
⑦ Shy,1986,p. 177.

出现了法语译本,英文译本到1873年才姗姗而来。① 欧洲和北美的军事学院将《战争论》作为主要教材。许多士兵发现克劳塞维茨特别注重战斗和战役——作战战略——同时又普遍漠视后勤和科技,这与他们当时的偏好类似。② 不过,也有许多人颇为不满他关于"防御是更强大的战争形式"的观点,认为此普鲁士人过于抽象难懂。大体上来说,务实的军人们更喜欢约米尼,读他作品的人也更多。无论是喜欢还是不喜欢,《战争论》已被奉为"经典",并成为德国国内外军事著作广泛转引的来源。③

在1899—1902年南非布尔战争中,英国军队被非正规军击败,之后他们对克劳塞维茨产生了浓厚兴趣。当时,布尔人在自己的半正规军被击败后开始诉诸游击战术,借助机动性、小型"突击队"和人民的支持,他们对行动缓慢的英军发动了一场破坏战和骚扰战。但英军及时找到了有效的反制措施——烧毁庄稼、建立集中营和增加部队数量,直至布尔人停止斗争。然而,英国人在克劳塞维茨作品中发现的主要信息不是游击战的价值,而是国家需要大众的尚武精神(popular militarism)和大规模军队。另一方面,欧洲大陆国家[239]似乎都有意建立强大的陆军和海军,人们很容易把克劳塞维茨与这类动向联系起来。1908年,莫德上校(F. N. Maude)在介绍《战争论》的一个英文版本时宣称,"欧洲所有军队现今或多或少的备战状态都归功于克劳塞维茨思想的传播"。④ 截至1914年,克劳塞维茨和普鲁士已成为军国主义政策的代名词。

"第一次世界大战"象征着克劳塞维茨所理解的现代战争:战场远离平民,在军队之间进行,战争按战斗和战役形成体系,并且旨在服务

---

① Bassford,1994,pp. 69–70.
② Howard,1979,p. 976.
③ Paret,1965,p. 2
④ 1940,p. ix.

于政治目标。此次大战也体现出一些不为人所理解的新发展,即科学技术对战场的影响。许多人仍然视克劳塞维茨所正确强调的"精神"因素为决定性因素,在战争的大部分时间里,不计其数的士兵为此而牺牲在新式武器之下。血腥的战术僵持与战略僵持相衬。双方临时建立起"从这片海到那片海"的漫长防线,如克劳塞维茨曾思考过的那样,在这种情形下,双方几乎没有什么自由选择,也"不存在什么集中性进攻"(367)。在拿破仑的战役中,革新曾在一开始就成为其特色,而在这场战争中,新的战略思想只在战争后期一两年才得以应用。

这场战争也类似于大规模的工业运作,军队需要数目庞大、纪律严明、训练有素的劳动力,并需要不断的物资补给与复杂的管理系统。"机枪"象征着工业与战争之间的这种联系。整个社会和经济都投身其中。民族激情与交战双方的互动克服了士兵对杀戮的抵制,也克服了公众反应所造成的一切阻力。双方生命及财力的付出与赌桌上的结局完全不对称。政治领导人或许可以掌控军事事务,但他们没能控制住这场越来越不像一个理性政策工具的战争。

战争结束后,政府和公民都希望一个不再有战争的全新秩序。国际联盟成立,其宗旨是控制并限制未来的武力使用。20世纪20年代和30年代初,各国也进入了裁军和军备限制的谈判。1928年,共有65个国家签署了《关于废弃战争作为国家政策工具的一般条约》(《白里安—凯洛格公约》),正式放弃将战争作为"彼此关系中的国家政策工具"。克劳塞维茨或许会赞赏这个条约,但他不会欣赏这些缺少现实主义色彩且想要从国际政治中消除武力的庄严企图。

[240]与此同时,民众对普鲁士军国主义的恐惧促成了旨在惩罚并永久削弱德国的《凡尔赛条约》。战略思想家也试图追究这场战争及其惊人的代价到底该由谁来负责任。克劳塞维茨于是成为被追责的靶子。在英国,哈特上尉(Captain Basil Liddell Hart)和富勒将军(General J. F. C. Fuller)的观点助长了对《战争论》作者的妖魔化。哈特虽然仔细阅读过克劳塞维茨,却定意把他描绘成"全面战争(total war)

的鼓吹者"和他自己的战略性"妙方"(即胜利的间接路线)的对立面。① 哈特认为,绝对战争的概念鼓励军事领袖重视群众和战斗,并排斥除此以外的一切。在第一次世界大战中,军事领导人盲目跟从了这位"不吉利的大众先知"。② 更糟糕的是,"战斗冲动"取代了理性,以至于"只管目的,不顾其他"。③ 哈特宣称,《战争论》及其无限战争理论"走得太远以至于破坏了文明"。④

富勒将军则重提《战争论》太过晦涩这一话题,贬斥《战争论》"仅仅是笔记的堆砌,无异于一团由火和烟混成的浓云",而克劳塞维茨本人则是老套过时的"农业时代的将军"。⑤ 但这样一部作品怎能有如此影响力?在富勒和哈特看来,克劳塞维茨未能将其哲学中的调节性元素跟绝对战争以及诸如大众的重要性之类的煽动性思想区分开来。不能期待普通士兵理解一本"过于形而上学"的书,其"普遍结论比他小心翼翼给出的条件限定更让人印象深刻"。⑥ 甚至将军们也不能理解他的微妙逻辑和"哲学花招"。⑦ 完全理解《战争论》需要"一个多年学习和思考从而已成熟起来的头脑",它只会"让普通士兵云里雾里"。⑧ 在一个武装备战的大陆,克劳塞维茨的思想简直太危险了。

另一位在那个年代写作的英国军官,劳伦斯上尉,同样抵制这次疯狂的世界大战,抵制"两个宣扬不同哲学的国家[在这么一场仪式中]通过诉诸武力来证明彼此的高低"。⑨ 在 1916 至 1918 年反对土耳其

---

① Bond,1977,pp. 37 – 38,80 – 81.
② Hart,1933,pp. 101 – 102,121.
③ Hart,1933,p. 143.
④ Hart,1941,p. 357.
⑤ Cited Bassford,1994,p. 138.
⑥ Hart,1933,p. 105.
⑦ Hart,1933,p. 125.
⑧ Hart,1933,pp. 133,123.
⑨ Lawrence,1935,p. 195.

帝国的阿拉伯起义中,"阿拉伯的劳伦斯"曾带领起义者投入一场作战,并在战役中出色地利用了空间范围、机动性、民众的支持和政治诉求。他集中关注这次起义,写了一篇关于游击战术和战略的经典分析。然而,他是《战争论》的极大崇拜者,认为此书"合乎逻辑且引人入胜",他还视克劳塞维茨为所有战争思想家中的大师。① 劳伦斯认同克劳塞维茨对军事行动的政治和社会背景的强调。冲突最终应在人民的观念和心灵中得到解决——这"全体人民"包括[241]双方战斗人员、他们的社会、中立国家以及"圈子之外的圈子"。②

在德国,1918年的战败促使他们更深入地思考战争。1933年和1937年,在新的学术版本之外,《战争论》还有多个大众化的版本出版。克劳塞维茨这个曾帮助德国将1806年的耻辱转变为1815的胜利的人,再次为复兴国家命运提供了希望。因而也就不难解释,为什么20世纪30年代纳粹党会把他当作爱国者和民族主义者。③ 然而,几乎没有证据证明希特勒读过《战争论》。④ 克劳塞维茨有着"绝对战争"倡导者的名声,这对大多数纳粹分子来说已经足够。有些德国人的确理解了克劳塞维茨,但他们并不喜欢自己所读到的。鲁登道夫元帅认为战争必须优先于政治,因为它对国家生存更为根本:

> 战争的性质已经改变,政治的特质也已改变,二者都在朝整体性转变,政治与战争行为之间存在的关系如今也必须改变。克劳塞维茨的所有理论都应该摒弃。……战争是国家"生存意志"的最高表达,因此政治必须服从于战争行为。⑤

---

① Lawrence,1935,p. 190.
② Lawrence,1935,p. 188.
③ Baldwin,1981,p. 10.
④ Hahlweg,1980a,pp. 107 – 108.
⑤ 1936,pp. 23 – 24.

简而言之,战争只能是总体的和极权式的,它要使整个政治和社会体系服从国家的战斗需要。①

另外一些军事领导人,包括塞克特(Seeckt,陆军司令部司令,1919—1926)和贝克(Beck,总参谋长,1933—1938),充分理解克劳塞维茨的思想,因而挑战了上述主张。② 当希特勒决定发动欧战时,这些头脑清醒的德国人寄望于克劳塞维茨的学说,即战争应该总是服从于政治目标,用的时候要小心谨慎。③ 还有许多人也同样不认为国家应该始终举全国之力投入非赢即输的战争。鲁莽的呼吁"全面战争"——克劳塞维茨并未使用过这个术语——将战争计划简化成了纯粹的战术问题。④

刚成立的苏联的领导人也对克劳塞维茨感兴趣。列宁比大多数人更好地理解了战争与政治之间的联系,他鼓励红军高级将领研究这位普鲁士将军。⑤ 克劳塞维茨探讨的三个主题与共产主义思想产生了共鸣。首先是克劳塞维茨的历史主义,他认为战争反映了变革中的社会和物质条件。⑥ 第二个主题,克劳塞维茨拒绝承认战争是个可用于科学分析的主题。无论是在战争中还是在革命中,斗争都不能被降低为[242]单纯的技术问题。第三个主题,克劳塞维茨坚持认为政策必须控制军事行动。所有苏维埃领导人都担心军事政变和军事冒险主义。虽然斯大林后来贬低克劳塞维茨的思想,认为它只适用于"手工时代的战争",对机器时代没有意义,但严肃的俄国思想家们则主张承认他

---

① Strachan,2000,p. 349.
② 关于贝克和鲁登道夫之间的冲突,见 Müller,1986,pp. 242 – 249。
③ Baldwin,1981,p. 17.
④ Howard 和 Paret 把 ganz Krieg 译为"全面战争"(605)而不是"纯粹战争",具有误导作用。
⑤ Hahlweg,1960,p. 223.
⑥ Gat,1992a,pp. 376 – 377.

著作中的进步因素。①

克劳塞维茨的吸引力主要在(而不是只在)那些属于欧洲大陆战争传统的国家,而非"盎格鲁－撒克逊"传统中的国家。② 德国像其前身普鲁士一样处在战争边缘,因为它不断遇到东西两边陆地边境的威胁。俄罗斯也一样感受到外敌入侵的长期威胁。两国都需要大型军队。英国则不必那么听天由命,凭借其地理优势和强大的海军,它可以通过精明的外交来避免战争;用海上力量代替大型军队作为政治和军事杠杆;视需要组建同盟;如果有必要发动战争,则适时征兵。用培根的话说,英国可以随意选择"在多大或多小程度上参与战争"。③

然而,1939年9月德国入侵波兰,英国再无选择余地。此时战争要求全面的人力和物力动员,需要交战双方征召公民,动员民众支持,并要求把科学、工业、农业、通讯及其他大部分经济领域投入战争之用。第一次世界大战所预示的全面战争概念,在第二次世界大战中成了现实。这是一场各方都全力以赴的战争。不仅如此,全面战争的逻辑使各国的资产和资源都成了攻击的目标,包括工厂、运输系统和货运商船。交战方认为,任何增强敌人战争实力的东西,都应当用一切可用手段来予以攻击。最终,敌人的士气,甚至敌人国家和城市中的人民,都成了合法攻击的目标。在此意义上,第二次世界大战是第一场真正的"人民战争"。

1939—1945年的战争是一场旷日持久的血腥斗争。对城市所谓的"战略轰炸"并没有带来其倡导者所承诺的速胜,相反,就连它对盟军胜利是否作出了间接贡献也存在诸多争议。最终,抗击德国的战争还是通过击败其地面军队赢得了胜利,从而显然还是克劳塞维茨意义上的"现代战争"。各参战国之间的互惠关系存在于各个层面:达成战

---

① Cited Gat, 1992a, p. 377.
② Rothfels, 1943, p. 94.
③ Howard, 1984, p. 200.

争计划,制定和修正战役战略,士兵被杀并死亡。德国最终被占领,并以传统方式签字投降。日本的命运却不同,1945年8月,原子弹这种全新的武器在几天内就迫使其投降。[243]虽然日本也是受武力所迫而屈服于另一国的意志,但除此之外,其他一切似乎都已不同以往。核武器预示着一场前所未有的政治和军事事务革命。克劳塞维茨式的战争已经延伸到战场以外,也许终将丧失其现实意义。

20　超现代战争

一种运用代数计算的战争。(76)

[244]自 1945 年至冷战结束,只有两枚核弹用于战争,但它们主导了军事思维。[①] 有些人认为克劳塞维茨的思想已彻底过时,理由是核战的破坏性太过巨大,因此永远不会被用作一种政策工具。现代战争破坏力大增,已经触及其"逻辑极限",即达到了其高度现代化的形式。另一些人则专注于政策的目的,并因而认为克劳塞维茨的重要性上升了,因为了解战争与政策之间的联系比以往任何时期都更迫切。无论在哪种观点中,核武器都预示着对军事战略和国际政治的剧烈冲击。

核革命

很快有人注意到了克劳塞维茨的绝对战争概念与核战争间那惊人的相似之处。核战争可能是一次"意外突发"的"孤立行为",起因于一个单纯的非理性决定、一个简单的计算错误或某个机械事故。核战争只使用敌对开始之前就已造好的武器来战斗,因此"其准备工作往往趋向全面,因为一旦有任何疏漏,绝不可能得到补救"。核战争形式上可能只是"一次快速打击",包括事先确定的"一个决定性行为,或一组同时做出的决定"。核战争可以"同时性地蔓延",不仅吞噬交战双方,

---

① 关于 1945 年以来学界对克劳塞维茨的接受史,参见 Bassford,1994, ch. 21;Heuser,2002,ch. 7。

也吞噬担忧存亡的第三方。结果可能是"终极性的",造成卷入其中的国家甚至文明本身的毁灭(78 – 79)。

[245]在克劳塞维茨那里,绝对战争当然不可能存在于现实世界。极端军事行动是一种"想象",军事资源的性质也"意味着它们不可能同时全部被投入战争"(78 – 79)。然而,核战争似乎已经克服了现实战争中的所有限制性因素,包括人性弱点,政治限制等。最小的军事行动可能实现最大的破坏。克劳塞维茨的绝对战争只是一种理论构建,在实践中无法实现,而核战争的可能性却极大。

一些战略家,尤其是美国空军战略家,最初只将核武器视为第二次世界大战中"战略轰炸"的延伸。然而,早在 1946 年,布罗迪(Bernard Brodie)就认为军队的角色已不再是赢得战争:"从现在起,它的首要目的必须是避免战争。它几乎不能有任何其他有用的目的。"[1]一个被广泛称为"战略研究"的新领域兴起,这种研究旨在解决核时代的战争问题,包括是否动用核武器,设想使用核武器可能发生的情况,以及如何阻止核攻击。跟克劳塞维茨观察绝对战争时一样,研究核战争的人"探究的头脑不到极端不会停下来"(78)。但该领域缺乏克劳塞维茨看重的历史经验,后者对战略研究至关重要。武器可以在现实世界中加以测试,但武器的战略使用却无法测试。核战争只能是在纸上讨论的战争。

本书不是要研究冷战的核战略,而是分析核武器如何挑战了克劳塞维茨所谓的战争的四个层次:战斗、竞赛、国家战略和政治。所有这几个层次似乎都被核武库完全驳倒了,然而就每个层次而言,克劳塞维茨的某些思想似乎却又比以往有了更大的相关性。

战斗和摩擦

最根本而言,核战争似乎已经废止了战斗,即军事力量在战场上的

---

[1] Brodie,1946,p.76.

正面交锋,此时勇气、耐力、经验和领导力等传统军事美德(virtue)决定着战斗的结果。① 但核武器将直接摧毁敌人的抵抗意志,事实上,是摧毁敌方整个国家,而不再需要兵力交锋和击败对手。现代战争试图把战场上的战斗与社会分隔开,而超现代战争则废除了士兵与平民之间以及前线与后方之间的传统界限,整个社会都成为攻击目标。核战争与其说是武装冲突,不如说只是"一个不发生任何战斗的相互毁灭的过程"。② 或者说,假如运气向一个国家倾斜,[246]那就会是一场单边的军事灾难。鉴于战斗已经消失,人们有时更偏好使用"核交换"一词,而不是"核战争"。

另一方面,核武器很可能也将消除摩擦阻力。克劳塞维茨认为,摩擦通常会减缓行动,它是需要军队用努力和坚持去克服的重担。但是现今,所有束缚战争并阻止其升级到极端的内在限制都已消除。③ 若说传统战争是在一个阻抗介质中运行,那么核武器则已经创造了一种超导条件。④ 在准备充分的条件下,核攻击可能容易发动,但也同样容易遭受反击。结局可能是战争快速地、几乎是在一瞬间升级到极端。简而言之,若国家领导人选择使用科技,那么科技已经松开了战争的制动装置。⑤

但是,克劳塞维茨的严格意义上的摩擦阻力,即纸上战争与现实战争之间的差异,仍然存在。在核背景下,摩擦可能导致比所预期的更大的暴力,或更快的毁灭进程——但它也可能保持通常的含义,即降低武器的性能。人可能会误解或违抗导弹发射命令;导弹可能未按预期工作,可能未命中目标。像所有战争一样,核战争避免不了失误、故障和错误计算。核大国意识到了这些危险,因此他们已彼此合作,以避免诸

---

① Handel,1986b,pp. 83 – 84.
② Lider,1977,pp. 163 – 164.
③ Howard,1983,p. 70.
④ Echevarria,1995/96,p. 79.
⑤ Strachey,1967,pp. 75 – 76.

如机械事故、雷达屏幕误读和误解对手意图等之类的意外事件。①

作战战略

核武器改变了军事战略的形态,使军事战略开始与战术和国家战略相融合。核战争不再采用将领调配军队在限定的战场上威胁敌人或发动作战的形式。即便只使用一枚核武器,也成了国家领导人的事务,而不单单是指挥官的事情。人们也尝试通过部署低辐射的"战术"核武器,并将其使用权交给战地指挥官等方式,来重新恢复传统的作战战略。这一战略确保了有效地威慑敌人,并且在威慑失败的情况下实现有效作战。② 但没谁敢保证,若有一方首先使用战术核武器——不管是受控的还是不受控的核武器——不会带来全球性的迅速升级。

军队的职能变成了在和平时期开发、维护和部署核武库以备政府调用。将领们不再是在本战区享有一定独立性的指挥官。军队不是由战斗士兵组成,而是由技术人员和专家组成,他们能熟练瞄准目标并调配武器打击军事和非军事目标。[247]人民的作用也已改变,在现代战争中,战前和战时他们都为国家的军事实力贡献着兵力、技能和精神,而如今,他们在和平时期被绑架成为对方核导弹攻击的人质,战争爆发后则成为核攻击的目标。军队已丧失保护平民免受攻击并以自身充当敌人的主攻目标等正常职能。核武器从人民和军队手中夺走战争,把它交给了政治领袖。

国家战略——无法使用的政策工具?

核武器马上提出了一个问题,即战争能否继续作为一种政策工具。

---

① 见 Bell,1971,p.78。
② Kissinger,1969,ch.6.

对于一些人来说，核武器已经决然地打翻了进攻和防御之间的平衡，一方只要一次先下手打击，即可能让对手无力回击，尽管它也可能遭到挫败。克劳塞维茨让敌人完全"不能自卫"的理想似乎已可以实现，在20世纪40年代后期，一些美国战略家就曾鼓吹对苏联进行毁灭性攻击。然而在任何阶段，无论是美国（即使在它拥有核垄断的时候）或苏联都没能让自己相信，首先使用核武器将产生持久的军事或政治优势。

事实证明，这一新式武器给防御方带来的优势比给攻击方多。没有哪一方在先下手发动核打击后，可以完全确信消除了对手所有的反击能力。即便敌人只剩一小部分幸存的导弹，也可以造成可靠和可怕的反击。防御方因此享有"有保障的毁灭能力"，这种能力通过构建或多或少无懈可击的核武库来加强，如部署更多数量的导弹在地下发射井和潜艇上，以及储备多核弹头。由于美国和苏联都取得了这种能力，结果现在形成了一种"确保能相互毁灭"的情况，可恰如其分地缩写为MAD[疯狂]。按克劳塞维茨的说法，防御不是被动地承受打击，而是准备并伺机对攻击方予以定向打击。如今这样的准备显然足以完全阻止战争。就军事和政治来说，防御似乎彻底成了更强的战争形式。①

寻找一种途径以积极目的来使用核武器，被证明是难以实现的。②即使在重大的常规冲突期间，也不曾有哪个国家对一个有核武器或无核武器的对手使用核武器。许多人认为，核战争可以是政治敌对或错误计算所引发的政治的延续，但绝不可能是理性的政策延续。[248]另一些人则认为，重点是应用克劳塞维茨的公式，同时考虑等式中数值的改变。发动核战争显然代价巨大、风险巨大，预期的收益无法保证或者仅仅是虚假的。即便（或尤其）是在极端情况下，克劳塞维茨的公式仍然适用。它有效地排除了核战争，因为代价太高不合乎理性。

支持者还认为，该公式符合以威胁发动核战争作为政策手段的思

---

① Aron, 1983, pp. 330–331.
② Nardulli, 1982, p. 503.

想。虽然实际打核战争"缺乏常识",但创造一种有限的核战争风险以确保能威慑对方,则可能是合理的政策。① 这种手段不是实际使用核武器,而是保持核报复的可能性——无论是出于冷静的计算,还是因着盲目的愤怒或绝望的混乱而产生报复行为。其合理性在于小心翼翼地使用"留下点机会的威胁",如此,潜在的攻击者就不能确定受害者会不会做出反击。② 即使单单拥有核武器,即并没有什么明确的威胁或信条——"存在式威慑",也可以是一种理性而有效的政策工具。

国际政治

核武器的出现改变了国际政治的两个中心特征。首先,它渐渐破坏了大中小国之间的传统秩序。美国和苏联建立了覆盖全球并且对抗任何攻击都能保持无懈可击的核武库,从而为自己造出一种全新的范畴:超级大国。然而,如今即便最强大的国家也容易被拥有核武器但实力较小的国家毁灭,这在历史上还是第一次。与当年美国西部的柯尔特左轮手枪一样,核武器是"极好的均衡器",使人口、资源和工业等军事力量的传统标准失去了意义。美国没有单单依靠威慑,而是再三表现出开发抵御核攻击的实体防护能力的兴趣,克劳塞维茨对此并不会感到吃惊。

其次,核武器挑战了战争作为解决大国争端之手段的地位。对克劳塞维茨来说,战争可以解决国与国之间的纠纷,建立新的政治关系。但核战争几乎没有给出这样的前景,相反还可能使交战一方或双方彻底毁灭。以往在和平协议签订之后,战败的大国可能会在国际舞台上重获一席之地,但在核时代,这样的国家甚至很难有信心生存下来。

[249]一些(不是所有的)战略家开始相信,各国认识到用战争方

---

① Moody,1979,p. 419.
② Schelling,1963,ch. 8.

式解决争端是徒劳的以后,就会用谈判方式来解决分歧。克劳塞维茨在理论上已经预见到这一点:

> 因此,最终人们永远不会真的再需要借用武力的有形影响——只需比较数字就够了。这将是一种运用代数计算的战争。(76)

实际上,主要核大国排除彼此之间的战争可能性还需要时间。冷战时期发生了一系列危机和代理人战争,各国互相对抗、相互威胁,不确定是否会达成妥协或紧接着发生相互毁灭。1962年的古巴导弹危机是其中最紧张的一场对峙,此后两个超级大国都异常谨慎地避免再次发生这样的决战场面。

新的体系寻求在不诉诸武力的情况下运作。克劳塞维茨已经看到,要打但实际上未打的战斗是战略的一部分,但就像金融系统最终离不开现金结算一样,他相信各国迟早要真枪实弹地打起来。相比之下,拥核的超级大国就像赌徒,他们不用现金偿付债务,却因此而必须小心保护他们的信用。[1] 核体系的根本假设是,没有任何国家会极大地压迫另一个国家,以至于后者被迫使用核力量。[2] 正是因为有可能存在与金融体系崩溃类似的共同灾难,该体系才存活下来。然而,对于克劳塞维茨来说,单单战争威胁不能作为和平的永久保障。政策必须有战斗能力和战斗准备作为支持,因为战争迟早会发生。

克劳塞维茨也不可能接受一种观点,即认为在20世纪下半叶,他和他同代人所熟悉的战争与和平之间的明显区别已经消失。这种观点颇有反讽意味地扭曲了克劳塞维茨的公式,并暗示如今和平是战争以另一种手段的延续。但对克劳塞维茨而言,战争与和平截然有别:"战争的独特之处仅仅在于其手段的独特性质。"(87)冷战并非真正的战争——它只不过是正常的政治斗争。

---

[1] Aron,1983,p. 344.
[2] Aron,1983,p. 338.

克劳塞维茨和超现代战争

核武器的存在,有可能使克劳塞维茨的战争结构,即作为战斗、战役和政策工具的战争不再有效。一些人认为这种新的战争手段意味着克劳塞维茨的现实意义已经荡然无存。[250]例如,拉波波特(Anatol Rapoport)称一些人为"新克劳塞维茨派",因为后者继续认为战争仍然正常存在于国际关系中,并且可以作为一种理性的政策工具来加以管理。① 批评克劳塞维茨的人则主张,即便只是去考虑战争及其伴随的核升级风险,也等于承认了核战的合法性并接受其灾难性风险。② 他们认为,政策不能也不应该使用军事手段的混合物来实施。

但在另一些人看来,克劳塞维茨的公式仍然在向政治家提供明智的忠告。该公式意味着需要仔细裁剪战争使之符合政策目标,且在后果不可知并可能是灾难性的时候天然地不愿诉诸武力。克劳塞维茨很少提及威慑,但他指出了升级的风险。他所提出的政策优先于军事的原则强化了目的超越手段的重要性。就像纯粹战争一样,核战争的观念也可以为那些关心国家安全的人提供一个参照点——它不是我们要追求的理想,而是需要避免的极端。

---

① Rapoport,1968,pp. 64–65.
② Rapoport,1968,pp. 412–413.

21 反现代战争

> 战争不是政策以另一种方式的延续。①

[251]如果说核战争所幸只是一种假设性的活动,重大的常规战争也只是零星发生,那么,各国内部的战争则既不是假设,也不是仅仅零星发生。历史长河中的大多数政治暴力并不属于现代战争的框架。当一个非国家组织决定对政府或另一个非国家组织使用非常规武力时,就有了所谓的反现代(anti-modern)战争——这种战争以相反于现代战争的原则运行,故有此称谓。

这类战争冲突可能源自族群或部落之间的对抗、不同群体间的敌对、"军阀主义"、意识形态、宗教狂热等等,而且这些源头因素往往又混在一起。由于门槛低,任何人都可以参与这种类型的战争,它不拒绝任何人。武器和炸药很容易获得,也不需要任何制服或徽章,到处都是可以攻击的目标。相比明处的武装对抗,伏击和突袭更受欢迎。抢劫、勒索、绑架等日常犯罪活动可为活动提供资金和资源。② 这类战争虽然通常采用低技术手段,却可能非常致命,甚至扩大成种族清洗、大规模屠杀和种族灭绝。

基于上述原因,各国很难对付反现代战争的成员。他们没有战斗人员和平民的区分,也通常没有现代战争所具有的控制手段,如政治优先、指挥链、纪律严明的编制和战争法。他们通常不占有领土和有形资

---

① Keegan,1993,p. 3.
② van Creveld,1991,p. 59.

产,很难在不伤害旁观者的情况下对他们施以真正的报复。针对他们的军事胜利即使能够实现,也不会导向惯常的政治让步。他们中可能没有领袖愿意谈判或确保协议被接受。[252]不满和派系因素不费吹灰之力就能打破停火状态或重新点燃敌对行动。这样的战争不仅容易开始,而且很难结束。

克劳塞维茨的思想究竟是否适用于反现代战争?虽然他的重点是国家间的战争,但他很熟悉此种现象。在西班牙、葡萄牙、卡拉布里亚和蒂罗尔,法国军队就遭遇了当地民众的武装抵抗,反抗可能是出于国民热情,也可能是因为狭隘的地方主义,对宗教和大众文化构成的威胁,以及占领者的横征暴敛和粗野蛮横。人们对枪支和暴力的熟悉也使抵抗获得了有利条件。① 克劳塞维茨对反现代战争战术的理解主要来自有关西班牙游击队的报道,以及他自己对俄罗斯游击队骚扰拿破仑军队的观察。像所有职业军人一样,他对这种形式的战争感到不安。他最下面的看法也只是认为这种战争是一种必要的恶,应该像普鲁士那样,使其从属于常规战争。

克劳塞维茨也熟悉那些反抗当局者的叛乱,尤其是法国的那场重大革命。他不认为普鲁士会发生革命,同时强调,战时敌国的叛乱可能会使敌国受到削弱。但总的来说,他很少把这种叛乱当成一种战争形式,某种程度上,他忽视了18世纪90年代在旺代省和布列塔尼的叛乱,其中朱安党人极度依赖恐怖手段。他也没有提及1775—1883年的美国独立战争(虽然主要参战人员是正规军,但他们使用了非常规战术)。对于19世纪20年代以来寻求脱离俄罗斯、奥匈帝国和土耳其统治的民族独立运动,他也没有太多兴趣或同情。如果说克劳塞维茨为后来的民族解放和革命战争思想做出了贡献,那也只是间接性的贡献。

---

① Esdaile,1995,ch. 4.

革命战争和恐怖主义

布尔战争和劳伦斯(T. E. Lawrence)领导的阿拉伯起义激发了人们对克劳塞维茨的兴趣。但在克劳塞维茨之后的反现代战争史上,更为重要的是这类战争与共产主义意识形态相结合,催生出了"革命战争"学说。①革命者避免与政府军正面交锋,而寻求赢得民心,建立平行政府。克劳塞维茨的政治至上学说和他对游击战术的探讨,主要通过列宁的引介,促成了这些革命者的革命战争理论。毛泽东在1938年初阅读了《战争论》。② [253]同年,他也写了自己的《论持久战》,书中赞同并转引了克劳塞维茨的论点(但没有点他的名字),即战争是政治的延续。③ 书中也使用了"人民战争"一词,但不是在克劳塞维茨的原意上使用的。

现代战争关注的核心是武装力量和政府意愿,革命战争的目标则在于赢得大众。战争的所有目标都用政治术语来定义,战略和战术的导向在于赢得具体个体的忠诚。现代战争认为纯粹的军事是最低层次的活动,革命战争则强调每个行动的政治意义。④ 当军队和政党融合在一场单一的革命运动中,制度性区别也随之消失,人民被争取过来直接支持军事活动——像毛泽东所说的那样,游击队这条鱼离不开人民之水。革命战争理论主要从社会阶级而非国家的角度来看待冲突。正如列宁1917年春所写的:"战争是一个特定阶级的政治的延续。"⑤但对于克劳塞维茨来说,战争是国家间而不是阶级之间的冲突。⑥

---

① Hahlweg,1980a,pp. 161 – 162.
② Schössler,1991,p. 129.
③ Hahlweg,1980a,pp. 161 – 162.
④ Aron,1983,p. 302.
⑤ Hahlweg,1960,p. 222.
⑥ Aron,1983,pp. 313,295.

尽管如此,革命战争的实践仍然为克劳塞维茨的范式提供了一定支持。就像 1945 年后寻求脱离欧洲殖民统治的民族解放运动一样,毛泽东、武元甲、卡斯特罗等最大限度地利用了大众的民族主义来对抗外国或腐化(alienated)政权。一些革命理论家同意革命战争除了游击战术还需要传统的战斗,甚至可能需要一场决战——让一个政府在政治上被打败后受到致命一击(coup de grâce)。一些殖民地很少或没有经过暴力对抗就被准许独立——这是欧洲强国的远见,也是因为他们缺乏镇压暴力的手段;而在另一些地方,痛苦的斗争则接踵而至,尤其是当这些斗争被视为西方与共产主义之间的冲突时。

第一次和第二次越南战争揭示了以上两种模式。前一场只有法国卷入其中,而法国无法有效利用自身常规武装力量对抗越南的游击战。后一场把美国和其他西方大国也拖进来,从而转变成了冷战中的一次测试——它是共产主义国家与民主国家之间的冲突,也是发动战争的不同方式之间的冲突。越南作为亚洲其他地区和第三世界的重要先行者,眼见得已处在岌岌可危之境,但事实证明,美国无法将对手拽到自己擅长的传统战场上进行决战。利用常备军和非正规军的组合以及外部援助,[254]越南这个装备不足但士气高昂并在自己土地上战斗的民族击败了世上最强军事力量。

就像英国军队在布尔战争中的失败引发了人们对克劳塞维茨的突然兴趣,兵败越南也促使美国军方寻求对 1975 年之后的战争有一个更加政治性的理解。克劳塞维茨提供了将作战与政策更有效地联系起来的方法。1976 年出版的霍华德(Michael Howard)和帕雷特(Peter Paret)的《战争论》新译本,"让克劳塞维茨对于从越南残局中回到美国的一代军官首次变得可以理解"。克劳塞维茨吸引他们的地方在于,他强调政治判断的作用,坚持精神力量是战争的核心,并认为战争在"每个层面都天然地不可预测、不确定和含糊不清"。① 摩擦概念受到追

---

① Murray,1997,p. 61.

捧,并写入了美国陆军野战手册 100-5 和美国海军陆战队的作战信条。① 美国军事院校热情地接纳了《战争论》,②似乎他们终于有了一种与越战经验相关的战争哲学。

在一本贴切地命名为《论战略》的著作中,萨默斯上校(Harry Summers)明确采纳了克劳塞维茨的原则,进而批评美国对战争的指挥——从战争的政治基础看,这场失败是政策的失败而非军事的失败。③ 美国军方未能将战争的本质传达给政治领导人,后者也未能争取到公众对这场战争的支持。但是,更好地理解战争的政治特征就会引向胜利吗?从政治角度看待一场冲突并不能保证政策有效,更不能保证战场上的胜利。但更好地理解政治和社会现实,也许会帮助美国避免在一开始进入战争,或促使美国早些从越南撤军。

政治决策者们不想再遇到"另一个越南",这刺激着他们制定指导方针,寻找未来应对非常规战争之道。他们意识到这种战争和现代战争不一样,它更加无法预测、更难控制。在其他众多意见当中,温伯格、克林顿和鲍威尔的学说提出了几个标准,诸如明确的目标、公众的支持和退出战略等。特别是冷战结束后,反现代战争中的国家利益往往不明确,此时领导人已不愿意"不考虑到最后一步就迈出第一步"。

2001 年 9 月 11 日的恐怖主义袭击将反现代战争的无法预测性和不可控制性带入美国境内。在此之前,大部分恐怖主义活动都是国家性的,恐怖活动植根于一个国家的政治,[255]其暴力和野心仅限于该国内部,尽管其行动和言论会扩展到国际舞台,如爱尔兰共和军和巴解组织。与之相反,基地组织的袭击表明,恐怖主义已可以从许多国家获得支持和人员补给,可在世界任何地方对目标发动攻击,甚至会对一个超级大国造成严重伤害。正如许多政治和社会生活领域经历的全球化

---

① Murray,1997,p. 61.
② Bassford,1994,pp. 204-205.
③ Summers,1982;Heuser,2002,pp. 168-172.

一样,恐怖主义这种反现代战争的形式也波及全球。要解决这个问题,不能只靠一个国家,需要许多国家共同合作,采取坚决的行动。

"9·11"也重新引发了人们对反现代的激进分子可能获得超现代战争武器的担忧。有些非正规军通常依赖简单武器,没有能力操作复杂的武器;有些则会利用核武器、放射性武器、化学武器或生物武器对目标国造成直接和实质性的伤害。他们有很高的能力去威胁造成大规模毁灭,而且可以说到做到,因为他们无情、狂热并采用自杀战术,反制他们有很大难度。他们可能威胁要摧毁整个城市、对大量人口投毒或传播致命的疾病,或实际诉诸此类行动,从而导致政府屈服、社会崩溃。

然而,无论是对付本土的恐怖主义,还是对付像基地组织这样的全球恐怖组织,政府都不会轻易瓦解。国家领导人本能地抵制恐怖主义行为,很少屈服于敲诈勒索,他们考虑到投降或绥靖的后果,就坚定了决心。各国也具备广泛的应对能力,特别是限制公民自由以及利用警察和情报部门;他们学着进行跨境合作,从而提高了效率。或许最重要的是,现代社会极为强健,充满韧性。尽管存在周期性的混乱和持续的焦虑,社会仍会维持日常运转。富裕社会还会从巨大的减员(redundancy)中受益。恐怖分子可以摧毁一个目标——飞机、建筑物、火车站、大使馆等等,但无数其他的目标仍可以毫发无损。迄今为止,除了引起强力的回击以外,恐怖主义在政治范围内对现代国家的影响很小。

克劳塞维茨与反现代战争

如果多方显现的反现代战争成为未来冲突的主导形式,克劳塞维茨就会人人失去现实意义:战斗将发生在平民之间而不是在士兵之间;"战役"将由[256]政治领袖而不是将领带领;追求的是派系或意识形态的利益而不是国家政策;冲突发生在内部或不同民族之间,而不是国与国之间。换句话说,暴力不是被视为现代战争的共同框架内一种由国家掌控的理性政策工具。许多人辩称,这就是战争的未来,特别是在世界上的一些地方,那里缺乏强力的机构,不能将暴力置于国家控制之下,也不能确保暴力与平民生活分开。发达国家拥有抵御反现代战争的必要财力和物力,但许多实力弱的国家则已变为非常规暴力的长期受害者,还有一些国家完全陷入了无政府状态和内战之中。

相比之下,克劳塞维茨的焦点显然是国家,这个拥有专业化、职业化军队的主导性政治组织。他虽然意识到存在不同组织形式的社会——例如他提到"人民和军队曾为一体"的鞑靼人(589)——但并不觉得需要将其理论化。① 尽管如此,可能还会有人主张,他的制度框架,即政府、军队和人民的区分,即使在反现代战争的条件下也仍然成立。

> 在任何可以称得上战争的有组织冲突中,都会有领导机构、战斗群体和人口基础。它们即便不是人民、军队和政府本身,也是人民、军队和政府的类似物。②

比如说,在使用游击战术的民族解放战争中,这种区分可能比较原始,但足以说明克劳塞维茨的框架仍然管用。甚至连全球恐怖主义,可以说也都有其领袖、追随者和要争取的人群。

反对此观点的人可能会提出,虽然这种区分也许在分析上站得住,因为即使是银行抢劫也必须有人计划、有人执行、有人把钱存入银行,但它无法把握正在发生之事的实质。那些投身反现代战争的人不一定会从确保政治或其他目的的角度来看待军事活动。对他们来说,这可能是一种激情、一种自我实现或是一种生活方式。或者,更贴切的概念可能是犯罪概念:打击犯罪依靠的是警察和情报机构,而不是军事力量。从反制措施来看,"对恐怖主义宣战"与"对犯罪宣战"可相比拟;然而,从合法性角度来看,对于从事反现代战争的主体,应该视其为罪犯还是视其为政治行为体,这仍是关键问题。

---

① van Creveld,1997,p. 9;Keegan,1993,p. 23.
② Villacres,Bassford,1995,pp. 15 – 16.

22　1945年之后的现代战争

> 我们现在都是克劳塞维茨主义者。①

[257]核武器看上去使传统军事力量和现代战争变得多余,实际上这是假象。各国并不相信单单用核威慑回应常规袭击就会阻止袭击。对手可能不相信这种威胁,会准备试试运气或单单按照非理性去行动。战略家们认为,传统军事力量是必要的,能对传统攻击作出类似的回应。传统武力是遭到攻击的国家手中切实可行的选项,它可以营造一种武力不断升级的风险,从而让令人难以置信的核威胁更具说服力。许多争论集中在动用传统军事力量的合适规模上:它是否只要能启动敌对行动,让对方觉得情况可能提前升级就够了?还是说,必要时还是需要打一场扩大的常规战争才算够?前者对潜在的侵略者具有更大的威慑力,后者则给防御者一个更加安心的选择。

对冲突升级的担忧抑制了核大国间发起常规战争——1968至1969年中苏边界的小规模冲突是个例外。作为替代,美国和苏联会参与对抗(在柏林和古巴)或发动代理人战争(特别是朝韩问题),在过程中双方都小心翼翼地避免挑起对方的轻率回应。战略家们把大部分注意力放在创造限制这类战争的方式上,不管战争现场可能打得多么凶猛。当然,在看似必要时,核大国也不会禁止自己发动打击弱小无核国家的常规战争,例如英国1956年对埃及和1982年对阿根廷、美国1991年和2003年对伊拉克的战争。超级大国[258]也使用常规武力干预小

---

① Howard,1976a,p.755(与对军事的政治控制相关)。

国,并多次在自家的后院取得成功,但在更冒险的战事中却收获了惨败,例如越南战争中的美国、阿富汗战争中的苏联。因此,常规武装力量对大国来说仍有用武之地:配合核威慑,并控制大国自身的势力范围。某些中等国家也意识到常规武装有助于控制他们主张的领土,像印度和果阿地区,以及印度尼西亚和东帝汶地区。

但国家间的常规战争很少给发起战争的国家带来好的结果。1956年,迫于外交和经济压力,英国和法国撤出埃及。1967年,以色列获得惊人的胜利,但发现守卫其占领的全部领土代价过于昂贵。从1980年到1988年,伊朗和伊拉克交战,最终两国并没有发生重大的领土变更。1982年,阿根廷被赶出马岛。1991年,伊拉克被赶出科威特。虽然通常先下手为强,但起先获胜的一方,结局通常却反了过来。美国2001年对阿富汗、2003年对伊拉克单方面发动战争,虽然取得了明显的军事胜利,但也许同样发现政治上的胜利难以达到。

现代战争作为政策工具的价值似乎打上了问号。作梗的不仅有升级到核战的风险,还有其他因素。值得注意的一个因素是军备成本,特别是海军和空军的军备成本在不断增长,而在大多数西方国家放弃征兵之后,招募和留住士兵的成本也在上升。在相互依赖的全球经济中,无论一国政体如何,战争都会损害其贸易、金融关系、通讯和旅游。国际社会和联合国对各国政府施加的约束不可能打折扣。此外还有两个因素——国内政治和技术,则可以更详细地加以探讨。

国内政治环境

克劳塞维茨没有预见到西欧人民将以何种方式一步步地在政府中获得实际的发言权。1832年,从英格兰开始,政治改革缓慢而不均衡地赋予大众在政策制定过程中更大的影响力。许多人对这样的政治改革心存疑虑,有些人则彻底反对。成人普选权,代议制的发展,众多阶层利益集团孳生,以及政府需要设法使大众舆论站在自己一边——这些可能会让克劳塞维茨深感担忧。在战争中发挥作用的已是民众,而不是政策。

[259]冷战可能会让克劳塞维茨兴奋,因为它在整个社会中培育着一种军事精神,并促使许多国家采用全民征兵制度。跟他的那个时代一样,某些批评者担心社会过度军事化。① 1989年之后的时期则可能会让克劳塞维茨不安:人们普遍期待"和平"红利,各国纷纷裁军并减少国防预算,许多国家实际已经在实行或有计划地实行取消强制兵役的政策。随着武器系统和人员的成本稳步增长,维持国防开支变得更加困难。公众不愿接受伤亡,特别是在国家利益未被明显触及的情况下,这增加了民主国家发动战争的难度。然而,"9·11"事件和"反恐战争"重新点燃了大多数西方民主国家的斗志,使他们愿意为这场新的斗争贡献生命和财富。

自克劳塞维茨的时代以来,政治和战争已变得更加专业化,这使得他关于军人与政治家之间相互理解的论点尤为重要,但也更难实现。② 可是,他的政治至上学说并未受到挑战。所有政体,无论是民主制、共产主义制、自由主义制还是专制制度,都强调对军队的政治控制。和以往一样,对军队的政治控制不仅取决于政府构架,还取决于一系列相关的法律、惯例、态度和传统,这些有时破坏起来很容易,创造却很难。

技术的影响

经济系统和创造财富的手段决定战争形态,这一说法可能存在争议。③ 最早的人类社会依靠狩猎和采集为生,后来依靠农业生产。那

---

① Lasswell, 1977, ch. 3.
② Handel, 1986b, pp. 74–75; Roxborough, 1994, p. 631.
③ Alvin and Toffler, 1993.

时的社会群体无法生产复杂的武器,无法养活大型军队。他们的作战方式简单、粗暴,就是对邻近群体采取突袭,掠夺庄稼、财产、女人和其他战利品。这种"前现代"战争缺少组织性,并且维持某种地方性,同时反映了支撑它的简单经济基础和传统的社会结构。

克劳塞维茨观察到,主权国家自1500年左右出现,给战争带来了一定程度的秩序和控制,但法国大革命又极大地扩大了战争的规模和力度。[260]不过,在克劳塞维茨死后,再次改变战争的是从18世纪中叶开始的工业革命。从前,人口(他经常提到的一个因素)是决定军事能力的一个主要因素;现今,国家的制造工业、科学和技术基础才是决定性因素。《战争论》的假设是各国差不多都以大体相同的速度采用稳定和先进的技术,而现在,一个国家是否拥有更多更好的步枪、机枪、火炮、主力舰等等,开始变得至关重要。军队类似于工厂,仰赖专业化的设备、计划和后勤,并雇用大批训练有素和纪律严明的"工人"。这是战争的工业化时代,它拥有对"创新和杀戮的渴望,这种渴望不断呼唤出新的毁灭形式"。① 时至1945年,科学技术已经向现代战争提供了前所未有的毁灭性武器。

在第三个千年之交,最富有社会的经济基础正在以根本的方式再次发生变革,即从工业转向信息技术。经济生产力的基础正在转向知识和对通信技术及电子系统的利用。反过来,电子、通信、信息技术、监视和相关领域的进步,已经制造出了精确度、射程和杀伤力各方面都前所未有的武器系统,它们正激进地改变着战争的组织方式和作战方式。这就是所谓的军事事务革命(RMA)。

自克劳塞维茨时代以来,技术对战争的影响过于复杂,无法尽道其详。必须把战略学说和统兵之道这两个关键主题,结合以关于未来战争方向的推测,才足以说明问题。

---

① Gallie,1991,p. 56.

战略学说

1830年之后,在克劳塞维茨所不熟悉的技术的驱动下,进攻和防御之间的竞争加剧。在战术层面,由于技术进步的不均衡性,加上未能理解机枪、坦克和飞机等新武器的可能影响,进攻和防御之间的天平摇摆不定;但是,在战役层面,技术则更均衡地向进攻和防御提供同等的支持。例如,通过铁路快速运输部队,进攻方在兵力部署、再补给和支援方面加快了速度;但是,同样的手段也赋予防御方以机动性,使其能够迅速集中兵力抵抗进攻,并在必要时投入后援。克劳塞维茨的观点,即防御天然是较强的战争形式,仍存在争议,但并未被废弃。

[261] 奇袭能力曾经是个关键问题。理论上,技术使进攻方能够更快速地集中并更有效地控制部队。然而,防御方借助提升的监视能力和情报能力,并借助使用远程武器来破坏即将发生的攻击,则能够更好地先发制人。在实践中,进攻方军队不止一次实现了克劳塞维茨认为肯定有利但难以实现的战略奇袭。可是,大多数奇袭事件的成功,都是由于被袭击方在政治层面未能读懂即将发生袭击的迹象。如之前提到的,长期来看,通过奇袭获得的胜利局面,大多会被政治因素和军事行动所逆转。防御是更强的战争形式,这一命题仍然至少保持着起初所论定的有效性。

统兵之道

统兵之道也发生了变化。随着步枪射击的准确性提高、炮兵的射程增加,前线从最初的最多几英里延伸到几十英里,最终达到数百英里,将军越来越难以置身或近距离地接触战场。[1] 同时,将军亲临战争也没那么重要了,因为战斗持续时间更长,远不止拿破仑时代常见的一两天。指挥官的个人英勇不再那么重要,胜败也不再那么依赖于当场

---

[1] Keegan, 1987, p. 331.

作出的指挥决定。与此同时,兵力分布的区域扩大,需要高阶的战略技巧。将军们现在可以远距离消灭敌人所用的轰炸机、巡航导弹甚至炮兵。战斗胜负可能由战区之内或之外位于任何地方的部队来决定。有人发明出作战艺术(operation art)这个术语,来涵盖克劳塞维茨永远无法想象的战役战略的发展。

随着信息收集和分析的范围更广、更专业化和更有组织,通信和监视也带来了新的挑战。在19世纪,情报渐渐成为一门正式学科和一个军事分支。在克劳塞维茨时代支持指挥官的小参谋部,稳步扩张成为军事编制的主干。① 在20世纪特别是近几十年,情报收集的速度、情报来源的多样性、情报主题的范围、信息的计算机化管理以及情报数据的庞大规模,已经使情报发生了质和量的转型。指挥官可以借此获得即时、准确和全面的视野,不只看到战场的情况,也看到整个战区的情况。威灵顿说的"看到山的另一面"的心智能力,[262]已变得不那么重要。一些评论家总结说,战争迷雾已完全被驱散。②

然而,情报和监视的革命性发展也产生出它自身的重负。如果说今天大多数信息与克劳塞维茨所说的相反,都是真实的,那么它们通常"质量上则微不足道且数量巨大"。③ 从多个来源快速且广泛地收集数据,会带来信息过载,极难区分麦子与糠秕、信号与噪音。克劳塞维茨曾观察到,认识到更好的信息藏身某个角落可能会促使将军推迟决策,直到找到情报的最后一片拼图,而今天的情况更是如此。情报来得快,失效也快,这使快速决策变得格外重要。④ 摩擦阻力也使得如下可能性必然存在:最智能的系统可能在不该瘫痪的时刻瘫痪、发生故障或被操作人员误读。

---

① Rosello,1991,p. 113.
② Orme,1997 – 1998,pp. 145 – 156;Owens,2000.
③ Ferris,Handel,1995,p. 49.
④ Ferris,Handel,1995,p. 48 – 49.

总之,指挥官仍然需要克劳塞维茨的心智和性情等素养,即在不确定的环境中当机立断的魄力,快速理解多变形势的能力,合理的判断,以及对更广泛政治环境的理解——政治家可能设法对政治环境实施详细和持续的控制。当情报可以为决策提供"足够的理由"时,天才或许不那么重要,①但是,为应付远程精确打击和 24 小时战斗的压力,可能再次需要个人的勇敢和耐力。尽管现代战争有了许多变化,将军们仍然没有逃出克劳塞维茨所说的迷雾和摩擦。

军事革命和未来的战争

新技术的一个后果,可能是让发动现代战争再次成了"安全的",如果军队之间能够在避开平民的同时用高精度武器对准彼此的话。军事目标可以是分散的,像单个雷达设施或一个通信中心。战役主要在军队之间进行的想法似乎也再次成了可行的。事实上,军队与军队之间的交锋不仅可以在战场上发生,也可以远离战场之外发生,即所谓的"空战场"(empty battlefield)。也许可以认为,现代战争仍然是可能的,只不过比以往任何时候都更加激烈、更具破坏性、成本更高。2003 年的伊拉克战争展现了这种战争形式的存在空间,尽管目标只是一个三流军事力量。与超现代战争和反现代战争不同,它是一种军人熟悉和惬意的作战模式。

然而,技术并未止步于此。美国已经证明了[263]可能被称为"没有战斗的战争"的潜力。1991 年的海湾战争展示了远程精确武器如何削弱敌人的战斗力,它几乎没给地面作战形式留下什么活计。在 1999 年的科索沃战役中,塞尔维亚几乎无法抵抗北约对选定目标投放的炸弹和导弹袭击。飞机已超越了防空火力的上限,它所面临的主要风险是机械故障或意外,而不是敌人的行动。在这种情况下,并没有"战斗人员"在战斗中相遇。这是一场"战役",却不是传统的军事战役,而是用来胁

---

① Ferris, Handel, 1995, pp. 43 – 44.

迫顽固政府的政治战役。实际上,这是一场没有士兵交战的战争。

没有战斗的战争有着重大局限。极少国家拥有精确度够格的武器库和所需要的及时情报。这种类型的战争还要求对手拥有充分的现代基础设施供其摧毁,但又不能先进到可以进行严肃的回击。塞尔维亚不幸地属于这种中间类别——在某种程度上就像1991年和2003年的伊拉克一样。没有战斗的战争可能毫无意义,比如在索马里或阿富汗,因为那里还是需要地面友军。防御也还是可以做它通常做的事情——加固防线、分散部队、采用伪装以及把重要的东西加以备份。到目前为止,没有战斗的战争仍然更多是一种愿景而非现实,但这将是一个持续让战略规划者着迷的愿景。

除了"没有战斗的战争"之外,还有"没有武器的战争"。各国日益依赖计算机和通信系统,从而容易在网络空间受到攻击。通过"黑客侵入"电子网络,摧毁或瘫痪金融、贸易、配电、运输、通信、社会保障、执法等系统,可能使一个国家的经济和社会变得虚弱。只需极少甚至无需明显的物理破坏,就可能造成巨大的痛苦和损失。损害可能是单边的,也可能是相互的,但无论是单边还是相互,武装部队都不会对事物或人造成物理伤害。正如个别黑客所证实的那样,它也是一种战争形式,几乎没有任何门槛要求。然而,按照克劳塞维茨式的术语,它几乎配不上"战争"之名。

克劳塞维茨的持续影响力

一些作者提出,技术已经让克劳塞维茨过时,或让我们需要对他的现实意义加以限定。例如,亨德尔(Michael Handel)认为,应当[264]添加第四个要素——技术和经济等物质因素,变理智、激情和机会的"三角形"为正方形。① 当然,技术如今在现代战争中至关重要,迷恋技术

---

① Handel,1986b,pp. 58 – 59。罗克斯伯勒(Roxborough)提出"世俗事务",即经济、科学、技术和后勤作为第四要素。1994,p. 628。

可能意味着克劳塞维茨失宠,包括失去他在美国军事学院中的地位。①不过战争是一条变色龙,战争所用手段的变化可以视为单纯颜色的明显变化,但迄今为止并未改变它的基本性质,战争仍然是军人之间的斗争。战争的重心和破坏模式可能会改变,但竞争性质不会被取代。只有诸如"没有战斗的战争"或"没有武器的战争"这些全新的战争胜过传统战争形式,技术才会使克劳塞维茨变得多余。

从已经发生的战争和无休止的战争预演中,可以清楚地看到,现代战争较以往大为复杂,并且正在向新的方向疾速推进。武器、通信和监视能力已远超过克劳塞维茨时代甚至直至1939年人们的想象。伴随着西方国家以及越来越多其他地方的居民在国家政治中日渐获得更大的影响力,政治也同样发生了变化。同样值得注意的是,公民支持军事行动和为国牺牲的意愿也显著地发生了变化——这可是克劳塞维茨不熟悉的问题。

尽管将军的性情和判断力归根结底仍是统兵的核心,但统兵所需要的技能已经改变。士兵所需的品质同样发生了变化,例如要求熟悉使用复杂的装备和通讯工具,需要面对24小时战斗,但在面对个人危险时的勇气、纪律和意志等方面,仍然大多保持不变。只要军队仍在与军队作战,或者至少面对的是正经武装的对手,在战士身上所期望的关键品质就不会改变。这种延续性可追溯到现代战争之前,反现代战争也具有同样的连续性。

---

① Murray, 1997, pp. 62–64.

23　永别了,克劳塞维茨?

> 因此,战争有可能永远不断地得以新创。①

[265]面对超现代战争、反现代战争以及面对现代战争的技术和政治转型,克劳塞维茨的战争诠释至少保持了一定的切题性。它能否经受住其他更具根本性的挑战?值得审视的有三:当代对现实主义的挑战;国家可能的衰落;以及战争中存在理性这一假设。这三方面都试图打掉克劳塞维茨战争理论的基础,甚至是所有现代战争理论的基础。

对现实主义的挑战

1945年以来,大部分战争思想的基础是一种焦虑感,它呼唤着更早期的和平主义和反战传统。第一次世界大战使许多人相信战争是徒劳的,尽管这并没有阻止在一代人之内再次爆发一场全球冲突。1945年核武器的到来使战争的毁灭性激增,达到能摧毁全人类的极端程度。迄今为止,这种可能性有力地劝阻了各国在五十多年内不再动用哪怕一次核武器。以现代化、工业化和前所未有的破坏性能力为标志的20世纪战争,失去了曾经拥有的大部分荣耀和诱惑力。现代心理学更深入地研究了战争对包括士兵和平民在内的幸存者所造成的伤害,许多社会似乎不太愿意承认战士的美德,或不愿容忍伤亡。简而言之,战争背负了恶名。

在这种氛围中,克劳塞维茨遭到了批评,因为他未能将道德判断带

---

① Bassford,1994a,p.329.

入作为政策工具[266]的战争观念中(见第9节)。也许在他的时代这是正当的,但批评者认为,现在应该以不同的方式看待战争了。战争在相互依赖的世界中显得过于破坏性、过于毁灭性、过于适得其反,从而无法继续作为一种社会体制而存在。他们指责克劳塞维茨及其追随者鼓动政治家,使他们"如果奖赏值得,就准备且愿意走向战争"。① 他们认为战争目的(和战争行为)必须服从道德规范,不能如克劳塞维茨所说任由历史来评判。必须找到更好的贯彻政策和解决争端的方式。既已失去其合理性和传统功能,战争就应该像奴隶制和决斗等其他多余的社会制度一样被摒弃。

这种对克劳塞维茨的挑战当然也是对现实主义的挑战。为他辩护也是为现实主义辩护:做好战争准备仍然是国家安全和各国间和平最可行的保障。和平世界是一个值得钦佩的理想,但就当前而言,放弃备战会带来更多危险。一支可靠的军事力量也能够遏制战争。当然,当战争被用作政策工具时,鉴于附加的代价和风险,必须比以往任何时候都更加谨慎和明智地使用它。战争可能已成为当代国家间关系一个不太常见的特征,但它尚未被废除。正如克劳塞维茨所知,即使是长时间的相对和平,也可能继之以猛烈的灾难。

没有国家的战争

国家支配现代战争发展,为其提供资源、目标和连接手段与目的的一定程度的理性。倘若当代政治、社会和经济的变化把国家从舞台中央赶下来,那么克劳塞维茨就失去了他的现实意义。已经出现了诸多预测国家衰落的论点。② 在此只需要指出,这种论点的关键要素是把军事力量的控制权从国家转移到:(1)某种全球性制度(regime),无论

---

① Rapoport,1968,p.411.
② See, for example, van Creveld, 1999.

是一个拥有全面有效权力的世界政府,还是一组管理不同层面全球事务的制度;或(2)基于意识形态、种族、宗教、经济活动或领土主权以外的任何原则的非国家群体。无论哪种发展,都将意味着大约五百年前始于欧洲的军事力量向国家手中集中的进程宣告终结。假如国家消失,战争就不再是国家政策的工具。

[267]与此同时,三股当前的趋势,每个都不同于克劳塞维茨的思想,可能表明武装力量正越来越多地由全球目的而非国家目的决定。首先是规范诉诸战争的努力。各国不再像19世纪那样自由地主张某项主权,并决定何时以及如何使用武力。克劳塞维茨认为,在国家关于战争或和平的决策上,国际法极少有或几乎没有实质意义,但1918年后的20世纪,人们日益努力限制各国未经国际社会认可而使用武力。联合国宪章禁止各国(除自卫之外)使用武力,同时宣布该组织有权使用和授权使用军事手段。当然,各国保留了单方面诉诸战争的实际能力,但它越来越需要关注缺乏国际认可所带来的政治弊端。也许只有超级大国或流氓国家才会肆意无视这一趋势。

第二是国际维和行动的增长。联合国和区域组织广泛使用国家武装部队,用于国家内部和国家之间的维和行动。各国未放弃对其武装部队的指挥和控制,但确实越来越深地卷入多国行动中,在其中他们的政治活动空间受到限制。特别是冷战结束后,国际维和行动变得可能性更多,也更频繁。毕竟,一些国家的内部冲突已引起国际社会对人道主义惨剧和大规模侵犯人权的关注。根据《宪章》第七章,联合国已多次授权使用武力解决此类灾难性事件。联合国借助维和行动日渐深入地卷入各国内部事务,并参与了更广泛的活动。少数国家将维和行动视为其武装部队的主要职能,但这并不是一个被广泛采纳的政策。

第三是武装部队承担的执法任务增加。自克劳塞维茨的时代以来,多种类型的威胁导致安全问题变得更加复杂。[①] 全球恐怖主义、跨

---

① Buzan,1991.

国犯罪、贩运人口、毒品走私以及更具扩散性的威胁,诸如疾病传播和环境危害等,所有这些都提出一个问题:长远来看,国家是否最适合应对这些挑战。许多国家的人似乎不太关心未来可能受到的军事攻击,而更多关注眼前对其安全和保障的"非传统"威胁。诸多此类挑战,只有通过[268]国家之间严肃且持续的合作,采取军队与警察及安全组织协同执法的方式,才能有效应对。

然而,上述发展或多或少都是在主权国家的体制框架内发生的,它们使得这个框架得以更有效地发挥作用,而不是全盘改造它。这些也不完全是什么新事儿,克劳塞维茨最后一个"帖子"说的就是要建立一个阻止霍乱蔓延的卫生警戒线。若要国家失去其独立,武装部队失去在国家安全中的传统角色,那将需要比我们迄今为止所经历的更为广泛的政治变革。

无理性的战争

克劳塞维茨的一些批评者曾表示,将战争置于理性框架中是从根本上误解了战争的属性。无论我们说的是现代战争还是反现代战争,都不能忽视造成大多数重大暴力的心理因素,这类暴力拒不服从理性。因此,克里费德(Martin van Creveld)重提尼采的论调,认为所有战争本质上都是非理性和无法控制的,因为男人与女人不同,男人喜欢为战争带来的心理满足感而战。为什么他们要冒险甚至拥抱死亡? 他还补充说,战争从心理学的层面来讲会长久存在,因为女性喜欢战士。① 这样看来,战争不是政策工具,而是内心深处驱动力的一种表达,诸如好斗之心,或需要面对和克服挑战,或想要博得社会或异性的尊重。战争绝不是一种精心策划的政策工具,就像性也绝不仅仅是繁衍后代的一种理性手段。

---

① van Creveld,1991,ch. 6;亦见 van Creveld,2001,ch. 16。

甚至在那些似乎已使战争服从于理性的欧洲社会中,也可以看出这一点。例如,为了回应外敌入侵,诉诸游击战是一种自然的、近乎本能的反应。游击队员不会计算他们的成功机会,而往往怀着勇敢和自我牺牲精神,一心为自己的国家而战。他们通常不顾对暴力的法律限制。不计算代价和利益,只计较荣耀或死亡、民族自豪感或永恒的耻辱。这些问题不容商榷、不能妥协。用理性的、工具性的术语来诠释此类暴力是误入歧途。也许大多数战争的起源都深深植根在人类心理的内部,并不能从理性行动的角度去解释。不应该因战争表面上的工具性,而看不到人类根深蒂固的战争心态。

另外一些评论家如基根(John Keegan)则强调战争的社会文化起源,认为战争主要基于社会仪式和[269]传统。这一点在欧洲之外的文化中最为明显,他们将战争和暴力视为生活的一部分。他们没有专业化的战斗群体,因为所有成年男性都被视为战士,除非年纪太大或不适合参战。暴力是在社会中行使权威的一种方式。在这些文化中,国家利益与宗教或文化规范密不可分,政治不过是"一种萌芽期的、次要的和被鄙视的活动"。①

战争并非一种工具,而是人类社会固有的一种机制、实践或习俗。尚武精神与其说在人性中根深蒂固,不如说在人类社会中根深蒂固,人类社会维系着战士伦理,高度看重战争的要求。文化鼓励战士为战友、为部队或为国家牺牲生命,这可不是"理性"的人会做的事。社会倾向于区分内部人和外人,倾向于害怕陌生人,并且倾向于做出许多轻微的区分,例如部落或民族身份,这些东西进一步鼓励了战争。② 因此,战争本质上是"非政治的"(apolitical),既不完全受国家或任何政治组织管理,也不明显受其节制。③ 简言之,"在战争中举足轻重的是文化,克

---

① Keegan,1993a.
② Ignatieff,1997.
③ Keegan,1993,p. 58.

劳塞维茨没有看到这一点"。①

克劳塞维茨范式

克劳塞维茨提出了一种范式,一种思考战争的方式:战争虽然是人类社会所固有,并且其中充满激情和运气,但可以使它适应人类的目的。最好的做法是将战争控制在国家手中,使其在军队之间进行,此即现代战争的概念。这不是容易做到的事,会付出生命和财富的代价,但可以带来两个主要的益处。首先,这样做限制了针对平民和社会秩序的暴力。战斗应该限制在战场上的军队之间,这是个原则问题,尽管实践上战斗很容易蔓延到平民领域。其次,这样做提供了一种解决国家间纠纷的方式,或者至少使冲突双方暂时性地共同接受某个最终结果。关于什么构成了战斗和战役的成功,以及这对胜负双方各自意味着什么,双方有着某种一致想法。

放弃克劳塞维茨范式的后果在反现代战争中显而易见。无论是在革命战争、民族解放还是恐怖主义的背景下,暴力就在平民社会当中,也关乎平民社会,而不再是军人的专属事务。反现代战争不是政府代表人民使用的政策工具,[270]而更多是使所有武装或非武装社会元素都来介入的暴力活动。相较工具性,暴力此时更多的是地方性。卷入其中的人往往为了暴力而暴力,并不是为了它能够达到什么现实目的。此外,大多数反现代战争都长期持续,结果悬而不绝。它缺乏像会战那样的"航路点"(waypoints),使敌对行动可以在此之后按协议停止。除了敌对方的身体毁灭或心力耗尽之外,不存在任何标志结束的协定。唯一决定性的手段是种族灭绝和大屠杀。这类战争若有尽头,那通常是随着社会在连年战乱中变得疲惫不堪而逐渐平息;要么,战争就在较低的水平上持续,以至于很少被外面的世界注意到。

---

① Keegan, 1993a.

当然,现代战争也有其缺陷。克劳塞维茨承认,激情和机会将长存,领导人可能会出于个人野心而开战,将领们可能会凌驾于政策之上。像任何政策工具一样,战争可能以非理性或不称职的方式被滥用。风险可能遭到误判,代价和利益可能算错,对手可能被低估。人不止一次在未考虑最后一步的情况下就迈出了战争的第一步。政治领袖(以及如今的公众舆论)可能对战争提出无法保证的要求,比如不流血的胜利。正如克劳塞维茨所认识到的那样,现代战争也不一定具有决定性意义,从长期来看,战争不能解决政治问题。要各国以理性的方式对待战争,将其作为达到目的的手段,这根本无法保证。

现代战争还有一个缺点,克劳塞维茨曾指出过,但他并未预见到最终结果。若说战争作为解决纷争的手段承载着重要意义,那就会鼓励参与者不遗余力并不择手段地去战斗。在克劳塞维茨的时代,现代战争开始越来越多地动员社会以获得人力;在他的时代之后,则是动员科学和工业提供越来越具有毁灭性的武器。加利认为,这种对战争的竞争式理解在某种重要的意义上已经失控:

> 几千年来,这种文化已经灌输给人一种信念,即只要是为了保护并促进人民的利益,那就没有什么东西是太远而政府无权去毁灭的;更糟糕的是,人们甚至相信政府有义务这样做。①

到 20 世纪下半叶,战争以它的超现代形式表明,它有潜力对远在战场之外的世界,甚至整个社会、整个星球实施毁灭。

[271]然而,克劳塞维茨对理性的信赖仍然可以说是回应现实的最佳方式。超现代战争的巨大危险使政府认识到,大规模杀伤性武器不能作为积极的政策工具。即使是最单纯或最愤世嫉俗的人,也能看出避免使用这类武器才合乎理性。常规战争的代价和风险显然很高,也许会越来越高。尽管那些反对诉诸武力的规范非常之弱,但各国都

---

① Gallie, 1988, p. 26.

会计算利益得失,这使他们避免了另一场全球战争,也在绝大多数情况下避免了较小规模的战争。发动战争的大都未取得成功,或在成功之后又失败了。事实上,反现代战争造成的死亡人数,超过了1945年以来国家之间的战争造成的死亡人数。被谨慎小心地用作一种政策工具的现代战争虽然不能促成最好的结局,却避免了最坏的情形。

另外一些时代、另外一些社会可能将战争当作一种生活方式,一种仪式性活动,一种武士的消遣,一种个人之间的宿怨,甚或是一种持久的社会制度。任何战争范式都没有对错。这只是一个人类集体性地"选择"如何解读战争的问题。克劳塞维茨基于国家及其理性地追求国家利益的能力,提供了一种有力的战争解释,它尽管并非无可争议,却成了理解欧洲和世界其他大部分地区的战争的主导范式。同样,任何未来的理解范式都将反映当时流行的思想、文化、社会、经济和技术潮流。克劳塞维茨式的经典范式能否长期保持其卓越地位尚不可知,也不能知。像克劳塞维茨一样,我们必须将这个问题"留给哲学家们"去处理。

参考书目

Adams, Thomas K. 'LIC (Low-Intensity Clausewitz)', *Small Wars & Insurgencies*, vol. 1, no. 3 (December 1990).
Arndt, Hans Joachim 'Clausewitz und der Einfluß der Seemacht' in Wagemann, Niemeyer (eds), *Freiheit ohne Krieg?*, 1980.
Aron, Raymond 'Reason, Passion, and Power in the Thought of Clausewitz', *Social Research*, vol. 39, no. 4 (Winter 1972).
Aron, Raymond 'Clausewitz's Conceptual System', *Armed Forces & Society*, vol. 1, no. 1 (November 1974).
Aron, Raymond *Penser la Guerre, Clausewitz*, vol. I: *L'âge européen*, vol II: *L'âge planétaire*, Gallimard, Paris, 1976.
Aron, Raymond 'Note Critique: *Clausewitz et L'Etat*', *Annales* (November–December 1977).
Aron, Raymond 'Verdächtiger Anwalt: Bemerkungen zu Robert Hepps Rezension', *Zeitschrift für Politik*, vol. 26, no. 1 (1979).
Aron, Raymond 'Zum Begriff einer politischen Strategie bei Clausewitz' in Wagemann, Niemeyer (eds), *Freiheit ohne Krieg?*, 1980.
Aron, Raymond 'Staaten, Bündnisse und Konflikte' in Wagemann, Niemeyer (eds), *Freiheit ohne Krieg?*, 1980a.
Aron, Raymond *Clausewitz: Philosopher of War* (translation of *Penser la Guerre* by C. Booker, N. Stone), Routledge & Kegan Paul, London, 1983.
Atkinson, Alexander *Social Order and the General Theory of Strategy*, Routledge & Kegan Paul, London, 1981.
Baldwin, P.M. 'Clausewitz in Nazi Germany', *Journal of Contemporary History*, vol. 16, no. 1 (January 1981).
Ball, Desmond *Can Nuclear War be Controlled?*, Adelphi Paper no. 169, International Institute for Strategic Studies, London, 1981.
Bassford, Christopher 'Jomini and Clausewitz: Their Interaction', Clausewitz homepage www.clausewitz.com/CWZHOME/Jomini/JOMINIX.htm, 1993.
Bassford, Christopher *Clausewitz in English: The Reception of Clausewitz in Britain and America 1815–1945*, Oxford University Press, New York, 1994.
Bassford, Christopher 'John Keegan and the Grand Tradition of Trashing Clausewitz: a Polemic', *War in History*, vol. 1, no. 3 (November 1994a).
Bassford, Christopher 'Landmarks in Defense Literature: *On War*', *Defense Analysis*, vol. 12, no. 2 (1996).
Behrens, C.B.A. 'Which Side Was Clausewitz On?', *New York Review of Books*, vol. XXIII, no. 16 (14 October 1976).
Bell, Coral *The Conventions of Crisis: A Study in Diplomatic Management*, Oxford University Press, London, 1971.
Best, Geoffrey *War and Society in Revolutionary Europe, 1770–1870*, Fontana, London, 1982.
Best, Geoffrey *Humanity in Warfare*, Methuen, London, 1983.
Beyerchen, Alan 'Clausewitz, Nonlinearity, and the Unpredictabilty of War', *International Security*, vol. 17, no. 3 (Winter 1992–93).

Bond, Brian *Liddell Hart: A Study of his Military Thought*, Cassell, London, 1977.
Bond, Brian *The Pursuit of Victory: From Napoleon to Saddam Hussein*, Clarendon Press, Oxford, 1998.
Boulding, Kenneth *Conflict and Defense: A General Theory*, Harper & Row, New York, 1962.
Brandt, General Heinrich von 'Brief Memoir of General Clausewitz' in J.J. Graham (trans.), *On War*, 1940.
Brodie, Bernard *The Absolute Weapon*, Harcourt Brace, New York, 1946.
Brodie, Bernard 'On Clausewitz: A Passion for War', *World Politics*, vol. 25, no. 2 (January 1973).
Brodie, Bernard 'The Continuing Relevance of *On War*' in Clausewitz, *On War*, Howard, Paret (eds), 1976.
Brodie, Bernard 'A Guide to the reading of *On War*' in Clausewitz, *On War*, Howard, Paret (eds), 1976a.
Brodie, Bernard 'In Quest of the Unknown Clausewitz', *International Security*, vol. 1, no. 3 (Winter 1977).
Brownlie, Ian *International Law and the Use of Force by States*, Clarendon Press, Oxford, 1963.
Butterfield, H. and Wight, M. (eds) *Diplomatic Investigations*, Allen & Unwin, London, 1966.
Callwell, Charles *Small Wars. Their Principles and Practice*, 3rd edition, HMSO, London, 1906.
Chandler, David (ed.) *The Dictionary of Battles*, Ebury Press, London, 1987.
Cimbala, Stephen J. *Clausewitz and Escalation: Classical Perspectives on Nuclear Strategy*, Frank Cass, London, 1991.
Clausewitz, Carl von *On War*, translated by Colonel J.J. Graham, revised edition, 3 volumes, Kegan, Paul, Trench, Trubner & Co., London, 1940.
Clausewitz, Carl von *On War*, edited and translated by Michael Howard, Peter Paret, Princeton University Press, 1976.
Clausewitz, Carl von *Historische Briefe über die großen Kriegsereignisse im Oktober 1806*, edited by Joachim Niemeyer, Dümmler, Bonn, 1977.
Clausewitz, Carl von *Vom Kriege*, edited by Werner Hahlweg, 19th edition, Dümmler, Bonn, 1980.
Clausewitz, Carl von *The Campaign of 1812 in Russia* (London, 1843), reprinted by Academic International, Hattiesburg, 1970.
Clausewitz, Carl von *Principles of War*, edited and translated by Hans W. Gatzke, Military Service Publishing Company, Harrisburg, Pennsylvania, 1942.
Craig, Gordon A. 'Delbrück: The Military Historian' in Paret (ed.) *Makers of Modern Strategy*, 1986.
Crocé, Benedetto 'Action, succès et jugement dans le "Vom Kriege" de Clausewitz', *Révue de métaphysique et de morale*, vol. XLII (April 1935).
Danchev, Alex *Alchemist of War: The Life of Basil Liddell Hart*, Weidenfeld & Nicolson, London, 1998.
Davies, Norman *Europe: A History*, Pimlico, London, 1997.
Delbrück, Hans *The Dawn of Modern Warfare: History of the Art of War*, Vol. IV, University of Nebraska Press, Lincoln, 1985.
Dill, Günther (ed.) *Clausewitz in Perspektive: Materialen zu Carl von Clausewitz: Vom Kriege*, Ullstein, Frankfurt-am-Main, 1980.

Duffy, Christopher *The Military Experience in the Age of Reason*, Routledge & Kegan Paul, London, 1987.
Dupuy, T.N. *A Genius for War: The German Army and General Staff, 1807–1945*, Macdonald and Jane's, London, 1977.
Echevarria, Antulio J., II 'Clausewitz: Toward a Theory of Applied Strategy', *Defense Analysis*, vol. 11, no. 3 (1995).
Echevarria, Antulio J., II 'War, Politics, and RMA – The Legacy of Clausewitz', *Joint Forces Quarterly*, no. 10 (Winter 1995/96).
Echevarria, Antulio J., II *After Clausewitz: German Military Thinkers Before the Great War*, University Press of Kansas, Lawrence, Kansas, 2000.
Echevarria, Antulio J., II *Clausewitz's Center of Gravity*, US Army War College, Carlisle, PA, September 2002.
Elting, John R. 'Jomini: Disciple of Napoleon?', *Military Affairs*, vol. XXVIII, no. 1 (Spring 1964).
Esdaile, Charles J. *The Wars of Napoleon*, Longman, London, 1995.
Fuller, J.F.C. *The Conduct of War: 1789–1961*, Da Capo Press, New York, 1992.
Ferris, John and Handel, Michael I. 'Clausewitz, Intelligence, Uncertainty and the Art of Command in Military Operations', *Intelligence and National Security*, vol. 10, no. 1 (January 1995).
Foch, Ferdinand *Principles of War*, Chapman & Hall, London, 1918.
Gallie, W.B. *Philosophers of Peace and War*, Cambridge University Press, 1978.
Gallie, W.B. 'Clausewitz Today', *Archives européennes de sociologie*, vol. XIX, no. 1 1978a.
Gallie, W.B. 'Power politics and war cultures', *Review of International Studies*, vol. 14, no. 1 (January 1988).
Gallie, W.B. *Understanding War*, Routledge, London, 1991.
Gat, Azar 'Clausewitz on Defence and Attack', *Journal of Strategic Studies*, vol. 11, no. 1 (March 1988).
Gat, Azar *The Origins of Military Thought from the Enlightenment to Clausewitz*, Clarendon Press, Oxford, 1989.
Gat, Azar 'Clausewitz's Political and Ethical World View', *Political Studies*, vol. XXXVII, no. 1 (March 1989a).
Gat, Azar *The Development of Military Thought: The Nineteenth Century*, Clarendon Press, Oxford, 1992.
Gat, Azar 'Clausewitz and the Marxists: Yet Another Look', *Journal of Contemporary History*, vol. 27, no. 2 (April 1992a).
Gibbs, Norman H. 'Clausewitz on the Moral Forces in War', *Naval War College Review*, vol. XXVII, no. 4 (January–February 1975).
Gilbert, Felix 'From Clausewitz to Delbrück and Hintze: Achievements and Failures of Military History', *Journal of Strategic Studies*, vol. 3, no. 3 (1980); also in Amos Perlmutter and John Gooch (eds), *Strategy and the Social Sciences: Issues in Defence Policy*, Frank Cass, London, 1981.
Gilbert, Felix 'Machiavelli: The Renaissance of the Art of War' in Paret (ed.), *Makers of Modern Strategy*, 1986.
Goerlitz, Walter *History of the German General Staff: 1657–1945* (trans. Brian Battershaw), Praeger, New York, 1953.
Gooch, John 'Clio and Mars: The Use and Abuse of History', *Journal of Strategic Studies*, vol. 3, no. 3 (1980).

Graham, J.J. 'Brief Memoir of General Clausewitz' in *On War*, translated by Graham, revised edition, 3 volumes, Kegan, Paul, Trench, Trubner & Co., London, 1940.
Haffner, S. 'Mao und Clausewitz' in G. Dill (ed.), *Clausewitz in Perspektive*, 1980.
Hahlweg, Werner 'Clausewitz, Lenin, and Communist Military Attitudes Today', *Journal of the Royal United Services Institution*, vol. CV, no. 618 (May 1960).
Hahlweg, Werner (ed.) *Carl von Clausewitz: Schriften-Aufsätze-Studien-Briefe*, vol. I, Vandenhoeck & Ruprecht, Göttingen, 1966.
Hahlweg, Werner *Clausewitz: Soldat-Politiker-Denker*, Musterschmidt-Verlag, Göttingen, 1969.
Hahlweg, Werner (ed.) *Carl von Clausewitz: Verstreute kleine Schriften*, Biblio Verlag, Osnabrück, 1979.
Hahlweg, Werner 'Das Clausewitzbild Einst und Jetzt' in *Vom Kriege* (19th edition), Dümmler, Bonn, 1980.
Hahlweg, Werner 'Clausewitz and Guerrilla Warfare' in Handel (ed.), *Clausewitz and Modern Strategy*, 1986.
Hahlweg, Werner (ed.) *Carl von Clausewitz: Schriften-Aufsätze-Studien-Briefe*, vol. II, Part 1, Vandenhoeck & Ruprecht, Göttingen, 1990.
Hahlweg, Werner (ed.) *Carl von Clausewitz: Schriften-Aufsätze-Studien-Briefe*, vol. II, Part 2, Vandenhoeck & Ruprecht, Göttingen, 1990a.
Handel, Michael I (ed.) *Clausewitz and Modern Strategy*, Frank Cass, London, 1986.
Handel, Michael I. 'Introduction' in Handel (ed.), *Clausewitz and Modern Strategy*, 1986a.
Handel, Michael I. 'Clausewitz in the Age of Technology' in Handel (ed.), *Clausewitz and Modern Strategy*, 1986b.
Handel, Michael I. *Leaders and Intelligence*, Frank Cass, London, 1989.
Handel, Michael I. *Masters of War: Classical Strategic Thought* (3rd edition, revised), Frank Cass, London, 2001.
Hanson, Victor D. *The Western Way of War*, Oxford University Press, 1989.
Hepp, Robert 'Der harmlose Clausewitz (I)', *Zeitschrift für Politik*, vol. XXV, no. 3 (1978).
Hepp, Robert 'Der harmlose Clausewitz (II)', *Zeitschrift für Politik*, vol. XXV, no. 4 (1978a).
Herbig, K.L. 'Chance and Uncertainty in On War' in Handel (ed.), *Clausewitz and Modern Strategy*, 1986.
Heuser, Beatrice *Reading Clausewitz*, Pimlico, London, 2002.
Hinsley, F.H. *Power and the Pursuit of Peace*, Cambridge University Press, 1963.
Holbraad, Carsten *The Concert of Europe*, Longman, London, 1970.
Holmes, Richard *Nuclear Warriors: Soldiers, Combat and Glasnost*, Jonathan Cape, London, 1991.
Horne, Alistair *How Far from Austerlitz?: Napoleon 1805–1815*, Macmillan, London, 1996.
Howard, Michael 'War as an Instrument of Policy' in Butterfield, Wight (eds), *Diplomatic Investigations*, 1966.
Howard, Michael 'Jomini and the Classical Tradition in Military Thought' in Howard, *Studies in War and Peace*, Temple Smith, London, 1970.
Howard, Michael 'The Influence of Clausewitz' in Clausewitz, *On War*, Howard, Paret (eds), 1976.

Howard, Michael 'The Military Philosopher', *Times Literary Supplement*, 25 June 1976a.
Howard, Michael 'The Forgotten Dimensions of Strategy', *Foreign Affairs*, vol. 75, no. 5 (Summer 1979).
Howard, Michael *Clausewitz*, Oxford University Press, 1983.
Howard, Michael *The Causes of Wars*, Unwin, London, 1984.
Huntington, Samuel P. *The Third Wave: Democratization in the Late Twentieth Century*, University of Oklahoma Press, Norman, 1991.
Ignatieff, Michael 'The Narcissism of Minor Difference' in Ignatieff, *The Warrior's Honor*, Metropolitan Books, New York, 1997.
Jomini, Baron Antoine de *The Art of War*, reprinted Greenhill Books, London, 1992.
Kahn, David 'Clausewitz and Intelligence' in Handel (ed.), *Clausewitz and Modern Strategy*, 1986.
Kant, Immanuel *Critique of Practical Reason*, edited by Lewis White Beck, Garland Publishing, New York, 1976.
Kaplan, Robert D. *The Coming Anarchy: Shattering the Dreams of the Post Cold War*, Vintage Books, New York, 2000.
Keegan, John *The Mask of Command*, Penguin Books, Harmondsworth, 1987.
Keegan, John *A History of Warfare*, Hutchinson, London, 1993.
Keegan, John 'On Clausewitz', Letters, *Times Literary Supplement*, 23 April 1993a.
Kennedy, Paul M. *The Rise and Fall of the Great Powers: Economic and Military Conflict from 1500 to 2000*, Unwin Hyman, London, 1988.
Kessel, Eberhard 'Zur Entstehungsgeschichte von Clausewitz' Werk *Vom Kriege*', *Historische Zeitschrift*, vol. 152 (1935).
Kessel, Eberhard 'Zur Genesis der modernen Kriegslehre', *Wehrwissenschaftliche Rundschau*, vol. 3, no. 9 (1953).
Kessel, Eberhard 'Die doppelte Art des Krieges', *Wehrwissenschaftliche Rundschau*, vol. 4, no. 7 (1954).
King, James E. 'On Clausewitz: Master Theorist of War', *Naval War College Review*, vol. XXX, no. 2 (Fall 1977).
Kissinger, Henry A. *Nuclear Weapons and Foreign Policy*, Norton, New York, 1969 (first published 1957).
Kitchen, Martin 'The Political History of Clausewitz', *Journal of Strategic Studies*, vol. 11, no. 1 (March 1988).
Klein, Bradley S. *Strategic Studies and World Order: The Global Politics of Deterrence*, Cambridge University Press, 1994.
Koch, H.W. *A History of Prussia*, Longman, London, 1978.
Lasswell, Harold 'The Garrison State' in Lasswell, *Essays on the Garrison State*, ed. and intro. Jay Stanley, Transaction Publishers, New Brunswick, 1977.
Lawrence, T.E. *Seven Pillars of Wisdom: a triumph*, Jonathan Cape, London, 1935.
Lebow, Richard Ned 'Clausewitz and Nuclear Crisis Stability', *Political Science Quarterly*, vol. 103, no. 1 (Spring 1988).
Liddell Hart, Basil *The Ghost of Napoleon*, Faber & Faber, London, 1933 (repr. Greenwood Press, Westport, CT, 1980).
Liddell Hart, Basil *Strategy: The Indirect Approach*, Faber & Faber, London, 1941 (3rd revised edition, 1954).
Lider, Julian *On the nature of war*, Saxon House, Farnborough, UK, 1977.

Linnebach, Karl (ed.) *Karl und Marie von Clausewitz: Ein Lebensbild in Briefen und Tagebuchblättern*, Martin Warneck, Berlin, 1917.
Luvaas, Jay 'Clausewitz, Fuller and Liddell Hart' in Handel (ed.), *Clausewitz and Modern Strategy*, 1986.
Machiavelli, Niccolo *The Art of War*, Da Capo Press, New York, 1990.
Marwedel, Ulrich *Carl von Clausewitz: Persönlichkeit und Wirkungs-Geschichte seines Werkes bis 1918*, Harald Boldt Verlag, Boppard am Rhein, 1978.
Maude, F.N. Col. 'Introduction', reprinted in Carl von Clausewitz, *On War*, translated by Colonel J.J. Graham, revised edition, 3 volumes, Kegan, Paul, Trench, Trubner & Co., London, 1940.
McNeill, William H. *The Pursuit of Power: Technology, Armed Force, and Society since A.D. 1000*, Basil Blackwell, Oxford, 1983.
Meinecke, Friedrich *Machiavellism*, Routledge, Kegan Paul, London, 1984.
Moody, P.R. Jr. 'Clausewitz and the Fading Dialectic of War', *World Politics*, vol. 31, no. 3 (April 1979).
Moran, Daniel 'Clausewitz and the Revolution', *Central European History*, vol. 22, no. 2 (June 1989).
Müller, Klaus Jürgen 'Clausewitz, Ludendorff and Beck: Some Remarks on Clausewitz' Influence on German Military Thinking in the 1930s and 1940s', in Handel (ed.), *Clausewitz and Modern Strategy*, 1986.
Murray, Williamson 'Clausewitz Out, Computer In', *National Interest*, no. 48 (Summer 1997).
Nardulli, B.R. 'Clausewitz and the Reorientation of Nuclear Strategy', *Journal of Strategic Studies*, vol. 5, no. 4 (December 1982).
Niemeyer, Joachim (ed.) 'Einleitung' in Clausewitz, *Historische Briefe über die grossen Kriegsereignisse im Oktober 1806*, Dümmler, Bonn, 1977.
O'Connell, Robert L. *Of Arms and Men*, Oxford University Press, New York, 1989.
O'Neill, Robert 'Insurgency and Subnational Violence' in O'Neill, Horner, D.M. (eds), *New Directions in Strategic Thinking*, Allen & Unwin, Sydney, 1981.
Orme, John 'The Utility of Force in a World of Scarcity', *International Security*, vol. 22, no. 3 (Winter 1997–98).
Osgood, Robert E. *Limited War: The Challenge to American Strategy*, University of Chicago Press, 1957.
Owens, William A. *Lifting the Fog of War*, Farrar, Straus & Giroux, New York, 2000.
Palmer, R.R. 'Frederick the Great, Guibert, Bülow: From Dynastic to National War' in Paret (ed.), *Makers of Modern Strategy*, 1986.
Paret, Peter 'Clausewitz and the Nineteenth Century' in Michael Howard (ed.), *The Theory and Practice of War*, Cassell, London, 1965.
Paret, Peter 'Clausewitz: A Bibliographical Survey', *World Politics*, vol. 17, no. 2 (January 1965a).
Paret, Peter 'On Clausewitz', *Military Review*, vol. 45, no. 7 (1965b).
Paret, Peter *Yorck and the Era of Prussian Reform 1807–1815*, Princeton University Press, 1966.
Paret, Peter 'Education, Politics, and War in the Life of Clausewitz', *Journal of the History of Ideas*, vol. 29, no. 3 (1968).
Paret, Peter 'An Anonymous Letter by Clausewitz', *Journal of Modern History*, vol. 42, no. 2 (June 1970).

Paret, Peter 'Nationalism and the Sense of Military Obligation', *Military Affairs*, vol. 34, no. 1 (1970a).
Paret, Peter *Clausewitz and the State*, Clarendon Press, Oxford, 1976.
Paret, Peter 'The Genesis of *On War*' in Clausewitz, *On War*, Howard, Paret (eds), 1976a.
Paret, Peter 'Raymond Aron, *Penser la guerre*' (Review), *Journal of Interdisciplinary History*, vol. 8, no. 2 (Autumn 1977).
Paret, Peter 'Gleichgewicht als Mittel der Friedenssicherung bei Clausewitz und in der Geschichte der Neuzeit', *Wehrwissenschaftliche Rundschau*, no. 3 (1980).
Paret, Peter 'Die politischen Ansichten von Clausewitz' in Wagemann, Niemeyer (eds), *Freiheit ohne Krieg?*, 1980a.
Paret, Peter 'Clausewitz' Politische Schriften' in Dill (ed.), *Clausewitz in Perspektive*, 1980b.
Paret, Peter (ed.) *Makers of Modern Strategy: Machiavelli to the Nuclear Age*, Princeton University Press, 1986.
Paret, Peter 'Clausewitz' in Paret (ed.) *Makers of Modern Strategy*, 1986a.
Paret, Peter *Understanding War: Essays on Clausewitz and the History of Military Power*, Princeton University Press, 1992.
Paret, Peter '"A Proposition Not a Solution" – Clausewitz's Attempt to Become Prussian Minister at the Court of St. James' in Paret, *Understanding War*, 1992a.
Paret, Peter 'Clausewitz as Historian' in Paret, *Understanding War*, 1992b.
Paret, Peter and Moran, Daniel (editors and translators) *Carl von Clausewitz: Historical and Political Writings*, Princeton University Press, 1992.
Parker, Geoffrey *The Military Revolution: Military innovation and the rise of the West 1500–1800* (2nd edition), Cambridge University Press, 1996.
Parkinson, Roger *Clausewitz: A Biography*, Wayland Publishers, London, 1970.
Perlmutter, Amos 'Carl von Clausewitz, Enlightenment Philosopher: A Comparative Analysis', *Journal of Strategic Studies*, vol. 11, no. 1 (March 1988).
Porter, Bruce D. *War and the Rise of the State*, Free Press, New York, 1994.
Posen, Barry R. 'Nationalism, the Mass Army and Military Power', *International Security*, vol. 18, no. 2 (Fall 1993).
Rapoport, Anatol 'Introduction' in Clausewitz, *On War*, Penguin Books, Harmondsworth, 1968.
Reynolds, Charles 'Carl von Clausewitz and strategic theory', *British Journal of International Studies*, vol. 4, no. 2 (July 1978).
Ritter, Gerhard 'Die Lehre Carls von Clausewitz vom politischen Sinn des Krieges', *Historische Zeitschrift*, vol. 167 (1943).
Ritter, Gerhard *The Sword and the Scepter* (vol. I, *The Prussian Tradition*), University of Miami Press, Florida, 1969.
Ropp, Theodore *War in the Modern World*, Duke University Press, Durham, NC, 1959.
Rosello, Victor M. 'Clausewitz's Contempt for Intelligence', *Parameters*, vol. XXI, no. 1 (Spring 1991).
Rosinski, Herbert 'Die Entwicklung von Clausewitz' Werk "Vom Kriege" im Lichte seiner "Vorreden" und "Nachreden"', *Historische Zeitschrift*, vol. 151 (1935).
Rothenberg, Gunther E. *The Art of Warfare in the Age of Napoleon*, Indiana University Press, Bloomington, 1980.

Rothenberg, Gunther E 'The Age of Napoleon' in Michael Howard, George J. Andreopoulos, and Mark R. Shulman (eds), *The Laws of War: Constraints on Warfare in the Western World*, Yale University Press, 1994.
Rothfels, Hans *Carl von Clausewitz Politik und Krieg: Eine ideengeschichtliche Studie*, Dümmler, Berlin, 1920 [reprinted Dümmler, Bonn, 1980].
Rothfels, Hans (ed.) *Carl von Clausewitz: Politische Schriften und Briefe*, Drei Masken Verlag, Munich, 1922.
Rothfels, Hans 'Clausewitz' in E.M. Earle (ed.), *Makers of Modern Strategy*, Princeton University Press, 1943.
Roxborough, Ian 'Clausewitz and the sociology of war', *British Journal of Sociology*, vol. 45, no. 4 (December 1994).
Scarry, Elaine *The Body in Pain: The Making and Unmaking of the World*, Oxford University Press, New York, 1985.
Schelling, Thomas C. *The Strategy of Conflict*, Oxford University Press, New York, 1963.
Scheuner, Ulrich 'Krieg als Mittel der Politik im Lichte des Völkerrechts' in Wagemann and Niemeyer (eds), *Freiheit ohne Krieg?*, 1980.
Schmitt 'Clausewitz als politischer Denker. Bemerkungen und Hinweise' in Dill (ed.), *Clausewitz in Perspektive*, 1980.
Schössler, Dietmar *Carl von Clausewitz*, Rowohlt, Reinbeck bei Hamburg, 1991.
Schramm, Wilhelm von 'Clausewitz und die politische Philosophie', *Aussenpolitik*, vol. 9, no. 11 (November 1958).
Schramm, Wilhelm von *Clausewitz: Leben und Werk*, Bechtle Verlag, Esslingen am Neckar, 1976.
Schwartz, Karl *Leben des Generals Carl von Clausewitz und der Frau Marie von Clausewitz* (2 vols), Dümmlers, Berlin, 1878.
Shy, John 'Jomini' in Paret (ed.), *Makers of Modern Strategy*, 1986.
Skinner, Quentin 'Meaning and Understanding in the History of Ideas', *History and Theory*, vol. 8 (1969).
Smith, Hugh 'The womb of war: Clausewitz and international politics', *Review of International Studies*, vol. 16, no. 1 (January 1990).
Starkey, David J. 'A Restless Spirit: British Privateering Enterprise, 1739–1815' in David J. Starkey, E.S. van Eyck van Heslinga, and J.A. de Moor (eds), *Privates and Privateers*, University of Exeter Press, 1997.
Steiner, Barry H. *Bernard Brodie and the Foundations of Nuclear Strategy*, University Press of Kansas, Lawrence, Kansas, 1991.
Strachan, Hew *European Armies and the Conduct of War*, Allen & Unwin, London, 1983.
Strachan, Hew 'Essay and Reflection: On Total War and Modern War', *The International History Review*, vol. XXII, no. 2 (June 2000).
Strachey, John *On the Prevention of War*, Macmillan, London, 1967.
Suganami, Hidemi 'Stories of war origins: a narrativist theory of the causes of war', *Review of International Studies*, vol. 23, no. 4 (October 1997).
Sumida, Jon Tetsuro *Inventing grand strategy and teaching command: the classic works of Alfred Thayer Mahan reconsidered*, Woodrow Wilson Center Press, Washington, 1997.
Sumida, Jon Tetsuro 'History and Theory: the Clausewitzian Ideal and Its Implications' *Journal of the Royal United Services Institute of Australia*, vol. 21 (June 2000).

Sumida, Jon Tetsuro 'The Relationship of History and Theory in *On War*: The Clausewitzian Ideal and Its Implications', *Journal of Military History*, vol. 65, no. 2 (April 2001).
Summers, Harry *On Strategy: A Critical Analysis of the Vietnam War*, Presidio Press, Novato, CA, 1982.
Tashjean, John E. 'Pious Arms: Clausewitz and the Right of War', *Military Affairs*, vol. 44, no. 2 (April 1980).
Tashjean, John E. 'The Translatlantic Clausewitz, 1952–1982', *Naval War College Review*, vol. 35, no. 6 (November–December 1982).
Tashjean, John E. 'The Cannon in the Swimming Pool: Clausewitzian Studies and Strategic Ethnocentrism', *Journal of the Royal United Services Institute* (June 1983).
Tashjean, John E. 'Clausewitz: Naval War and Other Considerations', *Naval War College Review*, vol. 39, no. 3 (May–June 1986).
Tashjean, John E. 'The Short-War Antinomy Resolved: or, From Homer to Clausewitz', *Defense Analysis*, vol. 8, no. 2 (August 1992).
Thibault, Edward 'War as a Collapse of Policy: A Critical Evaluation of Clausewitz', *Naval War College Review*, vol. 25, no. 5 (May–June 1973).
Toffler, Alvin & Heidi *War and Anti-War: Survival at the Dawn of the 21st Century*, Little, Brown & Company, Boston, 1993.
Türpe, Andrée 'Carl von Clausewitz' Verhältnis zur Philosophie seiner Zeit', *Militärgeschichte*, vol. 18, no. 5 (1979).
van Creveld, Martin *Supplying War: Logistics from Wallenstein to Patton*, Cambridge University Press, New York, 1977.
van Creveld, Martin *Command in War*, Harvard University Press, Cambridge, Mass., 1985.
van Creveld, Martin 'The Eternal Clausewitz' in Handel (ed.), *Clausewitz and Modern Strategy*, 1986.
van Creveld, Martin *The Transformation of War*, Free Press, New York, 1991.
van Creveld, Martin *Technology and War: From 2000 B.C. to the Present* (revised ed.), Free Press, New York, 1991a.
van Creveld, Martin 'The Clausewitzian Universe and the Law of War', *Journal of Contemporary History*, vol. 26 nos 3/4 (1991b).
van Creveld, Martin 'The Structure of Strategic Studies' in D. Ball, D. Horner (eds), *Strategic Studies in a Changing World*, Strategic and Defence Studies Centre, Australian National University, Canberra, 1992.
van Creveld, Martin 'What is Wrong with Clausewitz?' in Gert de Nooy (ed.), *The Clausewitzian Dictum and the Future of Western Military Strategy*, Kluwer Law International, The Hague, 1997.
van Creveld, Martin *The Rise and Decline of the State*, Cambridge University Press, Cambridge, 1999.
van Creveld, Martin *Men, Women and War*, Cassell & Co., London, 2001.
Villacres, Edward J. and Christopher Bassford 'Reclaiming the Clausewitzian Trinity', *Parameters*, vol. XXV, no. 3 (Autumn 1995).
von Caemmerer, Rudolf *The Development of Strategical Science during the 19th Century* (trans. Karl von Donat), Rees, London, 1905.
Wagemann, E., Niemeyer, J. (eds) *Freiheit ohne Krieg? Beiträge zur Strategie-Diskussion der Gegenwart im Spiegel der Theorie von Carl von Clausewitz*, Dümmler, Bonn, 1980.

Wallach, Jehuda L. 'Misperceptions of Clausewitz' On War by the German Military' in Handel (ed.), *Clausewitz and Modern Strategy*, 1986.

Walzer, Michael *Just and Unjust Wars*, Allen Lane, London, 1978.

Weigley, Russell F. *The Age of Battles: The Quest for Decisive Warfare from Breitenfeld to Waterloo*, Pimlico, London, 1993.

Weil, Eric 'Guerre et Politique selon Clausewitz', *Révue Française de Science Politique*, vol. 5, no. 2 (April–June 1955).

White, Charles E. *The Enlightened Soldier: Scharnhorst and the Militärische Gesellschaft in Berlin, 1801–1805*, Praeger, New York, 1989.

Wilkinson, Spenser *War and Policy: Essays*, Constable & Co., London, 1900.

Wilkinson, Spenser *The Brain of an Army*, Gregg Revivals, Aldershot, Hampshire, 1992.

Windsor, Philip 'The Clock, the Context and Clausewitz', *Millennium*, vol. 6, no. 2 (Autumn 1977).

索　引

（阿拉伯数字为原文页码，译文中以方括号注明）

absolute war　60–1, 111–5, 123, 175, 244–5
al-Qaida　255
Alexander I, Tsar of Russia　11, 33, 136, 226
alliances　225–7, 229–30
allied forces　226
ambition　82, 166
armies
　as social organisation　156
　citizen armies　12, 25, 36, 49
　education　38, 39, 41, 157–8, 189–90, 254, 264
　organisation　41–2
　professionalism　39, 83
　reform and reaction　39–41, 49
　spirit and morale　80–1, 82–3, 84
Aron, Raymond　x
August, Prince of Prussia　5, 6, 7

balance of power　227–31
battles
　Austerlitz (1805)　6
　Borodino (1812)　11, 152
　Göhrde (1813)　13
　Hochkirch (1758)　28, 275n
　Jena-Auerstädt (1806)　6–7, 42, 135, 150
　Leipzig (1813)　13
　Lützen (1813)　12
　Nile (1798)　47
　Trafalgar (1805)　47
　Valmy (1792)　28
　Wagram (1809)　9
　Waterloo (1815)　13, 163
　Wavre (1815)　13
Beck, Ludwig von　241
Berenhorst, Georg Heinrich von　57, 59, 76
Berezina River　11
Bismarck, Otto von　238
blockade　34–5
Blücher, Gebhard von　43, 180–1

boldness　82, 164, 166–8
Brodie, Bernard　viii, 245
Bülow, Heinrich von　5, 56, 59, 131, 190, 277n

cabinets　205, 218
Camon, Hubert　65
campaign strategy (see 'strategy')
Castro, Fidel　253
centre of gravity (see 'strategy, characteristics of')
Che Guevara　252
civil-military relations (see 'political-military relations')
Clausewitz, Carl von
　ancestry　3, 16
　brothers　3, 12, 16
　career options　15
　death　18
　education　3, 4, 5
　health　13, 20
　Marie (wife)　5, 6, 10, 18, 20, 65
　militarism　107, 213–4
　military actions　4, 6–7, 11–12, 13
　On War　11, 16, 17, 21, 65–8, 68–70
　personality　18–20
　political stance　205–6, 207–8, 209
　prisoner　7, 29
　realism　109–10, 199, 209, 223–4, 265–6
　reform efforts　8, 9, 15
　Russian service　10, 11, 12
　tutor to Crown Prince　10, 11, 162
　War College　9–10, 15–6
　writings other than On War　5, 7, 8, 10, 11, 15, 16, 17, 162
Cold War　249, 257–8, 259
combat (see 'fighting')

索 引 329

command and commanders (see also 'strategy')
  20th century demands 261–2
  command-in-chief 165, 217–8
  commander as gambler 129, 167–8
  control of forces 42, 77–8, 146, 156
  creativity 159, 166, 167–8, 188–9, 190–1
  difficulties of judgement 148, 151, 158–9, 186–7, 189
  evaluation of 191–4, 195
  managing subordinates 156–7
  military genius 165–7, 182, 190–1
  personification of the campaign 166
  producing commanders 157–8, 166–7
  qualities of temperament 160, 162–4 (see also 'boldness', 'courage', 'determination')
  qualities of mind 160–1, 165
conscription 9, 15, 26, 28–9, 30–1, 259
conventional warfare (post 1945) 257–8
Corbett, Sir Julian 48
cosmopolitanism ix, 17, 36, 203, 209, 212
cost of warfare 34–5, 258, 259, 277n
Counter-Enlightenment 54–5, 62, 67
courage 81–2, 163, 261

defence and offence 102–3, 140–1, 147, 152–4
  defence as stronger form of war 152–4, 155, 260, 261
  strategic defence 141–3
  strategic offence 143–6
Delbrück, Hans 137, 138
determination 162–3, 165

economic warfare 34–5
eighteenth-century warfare 25–6, 38
Engels, Friedrich 66, 237
Enlightenment ix, 53–4, 61, 62, 67–8, 188, 189
escalation of war (see 'rise to extremes')

expansion of warfare 26, 36–7, 270
external policy 133, 199, 210–2, 220–2 (see also 'national interest')

Fabius Cunctator 166
feudal system 36, 201
Fichte, Johann 55, 60
fighting 69, 73–5, 80, 64, 96, 121–2, 128, 245–6, 262–3, 264
Foch, Ferdinand 274n
fortresses 142, 153
fortuna 120, 220
Frederick the Great 3, 8, 28, 35, 39, 56, 57, 83, 95, 107, 135, 137, 147, 164, 179, 194, 210, 218, 221, 224–5
Frederick William III 5, 6, 7, 10, 12, 18, 40, 205
French Revolution 202, 207
friction 6, 77–80, 150, 159, 177, 246
Fuller, J.F.C. viii, 240

Gallie, W.B. 270
Gat, Azar xi
German School 55, 213
Giap, Vo Nguyen 252
Gneisenau, August von 8, 10, 15, 17, 18
Goethe, Johann W. von 28, 279n
guerrilla warfare 31–4, 238, 251–2, 275n (see also 'revolutionary warfare')

Handel, Michael 263–4
Hegel, Georg W.F. 61, 208, 213
Hitler, Adolf 241
Howard, Michael xi, 254
Humboldt, Wilhelm von 54, 116

instrument of policy, war as an 64, 70, 98–102, 104–6, 107, 109–10
  criticism 107–9, 247–8, 249–50, 271
  means and ends 86–7, 105–6
intelligence and information 42–3, 79, 261–2
international law 61, 75, 109, 224–5
irregular warfare (see 'guerrilla warfare')

Jäger 30
Jomini, Antoine-Henri de 32, 50, 57–8, 59, 183, 194, 237
Kant, Immanuel 54, 60–1, 111, 176, 190, 213, 224
Keegan, John 268–9
Kellogg-Briand Pact 239
Kiesewetter, Johann 60
Kotzbue, Johann von 208
Kritik 69, 178–82, 191–4 (*see also* 'strategy, theory of')

Landsturm 30
Landwehr 15, 30–1, 33
law enforcement 267–8
Lawrence, T.E. 240–1
League of Nations 239
Lenin, Vladimir I. 241, 252, 253
Liddell Hart, Basil 240
Lloyd, Henry 56–7, 59
logistics 41, 45–6, 73–4, 142–3, 153
Lossau, Friedrich von 100
Louis XIV 227
Louise, Queen of Prussia 6, 8, 9
Ludendorff, Erich von 241

Machiavelli, Niccolo ix, 59–60, 120, 146, 171, 203, 210, 220, 222
Mao Zedong 252–3
maritime warfare 47–9, 242
Marx, Karl 66, 237
Maude, Colonel F.N. 239
militia forces 29–31, 142
Moltke, Helmuth von 238
monarchy 201, 217, 218
Montesquieu 28, 58, 60
moral forces (*see also* 'fighting') 69, 76–8, 85–6, 178, 279n

Napoleon I ix, 6, 7, 9, 10, 13, 29, 34, 35, 36, 39, 40, 41, 44, 47, 49, 83, 135, 147, 155, 163, 179, 180–1, 192, 205, 214, 218, 221, 229–30 (*see also* 'Wars and campaigns: Russian')
Napoleonic warfare 27, 41, 44, 112–3

national interest 211, 212–3, 219–20
national resistance 32–3, 142–3, 153
nationalism 49–50, 55, 252, 253
nations and national character 8, 199–200
naval warfare (*see* 'maritime warfare')
neo-Clausewitzians 250
nuclear weapons 242–3, 244–50
  impact on international politics 248–9
  impact on strategy 246–8, 249–50
  tactical nuclear weapons 246

offence (*see* 'defence and offence')
On War
  publication history 18, 65, 218, 237–8, 241, 254
  reception viii–ix, 65, 237–42, 252–3

Paret, Peter xi, 254
Paris, Convention of 30
peacekeeping 267
people's war (*Volkskrieg*) 31
Perlmutter, Amos viii
Pestalozzi, Johann 8
Poland, partitions of 231–3
policy and politics, nature of 98–9, 122, 207–8
political institutions 205–7
political rights 202, 207
political-military relations 214–20, 242, 259
psychology (*see* 'moral forces')
public opinion 203, 204, 259, 270
pure war (*see* 'absolute war')

Rapoport, Anatol 107, 249–50
Revolution in Military Affairs (RMA) 260, 262
revolutionary war 252–4
rise to extremes 69, 87–9, 96, 106
Roeder, Carl von 17, 215
Rousseau, Jean Jacques 28
Royal Navy 47–8
rules and traditions of war 26, 33, 74, 75, 76, 86–7

索　引 **331**

Scarry, Elaine　107
Scharnhorst, Gerhard von　5, 9, 10, 11, 12, 15, 47, 56, 58, 160, 167, 204
Schiller, Friedrich von　55
Schönbrunn, Treaty of　9
Schwarzenberg, Prince Karl zu　144, 180-1
Seeckt, Hans von　241
Smith, Adam　viii, 35, 54, 111
social classes　200-4, 253
social privilege　203, 204
Stalin, Joseph　242
states　199, 200, 201
Stein, Heinrich vom　9
strategy, characteristics of
　battle　73-4, 128, 129-31
　centres of gravity　133-7, 138, 264
　interaction　86, 128, 177 (see also 'rise to extremes')
　nature　122, 139
　pauses　138-9, 151-2
　relation to tactics　128, 131, 132, 133
　relation to theory　185-7, ch. 15 passim
　relation to war plan　127, 131, 132, 133, 281n
　risk-taking　167-8, 193
　uncertainty and chance　118-20, 128-9, 139, 158-9, 177, 192
strategy, principles of
　concentration of forces　144, 204
　concentric and divergent attack　144-5
　continuity of effort　145-6, 147
　culminating point　146-8
　deceptions　149
　diversions　148-9
　numbers　143-4, 281n
　overthrow vs attrition　137-8
　pursuit　44, 146, 163
　sea-borne landings　48, 149
　surprise　149-51, 261
　use of reserves　144, 174
strategy, theory of
　critical analysis　177, 180-2
　defects and limits　172-4, 183

epistemology　69, 172, 175-8, 183-4
historical research　178-80, 181, 182
Kritik　69, 178-82, 191-4
learning　189-90
quest for theory　171-2
relation to conduct　181-2, 185-7, ch. 15 *passim*
science vs art　188-9
Summers, Colonel Harry　254
Sun Tzu　viii, 128
supranational authority　224, 267-8

tactics　43-4, 131-2, 144-5, 171-2
Tauroggen, Convention of　12
technology and war　34, 46-7, 246, 259-60, 262-3, 264
terrain　141-2, 153
terrorism　254-5, 256
Tiedemann, Karl von　5
Tilsit, Treaty of　7
trinity (army, people, government)　120-1, 122-3, 201
trinity (war)　70, 115-6, 120-3
　chance　118-20
　passion　116-7, 268
　reason　75, 107-8, 117-8, 124, 271
two types of war　17, 61, 64, 89-92, 103-4, 113-4, 134, 154-5
　all-out war　130, 137-8
　limited war　92, 138-9

United Nations　258, 267

van Creveld, Martin　268

Walzer, Michael　107
war
　and settlement of disputes　87, 92-6, 97, 114, 233, 248-9, 269
　as coercion　94-5
　as contest　68, 69, 85-7, 96-7
　as convention　95-6
　as enforcement　93-4
　as human activity　70, 115-6, 123-4
　causes of　223, 268-9

initiation of   101, 102–4, 107, 109, 150, 164, 222, 224–5, 267, 286n
war plan   131–3, 281n
Wars and campaigns
Austrian Succession (1740–48)   179
Boer War (1899–1902)   238
Franco-Prussian War (1870–1)   238
Gulf War (1991)   263
Iraq War (2003)   262, 263
Kosovo campaign (1999)   263
Peninsular War (1807–14)   31–2, 33
Revolutionary Wars (1792–7)   4, 28, 222
Russian campaign (1812–3)   10–12, 33, 45–6, 136, 146–8, 192, 221, 230
Seven Years War (1756–63)   3, 26, 42, 147, 224, 226
Vietnam Wars (1946–54; 1960–75)   253–4
World War I (1914–18)   239–40
World War II (1939–45)   242–3
Wellington, Duke of   13, 32, 47, 129, 261–2
Wittgenstein, Ludwig von   11, 12, 163

Yorck, Hans von   12

图书在版编目(CIP)数据

克劳塞维茨论现代战争/(澳)休·史密斯(Hugh Smith)著;刘树才,王清彦译. --北京:华夏出版社有限公司,2022.1

(西方传统:经典与解释)

书名原文:On Clausewitz: A Study of Military and Political Ideas

ISBN978－7－5080－9980－4

Ⅰ.①克… Ⅱ.①休… ②刘… ③王… Ⅲ.①战争理论 Ⅳ.①E8

中国版本图书馆 CIP 数据核字(2021)第 187763 号

Copyright © Hugh Smith 2004
First published in English by Palgrave Macmillan, a division of Macmillan Publishers Limited under the title On Clausewitz by Hugh Smith. This edition has been translated and published under licence from Palgrave Macmillan. The author has asserted his right to be identified as the author of this work.

版权所有　翻印必究
北京市版权局著作权合同登记号:图字01－2016－8095 号

克劳塞维茨论现代战争

著　者	[澳]休·史密斯
译　者	刘树才　王清彦
责任编辑	李安琴
助理编辑	朱绿和
责任印制	刘　洋
出版发行	华夏出版社有限公司
经　销	新华书店
印　装	北京汇林印务有限公司
版　次	2022 年 1 月北京第 1 版 2022 年 1 月北京第 1 次印刷
开　本	880×1230　1/32
印　张	13
字　数	339 千字
定　价	98.00 元

华夏出版社有限公司 地址:北京市东直门外香河园北里 4 号　邮编:100028
网址:www.hxph.com.cn　电话:(010)64663331(转)
若发现本版图书有印装质量问题,请与我社营销中心联系调换。

西方传统：经典与解释
Classici et Commentarii
HERMES
刘小枫◎主编

古今丛编
- 欧洲中世纪诗学选译　宋旭红 编译
- 克尔凯郭尔　[美]江思图 著
- 货币哲学　[德]西美尔 著
- 孟德斯鸠的自由主义哲学　[美]潘戈 著
- 莫尔及其乌托邦　[德]考茨基 著
- 试论古今革命　[法]夏多布里昂 著
- 但丁：皈依的诗学　[美]弗里切罗 著
- 在西方的目光下　[英]康拉德 著
- 大学与博雅教育　董成龙 编
- 探究哲学与信仰　[美]郝岚 著
- 民主的本性　[法]马南 著
- 梅尔维尔的政治哲学　李小均 编/译
- 席勒美学的哲学背景　[美]维塞尔 著
- 果戈里与鬼　[俄]梅列日科夫斯基 著
- 自传性反思　[美]沃格林 著
- 黑格尔与普世秩序　[美]希克斯 等著
- 新的方式与制度　[美]曼斯菲尔德 著
- 科耶夫的新拉丁帝国　[法]科耶夫 等著
- 《利维坦》附录　[英]霍布斯 著
- 或此或彼（上、下）　[丹麦]基尔克果 著
- 海德格尔式的现代神学　刘小枫 选编
- 双重束缚　[法]基拉尔 著
- 古今之争中的核心问题　[德]迈尔 著
- 论永恒的智慧　[德]苏索 著
- 宗教经验种种　[美]詹姆斯 著
- 尼采反卢梭　[美]凯斯·安塞尔-皮尔逊 著
- 舍勒思想评述　[美]弗林斯 著
- 诗与哲学之争　[美]罗森 著
- 神圣与世俗　[罗]伊利亚德 著
- 但丁的圣约书　[美]霍金斯 著

古典学丛编
- 赫西俄德的宇宙　[美]珍妮·施特劳斯·克莱 著
- 论王政　[古罗马]金嘴狄翁 著
- 论希罗多德　[古罗马]卢里叶 著
- 探究希腊人的灵魂　[美]戴维斯 著
- 尤利安文选　马勇 编/译
- 论月面　[古罗马]普鲁塔克 著
- 雅典谐剧与逻各斯　[美]奥里根 著
- 菜园哲人伊壁鸠鲁　罗晓颖 选编
- 《劳作与时日》笺释　吴雅凌 撰
- 希腊古风时期的真理大师　[法]德蒂安 著
- 古罗马的教育　[英]葛怀恩 著
- 古典学与现代性　刘小枫 编
- 表演文化与雅典民主政制
  [英]戈尔德希尔、奥斯本 编
- 西方古典文献学发凡　刘小枫 编
- 古典语文学常谈　[德]克拉夫特 著
- 古希腊文学常谈　[英]多佛 等著
- 撒路斯特与政治史学　刘小枫 编
- 希罗多德的王霸之辨　吴小锋 编/译
- 第二代智术师　[英]安德森 著
- 英雄诗系笺释　[古希腊]荷马 著
- 统治的热望　[美]福特 著
- 论埃及神学与哲学　[古希腊]普鲁塔克 著
- 凯撒的剑与笔　李世祥 编/译
- 伊壁鸠鲁主义的政治哲学
  [意]詹姆斯·尼古拉斯 著
- 修昔底德笔下的人性　[美]欧文 著
- 修昔底德笔下的演说　[美]斯塔特 著
- 古希腊政治理论　[美]格雷纳 著
- 神谱笺释　吴雅凌 撰
- 赫西俄德：神话之艺
  [法]居代·德拉孔波 编
- 赫拉克勒斯之盾笺释　罗逍然 译笺
- 《埃涅阿斯纪》章义　王承教 选编
- 维吉尔的帝国　[美]阿德勒 著
- 塔西佗的政治史学　曾维术 编

古希腊诗歌丛编
古希腊早期诉歌诗人 [英]鲍勒 著
诗歌与城邦 [美]费拉格、纳吉 主编
阿尔戈英雄纪（上、下）[古希腊]阿波罗尼俄斯 著
俄耳甫斯教祷歌 吴雅凌 编译
俄耳甫斯教辑语 吴雅凌 编译

古希腊肃剧注疏集
希腊肃剧与政治哲学 [美]阿伦斯多夫 著

古希腊礼法研究
宙斯的正义 [英]劳埃德-琼斯 著
希腊人的正义观 [英]哈夫洛克 著

廊下派集
剑桥廊下派指南 [加]英伍德 编
廊下派的苏格拉底 程志敏 徐健 选编
廊下派的神和宇宙 [墨]里卡多·萨勒斯 编
廊下派的城邦观 [美]斯科菲尔德 著

希伯莱圣经历代注疏
希腊化世界中的犹太人 [英]威廉逊 著
第一亚当和第二亚当 [德]朋霍费尔 著

新约历代经解
属灵的寓意 [古罗马]俄里根 著

基督教与古典传统
保罗与马克安 [德]文森 著
加尔文与现代政治的基础 [美]汉考克 著
无执之道 [德]文森 著
恐惧与战栗 [丹麦]基尔克果 著
托尔斯泰与陀思妥耶夫斯基 [俄]梅列日科夫斯基 著
论宗教大法官的传说 [俄]罗赞诺夫 著
海德格尔与有限性思想（重订版）刘小枫 选编
上帝国的信息 [德]拉加茨 著
基督教理论与现代 [德]特洛尔奇 著
亚历山大的克雷芒 [意]塞尔瓦托·利拉 著
中世纪的心灵之旅 [意]圣·波纳文图拉 著

德意志古典传统丛编
《浮士德》发微 谷裕 选编
尼伯龙人 [德]黑贝尔 著
论荷尔德林 [德]沃尔夫冈·宾德尔 著
彭忒西勒亚 [德]克莱斯特 著
穆佐书简 [奥]里尔克 著
纪念苏格拉底——哈曼文选 刘新利 选编
夜颂中的革命和宗教 [德]诺瓦利斯 著
大革命与诗化小说 [德]诺瓦利斯 著
黑格尔的观念论 [美]皮平 著
浪漫派风格——施勒格尔批评文集 [德]施勒格尔 著

美国宪政与古典传统
美国1787年宪法讲疏 [美]阿纳斯塔普罗 著

启蒙研究丛编
论古今学问 [英]坦普尔 著
历史主义与民族精神 冯庆 编
浪漫的律令 [美]拜泽尔 著
现实与理性 [法]科维纲 著
论古人的智慧 [英]培根 著
托兰德与激进启蒙 刘小枫 编
图书馆里的古今之战 [英]斯威夫特 著

政治史学丛编
克服历史主义 [德]特洛尔奇 等著
胡克与英国保守主义 姚啸宇 编
古希腊传记的嬗变 [意]莫米利亚诺 著
伊丽莎白时代的世界图景 [英]蒂利亚德 著
西方古代的天下观 刘小枫 编
从普遍历史到历史主义 刘小枫 编
自然科学史与玫瑰 [法]雷比瑟 著

地缘政治学丛编
施米特的国际政治思想 [英]欧迪瑟乌斯/佩蒂托 编
克劳塞维茨之谜 [英]赫伯格-罗特 著
太平洋地缘政治学 [德]卡尔·豪斯霍弗 著

荷马注疏集
不为人知的奥德修斯 [美]诺特维克 著
模仿荷马 [美]丹尼斯·麦克唐纳 著

品达注疏集
幽暗的诱惑 [美]汉密尔顿 著

欧里庇得斯集
自由与僭越 罗峰 编译

阿里斯托芬集
《阿卡奈人》笺释 [古希腊]阿里斯托芬 著

色诺芬注疏集
居鲁士的教育 [古希腊]色诺芬 著
色诺芬的《会饮》 [古希腊]色诺芬 著

柏拉图注疏集
挑战戈尔戈 李致远 选编
论柏拉图《高尔吉亚》的统一性 [美]斯托弗 著
立法与德性——柏拉图《法义》发微 林志猛 编
柏拉图的灵魂学 [加]罗宾逊 著
柏拉图书简 彭磊 译注
克力同章句 程志敏 郑兴凤 撰
哲学的奥德赛——《王制》引论 [美]郝兰 著
爱欲与启蒙的迷醉 [美]贝尔格 著
为哲学的写作技艺一辩 [美]伯格 著
柏拉图式的迷宫——《斐多》义疏 [美]伯格 著
苏格拉底与希琵阿斯 王江涛 编译
理想国 [古希腊]柏拉图 著
谁来教育老师 刘小枫 编
立法者的神学 林志猛 编
柏拉图对话中的神 [法]薇依 著
厄庇诺米斯 [古希腊]柏拉图 著
智慧与幸福 程志敏 选编
论柏拉图对话 [德]施莱尔马赫 著
柏拉图《美诺》疏证 [美]克莱因 著
政治哲学的悖论 [美]郝岚 著
神话诗人柏拉图 张文涛 选编
阿尔喀比亚德 [古希腊]柏拉图 著
叙拉古的雅典异乡人 彭磊 选编
阿威罗伊论《王制》 [阿拉伯]阿威罗伊 著
《王制》要义 刘小枫 选编

柏拉图的《会饮》 [古希腊]柏拉图 等著
苏格拉底的申辩（修订版） [古希腊]柏拉图 著
苏格拉底与政治共同体 [美]尼柯尔斯 著
政制与美德——柏拉图《法义》疏解 [美]潘戈 著
《法义》导读 [法]卡斯代尔·布舒奇 著
论真理的本质 [德]海德格尔 著
哲人的无知 [德]费勒 著
米诺斯 [古希腊]柏拉图 著
情敌 [古希腊]柏拉图 著

亚里士多德注疏集
《诗术》译笺与通绎 陈明珠 撰
亚里士多德《政治学》中的教诲 [美]潘戈 著
品格的技艺 [美]加佛 著
亚里士多德哲学的基本概念 [德]海德格尔 著
《政治学》疏证 [意]托马斯·阿奎那 著
尼各马可伦理学义疏 [美]伯格 著
哲学之诗 [美]戴维斯 著
对亚里士多德的现象学解释 [德]海德格尔 著
城邦与自然——亚里士多德与现代性 刘小枫 编
论诗术中篇义疏 [阿拉伯]阿威罗伊 著
哲学的政治 [美]戴维斯 著

普鲁塔克集
普鲁塔克的《对比列传》 [英]达夫 著
普鲁塔克的实践伦理学 [比利时]胡芙 著

阿尔法拉比集
政治制度与政治箴言 阿尔法拉比 著

马基雅维利集
君主及其战争技艺 娄林 选编

莎士比亚绎读
沙士比亚的政治智慧 [美]伯恩斯 著
脱节的时代 [匈]阿格尼斯·赫勒 著
莎士比亚的历史剧 [英]蒂利亚德 著
莎士比亚戏剧与政治哲学 彭磊 选编
莎士比亚的政治盛典 [美]阿鲁里斯/苏利文 编
丹麦王子与马基雅维利 罗峰 选编

洛克集
- 上帝、洛克与平等 [美]沃尔德伦 著

卢梭集
- 论哲学生活的幸福 [德]迈尔 著
- 致博蒙书 [法]卢梭 著
- 政治制度论 [法]卢梭 著
- 哲学的自传 [美]戴维斯 著
- 文学与道德杂篇 [法]卢梭 著
- 设计论证 [美]吉尔丁 著
- 卢梭的自然状态 [美]普拉特纳 等著
- 卢梭的榜样人生 [美]凯利 著

莱辛注疏集
- 汉堡剧评 [德]莱辛 著
- 关于悲剧的通信 [德]莱辛 著
- 《智者纳坦》（研究版） [德]莱辛 等著
- 启蒙运动的内在问题 [美]维塞尔 著
- 莱辛剧作七种 [德]莱辛 著
- 历史与启示——莱辛神学文选 [德]莱辛 著
- 论人类的教育 [德]莱辛 著

尼采注疏集
- 何为尼采的扎拉图斯特拉 [德]迈尔 著
- 尼采引论 [德]施特格迈尔 著
- 尼采与基督教 刘小枫 编
- 尼采眼中的苏格拉底 [美]丹豪瑟 著
- 动物与超人之间的绳索 [德]A.彼珀 著

施特劳斯集
- 苏格拉底与阿里斯托芬
- 论僭政（重订本） [美]施特劳斯 [法]科耶夫 著
- 苏格拉底问题与现代性（增订本）
- 犹太哲人与启蒙（增订本）
- 霍布斯的宗教批判
- 斯宾诺莎的宗教批判
- 门德尔松与莱辛
- 哲学与律法——论迈蒙尼德及其先驱
- 迫害与写作艺术

柏拉图式政治哲学研究
- 论柏拉图的《会饮》
- 柏拉图《法义》的论辩与情节
- 什么是政治哲学
- 古典政治理性主义的重生（重订本）
- 回归古典政治哲学——施特劳斯通信集
- * * *
- 论源初遗忘 [美]维克利 著
- 政治哲学与启示宗教的挑战 [德]迈尔 著
- 阅读施特劳斯 [美]斯密什 著
- 施特劳斯与流亡政治学 [美]谢帕德 著
- 隐匿的对话 [德]迈尔 著
- 驯服欲望 [法]科耶夫 等著

施米特集
- 宪法专政 [美]罗斯托 著
- 施米特对自由主义的批判 [美]约翰·麦考米克 著

伯纳德特集
- 古典诗学之路（第二版） [美]伯格 编
- 弓与琴（重订本） [美]伯纳德特 著
- 神圣的罪业 [美]伯纳德特 著

布鲁姆集
- 巨人与侏儒（1960-1990）
- 人应该如何生活——柏拉图《王制》释义
- 爱的设计——卢梭与浪漫派
- 爱的戏剧——莎士比亚与自然
- 爱的阶梯——柏拉图的《会饮》
- 伊索克拉底的政治哲学

沃格林集
- 自传体反思录 [美]沃格林 著

朗佩特集
- 哲学与哲学之诗
- 尼采与现时代
- 尼采的使命
- 哲学如何成为苏格拉底式的
- 施特劳斯的持久重要性

大学素质教育读本

古典诗文绎读 西学卷·古代编（上、下）
古典诗文绎读 西学卷·现代编（上、下）

柏拉图读本（刘小枫 主编）

吕西斯　贺方婴 译
苏格拉底的申辩　程志敏 译
普罗塔戈拉　刘小枫 译

阿里斯托芬全集

财神　黄薇薇 译

周礼疑义辨证 / 陈衍 撰
《铎书》校注 / 孙尚扬 肖清和 等校注
韩愈志 / 钱基博 著
论语辑释 / 陈大齐 著
《庄子·天下篇》注疏四种 / 张丰乾 编
荀子的辩说 / 陈文洁 著
古学经子 / 王锦民 著
经学以自治 / 刘少虎 著
从公羊学论《春秋》的性质 / 阮芝生 撰

中国传统：经典与解释 Classici et Commentarii

刘小枫　陈少明 ○ 主编

知圣篇 / 廖平 著
《孔丛子》训读及研究 / 雷欣翰 撰
论语说义 / [清]宋翔凤 撰
周易古经注解考辨 / 李炳海 著
图象几表 / [明]方以智 编
浮山文集 / [明]方以智 著
药地炮庄 / [明]方以智 著
药地炮庄笺释·总论篇 / [明]方以智 著
青原志略 / [明]方以智 编
冬灰录 / [明]方以智 著
冬炼三时传旧火 / 邢益海 编
《毛诗》郑王比义发微 / 史应勇 著
宋人经筵诗讲义四种 / [宋]张纲 等撰
道德真经取善集 / [金]李霖 编撰
道德真经藏室纂微篇 / [宋]陈景元 撰
道德真经四子古道集解 / [金]寇才质 撰
皇清经解提要 / [清]沈豫 撰
经学通论 / [清]皮锡瑞 著
松阳讲义 / [清]陆陇其 著
起凤书院答问 / [清]姚永朴 撰

刘小枫集

共和与经纶 [增订本]
城邦人的自由向往
民主与政治德性
昭告幽微
以美为鉴
古典学与古今之争 [增订本]
这一代人的怕和爱 [第三版]
沉重的肉身 [珍藏版]
圣灵降临的叙事 [增订本]
罪与欠
儒教与民族国家
拣尽寒枝
施特劳斯的路标
重启古典诗学
设计共和
现代人及其敌人
海德格尔与中国
现代性与现代中国
现代性社会理论绪论
诗化哲学 [重订本]
拯救与逍遥 [修订本]
走向十字架上的真
西学断章

编修 [博雅读本]

凯若斯：古希腊语文读本 [全二册]

古希腊语文学述要
雅努斯：古典拉丁语文读本
古典拉丁语文学述要
危微精一：政治法学原理九讲
琴瑟友之：钢琴与古典乐色十讲

译著
柏拉图四书

经典与解释辑刊
1 柏拉图的哲学戏剧
2 经典与解释的张力
3 康德与启蒙
4 荷尔德林的新神话
5 古典传统与自由教育
6 卢梭的苏格拉底主义
7 赫尔墨斯的计谋
8 苏格拉底问题
9 美德可教吗
10 马基雅维利的喜剧
11 回想托克维尔
12 阅读的德性
13 色诺芬的品味
14 政治哲学中的摩西
15 诗学解诂
16 柏拉图的真伪
17 修昔底德的春秋笔法
18 血气与政治
19 索福克勒斯与雅典启蒙
20 犹太教中的柏拉图门徒
21 莎士比亚笔下的王者
22 政治哲学中的莎士比亚
23 政治生活的限度与满足
24 雅典民主的谐剧
25 维柯与古今之争
26 霍布斯的修辞
27 埃斯库罗斯的神义论
28 施莱尔马赫的柏拉图
29 奥林匹亚的荣耀
30 笛卡尔的精灵
31 柏拉图与天人政治
32 海德格尔的政治时刻
33 荷马笔下的伦理
34 格劳秀斯与国际正义
35 西塞罗的苏格拉底
36 基尔克果的苏格拉底
37 《理想国》的内与外
38 诗艺与政治
39 律法与政治哲学
40 古今之间的但丁
41 拉伯雷与赫尔墨斯秘学
42 柏拉图与古典乐教
43 孟德斯鸠论政制衰败
44 博丹论主权
45 道伯与比较古典学
46 伊索寓言中的伦理
47 斯威夫特与启蒙
48 赫西俄德的世界
49 洛克的自然法辩难
50 斯宾格勒与西方的没落
51 地缘政治学的历史片段
52 施米特论战争与政治
53 普鲁塔克与罗马政治
54 罗马的建国叙述
55 亚历山大与西方的大一统
56 马西利乌斯的帝国
57 全球化在东亚的开端
58 弥尔顿与现代政治
59 拉采尔与政治地理学